아산재단 연구총서 제441집

복지공급론

보건복지의 수단과 체계

아산재단 연구총서 제441집

복지공급론
보건복지의 수단과 체계

강 창 현

집문당

강창현(康昌鉉) 연세대학교 행정학박사
현재 단국대학교 공공관리학과/대학원 보건학과 교수

아산재단 연구총서 제441집

복지공급론

보건복지의 수단과 체계

2019년 1월 30일 1판 1쇄

저　자 | 강창현
발행인 | 임동규
발행처 | **집문당**
등　록 | 1971. 3. 23. 제300-2012-69호
주　소 | 03134 서울시 종로구 돈화문로 82 집문당빌딩 5층
영업부 | (02)743-3192~3　팩스(02)742-4657
sale@jipmoon.co.kr
편집부 | (02)743-3096~7　팩스(02)743-0227
edit@jipmoon.co.kr
홈페이지 | www.jipmoon.co.kr

편　집 | 장이지
디자인 | 임용우

ISBN 978-89-303-1810-5 94330
978-89-303-1500-5(세트)

가격 26,500원

이 도서의 국립중앙도서관 출판시도서목록(CIP)은 e-CIP홈페이지(http://www.nl.go.kr/ecip)와 국가자료공동목록시스템(http://www.nl.go.kr/kolisnet)에서 이용하실 수 있습니다.
(CIP제어번호: CIP2018041533)

머리말

오래전부터 필자는 보건과 복지가 융합되는 영역의 연구주제와 마치 운명처럼 마주하였다. 복지행정을 주제로 한 박사논문을 작성하고 이후 후속연구를 진행할 때 보건이라는 분야는 항상 미련으로 남아 있었다. 그래서 뒤늦게 주변의 만류에도 불구하고 보건학을 정규과정에서 공부하게 되었고 이를 계기로 2005년 세계 보건학의 메카인 스웨덴 카로린스카 대학에서 연구할 수 있는 행운을 잡았다. 여기서 보건과 복지가 접하는 영역들 즉 건강불평등, 사회의학, 손상예방과 안전증진, 노인장기요양 등 당시 아직 한국에서는 널리 다루어지지 않던 주제의 연구들과 만나는 기회가 많았고, 저자들과의 대화를 통해 깊이 있게 이해하는 소중한 시간을 가졌다.

그런데 때마침 필자가 재직하는 곳에서 대학원 보건학과를 신설하게 되었는데 그중 하나의 전공과정으로서 보건복지전공을 설치하면서 필자가 이를 주도하는 역할을 맡게 된 것이다. 또한 학부에 행정수단 및 전략론 과목을 개설하여 여러 가지 행정수단을 활용한 복지공급체계를 강의하기 시작하였다. 이즈음 이 책의 집필을 구상하게 되었다.

이후 존스 홉킨스 대학을 연구차 방문하였을 때 살라몬 교수로부터 그의 명저 정부수단론(The Tools of Government: A Guide to the New Governance)을 증정받고 그의 도움으로 정책담당자와 현장사례를 탐방하면서 필자의 연구주제는 보건복지의 연계수단으로 발전하게 되었다. 그래서 2010년 영국 버밍험 대학에 1년간 체류할 때 커미셔닝(commissioning)이라는 독특한 연계수단에 자연스레 관심을 가지게 되었고, 또 한편 HAZ(Health Action Zone)라는 지역공동체를 정책수단으로 하는 흥미로운 사례에 집중할 수 있었다. 이와 관련된 연구들은 다학문에 걸친 융합주제이어서 이를 학계에 소개하는 과정도 지난하였으며 그러한 아쉬움에 그중 일부를 이 책의 다시 소개하였다.

제3장 2절 NPM과 시장중심공급, 3절 NGO의 등장과 복지공급 거버넌스는 필자의 박사학위논문(2001) "사회복지서비스 공급네트워크에 관한 연구"의 내용을 주로 활용하였다.

제6장 1절 보건복지연계체계는 보건사회연구(2013. Vol.33, Issue1)에 발표된 "지역 보건복지 통합접근의 연계수단: 영국 커미셔닝을 중심으로"의 내용을 주로 소개하였다.

제6장 2절 학습, 복지, 고용의 연계체계는 현대사회와 행정(2009. 제19권, 제1호)에 발표된 "주민생활지원행정체계의 한계와 수요자 중심 모형의 설계: 학습·고용·복지를 중심으로"의 내용을 주로 소개하였다.

결과적으로 이 책의 완성도 많이 늦어지게 되었으며 많은 분들의 도움으로 여기까지 오게 되었음에 감사한다. 아직 어설프고 덜 성숙된 부분이 많이 남아 있어 내놓기 부끄러운 면도 있지만 이 책이 세상에 나오기까지 집필의 기회를 허락하고 또 오랫동안 인내심으로 지켜주신 아산사회복지재단 관계자 여러분께 감사드린다. 복지 분야 원고 내용을 검독하는 데 수고를 아끼지 않은 경북대학교 문순영 교수께 감사드린다. 그리고 책으로 발간되기까지 처음부터 자료정리와 교정 작업에 헌신한 대학원 보건복지전공 박사과정 유지혜 선생, 조교 백진우 군에게도 고마움을 전한다.

| 차 례 |

| 표 차례 |

| 그림 차례 |

제 1 장

서　론

제1장 서 론

이 책은 복지를 공급하기 위한, 특히 사회서비스 제공에 활용될 수 있는 수단과 체계에 관한 것이다. 여기서 수단은 곧 방법을 의미한다.

복지국가가 융성하던 1950, 60, 70년대 시기에는 대상, 급여, 서비스 등에 초점을 둔 복지정책 그 자체가 중요하였고, 정책 내용이 정책의 효과를 좌우한다는 신념이 견고하여 다양한 정책을 개발하고 확대하는 데 몰두해 왔다. 그렇기 때문에 다른 나라의 정책들이 어떻게 형성, 발달되어 왔고, 특정한 사회문제에 대해 어떤 정책으로 개입하였느냐를 학습하고 도입하는 것이 좋은 행정을 해나가는 데 일상적 행정과정으로 자리 잡게 되었다.

기본적으로 재분배정책은 특정한 정책문제에 대해 매우 다양한 시각과 대안의 스펙트럼이 도열하고 있어서 쉽게 최적대안에 이르지 못한다. 이로 인해 정책경쟁을 넘어 이념, 세대, 계급, 집단, 지역 간 갈등현상이 파생되기도 한다. 복지정책과정에는 기본적으로 정치적 영향이 강하게 작용한다. 또한 사회적 재화는 공리와 실용보다는 정의와 평등이 우선되는 가치일 때 공정한 배분이 중요시되어 효율성의 기준이 소홀해지는 경향이 있다.

그래서 공정한 배분을 위한 더 쉽고 실용적인 방법이 있는데도 불구하고 이를 놓치는 경우가 많은 것이 현실이다.

정부의 역할도 변하고 있다. 정부는 공동의 일을 효과적으로 처리하게 한다는 데 그 존재의 이유가 있다. 그러기 위해서 일정한 강제력이 정당화되고, 개인의 사회적 관계와 활동에 대한 정부의 규제와 간섭이 이루어졌으며 막스 베버의 이념적 관료제를 기반으로 한 수단들이 주로 활용되었다. 하지만 신자유주의의 물결은 정부실패에 따른 다른 방식들, 이른바 자율성의 논리로 작동되는 시장을 매력적인 기제로 제시한다. 1980년대 초 레이건과 대처가 정부 대신 시장에 대한 신념을 설파한 이후 1990년대까지 시장이 공익을 달성하는 주요 수단이라는 신념은 유지되었다. 하지만 시장은 아무래도 공동의 선을 확보하는 데는 미약한 것임을 자각하게 된다.[1)]

스위스에서 1993년 핵폐기장 건립장소를 놓고 국민투표가 실시되기 직전 볼펜쉬센이라는 마을 주민을 상대로 조사를 실시하여 주민의 과반수인 51%의 동의를 받을 수 있었다. 그러나 재정적 유인책을 추가하자 찬성 비율은 51%에서 25%로 절반가량 떨어진 것이다. 이것은 재정적 인센티브가 오히려 시민의식을 훼손시키는 기제로 작용한 것을 의미한다.

시장 메커니즘이 사회적으로 적정한 결과를 생산하는 데 실패하면 국가는 전지전능한 수호자로서 이 같은 실패들을 교정하기 위해 개입하게 된다. 이때 국가가 사용하는 수단으로는 공적 생산, 가격조절, 독점권 판매(franchise bidding), 세금, 보조금, 재산권의 재분배 등이다

---

1) 시장중심주의로 지난 30년 동안 발생한 가장 치명적인 변화는 시장과 시장가치가 원래는 속하지 않았던 삶의 영역으로 팽창한 것이다(샌델, 24). 때때로 시장가치는 우리가 관심가져야 하는 비시장가치를 밀어내기도 한다(샌델, 2012:27).

(장하준, 2006:74).

하지만 정부가 처리해야 하는 사회문제와 행정수요는 더 이상 합리적 모델만으로 해결될 수 없는 우발성, 불안정성, 유동성, 고질적인 불확실성, 복잡성과 역동성, 그리고 개인적 특이성 등으로 특징되는 환경으로 변화되고 있다.

따라서 수단도 합리성에 기반으로 한 표준화된 수단으로부터 개별적 특성을 반영하고, 비합리적 행태를 반영한 수단까지를 고려하는 것이 훨씬 바람직한 전략임에 틀림없다.

행동경제학(Behavioral Economics)의 부상으로 예전의 "합리적 행위자" 모델과는 달리 넛지(Nudge), 벗지(Budge), 너즐(Nuzzle), 스몰빅(Small big) 등 정부의 목적을 달성하기 위해 개인과 조직의 행태를 비교적 손쉽게 바꾸도록 하는 방법들에 주목하고 있다.

정부와 시민과의 관계에 있어서 Thaler and Sunstein(2008)[2]의 정의대로 시민들은 대체로 비합리적으로 행동한다는 관점에서 정책대안을 검토하기 시작하였다. 즉 판단은 편견과 실수로 가득 차 있고, 타성에 젖어 있으며, 위험을 분석하는 데 서툴고, 비합리적으로 손실회피(loss avers)를 선택한다는 것이다.

따라서 여기에 대한 처방은 선택을 재설계해서, 이러한 특성으로 그들이 가장 관심 있어 하는 곳에 정부의 판단을 선택하게 한다는 것이다. 그래서 넛지는 선택공학(choice architecture)이 중요하다고 제안한다.

소비자로서 시민들의 바람직한 선택을 유도하는 것도 중요하지만 사회적으로 해로운 공급에 대한 규제와 제한이 병행되는 벗지가 필요

---

2) Thaler, R. H. and C. R. Sunstein (2008). Nudge: Improving Decisions about Health, Wealth, and Happiness. Yale University Press.

하다는 주장도 제기되었다(Oliver, 2013).

한편 너즐은 정부가 시민들을 창조적 혁신가, 능동적 설계자 등으로 간주하게 하는 관점이다. 너즐의 관점에서 시민들은 선택행위에 타성과 편견을 보이기도 하지만 이는 불확실성과 권력의 불평등에서 비롯된다고 본다. 따라서 정부는 확실성과 복원력을 제공하여 시민들이 장기적 결정을 할 수 있도록, 또한 사회에 창조적 기여를 할 수 있도록 환경을 제공하는 것이 중요하다고 제안한다.[3)]

예를 들어 흡연율을 낮추어 국민건강을 증진하고자 하는 정책의 경우, 어떤 정책수단을 쓰느냐에 따라 성과는 달라지기 때문에 정책수단이 정책내용보다 주목되는 것이다. '담배가격인상'이라는 수단은 기본적으로 담배수요의 가격탄력도가 높아야 정책성과를 기대할 수 있다. 또한 이 수단은 자동성[4)]이 높아 행정비용의 부담은 적지만 애연가들의 반발로 정책저항이 전개될 수도 있다. 한편 금연교육과 캠페인을 통한 '사회적 마케팅(social marketing)'은 거부감은 적으나 장기적으로 진행되어야 하고 흡연위험 집단을 대상으로 광범위하게 전개될 때 효과적이어서 즉각적인 성과를 기대하기에는 적합하지 않다. 금연을 유도하기 위한 문구나 그림을 담배에 삽입하여 넛지효과를 기대할 수도 있지만 애연가들의 옆구리를 슬쩍 건드릴 수 있는 창발적인 도안을 구상할 수 있어야 한다.

이처럼 흡연율 억제를 위한 다양한 정책수단에 국민적 관심과 논란이 일어났다는 것은 그만큼 수단에 대한 사회적 인지도가 높아졌다

---

3) Graham Room (2016). Nudge or nuzzle?: improving decisions about active citizenship. Policy Studies. Vol. 37(2).

4) 자동성(Autonomy)은 특정 수단을 적용하기 위해 별도의 기구나 조직을 설치해야 할 필요가 없이 기존에 있던 기제를 활용하여 적용할 수 있는 정도를 말한다. 대체로 시장기제를 활용할 때 자동성의 정도는 높고 행정비용도 낮은 편이다.

는 것을 의미한다.

최근 거버넌스 패러다임에서 정부의 중심력이 점차 저하되고 있고, 비정부적 또는 초정부적 영향력이 거세지는 과정에서는 상황에 따라 공급수단을 적시 적절하게 적용할 수 있는 능력이 전략적으로 제고되어야 할 때이다. 국가강제력을 바탕으로 한 직접 개입수단들이 국가목표를 달성해 가는 데 충분하였던 시기로부터 시장에 위임하여 간접수단들을 활용하던 시대로, 이제 개인과 집단에 참여의 형태로 국정을 위탁하는 '정부 없는 국정관리'(governance without government), '국가공동화(hollowing state)'시대로 접어든 것이다.[5] 그리하여 정부의 존재에 대한 필요성은 인정하지만 기존과는 다른 관여의 방식과 수단을 찾는 노력이 생겨나게 되었다. 이러한 현상 중 하나로 정책과 대상자 사이에 존재하는 매개체에 대한 중요성과 관심이 커지고 있다. 지금까지는 전달체계에 주목하였지만 수단과 매개체, 유인체 등의 개념들이 부각되고 있다.

살라몬(L. Salamon)은 거버넌스 패러다임에서 강조되는 것은 정책내용보다 정부수단이라고 밝히고 있다. 2007년 여름, 저자가 존스 홉킨스 대학에 머무는 동안 살라몬 교수의 정부수단론에 대한 그의 철학을 가까이에서 접할 수 있었고, 특히 임신 여성과 아동의 건강을 보호하기 위한 연방정부의 바우처 사업인 WIC(Women, Infants, Children) program의 사업체계를 현장에서 관찰할 수 있도록 아이디어와 편의

---

5) 국가없는 국가주의는 개인에게 책임을 전가하고는 스스로 아무 책임도 지지 않는 간접적 거버넌스의 한 형태이다. 이면에는 소위 신자유주의 철학이 자리하고 있다. 신자유주의는 이동의 자유는 허용하되 원래 국가의 책임이었던 것들의 대부분을 사적 부문에 넘긴 결과, 아무런 책임을 지지 않으면서 통치하는 완전히 새롭고 이상한 형태 즉 국가없는 국가(state without state)가 출현한다(지그문트 바우만, 카를로 보르도니, 2014:75).

를 제공해 주었다. 이 시기 한국은 노무현 정부에서 힘써 추진하고 있던 사회서비스 바우처 사업이 여러 우려에도 불구하고 한창 확대되어 나가던 때였으므로 더욱 관심 가는 주제가 아닐 수 없었다.[6)]

살라몬 교수 덕분으로 연방정부의 WIC와 food stamp 담당관들을 만나 바우처 사업의 정책수단 효과에 대한 의견을 들을 수 있었으며, 메릴랜드 주정부 사업담당관들은 구체적인 행정자료를 제공해 주었다. Baltimore의 WIC 센터 책임자 패트리샤 여사는 여러 에이전시를 안내하는 수고를 마다하지 않았다.

이 책에서는 사회서비스에 적용가능한 여러 정책수단을 제시하고 있다. 일부는 이전부터 활용해 오던 수단이며, 또 일부는 새로이 할 적용할 수 있는 수단이다.

계약(contracting out)은 정부와 지방자치단체에서 가장 많이 활용하고 있는 수단 중 하나이다. 민간 부문과 계약의 기본원리는 계약과정 및 서비스 공급과정에 걸쳐 경쟁을 통해 보다 나은 서비스를 낮은 비용으로 제공하고자 하는 데 있다. 그러나 계약의 원리를 원칙적으로 고수하면서 공공성과 효율성을 동시에 확보하기가 쉽지 않은 것이 현실이다. 특히 사회서비스의 경우 잠재적 계약자들(일반적으로 비영리조직)이 경쟁에 익숙하지 않은 특성이 있고, 복수의 공급자를 상정할 수 있을 만큼 시장규모가 충분하지 않을 때가 일반적이기 때문이다. 그럼에도 불구하고 민간 부문과의 계약은 기본원리에 입각하지 않으면 자칫 국가의 역할을 민간 부문에 넘겨 궁극적으로 국가의 책임을 개인에 전가하는 오류를 범하기 쉽다. 실제로 행정 일선에서 진행되고

---

6) 당시 정책수단으로 익숙하지 않은 바우처방식의 사업을 조속히 확대하는 과정에서 공급자원의 부실과 소비자 선택여건의 미비로 제대로 된 실행이 어렵지 않느냐에 대한 걱정들이 있었다.

있는 '협상에 의한 계약'이 우량기술을 보유한 우수한 계약상대를 우선 협상 대상자로 선정하여 양질의 계약이 이루어지도록 하는 취지에 반하여 가격 협상에 치우치는 일방적 갑을관계로 전락하고 마는 것이 다반사이다.

사회적 프랜차이즈(social franchise)는 상업적 프랜차이즈 구조를 사회적 목적에 활용할 수 있도록 리모델링한 수단이다. 우리에게는 비교적 낯선 수단이지만 공익적 목적으로 표준화된 서비스를 신속하게 확대, 전파시켜야 할 경우 유력한 대안으로 고려할 수 있다. 하지만 프랜차이즈의 기본 틀에서 프란차이저(FO)와 프린차이지(FE) 간 협약이 준수되지 않으면—예를 들어 프란차이지의 기회주의적 행동—전체 프랜차이즈 체계가 불명예에 빠질 위험을 안고 있다.

바우처(voucher)는 사회서비스 공급 수단으로 많이 활용되어온 소비자 보조 수단 중 하나이다. 현금과 현물의 중간적 성격으로 소비자의 선택권을 보장하여 결과적으로 서비스 소비의 효용성을 증대하고자 하는 데 목적이 있다. 결국 여기서 가장 중요한 원칙 중 하나는 소비자의 선택권이다. 만약 이것이 준수되지 않는 경우라면 바우처가 아닌 다른 수단을 탐색하는 것도 고려할 수 있다.

보조금(grant)은 소비자보조와 공급자보조로 크게 나눌 수 있다. 공급자보조는 흔히 가격보조(price subsidy)라고도 하는데 이 방법의 성공 요건은 보조받은 서비스의 수요에 대한 가격탄력도가 높아야 한다. 만약 탄력도가 낮거나 불확실한 경우 또는 편차가 큰 경우에는 적절하지 않다. 또한 공급자 보조금은 조건부, 무조건부 또는 대응, 비대응 등에 따라 보조금의 효과가 달라진다. 따라서 보조금 제공의 목적과 대상에 따라 보조금의 조건을 적절하게 활용할 수 있어야 한다.

공동생산(coproduction)은 전통적 서비스 생산자와 소비자 관계를 재구성하여 정규 생산자와 정규 소비자를 서비스 생산자로 규정하는 일종의 참여모델이다. 서비스 생산비용을 절감하고자 하는 절박한 이유로 등장하였지만 소비자의 참여는 불신의 시대에 서비스의 신뢰성을 제고하는 효과도 기대할 수 있다.

공동체(community)는 일정한 지역적 공간에 공동체 정신, 신뢰를 바탕으로 장기간에 걸쳐 진행된다는 특징이 있다. 이것은 재정적 인센티브로 형성되는 것도 아니며 수단과 성과 사이 뚜렷한 인과관계를 측정하기도 쉽지 않다. 하지만 건강하고 안정된 지역사회가 인간의 삶에 주는 긍정적 효과는 다양하게 보고되고 있기 때문에 그 수단으로서 충분한 가치가 있다.

지역통화(local currency)는 법정통화와 달리 일정한 지역 내에 유통되는 교환수단이다. 이 수단의 기본 취지는 주민 상호 간 교환을 통해 소비와 생산의 경제효과가 외부로 유출되지 않고 내재화하자는 데 있다. 궁극적으로 자본주의 국가와 시장에 예속되지 않고 주체로서의 삶을 구현할 수 있도록 하는 보완적 수단이라고 할 수 있다.

민간계약, 바우처 등 기존에 널리 활용되어 왔던 수단들도 그에 걸맞는 원칙과 적용조건을 무시한 채 형식적으로 진행해 오던 관행을 성찰하고 원칙과 기준에 충실한 설계와 실행이 되도록 하는 데 참고가 될 수 있다. 또한 비교적 낯설게 인식되는 수단들은 예산, 인력, 시간 등 주어진 제약조건에서 소기의 정책효과를 거둘 수 있도록 공급수단의 지평을 넓힐 수 있는 기회로 삼는 지혜가 필요하다. 이를 전략적으로 활용하는 데 적극적인 시도가 있기를 기대한다.

제 2 장

복지공급의 역사적 전개

제2장 복지공급의 역사적 전개

일반적으로 사회복지서비스는 역사적으로나 문화적으로 매우 다양하여 일률적으로 정의하기는 불가능하나 비물질적이고 심리・사회적인 대인사회서비스를 가리키는 것으로 본다. 구체적으로 치료, 원조, 재활과 같은 당면 문제 해결 서비스, 사회화와 발달 욕구충족 서비스, 그리고 옹호 및 정보제공서비스 등과 같은 서비스를 포괄하는 것으로 정의되고 있다(Kahn, 1979).

휴먼서비스(human service)는 사회가 그 구성원이 적절하고도(adequate) 보람 있는(rewarding) 삶을 영위할 수 있도록 도와줄 필요가 있음을 반영하는 용어이다(Eriksen, 1977). Harris와 Maloney(1996)는 휴먼서비스를 폭넓게 정의하여 "도움이 필요한 사람들의 이익에 가장 잘 대응하기 위해 사회체계와 조응하는 과정"이라고 한다.

이처럼 사회복지서비스 또는 휴먼서비스의 정의에서 공통적으로 발견되는 핵심 요건은 사람의 욕구를 충족시키는 것이다.

오늘날 휴먼서비스와 사회복지체계의 전신은 영국의 1601 구빈법(Elizabethan poor law)에서 확립된 사회개혁이었다. 구빈법 이전에는 교회가 빈민을 구제하는 등 공공기관의 역할을 수행하였다. 구빈법과

60년 후의 정주법(Settlement Act)은 취약자를 지원하는 자금조성을 위한 강제과세 정신을 제기하였고, 수혜대상자들에 대한 자격요건을 확립하였다. 사회서비스 전개에서 중요한 역사적 사건은 1870년대보다 혹독한 1890년대의 상황이었다. 실업과 인종갈등에서 유발된 사회적 불안으로 사회서비스의 필요성이 커졌다. 이즈음 빈곤은 매우 복잡한 문제이며 그 이전에 알고 있던 것보다 훨씬 풀기 어려운 것으로 인식되었다. 따라서 효과적인 지원을 위해서는 훈련된 전문직업인이 체계적 형태로 다양한 기술을 수행하는 것이 필요하였다. 인보관운동(settlement movement)은 이 기간의 중요한 발전 중 하나이다.

사회복지서비스 공급을 주도한 사회정책의 역사는 학자에 따라 기준을 달리하여 조금씩 다르게 구분하고 있으나, 본 장에서는 복지공급 패러다임의 변화가 두드러지는 시기를 중심으로 구분하여 살펴본다. 첫 단계는 빈곤에 대한 구제와 구호가 교회와 봉건영주를 중심으로 이루어지던 시기, 두 번째 단계는 사회복지서비스 공급에 국가가 개입하기 시작하는 시기이자, 인도주의적 입장에서 구제활동을 담당하는 민간 기관들이 자본주의 발전과 더불어 19세기 후반 급격하게 증가하는 하층 빈민의 비참한 생활 상태를 해결하기 위해 더욱 활성화되고 조직화되는 시기, 세 번째 단계는 자본주의 산업화의 진전에 의한 노동자 계급의 극심해진 생활상의 위험—즉, 사고, 질병, 장애, 실업 등—에 대하여 국가에 의한 공적 사회복지공급체계가 급격하게 성립·진전되는 근대국가시기이다. 네 번째 단계는 노동계급에서 일반 국민의 생활영역 전반에 걸쳐 소득유지, 건강, 영양, 교육, 주택 등 시민의 최저한의 수준을 보장하는 책임을 국가가 맡고, 국가 주도의 복지공급이 확대되는 복지국가 시기이다. 다섯 번째 단계는 1970년대 접어들면서 자본주의 경제의 침체와 함께 그 동안 비대해진 복지

지출이 더 이상 국민경제가 감당하기 어렵게 되었다는 사회적 인식과 국가복지의 재원조달과 수혜범위를 둘러싼 계급·계층 간·정치세력 간의 갈등이 심화되어 서구의 국가 중심 복지공급체계에 대한 문제 제기와 더불어 다양한 공·사의 공급체계 혼합이 시도되고 복지국가의 재편이 이루어지는 시기이다. 마지막으로 후기산업사회의 발달로 인한 새로운 사회적 위험의 등장과 이에 대응하는 국가의 새로운 사회정책 노력들이 이전의 사회보장을 중심으로 하는 공적 이전체계 중심의 복지제도와 달리 사회서비스를 중심으로 한 복지공급의 패러다임의 전환을 맞고 있다.

제1절 민간 주도 사회복지서비스 공급 시기: 교회 중심

고대로부터 중세에 이르는 대부분의 시기에는 주로 혈연이나 지역 공동체를 중심으로 상부상조하는 형태였다. 중세 유럽은 신분계급이 이동하지 않는 소위 봉건사회였기 때문에 생활상과 관련해 발생하는 빈곤 문제는 일차적으로 봉건 영주가 어려움에 처한 사람을 지원하는 형식이었고, 그 외는 교회가 자선적인 차원에서 곤궁한 사람들을 구제하였다.

중세 기간 동안은 지배자들의 억압과 독재가 횡행하였기 때문에 빈익빈 부익부의 결과를 초래하였다. 그로 인하여 자유농민들의 생활은 점차 더 어려워지고, 빈곤과 식량 부족으로 어려움을 겪을 수밖에 없었다. 또한 기근과 한파와 같은 자연재해, 그리고 비위생적인 생활 환경으로 가난한 자, 병든 자, 떠도는 자의 수가 시간이 지날수록 증가하였다.

이 시기 교회는 수도원과 교회의 주교를 중심으로 교구 내의 가난한 사람들을 돌보았고, 교구에 설립한 구빈원, 숙박소를 통하여 빈자 및 사회적 약자들에게 음식과 보살핌 등의 도움을 제공하였다. 구빈원은 본래 여행자를 위한 숙박 시설이었으나 도움을 청하는 사람들의 필요에 의해서 여관과 병원으로서의 역할을 하였다. 구빈원의 직원은 대개 성직자였으며 간혹 일반인이나 간호사도 있었다. 구빈원의 재정은 주로 교회가 구제품을 모집하거나 재산 기부를 받아서 운영되었고, 이곳에서 돌보는 사람들 대부분이 병자, 가난한 자, 순례자들이었다. 구빈원에서 봉사할 사람이 부족할 때에는 병자 간호와 가사를 위하여 부인들이 동원되기도 하였다. 이러한 일을 하기 위한 구제금의 분배는 교회 지도자의 영적 판단에 따르거나 혹은 어떤 기회가 주어졌을 때 실시되는 등 무질서하게 이뤄졌다. 십일조를 거둘 수 없었던 수도원들은 자신들이 수고하여 농사한 결실을 수도원 문전에 가지고 나와 가난한 자들에게 나누어 주었다. 많은 노력에도 불구하고 가난과 곤경의 문제는 완전히 해소되지 않았기에 그 당시 구빈원과 숙박소는 가난한 자와 병든 자들의 구제 기관으로서 중요한 역할을 수행하였다(감정기 외, 2003).

중세 말기에 접어들면서 점차 상업무역 활동의 발전과 더불어 이윤추구의 자본주의적 정신이 움트기 시작하자—흑사병과 같은 전염병에 의한 재해, 농업인구의 감소로 인한 자영농의 증가도 기여함—점점 봉건적 사회관계가 완화되어 중세사회와 다르게 부랑인들이 급증하였고 이들의 빈곤문제가 심각해졌다. 이런 상황은 중세적인 자선사업이나 교회의 구빈제도만으로는 대처가 불가능하였다. 이에 따라 사회적 약자를 돌보는 일이 점차 교회와 성직자의 손에서 일반 시민으로 옮겨 갔고 이 과정에서 등장한 법률이 농촌사회로부터 이탈한 부랑인들을 통제하는 14세기~16세기의 빈민법들이었다. 이들은 14~16세기에 전염병으로 인해 노동력이 감소하면서 임금 수준이 상승하자 노동임금을 억제하기 위한 목적으로 제정된 것으로 「노동자규제법」(Statute of Labourers), 「걸인·부랑인처벌법」(Act concerning Punishment of Beggars and Vagabonds), 「건장한 부랑인·걸인처벌법」(Act for Punishment of Sturdy Vagabonds and Beggars), 그리고 「부랑인처벌 및 빈민과 무능력자 구제법」(Act for Punishment of the Vagabonds and for the Relief of the Poor and the Impotent Persons) 등이 있다(원석조, 1999).

제2절 빈민에 대한 국가의 적극적인 구제 계획의 시작: 보호 서비스의 제공

영국은 16세기 엔클로저 운동(enclosure movement)[1]과 1594~1597년까지 지속된 흉작, 신세계 귀금속의 대량유입으로 극심한 인플레이션을 경험하였다. 이렇게 되자 부랑인 수는 더욱 급증하였고, 이에 따라 빈곤의 원인을 개인의 책임뿐 아니라 그동안 빈민을 다루었던 교구 중심의 자선적 구빈 방법에 문제가 있다고 생각하게 되었다. 구빈의 책임을 교회가 아닌 국가가 계획을 세워 개입하는 형태로 전환하게 되었는데 이것이 1536년 영국 헨리 8세의 구빈법이다(감정기 외,

1) 미개간지·공유지 등 공동이용이 가능한 토지에 담이나 울타리 등의 경계선이 쳐져 타인의 이용을 막고 사유지로 만드는 것으로, 엔클로저에 의해서 중소농들이 몰락하여 농업노동자가 되거나 농촌을 떠나 공업노동자가 되기도 하였다(네이버백과사전〈http://100.naver.com〉).

2003). 이는 빈민을 억제하는 데 끝나지 않고 국가가 적극적인 구제계획을 세울 것을 제시하고, 시민의 자선행동을 금하고, 교회의 자선모금으로 재원이 확보되지 않을 경우 교구민에게 강제 과세를, 노동능력이 있는 빈민에게 교구에서 직업을 제공하는 것 등을 규정하고 있다. 이후 종전의 산발적이었던 빈민법들을 집대성하여 1601년에 빈곤에 대한 국가개입의 전조로 파악할 수 있는 엘리자베스 구빈법이 집대성되었다. 동 법은 구제 대상을 세 부류, 노동 능력이 있는 빈민(the able-bodies poor), 노동 능력이 없는 빈민(the important poor), 요보호 아동(dependent children)으로 구분하여 구제 방법을 다르게 시행할 것을 원칙으로 하였다. 노동능력이 있는 빈민에게 직업을 마련해주고, 노동능력이 없는 자들은 구빈원에 수용하여 일정한 도움을 받도록 하며, 요보호 아동의 범주에 속하는 고아나 기아는[2] 도예와 제봉공인으로 길드에서 기술 습득, 가사, 하녀의 일을 시키며 보호받도록 하였다(Zastrow, 2000:16). 이러한 사업들을 진행하기 위하여 교구별로 시장이 임명한 구빈 감독관이 지방세인 구빈세를 거두어 구빈 업무를 수행하도록 하는 행정체계를 구축하였다.

그러나 여전히 지속된 교구별 시행구제 사업으로 인하여 빈민들이 잘되는 교구로 이동하는 현상이 발생하게 되었다. 이는 원래 정부의 빈민퇴치의 취지에 어긋나므로 1662년 찰스 2세가 「거주지법」(Law of Settlement and Removal)을 제정하여 빈민의 자유로운 이동을 억제하였다. 이 법으로 교구는 교구 내에 법률상의 주소를 가진 자들만 책임을 지면 되도록 하였다. 그렇지만 이 법률은 일할 수 있는 지역으로 빈민의 자유로운 이동을 제한함으로써 오히려 빈민의 수를 증가

2) 24세까지의 남자와 21세까지의 여자.

시켜 빈곤 문제 해결에 역기능적으로 작용하였다. 또한 시간이 지날수록 엘리자베스 구빈법의 중요한 특징이었던 빈민의 대상에 따라서 적절한 구호를 제공하고자 하였던 의미가 퇴색되어 점점 규정이 지켜지지 않았다. 그리하여 다시 구빈법을 정리하여 개혁하여야 한다는 목소리가 성직자와 사회개혁가들로부터 제기되었다. 이러한 배경을 가지고 등장한 법률이 길버트 의원이 주도하여 제정된 토마스 길버트법(The Thomas Gilbert Act)이다. 이 법은 구제 사업을 구빈원으로만 한정하지 않고 가정으로 돌려보내는 것을 내용으로 하였다. 교구들이 연합하여 빈민공장을 만들고, 구호물품을 이용한 원외구조를 조장하였고, 노동능력이 있는 빈민을 농민들에게 순번으로 일하게 하는 순환고용제도를 허용하였다. 길버트법은 노동능력이 있는 빈민과 실업자에게 가혹한 처벌을 가하는 것이 아니라 일자리나 원외구호를 제공하였다는 점에서 인도주의적 구빈제도로 평가받고 있다(Bruce,. 1961: 41).

길버트 법으로 빈민에 대한 구제 제도가 변화하자 누구나 정부의 구제를 받으려는 경향이 팽배해졌다. 또한 저임금 노동자의 궁핍화를 막기 위하여 구빈세를 재원으로 임금보조금을 지원하는 스핀햄랜드 제도(1795년)가 도입되고 난 후 구빈세 부담의 절대액은 매년 상승하였다. 구빈비용이 사회적으로 급격히 상승하여 부담이 커지자 1820년대에는 지주계급을 중심으로 구빈제도에 대한 불만이 사회적으로 표출되었다. 산업화의 뒷전에서 상대적으로 더 궁핍하였던 농촌지역 빈민들의 불만도 커져서 폭동을 일으키거나 구빈원을 공격하는 일까지 발생하였다. 이에 빈민구제의 남용을 철폐하고 구빈제도를 개정하여야 한다는 비판이 제기되어 1834년에 신구빈법이 제정되었다. 이 법은 전국 각지에 빈민구제 사업을 조정통제 · 감독할 수 있는 기구를 설치 · 운영하고, 지역교구별로 이루어진 빈민구제 사업의 단위를 보다 넓은 지역으로 묶어 새로운 공동작업장을 설치하는 등 보다 광역화한 지역 단위 중심의 빈민구제를 제시하였다. 또한 지방의 무질서한 빈민구제를 시정하고 빈민행정을 일률적으로 처리하기 위한 행정당국의 설치를 제안하고, 행정적 위계는 중앙기관에 설치하여 전국의 구빈행정을 지도 · 감독하도록 하였다. 그리고 구빈원은 노약자, 아동, 노동능력이 있는 남녀를 따로 수용하고, 노동능력이 있는 자의 구제는 자활노동자의 생활수준보다 높지 않아야 한다는 열등처우의 원칙(principle of less eligibility), 노동능력이 있는 빈민과 그 가족에 대한 구제는 작업장 내로 한정시킨다는 작업장 활용의 원칙(principle of workhouse system), 원외구호(outdoor relief)는 의료구조와 도제교육에만 한정한다는 내용들을 중심으로 입법화되었다.

산업혁명을 기점으로 19세기 영국은 산업자본주의 단계에 있었다. 경제적으로는 '보이지 않는 손'이라는 자유 시장 원리와 식민지 쟁탈을 둘러싼 국가팽창주의가 활발히 진행되었고, 정치적으로는 빅토리아 왕조의 자유방임주의가 강조되었다.

빅토리아 왕조의 기본 통치 이념은 자조 · 자유 · 개인주의였고, 사회진화론이 등장하여 자유로운 개인의 활동을 권장하고 이에 대한 국가의 간섭을 배제하는 주장[3](Leonard; 장인협 · 김융일 역, 1983)과 개인의 자조정신이 모든 성장의 근원이고 국력의 원천이 된다는 주장 등이 팽배하면서 국가의 역할은 기존의 질서를 위협하는 사회혼란을 방지하는 데 주력하는 최소한의 야경국가로 한정되었다. 당시의 박애, 상호부조 및 자조가 강조되는 분위기가 나름대로 사회복지에 영향을 미쳐, 우애조합과 자선조직협회 및 인보관운동 등의 민간 기관 활동

3) 사회진화론의 대표적 학자인 스펜서(H. Spencer)는 "자유로운 개인이 주체적으로 행동하여 보다 훌륭히 해낼 수 있는 일에 국가가 간섭해서는 안 된다"고 주장하였다.

의 조직화와 활성화로 이어졌다.

우애조합은 우정을 가진 사람들끼리 노령, 질병, 장애에 대비하거나 사망한 회원의 미망인과 자녀를 구제하기 위해 돈을 갹출하여 만든 기금을 말한다. 이는 빅토리아 시대의 사조인 독립과 자조의 강조, 그리고 구빈비를 대폭 감소할 수 있을 것이라는 당시 지배계급의 생각과 맞아 떨어져 전국적 규모로 발전하였다. 사람들은 구빈법에 대한 공포 때문이기도 하였지만 대부분이 질병으로부터 자신을 보호하고 구빈법 수준 이상으로 자신들의 생활을 안정시키기 위하여 우애조합에 가입하였다. 우애조합의 급여 수준은 조합의 규모에 따라 달랐고 급여 형태도 매우 다양하였지만 피구제빈민이나 그 주변 계층을 조직화하지는 못하였고 비교적 여유가 있는 공장노동자와 숙련기술자 등을 중심으로 자체 조직을 확대하여 나갔다. 우애조합은 1793년 Rose에 의해 법률상 근거를 마련하여 1829년까지 효력을 발휘하였다. 그 후 1850, 1855, 1875, 1896년 등 4회에 걸쳐 우애조합법이 개정되었다. 우애조합은 미국에까지 영향을 미쳐 1868년 미국 최초의 우애협회(fratenal benefit association)인 연합노동자단(The Ancient Order of United Workman)이 결성되었지만 미국에서는 이민자들이 훨씬 이전부터 상호보험협회를 출범시켜 왔기 때문에 영국만큼 활성화되지는 못하였다(감정기 외, 2003).

1834년 신구빈법이 시행되었음에도 불구하고 기근과 전염병이 겹치면서 노동자 계층의 어려움은 더욱 증가하였다. 당시 개정 구빈법 체제하의 구빈행정은 이를 감당하기에 역부족이었다. 이로 인하여 자선조직들이 불규칙하게 난립하는 현상을 초래하였고 1860년대 런던에만 100개가 넘는 자선기관들이 구호를 남발하였다. 자선활동들은 무원칙 · 비효율 · 무책임 · 상호대립 등의 난맥상을 드러내고 있었다.

그러면서 확대된 자선사업기관들의 구호활동이 대중들을 거지로 유인한다는 비판들이 발생하였고, 무차별적이고 무원칙한 시여와 자선에 대하여 일부 지도층이 분노를 느꼈다. 그리하여 19세기 중엽(1869년) 교회와 박애적인 조직들의 무질서한 구호를 개선하기 위하여 자선조직협회(Charity Organization Society; C.O.S.)가 발족되었다. 자선조직협회는 기존의 산발적인 자선단체의 활동을 조직화하였다. 자선조직협회를 중심으로 한 전문적인 사회사업 활동은 민간 활동 영역으로 간주되어 정부와는 엄격히 상호 분리되어 활동하였다. 이후 미국에서도 1873년 경제공황으로 많은 실업자들이 발생하게 되자 런던자선조직협회에서 활동하던 미국인 목사들이 뉴욕에 최초로 주 단위 미국자선조직협회를 1872년에 설립하였고, 1877년에는 버팔로(Buffalo)시에 최초의 시 단위 자선조직협회가 설립되었다. 이를 계기로 미국은 영국보다 더욱 활성화되고 체계를 갖추어 전문직으로서의 사회사업을 발전시키게 된다.

자선조직협회운동보다 다소 늦게 등장한 운동이 인보관운동(Settlement Movement)이다. 자선조직협회운동이 경제적 상류층에 의해 주도되던 것에 비하여 이 운동은 급진적이고 개혁을 지향하는 중류층 지식인들을 중심으로 이루어졌다. 활동가들이 빈민들의 거주 지역에 뛰어 들어 그들과 적극적으로 동조하는 가운데, 그들이 필요로 하는 각종 서비스들을 제공하고, 사회를 개혁함으로써 빈곤 문제를 해결하려는 노력을 병행한 운동이었다. 여기서 제공된 주요 프로그램은 탁아, 급식, 아동과 청소년의 클럽활동, 레크리에이션, 교양강습 등이었고, 이외에도 사회개혁 활동으로 빈민의 조직화와 의식화 활동, 빈민보호를 위한 입법 활동 등의 정치참여 활동 등이 이루어졌다. 1984년 영국에서 유명한 사회시설인 인보관으로서 토인비 홀(Toynbee Hall)이 있었고, 미국에서는 코이트(S. Coit)가 1886년에 뉴욕에 세운 근린조합(Neighberhood Guild)과 시카고에 1889년에 아담스가 세운 헐 하우스(Hull House)가 잘 알려진 초기 인보관이다.

제3절 노동자 계급에 대한 국가의 소득보장 시기

서구 각국에서는 19세기 중반부터 20세기 초반에 개인주의적 자유주의의 물결을 거슬러 사회복지공급에 대한 국가 개입주의가 확대되어 사회보험제도가 만들어졌다. 이 시기는 산업화의 진척에 따라 자본의 독점화가 진행되는 가운데 자본주의의 구조적 특성에서 비롯되는 여러 가지 사회문제들이 부각되던 때이다. 노령, 질병, 재해, 실업 등의 각종 사회적 위험(social risks)들이 임금 생활자의 최저생활을 위협하면서 국가에 의한 경제적 보장으로 현금 급여가 제공되는 사회보험제도가 도입되었다. 특히 이 시기 자본주의가 발전하면서 시장과 이윤동기가 모든 것을 압도하였다. 따라서 구매력을 갖지 못한 사람은 인간의 기본적인 욕구조차 충족하기 힘든 상황으로 변하였고, 시장이 인간의 기본적인 욕구보다 더 큰 비중을 차지하게 되었다. 이러한 환경에서 기본적 욕구의 충족 또는 사회적 재생산(social reproduction)을 위하여 새로운 제도의 출현은 불가피해졌다. 이는 국가 재량이나 교회의 자선, 개개인의 능력에 기반을 둔 시장경제의 논리와는 다른 논리를 필요로 하였고, 그것이 바로 사회보험이었다.

사회보험제도는 1880년대 독일 비스마르크의 사회입법에서 시작되어 노동자 계급을 대상으로 산업화·도시화로 인한 사회적 위험,

〈표 2-1〉 주요 국가들의 사회보험제도 도입 연도

	산재보험	건강(질병)보험	노령연금	실업보험
벨기에	1903	1894	1900	1920
네덜란드	1901	1929	1913	1916
프랑스	1898	1898	1895	1905
이탈리아	1898	1886	1898	1919
독일	1884	1883	1889	1927
아일랜드	1897	1911	1908	1911
영국	1897	1911	1908	1911
덴마크	1898	1892	1891	1907
노르웨이	1894	1909	1936	1906
스웨덴	1901	1891	1913	1934
핀란드	1895	1963	1937	1917
오스트리아	1887	1888	1927	1920
스위스	1881	1911	1946	1924
호주	1902	1945	1909	1945
뉴질랜드	1900	1938	1898	1938
캐나다	1930	1971	1927	1940
미국	1930	-	1935	1935

자료: Pierson, Chistopher. (1991), Beyond the Welfare State: The New Political Economy of Welfare, Oxford: Polity Press, p.108

*국가에 의한 강제방식뿐 아니라 임의가입방식도 포함되어 있음.

즉 산업재해, 실업, 질병, 노령으로 인한 정년퇴직 등 봉건시대에는 존재하지 않았던 위험에 대응하기 위해 재정을 자본가, 노동자, 국가 등 삼자가 부담하는 형태로 권리에 의한 급여를 제공하는 것이 특징이다. 이와 같은 사회보험제도가 제도화되는 구체적 배경과 시기는 나라마다 다양하나, 일반적으로 ①산업화 이후의 자본주의 발전과 병행한 각종 사회문제의 심화, ②문제 해결에 대한 가족 및 시장기능의 한계 및 그것에 대한 인식, ③노동운동의 정치세력화를 통한 정치적 압력, ④근대국가의 성장과 개입적기능의 확대(감정기 외, 2003:

156) 등이 배경이었다.

대부분의 주요 사회보험제도는 〈표 2-1〉에 정리된 것처럼 1930년대 이전에 서구 국가들에서 연대성의 원리에 근거하여 모든 노동자와 사용자가 강제로 가입되어 비용의 일부를 부담하고, 국가가 산업사회에서 발생할 수 있는 국민들의 생활상의 위험—사고, 질병, 장애, 실업, 노령 등—으로 인한 소득 상실을 집합적으로 해결하는 새로운 복지공급의 방식이 성립되었다. 다만 미국을 중심으로 한 북아메리카는 대공황 이후인 1935년에 사회보장법을 입법하면서 사회보험제도가 마련되었다. 미국은 각계의 간헐적 시도에도 불구하고 개인주의, 자유주의, 지방분권주의가 지배적이었기 때문에 연방정부가 책임지는 사회보험제도의 도입이 늦었다.

제4절 보편적 복지국가 시기

1930년대 세계 경제 대공황과 제2차 세계대전을 경험하면서 사회복지공급에 대한 공공 책임의식이 확실한 모습을 갖추게 되었다. 즉, 1929년에 시작된 세계적 규모의 경제공황에서 1930년대의 암울한 전쟁 전야제를 거쳐, 제2차 세계대전을 겪으면서 이전 시기의 각종 사회보험들이 정부 주도의 강제적인 공급 프로그램으로 확대될 수 있는 기초와 틀이 마련되었다. 또한 사회보험의 개념도 확대되어 '국민최저한(national minimum)'의 개념과 사회권으로서의 의미가 부각되었다. 따라서 이 기간을 복지국가 시기라고 볼 수 있다. 가장 어려웠던 시기에 복지국가의 바탕이 공고해진 것은 무엇보다도 위험과 피해가능성의 공유에 따른 공동체의식과 집단적 대응의 필요성 때문이었고, 그와 같은 정신적 바탕이 국가 개입의 여지를 크게 넓혔다.

우선 복지국가로 성장할 수 있는 결정적인 계기는 1942년의 베버리지(Beveridge)의 안인 '사회보험 및 관련 사업에 보고서(Social Insurance and Allied Services, Reported by Sir William Beveridge)' 발표였다. 다음의 여섯 가지 내용으로 구성된 이 보고서가 영국형 복지국가의 준거틀이 되었다. ① 모든 시민을 포함하고, 대상자 집단을 경제적 곤란의 원인과 그 보호방법에 따라 분류한다. ② 사회보험의 성공을 위해서는 세 가지 기본 전제조건이 필요한데, 가족수당(family allowances), 포괄적인 보건서비스(comprehensive health service), 완전고용(full employment) 등이 그것이다. 가족수당은 가족의 크기와 소득을 고려하여 결정되어야 하고, 보건서비스는 치료적일 뿐만 아니라 예방적이어야 한다. 실업으로 인한 실업수당의 비용과 그에 따른 임금 손실을 감안하면 실업이 가장 낭비적인 문제이므로 완전 고용은 이 제도를 위한 매우 긴요한 전제조건이다. ③ 연금은 자산조사 없는 정액제에 최저 수준 이상이어야 한다. ④ 재정은 피보험자, 고용주 및 국가(재정의 1/6)가 공동 부담한다. ⑤ 소득에 관계없이 모든 국민이 정액의 보험료를 낸다. ⑥ 사회보험으로 해결되지 않는 부분은 근대적이고 인도주의적인 공공부조가 담당한다(Baldwin, 1990:117).

이 보고서에서 처음으로 국민최저한의 개념이 제시되어 적어도 영국시민이면 일정 수준 이상의 기본적 소득이 보장되어야 한다는 점을 크게 부각되었다. 이는 미증유의 세계대전을 경험한 영국국민 간의 공동체의식과 평등의식의 작용에 기인하였던 것으로 보인다. 즉, 베버리지 보고서의 철학은 전시에 개별적 계급보다는 응집력 있는 집단으로서 전쟁과 그것의 부담을 공유한 결과로 볼 수 있다.

제2차 세계대전 이후 자본주의 경제의 번영과 함께 서구에서는 국가, 자본, 노동 간의 화해적 정치구조가 지속되어 경제성장, 완전고용, 복지국가를 한 묶음으로 하는 동의의 정치가 실현되었다(허원구, 1997). 여기서 자본과 노동의 화해란 노사 양측이 지속적인 경제성장이라는 공통의 목표를 가지고, 노동자 계급의 경우 경제의 사회화에 대한 전통적인 열망과 계급투쟁의 이념과 실천을 포기하고, 자본가 계급은 완전고용을 위한 노력, 전략적 설비에 대한 국유화, 그리고 복지국가에 대한 지원 등을 수용하는 것이었다(Pierson, 1991:129). 이러한 환경에서 1940년대를 기점으로 복지국가가 성립되어 인류의 희망인 평등의 실현과 '요람에서 무덤까지'의 사회적 보호 속에서 보람있는 삶을 살 수 있다는 자신감이 서구 사회를 지배하게 되면서 복지국가의 황금기를 구가하였다.

무엇보다도 이 시기 서구 사회가 복지국가로 나아갈 수 있었던 것은 제2차 대전 이후부터 1970년대 중반까지 약 30년의 기간 동안 지속된 높은 경제성장률, 낮은 인플레이션, 낮은 실업률이 좋은 토양을 제공하였기 때문이었다(Jordan, 1987). 이들 국가들은 대체로 안정된 경제적 조건을 바탕으로 국가복지프로그램에 필요한 물적·인적 자원의 확대를 도모할 수 있었다. 또한 고용안정은 실질적으로 절대빈곤을 감소시켰고, 취약계층에 대한 관대한 소득보장 프로그램을 제공함으로써 사회보장의 기회를 확대시켰다. 그리하여 확대된 국가복지는 다시 경제성장과 고용안정을 촉진하였다. 동시에 관대한 소득보장프로그램은 사회구성원들의 대량소비를 가능하게 하여 다시 경제에 활력을 제공하였다. 물론 이 시기 복지국가의 사회복지공급의 핵심 제도는 사회보험이었지만 근대국가 시기와는 달리 공유된 시민권 이념을 기반으로 훨씬 더 포괄적이고 보편적인 형태의 프로그램들이 발전되었고, 확대된 제도 내에서 급여와 적용 범위도 더 넓어졌다.

복지국가[4]는 1960년대 이르러 모든 서방 자본주의 사회의 보편적 현상이 되었다. 이들 국가들에서 정부가 소득유지, 건강, 영양, 교육, 주택 등에 있어 시민의 최저한의 수준을 보장하는 책임을 맡고 유례가 없을 정도로 많은 재정을 투입하였다. 〈표 2-1〉를 보면 구미 각국은 1960년대 GDP대비 평균 12.84%를 사회 부문에 지출하였고, 1975년에는 사회 부문 지출 비율이 무려 배로 증가하여 평균 23.12%로 나타났다. 특히 스웨덴, 노르웨이, 덴마크의 스칸디나비아 국가를 비롯하여 벨기에, 네덜란드, 독일(서독) 등의 국가는 약 25%에서 35% 정도에 이르는 높은 비율을 보이고 있다. 반면에 미국, 일본, 그리스 등의 국가도 2배 정도의 상승을 보였지만 복지 선진국들에 비하여 양 시기 모두 상대적으로 낮은 지출 비율을 보이고 있으며 1975년에 이르러서도 20%를 넘지 못하였다(박병헌, 2007).

이 시기 가장 두드러진 특징은 사회보호에 대한 적용 범위의 확대이다. 1930년대 초 서유럽에서는 노동 인구의 약 절반만이 재해, 질병, 폐질, 노령보험의 보호 속에 있었으며 노동 인구의 1/5만이 실업보험의 혜택을 입고 있었다. 그러나 복지국가의 황금기의 끝이라고 할 수 있는 1970년대 중반에는 노동 인구의 약 90% 이상이 노령, 폐질, 질병으로 인한 수입 상실에 대비한 보험에 포함되었으며, 약 80% 이상이 재해보험, 60%가 실업보험에 적용되었다(Pierson, 1991:128). 전체적으로 보면 나라마다 다소 차이는 있지만 1970년에 이르러 적용 대상이 거의 100% 가깝게 확대되었다(Flora and Alber, 1981:55)고

---

4) Chistopher Pierson의 용어. 그는 1945년 이전 단계를 '복지국가의 터를 닦는 단계'(consolidation)라고 불렀고, 1945년부터 1975년 오일쇼크가 일어나기 전까지의 시기를 '복지국가의 황금기'(Golden Age)라고 불렀다.

볼 수 있다.

그러나 이 시기 국가복지의 공급패러다임이 지배적이기는 하였지만 일부 기대와는 달리 민간영역의 공급이 줄어들지도 않았고 중요성이 감소하지도 않았다(Kramer, 1981:133). 국가나 지방자치단체가 책임을 지고 운영하는 사회복지시설이나 기관이 증대하게 된 것도 사실이지만, 다른 한편으로 국가에 따라 차이는 있지만 민간기관의 수도 실제로 늘어났으며, '대체 기관(alternative agencies)' 등의 새로운 유형이 등장하기도 하였다. 그들 중 많은 수는 심지어 정부 기금으로 출발하고 정부 기금의 지원을 받기도 하였다. 복지국가의 확대는 공공기금 및 기능과 사적 기금 및 기능의 광범위한 혼합을 초래하였는데 이는 재정과 서비스 전달의 분리에 근거한 것이다. 정부 기금은 보조금, 교부금, 서비스 매입금, 때로는 계약의 형태로 대인적 사회서비스를 제공하는 민간비영리조직으로 이전되면서 민간 기관들의 사회복지 공급 성장을 촉발시켰다. 크래머(Kramer)에 따르면 복지국가들이 민간 기관에 의존 정도가 다양하다고 설명하고 있다. 네덜란드는 사회서비스 전달체계의 구성이 민간 기관 중심으로 이루어졌고, 스웨덴은 비록 일부가 옹호의 목적으로 보조를 받기 하지만 실제론 민간 기관이 거의 없는 국가이다. 서독은 정부의 보조를 받기는 하지만 사회서비스의 반 정도가 민간기관에서 제공하였다. 벨기에, 스위스, 오스트리아, 그리고 이탈리아도 서독과 비슷하다. 미국은 네덜란드와 스웨덴의 중간쯤에 위치하는 국가로, 서비스 제공 대행자(agent)로서 민간기관을 선호하면서 민간비영리 영역을 지배적인 정부체계를 보완하는 동반자로 활용하였다. 영국은 법정 기관의 지배 때문에 스웨덴과 가깝고, 프랑스와 이스라엘, 캐나다는 영국과 미국의 중간쯤에 위치한다.

한 연구에 의하면(Grønberg, K. A., 1982:2-4), 미국의 경우 1930년대부터 1970년대 중반까지 공·사적 사회복지 공급이 모두 급격하게 증가하였다. 사회복지 지출은 1930년에 비하여 1978년은 거의 180배로 증가하였는데, 이는 1930년에는 40억 8,500만 달러에서 1978년에는 3,944억 6,200만 달러에 이르렀다. 이 중 공적지출이 차지하는 비율은 1930년에는 국민총생산의 4.5%이었던 것에 비하여 1978년에는 19%로까지 확대되었는데 이는 경제성장과 인구증가에 따른 실질적인 화폐가치를 고려할 경우 공적인 복지 지출이 같은 기간 동안에 약 12배 증가한 것이다. 오직 제2차 세계대전 동안에만 공적복지 지출의 상대적 성장이 둔화되었을 뿐이다. 사적 지출도 역시 1950년 이후 계속 증가하여 주정부와 지방정부의 복지 지출 합계와 거의 비슷한 수준을 유지해 왔다. 비록 사적 복지가 전체 복지 지출에서 차지하는 비중이 크지는 않지만 이는 연방정부 지출의 급증때문에 그 비중이 낮아진 것이다. 민간 부문의 복지 지출은 1935년에 9억 6,900만 달러였는데 1978년에는 401억 달러로서 같은 기간 동안에 40여 배의 성장을 가져왔다.

결국 이 시기는 정부의 사회서비스의 엄청난 팽창과 더불어 공적인 사회서비스의 제공자로 민간기관들을 활용하면서 민간 비영리 사회기관의 수와 중요성도 함께 성장하였다. 이렇게 하여 공·사의 기금 및 기능의 광범위한 혼합이 이루어졌고, 복지의 혼합경제가 나타났다.

제5절 복지국가의 재편과 복지공급의 다원주의 강조

서구 국가들은 1970년대 중반부터 경기침체가 장기화되면서 자본주의 황금기에 팽배하였던 복지국가에 대한 낙관론과 반대로 증가하는 복지비용이 경제성장을 저해한다는 비판적인 입장이 대두되었다. 그 결과 서구 복지국가들은 복지비용을 축소하기 위하여 사회복지공급을 정부 부문 이외에도 시장 부문, 민간비영리 부문 그리고 가족과 친지 등의 비공식 부문 등으로 다원화하는 전략들을 모색하게 된다.

1973년 제1차에 이어 1979년 제2차 석유파동은 복지국가의 근저를 흔들어 놓았다. 경기침체가 지속되면서 고용이 감소하고 물가는 반등하는 스테그플레이션(stagflation)이 발생하였다. 〈표 2-2〉는 OECD 국가들의 거시경제 지표들인데, 1960~1973년의 시기보다 1973~1981년 기간에 크게 악화되었음을 알 수 있다. 즉 GNP 성장률은 4.9%에서 2.4%로 낮아지고, 실업률은 3.2%에서 5.5%로 크게 상승하고, 인플레이션도 3.9%에서 10.4%로 무려 약 3배정도 증가하였다. 이렇게 되자 복지지출은 급증하고 조세수입은 감소하게 되었고, 국가의 재정적자가 확대되었다. 더불어 이자율 상승과 투자 감소가

〈표 2-2〉 OECD 국가의 거시경제 성과(1960~1981)

경제지표	1960~1973	1973~1981
실업률	3.2	5.5
인플레이션	3.9	10.4
GNP 성장률	4.9	2.4
생산성 성장률	3.9	1.4

자료: Pierson, Chistopher (1991). Beyond the Welfare State: The New Political Economy of Welfare.

뒤따르고, 이러한 현상들이 다시 경기침체와 실업증가로 이어지면서 다시 복지지출 급증이라는 악순환으로 나타났다. 이로써 복지국가에 대한 신뢰와 합의가 와해되면서 증가하는 복지비용이 경제성장을 저해한다는 비판적 입장이 대두하였다.

특히 복지지출이 복지국가가 목표로 하였던 평등의 구현과 경제적 효율성의 달성이라는 역할을 제대로 수행하지 못하였다고 비판하였다. 복지지출이 가난한 사람보다 여유가 있는 사람들에게 오히려 혜택을 주고, 물가상승과 임금상승을 자극하고, 기업의 복지비용을 증대시켜 기업의 투자에 들여야 하는 비용을 상대적으로 줄임으로써 기업의 경쟁력은 저하되고 복지수혜자들의 노동의욕을 저하시켜 노동공급을 감소시키며, 저축과 투자를 감소시켜 자본축적에 역작용이라는 비판이 설득력을 얻게 되었다. 이에 더하여 복지국가의 행정 비대화와 관료제화로 인하여 비능률과 낭비가 초래되었다는 비판도 나타났다. 이는 이익집단과 유권자들이 지나친 요구를 하게 되고, 정치인들은 이들의 지지를 얻기 위해서 무리하게 계속 복지지출을 강요하고 경제와는 상관없이 비합리적으로 정책을 결정함으로써 낭비를 초래하였다는 것이다.

이와 같은 경제 불황과 복지국가에 대한 회의 분위기 속에 1980년대 영국과 미국에서는 신자유주의(neoliberalism) 사상을 기반으로 하는 대처정부와 레이건 행정부가 들어섰고, 덴마크, 스웨덴, 독일, 벨기에, 네덜란드, 노르웨이 등 대부분의 유럽 국가들에서 좌익정당의 영향력이 선거에서 크게 감소하였다. 특히 복지국가로 유명한 스웨덴에서는 1976년 사회민주당 정부가 물러나고 부르주아지 연립정권이 등장하였다(남궁근, 1997). 또한 영국에서는 보수주의 정권을 대표하였던 대처(M. H. Thatcher)가 수상으로 집권하면서 노동당 정부가 고수해 왔던 각종 국유화와 복지정책 등을 포기하고 민간의 자율적인 경제활동을 중시하는 높은 수준의 경제개혁을 단행하였다. 그녀는 시장은 좋고 정부는 나쁘다는 관점하에 시장의 보이지 않는 손이 모든 수요와 공급을 조절하므로 국가가 고도로 개입할 필요가 없다고 생각하여 민영화 정책, 공영주택의 매각, 보충급여의 축소, 자원 봉사의 활성화 등을 통한 복지정책 축소[5]) 등을 실행하였다. 레이건(R. W. Reagan)도 당시 미국의 인플레이션, 생산성 정체, 국가경쟁력 상실이라는 경제의 상황을 해소할 방법으로 규제완화, 감세, 노동의 유연화로 대표되는 신자유주의 정책을 추진하였다. 또한 영국과 마찬가지로 사회복지 부문을 중심으로 정부 예산을 대폭 삭감하였다.

보수정권의 등장과 함께 나타난 신자유주의는 국가권력의 시장개입을 비판하고 시장의 기능과 민간의 자유로운 활동을 중시하는 사상이다. 이 사상을 바탕으로 한 자들은 그 당시 경제위기의 원인을 복지국가의 개입적인 속성 탓으로 규정하고 시장원칙으로의 회귀가 장기적인 경제 침체를 벗어나는 유일한 길이라고 주장하였다. 신자유주의자들은 국가의 시장개입 축소와 국가가 수행하던 여러 기능을 민간부문에 이전하도록 요구하였다. 이로써 복지국가들에서 사회복지공급의 민영화 방안이 모색되었다. 사회복지의 민영화 공급 패러다임은 국가개입의 제한 및 시장 및 민간 영역의 활성화를 통해 개인의 자율성과 경쟁을 근간으로 한 복지국가의 재편을 전제로 하는 것이었다. 그리고 실제로 대부분의 선진 복지국가들에서 국가의 역할을 줄이고 민간 영역을 활용하는 방향으로 선회하였다. 예컨대, 영국은 대처의 보수당 집권 이후 복지서비스 전반에 걸쳐 민간 부문의 역할을 확대

---

5) 하지만 국민들의 사회보험에 대한 지지도 때문에 국민보건서비스를 포함한 사회보험제도는 크게 손대지 못하였다.

하는 정책을 추진하였고, 미국은 레이건 공화당 집권 후 복지공급에 있어 보수주의로 선회하여 복지공급 주체들을 다원화하였다. 스웨덴은 1976년 이후 중도적인 보수정부가 들어서면서 복지지출을 억제하는 정책을 폈으며 1982년 사회민주당이 다시 집권한 후에도 소위 '제3의 길'을 추구하여 복지의 긴축모델과 확충모델 간의 중도적인 노선으로 나아갔다.

1970년대 중반 이후 경제적 쇠퇴, 이념적인 도전 및 우익정부의 출현으로 서구 복지국가들에 있어 사회복지 지출에 대한 통제와 감축은 불가피한 것이었다. 그리하여 1980년대 이후 신자유주의가 지배하는 국가들에서는 복지지출 증가율이 둔화되었다. 그러나 구체적으로 들여다보면 증가율이 둔화된 것은 사실이지만 지출이 줄어들고 있는 것은 아니다. Pierson(1991)에 따르면 복지지출의 변화는, 1960~1975년 사이 OECD 국가들의 사회복지 지출의 연평균 증가율은 7~10%였던 반면에 1975~1981년 사이는 이전 수준의 절반을 약간 넘는 것으로 보고되었다. 구체적으로 1960~1975년 사이 유럽과 미국에서 연평균 6.5%로 증가하던 사회복지비 지출은 1975년 이후 10년 동안 증가율이 3.4%에 머물렀다(Gilbert and Terrell, 2002). 하지만 지출 규모는 오히려 꾸준히 증가하고 있다. 〈표 2-2〉는 유럽국가들의 사회보호비용 추이를 나타낸 것인데, 1980년~2000년 동안 사회복지 지출은 국가마다 다소 차이는 있으나 크게 감축되지는 않았다. 1990년대 후반 복지 지출이 소폭으로 줄기는 하였으나 복지가 공격을 받던 시대적 상황을 감안할 때 상대적으로 높은 수준을 유지하고 있다. 따라서 복지국가 위기론 이후 복지의 확대가 둔화된 것은 사실이나, 이것이 복지국가의 후퇴나 붕괴라고 말하기에는 그 경향성이 두드러진다고 할 수 없다.

이렇게 서구의 복지국가들의 복지비 지출이 마이너스로 감소하기보다는 복지비 지출의 증가 폭이 줄어드는 것을 복지국가를 구성하는 성격이 변하고 있다는 주장들이 제기되고 있다. 이들은 복지국가가 경제성장의 둔화, 재정적자, 실업률의 증가, 인구학적 변화 등의 새로운 환경에 적응하는 과정일 뿐 중요한 사회복지공급체계의 축소를 의미하지는 않는다고 말한다. 즉 이 시기에 ① 노령화의 진전으로 인한 노령연금 지출의 지속적인 증가, ② 실업률 증가에 따른 실업수당과 공공부조 지출의 증가, ③ 인플레이션 심화에 따른 물가와 연동된 각종 급여 지출의 증가, ④ 복지국가 발전에 따른 복지수혜자와 복지종사자의 증가로 인한 복지예산의 증액에 찬성하는 친복지 세력의 증가, ⑤ 복지 삭감이 가져올 부정적 결과로 인한 정당의 복지증진정책 추진 등(김태성 · 성경륭, 2001 재인용)이 여전히 복지 지출의 증가를 초래하고 있다고 주장한다. 그리고 1990년대 이후에 들어서 심화되고 있는 인구의 고령화, 여성들의 노동시장 참여율 증가, 낮은 출산율, 한부모 가족의 증가, 독립가구와 노인 단독 가구의 증가와 같은 가족구조의 변화 등이 복지국가의 성격의 변화를 가져오고 있다고 말한다. 그러므로 이 입장에서 보면 복지국가는 단지 공급 체계의 구조에 있어 중요한 변화, 복지 부문별 자원의 배분에 있어서 중요한 변화를 경험하고 있는 것이다. 이러한 변화는 복지국가의 소멸이라기보다는 보편주의적 권리 기반의 복지국가모형에서 새로운 복지모델을 고안하는 형태로 나아가고 있는 것이다.

폴 피어슨(Paul Pierson, 2001)은 에스핑 안데르센(Esping-Anderson, G.)이 구분한 복지국가의 세 가지 유형이 상이한 재편 과정을 경험하고 있다고 주장한다. 〈표 2-3〉에서 보듯이 미국, 영국, 호주, 뉴질랜드와 같은 자유주의적 국가는 노동력의 재상품화를 강조하면서 일을

〈표 2-3〉 에스핑 안데르센의 세 가지 유형의 복지국가 재편 모습 비교

	자유주의적 복지국가	보수적 복지국가	사회민주적 복지국가
복지국가에 대한 정치적 지지도	보통	높음	높음
조정에 대한 압력 (adjustment pressure)	보통	높음	보통
재편방법	- 재상품화 - 비용억제	- 비용억제 - 최신화	- 비용억제 - 합리화

자료: Pierson, Paul (2001). Coping with Permanent Austerity: Welfare State Restructuring in Affluent Democracies.

할 수 있는 사람들이 복지수급자가 되는 조건을 까다롭게 하며 근로복지(workfare)를 강조하고, 중앙정부가 담당해왔던 사회복지를 지방정부로 넘겨 지방정부의 책임하에 복지프로그램을 만들게 하는 분권화(decentralization) 경향이 강하다(Pierson, 1994). 미국은 1996년에 AFDC를 폐지하고 주정부 책임하에 근로를 강조하는 TANF로 공공부조제도를 개혁한 것이 바로 그 예이다.

독일, 프랑스, 네덜란드와 같은 보수주의적 복지국가들의 특징은 사회보험 기여율이 높으면서 급여 수준도 높고, 계층 간의 차이를 인정하면서 직업별로 분리된 조합주의적 성격을 띠어 직업에 따라 급여 수준의 차이도 큰 것이었다. 이 국가들에서는 높은 수준의 연금 지출로 인한 높은 복지비용, 비숙련노동자들의 높은 실업률, 여성들의 낮은 노동시장 참여율 등이 사회 문제로 발생하였다. 따라서 이들 국가들은 사회보험 지출의 비용을 억제하는 방향으로 복지를 개혁하고 있다(이인재, 2010).

스웨덴과 같은 사회 민주주의적 복지국가는 광범위한 사회적 위기를 해결하기 위한 포괄적이며 보편적인 사회복지제도를 도입하고 남녀 모두의 노동시장 참여율을 높이기 위한 가족 지원 정책이나 적극

적인 노동시장 정책이 발달되어 왔다. 이러한 국가에서는 복지국가에 대한 지지층이 광범위하게 형성되어 있어서 여전히 복지국가의 근간이 그대로 유지되고 있고, 노동의 재상품화는 논의되지 않고 있다. 다만 비효율적인 프로그램들이 급여액을 일정 정도 축소하거나 사회복지 프로그램들의 효율성을 강화하는 방향으로의 변화는 나타나고 있다(이인재, 2010).

이상에서와 같이 복지국가 재편에 대한 이론이나 주장들이 공통적으로 강조하고 있는 것은 사회복지 공급에 있어 다원적 참여이다. 이는 능동적인 서비스 환경과 복지대상자들의 다양한 욕구분화를 토대로 하여 서비스의 재정 부담과 급여의 책임 영역을 다양화하여 국가복지의 한계를 극복하고자 한다. 복지다원주의의 영역은 국가, 시장 및 민간(공식적 자원부문), 그리고 공동체와 가족체계와 같은 비공식적 자원 부문들로 구성된다. 결국 복지국가의 재편과정은 이들 간에 사회복지공급을 위한 책임과 위상을 재조정하는 복지다원주의에 토대를 두고 진행되고 있다.

제6절 신 사회위험과 복지국가 재편의 포괄적 방향: 사회투자국가

1970년대 중반 이후, 현실사회주의 몰락과 정보혁명, 지식 기반 경제의 등장, 지구자본주의의 세계화 등 거시 환경변화가 진행되었고, 다른 한편에서 인구고령화와 탈가부장주의 요구의 급증으로 전후 복지국가의 국가 중심의 복지공급 패러다임의 기반을 급속도로 약화시켰다. 전후 유럽의 베버리지식 복지국가 모형의 약화시킨 원인들을 요약하면 대체적으로 다음과 같은 네 가지로 분류가 가능하다.

첫째 복지국가가 시장을 질식시키고, 노동유인을 잠식하고, 저축·투자 유인을 저해한다는 신자유주의자들에 의한 복지다원주의의 강조이다. 이들은 1970년대 이후 경제의 침체를 과도한 복지국가의 탓으로 돌리고, 성장을 위한 처방으로 노동시장의 유연성과 탈규제를 시장자유주의 회복과 복지국가의 해체를 주장한다.

둘째, 1990년대 초 지구화(globalization)로 인한 자본 및 생산의 이동 자유로 국민국가의 재정자율성이 약화되고 임금 및 복지비용에 대한 하향 압력의 증가이다. 그 결과 국가의 재정건전성의 유지를 위한 공공지출의 억제가 정치적 이념성과는 무관하게 선진 복지자본주의 국가의 중요한 과제가 되었다.

셋째, 인구학적 변화 특히 노령화와 가족, 그리고 노동세계의 구조변화에 뒤따른 새로운 위험(new social risks)의 출현으로 복지 수요가 오히려 확대되고 있다는 것이다. 출산율의 저하와 사망률의 감소로 이해 선진자본주의 국가들은 1960년대 이미 고령화 사회에 진입하였고, 2000을 전후로 고령사회, OECD 국가들은 2010년에서 2035년 사이에 노인인구의 비중이 23%에 달해 초고령 사회에 진입할 것으로 전망된다. 인구 구조의 고령화가 복지국가에 미치는 영향은 지대하다. OECD(1988) 추정에 따르면, 2020년까지 노년 의존율이 50% 이상 높아질 것이며, 현재의 사회보호제도를 그대로 적용할 경우 GDP의 5~7%를 추가적으로 요구할 것으로 보고 있으며, 2040년까지 노령화만으로 보건, 연금 지출을 두 배, 세 배 증가시킬 것이라고 한다(이혜경, 2007;143). 또한 대부분의 국가에서 제조업의 쇠퇴와 서비스 경제로의 이행, 기술 변화와 지식 기반 경제의 등장, 국제경쟁의 격화 속에서 고용율이 낮아졌다. 고용 형태는 보다 유연화·다양화되었고, 새로 창출된 일자리 중 상당수는 저임금과 낮은 고용안정성, 그리고 낮은 사회적 보호를 특징으로 한다. 따라서 낮은 고용율로 인한 실업급여 및 조기퇴직으로 인한 연금지출, 공공부조 등 여러 형태의 소득보장 수요 증대를, 그리고 실업과 불완전 고용의 증대는 적극적 노동시장 정책을 통한 취업지원서비스의 수요를 증대시킨다. 더하여 취약한 일자리에 종사하는 근로빈곤(working poor)의 증가도 복지수요의 증대를 의미한다. 이와 같이 복지에 대한 수요를 확대시키는 요소들이 있는 반면에 고용율의 저하는 복지에 사용될 세금 및 사회보장기여금 납부의 감소를 의미한다. 마지막으로 일인 가구의 증대, 이혼과 혼외출산 증대에 한 부모 가족의 증가와 여성의 경제활동 참여로 인한 맞벌이 부부의 증가는 여성들이 전통적으로 가족 내에서 담당하던 어린이, 노인, 장애인들에 대한 돌봄 노동의 사회화가 진행되면서 복지수요를 증대시키고 있다.

넷째, 제도화된 복지국가를 창출하는 핵심적 요인의 하나로 간주되는 권력 자원이론의 토대였던 노동자 계급의 구성이 정보화, 지식 기반경제화, 탈산업화 등으로 기술-산업구조가 변동함에 따라 비정규직 노동자 급증, 재택근무자, 고소득 전문직 노동자 집단의 출현 등으로 다양화와 파편화가 이루어지면서 보편주의적 복지국가 체계의 형성 및 유지가 어렵게 되었다.

이와 같이 거시 경향적 변화를 포착하여 더 이상 복지 주체가 국가로 한정될 수 없고, 지역사회, 시민조직, 시장, 기업, 가족 모두가 복지 생산에 참여하고, 부담하여 실패를 서로 보완하는 방향으로 옮겨가고 있음을 포착하여 복지국가의 새로운 복지공급 모형을 이론화하고 있다. 포괄적인 복지국가의 재편 방향을 설명하는 대표적인 학자로는 조절이론가 Jessop(1993)의 슘페터주의적 근로복지국가(Schumpeterian workfare state), 기든스(Giddens)의 '제3의 길(The Third Way)'과 길버트(Gilbert)의 '능력개발국가(Enabling State)', 폴 피어슨(Paul Pierson, 2001)의 '구조 조정' 이론이 있다.

제솝(Jessop, 1993)은 서구 자본주의 국가들이 1980년대 들어와 '케인즈주의적 복지국가'에서 '슘페터주의적 근로복지국가'로 이행하였다고 주장하였다. 제솝에 의하면 케인즈주의적 복지국가는 상대적으로 폐쇄된 국민경제에서의 수요관리를 통한 완전고용의 촉진, 사회보장권과 새로운 형태의 집합적 소비를 통한 대량소비의 일반화를 목표로 하였다. 그러나 새로운 기술혁신의 등장, 국제화의 진전, 유연생산과 소비패턴의 다양화, 지역주의 강화 등으로 이 체제는 위기에 직면하였으며, 경제적 긴축과 사회보장 삭감을 통해 전후 성장조건을 회복하려는 노력이 허사가 되었다. 이에 따라 국가의 재편과 그 지향점이 변화되게 되었는데 이를 슘페터주의적 근로복지국가라고 불렀다. 슘페터주의적 근로복지국가는 제품, 공정, 조직, 시장혁신의 촉진과 주로 공급측 개입을 통한 개방경세의 구조적 경생력 제고, 사회정책이 노동시장 유연성과 구조적 경쟁력에 종속되는 것 등을 특징으로 한다. 이 근로국가에서는 사회정책의 방향이 국민국가에서의 족지권한의 확대에 기초한 재분배적 관심으로부터 개방경제하에서 보다 생산성 지향적이고 비용절약적인 관심으로 전환된다.

기든스(Giddens)의 제3의 길은 1997년에 집권한 영국의 노동당 토니 블레어(Blair) 총리의 이론적 정책으로 채택된 노선이다. 제3의 길은 이념면에서 경제적 효율과 사회적 형평을 중심으로 정부와 민간의 역할을 통해서 국가제공의 복지 부담을 경감시키자는 것이다. 따라서 제3의 길은 기존의 복지국가의 보완적 관계로서 보다 적극적으로 복지재정 및 제공 주체의 참여적 다원화를 시도한다(Johnson, 1997). 사회 민주주의적 복지국가와 신자유주의적 노선을 모두 극복하기 위한 것으로 권리와 책임을 연계하는 새로운 사회계약, 사회정책과 경제정책의 연계, 평등주의적 사회창출, 시민사회의 중요성 인식, 정부개혁, 국가의 시장과 시민사회에 대한 개입 등이 제시되고 있다(박병현, 2007:86).

길버트(Gilbert, 2004)는 최근 10여 년간 대부분의 산업 국가에서 사회권의 확장, 직접적인 현물 지급, 보편주의적 대상자 선정, 노동의 탈상품화의 원칙으로부터 권리와 의무의 연계, 현금 및 증서 형태의 간접지출의 확대, 선택적인 대상자 선택, 노동의 재상품화(recommodification)로 복지국가의 성격을 바꾸는 패러다임의 변화들이 발생하고 있다고 주장한다. 그리고 그는 이러한 새로운 변화를 능력부여국가(Enabling State)라고 명명하였다. 여기서 국가의 일차적인 과제는 개인생활보장을 위한 금전적인 지원이 아니라 개인의 시장지위의 향상 혹은 개인생활에 대한 스스로의 책임 능력의 향상에 있다(Gilbert, 1998). 이러한 능력부여국가의 특징을 들면 다음과 같다. 일단 국가는 복지수급자들이 근로를 통해 자신의 생활을 책임지도록 유도한다. 이를 위하여 국가는 훈련 및 재교육 프로그램을 제공하고, 수급자들에게 복지수급에 제한을 가하거나 근로 동기를 강화하는 정책들을 시행한다. 다음에 복지공급에서 민간 부문의 역할이 증대된다. 여기에는 전달체계의 민영화와 현금 급여와 바우처(voucher)의 증가 등을 포함한다. 사회보장프로그램은 보편주의를 포기하고 선별주의에 기초하며, 복지급여는 시민권이 아니라 회원으로서의 권리에 의해 자격을 갖는다. 즉 가족이나 친구 등과 같이 정서적인 관계를 기초로 하는 비공식 집단, 노동의 기여를 전제로 하는 자원단체, 보험료 납부를 조건으로 하는 민간 보험들, 그리고 현금 기여를 조건으로 하는 사회보험집단

〈표 2-4〉 복지국가와 능력개발국가

복지국가	능력개발국가
공공급여 - 공공기관에 의한 급여 - 직접지출에 초점을 둔 서비스 형태	민영화 - 민긴기관에 의한 급여 - 현금이나 바우처 - 간접지출의 증가
노동의 보호(protecting labor) - 소득보장 - 노동의 탈상품화 - 무조건적 급여	노동의 촉진 - 사회적 포함(social inclusion) - 노동의 재상품화 - 노동의 동기화와 제재
보편적 권리 - 스티그마를 피함	선택적인 대상자의 선정(selective targeting) - 사회적 공명의 회복
국민전체의 연대감(solidarity of citizenship) - 공유된 권리의 응집(cohesion of shared rights)	집단적 연대감(solidarity of membership) - 공유된 가치와 시민적 의무의 응집 (cohesion of shared values and civic duties)

자료: Gilbert, Neil (2002). Transformation of the Welfare State: The Silent Surrender of Public Responsibility, Oxford.

의 회원으로서의 권리 혹은 수급 자격을 말한다(Gilbert, 2000). 이러한 능력부여국가의 특징을 복지국가와 비교하면 〈표 2-4〉와 같이 정리할 수 있다.

폴 피어슨(Paul Pierson, 2001)은 복지국가의 '구조 조정'으로 새로운 복지공급의 패러다임을 설명한다. 그는 '합리화(rationalization)'와 '최신화(updating)'라는 지표를 사용하여 복지국가의 재편을 설명하고 있다. 일단 '합리화'란 사회복지프로그램의 목표를 가장 효율적으로 성취할 수 있도록 새로운 방법들을 사용하여 사회복지프로그램을 수정하는 것을 말한다. 즉 사회서비스 제공자들 사이에 경쟁을 강화하거나 비용을 낮추는 방법으로 복지전달체계를 재조정하는 것이나 공공부조의 수급자 선정을 보다 정확하게 하기 위하여 정보기술을 이용하는 것 등의 발생을 의미한다. 이런 합리화의 상용 예가 스웨덴의 질병수당(sickness pay)의 개혁이다. 스웨덴에서 질병수당은 사람들이 질병으로 일을 하지 못해도 생활을 유지할 수 있도록 하는 것이었는데, 이 제도의 급여가 관대하고 자격기준이 엄격하지 않아 오남용이 증가하였다. 1980년대 초반 GDP의 2% 미만이었던 급여지출이 1988년에는 3%로 증가하였고, 결근율도 증가하였다. 그래서 스웨덴에서는 질병수당의 급여 대체율을 낮추고 수급자격을 까다롭게 하는 형태로 개혁을 단행하여 원래의 목표를 성취하면서도 불필요한 남용을 막았다. 또 다른 지표인 '최신화'는 사회가 변함에 따라 발생하는 새로운 사회적 복지욕구에 맞도록 기존의 사회복지프로그램을 수정하거나 새로운 프로그램을 도입하여 복지체제를 재편하는 것이다. 현대사회는 오래된 복지국가에 새로운 위기상황들, 예컨대 인구의 고령화로 인한 노인 케어 부담의 증가, 저숙련 여성층의 일·가정 양립의 어려움 등이 발생하고 있다. 이러한 새 위기들은 기존의 복지국가의 사회보장프로그램들로는 제대로 해결하지 못한다. 따라서 사회복지프로그램의 최신화가 필요하다는 것이다. 즉 최신화의 예는 독일에서 노인들의 수명연장에 따른 다양한 욕구 발생과 여성들의 노동시장 참여율의 증가로 인한 수발보험제도를 도입한 것이 될 수 있다.

이들 제솝의, 슘페테리안 근로국가, 길버트의 능력부여국가, 폴 피어슨의 구조조정 이론들이 담고 있는 쟁점과 방향은 예방적이고 선제적인 전략, 증가된 여성과 고령노동자의 노동시장참여, 고용과 사회적 보호 간의 연계조정 등 중요한 변화들이다. 그리고 이러한 변화들을 새로운 비전 속에서 사회정책의 방향과 내용이 패러다임적 전환을 맞이하면서 새롭게 주목받고 있는 것이 사회투자국가이다.

사회투자국가(the Social Investment State)라는 용어는 앤소니 기든스가 제3의 길을 설명하면서 만든 말이다. 원래 담론으로서의 사회투자는 사회민주주의 레짐의 등록상표이지만(Green-Petersen et. al., 2001; Esping-

Anderson, 2002) 사회민주주의 국가만을 사회투자국가라고 부르지는 않고 있다. 사회투자국가는 제3의 길의 사회투자국가(The Way Social Investment State)로서 사회민주주의적, 자유주의/신자유주의 정책 접근의 특수한 구성체를 의미한다(이혜경, 2007).

리스터(2004)는 사회투자국가의 핵심적 특징을 다음과 같이 제시하고 있다. 첫째, "세금과 지출(tax and spend)" 대신 사회투자담론을 사용한다. 둘째, 인적 자본과 사회적 자본 투자에 가장 높은 우선순위가 부여되고, 아동과 지역사회가 사회투자국가의 상징이 된다. 셋째, 아동이 미래 시민노동자로서 우선하고 성인의 사회적 시민권은 노동의무에 의해 규정된다. 넷째, 미래에 초점을 맞추는 미래 지향성이 중요하다. 다섯째, 평등을 촉진하기 위한 소득 재분배보다 사회적 포용을 촉진하는 기회의 재분배에 초점을 맞춘다. 여섯째, 국제 경쟁력을 향상시키고 지식경제에서의 성공을 위해 개인과 사회를 적응시킨다. 일곱째, 사회정책과 경제정책의 통합이 중요하다. 그러나 사회정책은 경제정책의 시녀로 사고된다. 여덟째, 표적화된 프로그램을 선호한다. 아홉째, 능력부여국가와 파트너십을 통한 거버넌스이다. 이렇게 사회투자국가는 성장과 복지의 선순환, 기회의 평등을 중요하게 생각하며, 정치적으로 시장력을 활용하고, 책임을 동반하는 사회권을 전제한다. 그러므로 사회투자국가는 새로운 사회정책의 패러다임의 변화를 추구한다. 사회투자국가라는 패러다임하에 새로운 사회정책, 즉 사회투자정책(Social investment policy)은 영국과 같은 자유주의 국가뿐 아니라 덴마크 등의 사민주의 국가에서도 등장하고 있는데 이들의 방향성의 특징을 양재진(2007, 4-6)은 다음과 같이 정리하고 있다.

첫째, 사회투자국가는 근로자가 지식기반사회에서 도태되지 않도록 인적자원에 대한 투자를 증대시키는 역량 형성(capacity building)정책에 우선순위를 둔다. 이는 시장 참여자들의 고용을 유지·확대하여 실업이 가져오는 사회적 위험 발생 가능성을 사전에 예방하기 위함이다. 인적자원 개발의 방법은 전통적인 학령기를 뛰어 넘어, 유아기부터 고령기까지 생애주기에 걸친 교육과 훈련 기회를 제공하는 것이다. 따라서 주요 정책으로는 영·유아기의 공공보육, 아동기와 청소년기 초·중등교육, 고등교육 기회의 확대, 적극적 노동시장정책을 통해 직업훈련의 기회 강화, 직무와 연관된 평생학습체제의 구축 등을 들 수 있다.

둘째, 사회투자국가는 장기실업, 실망실업, 반실업 상태 등 노동시장으로부터 소외된 계층에 대한 사회복지적 보호(protection)보다 이들이 경제활동에 (재)참여할 수 있도록 근로활성화(activation)에 매진한다. 그리고 그동안 비활성화되어 있던 잠재근로계층의 고용량을 높일 수 있는 사회정책도 함께 추진된다. 여성의 사회진출을 돕는 공보육과 출산·육아휴가제도, 장기실업자의 근로복귀를 목표로 설계된 교육·훈련·상담 등 맞춤식 고용서비스, 청년실업자의 노동시장 참여를 돕기 위해 마련된 직장순환제, 그리고 고령자나 장애인들의 취업과 계속 고용을 유인하는 고용보조금제도 등이 대표적인 정책이다. 근로활성화 전략이 실효를 거두도록 하기 위해, 사회복지적 급여의 수급보다 근로참여가 매력적으로 보이도록 실업급여나 조기퇴직연금의 수급조건을 강화하고 급여액을 낮추는 대신 근로소득보전세제(Earned Income Tac Credit: EITC)를 도입하고 최저임금을 인상하는 등 일하는 것이 유리하도록 하는 MWP(Make-Work-Pay) 정책도 추진된다.

셋째, 사전 예방적 투자(preventive investment)에 대한 강조이다. 사전 예방적 투자에서 중요한 정책 대상은 아동이다. 생애주기에 걸친 교육적 투자와 각종 활성화 전략이 실효를 거두기 위해서는 근로자

개개인의 학습능력과 일에 대한 호의적 태도 등이 전제되어야 한다. 이러한 기초능력들은 아동기 인지능력 발달기에 가정에서 부모의 보살핌과 교육으로 형성되며, 성인기에 새롭게 형성되거나 교정되기 매우 어렵다. 그런데 빈곤가정, 한부모가정, 그리고 교육수준이 낮은 부모를 둔 아이들의 경우에는 이러한 인지능력을 갖추지 못할 가능성이 매우 높다. 이 경우, 실업과 가난이 대물림하는 경향을 보이게 된다. 따라서 사회투자국가는 최저소득보장 정책이나 보편주의적인 보건의료시스템 등을 구축해 취약가정의 아동도 건강하게 자랄 수 있는 최소한의 조건을 마련해주고, 보편주의적이며 질 높은 공보육 체제를 확립해 사회경제적 배경과 상관없이 누구나 인지능력이 형성되는 아동기에 우수한 교육과 사회성을 함양할 수 있는 기회를 제공받도록 노력한다.

제 3 장

복지공급의 주체와 모형

제3장 복지공급의 주체와 모형

제1절 정부관료제 중심

1. 전통적 관료제 모형

관료제(bureaucracy)란 개념은 정부조직을 의미할 때도 있고, 조직의 병폐를 의미하는 용어로 사용되는 경우도 있으나 일반적으로 법적 권위에 기초를 둔 대규모 조직을 말한다. 관료제 개념 정의는 여러 관점이 있는데 구조적 관점에서는 계층적 형태를 가지고 합법적 지배가 제도화되어 있는 보편성을 지닌 안정적 대규모 조직을 의미한다. 정치권력적 관점으로는 행정엘리트에게 권한이 집중되고 대중을 지배하면서도 대중으로부터 통제받지 않으려는 조직을 말하고, 구조기능주의적 관점은 구조적으로 고도의 계층제 형태를 지니고 합리적, 권력적 기능을 수행하는 조직체의 관점으로 파악한다.

관료제 이론은 Weber에 의해 확립된 이론으로, 그는 관료제가 자유와 권력을 합리적이고 합법적으로 사용하는 가장 효율적인 조직이기 때문에 산업사회에서 주로 발달되고 가장 보편적인 사회조직으로 등장할 수밖에 없다고 주장하였다. 하지만 현대사회에서도 가장 일반적인 조직 유형이 바로 관료제이다. 관료제는 옛 프랑스어의 '뷰레(bure)', 곧 사무실·책상·책상보를 뜻하는 단어와 통치를 뜻하는 '크라시아(cracia)'를 합하여 만든 단어이다. 이 말은 18세기 프랑스의 한 상공부장관이 처음 사용하였는데 그 의미는 움직이는 정부기구 전체를 가리키는 말이었다(신복기 외, 2009, 재인용).

베버(1947:152)는 조직이 바탕으로 삼는 권위(authority)가 있기 마련이고 이 권위의 정당성을 기준으로 지배의 유형을 세 가지로 구분하였다.

첫째, 전통적(traditional) 권위로 하급자가 상사의 명령을 전통적으로 그러하였다는 논리에서 정당한 권위로 받아들이는 것이다. 정당성의 근거가 전통과 관련이 있다고 보는 것으로 중세 봉건 관료제와 조선시대 관료제가 이에 해당한다. 둘째, 카리스마적(charistimatic) 권위인데 이는 상사의 비범한 특성과 자질에 기초하여 하급자가 상사의 명령을 정감적으로 수용하는 것이다. 즉 지배의 정당성의 근거가 개인의 비범한 능력이나 초인적인 인품에 있다고 보는 것이며 종교, 정치, 군 지도자와 같은 경우이다. 셋째, 합법적(rational) 권위는 개인이 지닌 법적 지위에서 행사하는 당연한 명령으로 인정되는 권위이다. 즉 정당성의 근거가 성문화된 법령에 있다고 보는 것이다. 산업사회에서는 전통적인 권한과 카리스마 권한이 더 이상 보편적으로 인정되기 어렵기 때문에 공식적인 조직에서 정당한 합법적 권위의 행사와 지배가 구조화되어 있는 관료제가 이상적인 구조의 형태로 나타난다.

Weber는 관료제를 구조적 측면에서 파악하여 '특정한 형태의 조직'으로 정의하였다. 즉, 관료제란 많은 분량의 업무를 법령에 따라 비정의적으로 처리하기 위하여 구성된 대규모 분업체제를 의미한다.

그에 의하면 이 관료제는 합법적·합리적인 지배가 제도화되어 안정성·규율의 엄격성·신뢰성 등을 확보할 수 있어서 다른 어떤 조직 형태보다 우위에 있고 최고의 능률을 올릴 수 있다고 주장하였다.

Weber(1968:956-958)의 저서에 표현된 관료제의 특징은 다음과 같다.

첫째, 법규에 명확히 정해진 바에 따라 배분된 의무를 규칙적이고 계속적으로 처리된다는 것이다. 이것은 봉건시대와 같이 주먹구구식으로 업무를 처리하는 것과 대조시키기 위한 것이다.
둘째, 명확한 계서제적 내부구조이다.
셋째, 직무는 서류 문서를 통하여 이뤄진다.
넷째, 업무 활동은 전문적인 것이며 따라서 특수한 전문 훈련을 필요로 한다.
다섯째, 관료제는 공무에 전적(full time)인 헌신을 요구한다.
여섯째, 관료의 직무수행은 비교적 자세하고 엄밀히 규정된 일반법규에 의해 수행된다.

그러나 Weber는 조직의 표면적이고 형식적인 면만을 중심으로 하는 합리적 구조에 치중한 나머지 비공식적인 면과 인간관계적인 요소를 간과하였기 때문에 그에 따른 역기능을 등한시하였다. Hoy와 Miskel(1987)은 관료제의 특성에 따라 관료제의 순기능과 역기능을 비교하였는데 〈표 3-1〉과 같이 정리하였다.

관료제는 조직의 효율성 증진에 순기능, 즉 긍정적으로 작용하기도 하지만 그 특성을 유지하다 보면 기대하지 않았던 부작용이 나타나고 합리성을 높이기는커녕, 오히려 해를 끼치는 역기능을 가져온다고 하는 것이 그들의 관료제 이론에 대한 비판의 골자이다. 따라서 권위의 위계질서는 엄격한 지시 이행과 조정이 가능하지만 하위직원의 의사

〈표 3-1〉 Weber의 관료제 특성에 따른 순기능과 역기능

관료제 특성	순기능	역기능
권위의 위계구조	엄격한 지시이행과 조정	의사소통의 저해
규칙과 규정	지속성과 통일성	경직성과 목표전치
사적감정배제	합리성 확보	직원의 사기저하
분업	전문성 강화	직무에 대한 권태
경력지향성	유인체계	연공과 업적 간의 갈등

자료: Hoy, W. K., Miskel, C. G.(1987). Educational Administration: Theory, Research and Practice.

소통을 저해하는 역기능이 나타날 수 있다. 또한 규칙과 규정은 업무의 지속성과 통일성을 확보해주는 반면 조직의 규칙이 너무 엄격하면 업무수행이 경직되고 목표전치현상이 발생할 수 있다는 것이다.

관료제에 가장 큰 영향을 준 것은 대략 1780년대부터 1차 세계대전까지 서구의 여러 국가에서 이루어진 정부기능의 재편과 개혁이다. 이때 실적에 의해 고용·승진되는 직업공무원들이 사회에 더 좋은 서비스를 제공할 수 있다는 주장들이 제기되면서 중립적인 직업공무원제가 확립되었다.

1차 대전 후, 단일화와 표준화 경향은 공공 서비스 관리의 중앙 집권화 현상으로 이어졌고, 이러한 움직임은 팽창된 공공서비스의 비용감축을 원하는 사람들로부터 지지를 받았다.

공공 서비스의 급격한 팽창 후에 나타나는 비용감축에 대한 높은 관심을 불러일으키면서, 공공서비스 단체의 발전을 원하는 사람들로부터 지지를 받았다.

1920년대에 시작된 집권적 관리체계 설립·강화는 2차 세계대전이 끝난 후에도 계속되면서, 공공 서비스 개혁은 계속적이고 공통적인 관심 대상의 하나가 되었다.

그러나 관료제의 특징이었던 관료적 구조(bureaucratic structure), 전문가 위주(professional domination), 공공에 대한 책임(accountability to the public), 형평성(equity of treatment), 자족(self sufficiency) 등은 복지전달과정에서 수혜자 중심이 아닌 공급자 중심으로 인한 비효율과 낭비 등의 부정적 효과들을 발생시켰다(Butcher, 1995:2-11). 공공서비스 전달과정에서 발생한 이러한 전형적 정부관료제의 병폐는 '정부실패' 논의를 불러왔고, 이를 시정하기 위하여 시장주의와 신관리주의를 경합한 신공공관리 정책들을 모색하였다.

2. 정부실패(government failure)

정부실패(government failure)란 정부가 개입해서 효율적인 산출량이 생산되지 않을 경우를 말한다. 정부실패에 대한 많은 연구들은 공공선택이론에 바탕을 두고 있다(Balcerowicz, 2004; Bjornskov et al., 2007; Holcombe, 2005; Kau and Rubin, 2002; Tanzi, 2005). 공공선택이론은 정치적 시장에서 정부크기가 결정됨을 논리적으로 잘 보여준다. 즉 정부 팽창이 결국 정치 시장(political market)에 의해 결정되므로, 정치적 수요와 공급 행위를 규명함으로써 논리적으로 설명하고 있다. 정치적 수요는 기본적으로 중위자투표이론(median voter theorem)에 의해, 중위자가 큰 정부에 대한 수요가 높기 때문에 정부 팽창의 한 요인이 된다. 또한 정치 공급자인 관료 및 정치인들은 일반 민간시장에서의 경제 주체와 꼭 같이 사적 이윤을 추구하므로, 정부 팽창이 이들의 사적 이해를 높일 수 있는 것이다. 따라서 정치적 수요와 공급이 서로 정부 팽창으로 작용하므로, 정부 팽창은 자연스럽게 이루어지는 것이다. 그러나 정부는 본질적으로 효율적 운영에 대한 유인책이 없

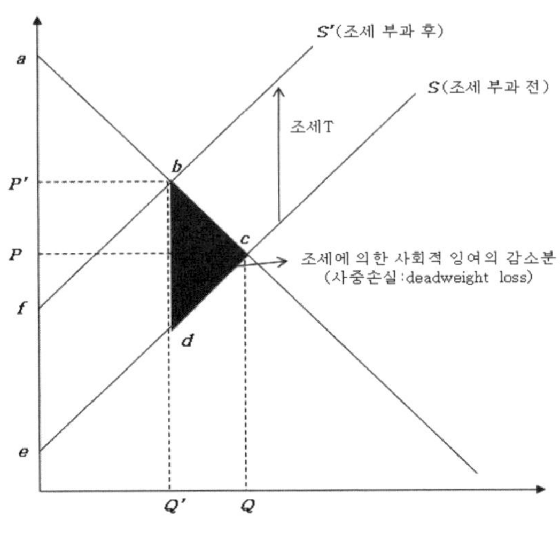

〈그림 3-1〉 조세에 의한 사회적 사중손실

으므로, 비효율적인 낭비요소가 존재할 수밖에 없으나, 이러한 비용은 정부팽창으로 인한 추가적인 사회비용에 비하면 상대적으로 낮다(현진권 · 정희경, 2012:4).

정부가 확대되면 사회 전체적으로 이익보다는 손실이 더 많다는 것을 김성태 외(1999)는 〈그림 3-1〉의 간단한 경제학적 모형을 통해 설명하고 있는데 이를 보면 더 쉽게 알 수 있다. 일단 정부 크기를 나타내는 지표에는 여러 가지가 있겠지만 여기에서는 정부의 조세수입의 크기가 정부의 크기를 대변한다고 가정하자. 이때 정부가 조세를 걸게 되면 어떤 일이 발생하게 되는지를 보면,

〈그림 3-1〉의 그래프에서 최초의 균형점 c는 조세가 존재하지 않는 경우, 즉 정부의 개입이 없는 경우를 의미한다. 그런데 이 상황에서 정부가 과세를 부가하게 된다고 가정하자. 이때 정부가 세금을 소비자에게 징수하면 수요의 감소를, 공급자에게 징수하면 비용의 상승

과 같은 효과를 가져 온다. 따라서 새로운 수요와 공급이 만나는 점에서의 거래량은 최초의 균형점보다 작아져서 사회적으로 비효율이 발생한다. 이를 이해하려면 사회후생을 어떻게 경제학적으로 표현하는지 알아야 한다. 사회적 잉여란 수요자 잉여와 공급자 잉여를 합친 것을 의미하는데, 사회적 잉여를 극대화하는 것이 후생경제학의 주된 목적 중 하나이다. 이때 수요자 잉여란 수요자가 지불할 용의가 있는 최대 금액과 실제 가격과의 차이의 합을 의미하고, 공급자 잉여는 공급자가 지불받는 금액과 생산비용과의 차이의 합을 의미한다. 즉, 최초의 균형점에서 소비자 잉여는 △aPc만큼, 생산자 잉여는 △Pce만큼이고, 사회적 잉여는 △ace만큼 발생한다.

이제 정부가 개입하여 공급자에게 T만큼 과세를 하는 경우를 생각해 보자. 그러면 공급곡선은 조세만큼 상방으로 이동하게 되어 새로운 균형은 b점에서 이루어진다. 새로운 균형점에서 소비자 잉여는 △abP′만큼이 되고 생산자 잉여는 △P′bf만큼이 된다. 그리고 조세수입은 □fedb만큼이 된다. 정부가 조세수입을 그 금액만큼 국민들에게 모두 돌려준다고 가정한다면 새로운 균형점에서의 사회적 잉여와 조세수입의 합은 □abde만큼이 될 것이다. 최초의 균형점에서의 사회적 잉여는 △ace만큼인데, 조세가 존재하게 되면 전체 사회적 잉여는 □abde만큼으로 줄어들어 △bcd만큼의 손실이 발생한다. 이를 자중손실(deadweight loss)이라고 하는데, 이 삼각형은 조세가 존재하는 경우 사회적인 비효율성을 나타내는 지표가 된다. 다시 말해, 정부 크기가 커지면 사회적인 비효율성이 커질 수 있다는 것을 의미하는 것이다. 이에 대해 1964년 하버거(Harberger)를 효시로 다양한 실증연구가 이루어졌다. 최초 연구자인 하버거에 의하면 자본소득세의 초과부담이 국민소득의 0.5%나 된다고 한다. 그 후 쇼벤(Shoven, 1976)은 하버거의 실증연구에 오류가 있음을 발견하고, 이를 수정하여 다시 추정하면 자중손실이 국민소득의 0.25%가 된다고 밝혔다. 우리나라에서도 김성태 외(1999)에 의해 정부 크기와 자중손실에 대한 실증연구가 이루어졌는데, 이 연구에 의하면 세율을 10% 변화시키는 경우 자중손실이 GDP의 1.12%에 해당한다고 한다. 결국 정부 크기의 증가는 자중손실을 발생시키고, 그 크기가 GDP의 1%에 해당할 만큼 크다는 것이 실증연구에 의해 밝혀진 것이다.

앞의 논의에서 가정한 것 중 하나는 정부가 조세수입으로 국민에게 그대로 돌려준다는 것이었다. 만약에 정부가 조세수입으로 정부지출을 할 때 정부지출의 효과가 자중손실의 크기를 능가한다면 정부의 크기 증가는 사회 전체적으로 오히려 득이 될 것이다. 하지만 이와 같은 생각은 공공 부문의 특성을 고려해 볼 때 부정적으로 평가할 수밖에 없다.

우선, 공공 부문의 비효율성을 지적하는 대표적인 논의는 파킨슨 법칙(Parkinson's law)이다. 이는 공무원의 수는 일의 유무나 사안의 경중에 관계없이 일정하게 증가한다는 하나의 관성적 현상(agency inertia)을 말한다. 이러한 예가 1935년경의 영국 식민성 행정직원은 300여 명이었지만, 1954년에는 1,600여 명으로 늘어났다는 것이다. 관리할 식민지가 줄어들었는데도 직원은 오히려 5배가 늘어난 것이다. 이 모순된 현실에서 파킨슨의 법칙은 탄생하였으나 이 법칙의 함의는 현재까지도 계속 유효하다. 신문에서 부처의 업무가 줄었는데도 직원은 몇 달 동안 몇 십 명이 늘어났다거나, 모 공기업은 신이 내린 직장이라고 불릴 만큼 업무에 비해 직원을 많이 채용하고 있다는 기사를 우리는 흔히 접할 수 있다.

그리고 국가 및 공공 부문은 경쟁이 결여되어 있어, 방만한 경영으로 낭비가 발생할 가능성이 크다는 점도 정부의 비효율성으로 지적할 수 있는데, 이를 X-비효율성(X-inefficiency)이라고 한다. 이와 같은 논리에 따르면 정부가 조세를 걷어서 여러 가지 활동을 할 때 비효율적으로 지출을 하게 되면 조세수입에 해당하는 금액만큼을 국민에게 돌려주지 못할 가능성이 커진다. 그렇게 되면 결국 정부 크기의 증가는 자중손실을 상쇄할 만큼의 효과를 가져오지 못하게 되는 것이다. 따라서 정부실패가 발생한다.

결국 정부실패가 발생하는 요인은 대개 독점, 민주주의 정치 제도, 관료제의 영향 등으로 구분하여 볼 수 있다. 우선 정부가 사회서비스를 공급할 때는 어느 누구에게나 도움을 줄 수 있고, 어느 누구도 일정하게 정해진 최저생활 수준 이하로 떨어지지 않도록 할 수 있으며, 그 혜택을 시혜가 아닌 권리로 보장함으로써 사적 자선이 초래할 수 있는 낙인을 피할 수 있다는 장점들 때문에 대개 독점적으로 제공한다. 그렇지만 독점이 되면 경쟁 상대가 없어 서비스가 불필요하게 높은 비용에서 제공되어 견제가 어렵고, 소비자 욕구의 변화에 상대적으로 둔감하여 서비스의 개선에 미흡할 뿐 아니라 책임감이 결여되기 쉽다.

두 번째는 민주주의 사회에서의 공공서비스는 정치적 영향력을 행사할 수 있는 특정 집단의 이익이 과도하게 반영되어 불필요하게 확대될 수 있다. 이러한 현상은 예산 확대가 관료의 지위와 권한을 보장하게 된다는 관료사회의 속성으로 인해 예산극대화(Niskanen, 1973)로 설명되며, 결과적으로 공공서비스는 적정 수준을 초과하여 과잉 공급되는 비효율을 낳게 된다. 여기에 집합적 행동의 딜레마(dilemmas of collective action)가 있기 때문에 이러한 경향은 더욱 가속화되기 쉽다. 즉 정부의 많은 활동들이 사업의 비용은 전체 국민들에게 산포되는 데 반해 편익은 소수집단에 실현되므로 체감 비용보다 체감 편익이 훨씬 큰 이익당사자들이 정부의 특정 사업에 대한 유인이 강하기 때문이다. 또한 포크 베럴링(pork barreling)도 민주주의 정치체제에서 지역구 예산챙기기로 국가 예산의 비효율성에 한몫하고 있다.[1] 정치인의 선거승리를 위해 다른 지역의 주민들이 비용을 부담하는 꼴이 되는 셈이다.

민주주의 사회에서 정부가 반드시 사회 전체의 이익을 대변한다는 보장이 없다. 정부는 특정인이나 특정기업에게 배타적 경제 행위를 할 수 있는 권리인 허가를 내주기도 하고, 특별 정책을 추진하는 과정에서 재정적 지원을 하기도 한다. 예를 들면 방송국 채널 허가는 전자, 수출기업 지원과 같은 경우는 후자에 속한다. 이와 같이 정부가 선별적 허가나 정책을 통해 인위적으로 만들어낸 독점 또는 배타적 이익을 경제학 용어로 지대(rent, 地代)라고 한다.

지대추구에 관한 전통적 이론은 이전비용(transfer cost)의 규명에 관한 것이다.[2] 비용이 드는 이전(transfer)은 독점의 경우에 특히 문제가 된다. 독점은 지대(rents)를 일으키는데 이것의 분배에 대한 분쟁을 수반한다. 주주, 소비자, 경쟁자, 심지어 국가까지 생산자의 지대의 일정 부분을 획득하려 한다. 생산자 지대의 일정 몫을 획득하거나 증가

1) 2013년 예산심의에서 지역의 민심을 챙기는 이른바 '쪽지예산'이 3,710억 증액되어 지역예산 쟁탈전이 벌어졌다(한겨레, 2013.01,01).

2) Tullock(2003:5)은 독점특권 추구와 관련된 자원의 낭비적 투자를 언급하는 데 있어서 지대추구(rent seeking)라는 용어를 사용하지는 않았지만 1964년부터 그의 논지는 바로 직접적으로 적용하였다. 그 후 1974년 Kreuger가 The Political Economy of the Rent-Seeking Society라는 논문을 American Economic Review에 발표하면서 이 용어가 회자되기 시작하였다. Kreuger는 경제활동에 대한 정부의 제약이 여러 형태의 지대를 일으키며 사람들은 지대를 위해 경쟁하는데 이러한 경쟁이 완전히 합법적인 것도 있지만 때로는 뇌물, 부패, 밀수, 암시장 등의 형태를 띤다고 한다.

시키는 것을 목적으로 투자가 이루어지는데 이 투자는 이전비용의 일정 부분이며 소실의 한 형태이다. 양질의 생산물이나 값싼 생산물로 소비자를 만족시킴으로써 이익극대화를 추구하는 것이 아니라 어떤 수익도 다른 행위자의 수익을 낮추는 행동의 결과로 누적되는 것이다. 이러한 행태를 이익추구와 달리 지대추구(rent-seeking)라 불러왔다(Lambsdorff, 2002).

경제적 지대는 생산요소의 기회비용을 초과하여 발생하는 수익을 말한다.[3] 경제적 지대가 존재하는 한 수요자나 공급자는 끊임없이 경쟁을 피하고 독점적 지위를 획득하거나 방어하려고 노력한다. 잠재적 진입자들은 시장참여노력을 계속하며 기존 업체는 이들의 진입을 막고 기득 이익을 지키기 위해 로비 활동을 전개하지 않을 수 없다. 이렇게 발생한 지대의 일부는 정치인과 관료에게 돌아가기도 하고, 독점 권한을 보장받기 위한 경쟁과정에서 허비되기도 한다(최병선 · 사공영호, 1997).

툴록 등(Tullock et al., 2002; 김정완 역, 2005)은 지대를 얻기 위해 개인이나 기업이 정부에 행하는 로비 활동, 즉 정부 개입을 통해 사회의 다른 구성원으로부터 부의 이전을 도모하는 로비활동을 낭비적 자원투입활동으로 보았고, 이를 지대추구(rent seeking) 행위라고 하였다. 이러한 지대추구 행위가 많아질수록 사회적 낭비가 초래된다. 그렇지만 사회 내에서 강력한 이익단체(special interest groups)들은 자신들의 이익을 유지하기 위해 로비를 한다. 즉 특혜추구 또는 지대추구(rent seeking) 행위를 하는 것이다. 정부는 조용한 다수보다 이들의 이익을 보호해주는 정책을 시행하고, 그 결과 사회 전체의 이익은 저해될 수

3) 독점적 지위 또는 특혜 상황에서 얻을 수 있는 초과이득이라고 할 수 있다.

있다. 조용한 다수는 이들의 이익단체에 맞설 수 있는 조직과 재력이 없을뿐더러 그럴만한 유인도 없기 때문이다.

세 번째는 정부가 중앙 집권적이고 관료적일 경우, 관료제적 경직성으로 인하여 시민들의 다양하고 변화하는 욕구에 대응하지 못할 뿐 아니라, 대중의 참여와 지지를 획득하는 데 어려움이 생긴다(Johnson, 1987:57). 규제자가 규제 대상에 의해 포획됨(capture of regulatory)으로 정부가 국민의 입장보다는 규제 대상의 입장에 더 가까워지는 현상이 발생되는 경우도 있다. 이러한 요인들은 불필요한 공공서비스의 공급을 확대시키고, 경제적 비효율성을 초래한다.

제2절 NPM(New Public Management)과 시장중심공급

1. 신자유주의와 NPM(신공공관리론)

신공공관리는 1980년대 들어오면서 관료제 모형에 기초를 둔 전통적인 행정과 공공서비스 전달 방식이 정부의 재정적자 가속화, 비효율 등의 문제가 심화되면서 행정 개혁이 불가피하다는 인식이 확산되면서 등장하였다. 신공공관리는 신자유주의와 함께 소위 영국병이라고 할 수 있는 통치불가능성(ungovernability)의 문제를 해결하기 위해 대처정부에 의해 정부개혁모형으로 태동된 것이라고 할 수 있다(신희영, 2003). 이를 필두로 미국, 특히 A. Gore의 'reinventing government'와 영국의 'Next steps'를 중심으로 이루어졌고 오스트레일리아, 뉴질랜드, 기타 유럽국가 등으로 정도의 차이가 있지만 파급되어 갔으며,

세계적으로 확산된 개혁 모형이 1990년대 이르러서 학계에서 본격적으로 논의되기 시작하였다(Hood, 1991).

신공공관리는 여러 사람에 의해 다른 개념으로 사용되고 있지만, 가장 넓은 의미로는 행정관료제에 국한되지 않고 국민과의 관계까지 포함하는 국정관리(governance)와 유사한 개념으로 사용하고 있고(March and Olsen, 1995; Peters, 1996), 가장 좁은 의미로는 미국 클린턴 정부 및 최근 영국에서 시도된 일련의 행정개혁 프로그램을 지칭한다.

영국의 'Nest step'은 Fulton Report의 행정개혁을 first step으로 보고 가장 혁신적인 개혁조치라는 의미에서 명명된 것인데, 근본적인 문제의식은 행정의 규모가 지나치게 크고, 비효율적이라는 것이다(O' Toole and Jordan, 1995). 구체적인 처방은 정부의 규모를 줄이는 것인데, 정부 기능을 기획 기능과 집행 기능으로 분리하여, 시장 검토성(marketing test)등을 활용하여 정부 기능을 재조정하고, 가능한 전자만 행정이 담당하고 후자는 민간 부문이 담당하도록 하며 불가피한 경우 민간의 경쟁기법을 최대한 도입하여 책임 집행을 기관화하자는 것이다. 이에 비하여 미국 고어 정부의 재창조 주장은 '사기업 경영의 패러다임(paradigm of private management)'을 행정에 도입해야 한다는 점에서 차별성이 있었다(Seidman, 1998:7). Red tape을 없애고, 고객을 최우선으로 하며, 업무의 결과 지향성을 강조하는 것 등이다.

미국의 "Reinventing Government"는 Osborne and Gaebler의 저서의 이름인데, 이들은 여기서 기업가적 접근방법(entrepreneurial model)과 거버넌스를 용어상 같게 취급하였다. 이들의 주장은 NPM의 일반적인 원칙들의 조합에 가까웠다.[4] 공공서비스 공급과 관련한 NPM의 주요 특징을 살펴보면 NPM의 기본 철학은 서비스 제공자 간 경쟁, 그리고 소비자 주권 확립에 있다(Osborne and Gaebler 1992). 즉 서비스 공급—생산 서비스의 종류와 생산자 결정—과 관련하여 선거직 관료의 선호보다 공공서비스 생산자와 소비자 간 시장적 교환관계인 공공선택 방식에 따라 형성된다. 따라서 비용, 효율성, 수요, 그리고 전문적 관리 등이 NPM의 핵심적 개념이 된다.

Hood(1991)는 "신공공관리론(NPM)이 등장하면 첫째, 고위행정가의 정책결정기능보다는 관리기술을 중시하는 것으로 둘째, 과정 중심에서 산출 중심으로 셋째, 공공서비스 공급에 있어 통일적인 내부생산에서 계약경쟁체제(CCT)로 넷째, 고정임금에서 변동임금으로 변화하였다"고 설명하였다.

신공공관리론(NPM)의 가장 두드러진 특징은 역시 공공서비스 공급에 있어서 시장 메커니즘을 기초로 한다는 것이다. 신공공관리가 주목을 받았던 이유는 과거의 공공관리에 의해 창조된 대부분의 관료구조가 그 체제의 타고난 비능률과 특권을 정당화시킨다고 비판하였기 때문이다. 따라서 신공공관리론(NPM)으로의 개혁을 위한 논거는 결국 정부의 생산성을 향상시키기 위한 것으로, 기존 정부의 관료 방식에 의한 관리활동의 증가, 채무의 증가, 그리고 정부 역할의 부적절함을 치유하는 데 있었다(Kettl, 2007:446-462). 수단적 방법으로 기존에 공공 부문이 담당하였던 역할을 경쟁적인 원리를 통하여 민간 부문에서 제공받고, 규모의 비용축소를 위하여 여러 가지 관리기법들을 적용하였다(Hood, 1994:93-109). 특히 공공서비스 분야에서 신공공관

4) Osborne and Gaebler는 그들의 저서 Reinventing Government에서 "this is a book about governance, not politics"(p.247)라고 밝히고 있어, 관리적 측면을 정치적 작용과 분명히 구별하고 있다. 따라서 그들이 사용하고 있는 거버넌스는 국가, 시장, 사회 간 상호작용의 틀이 아닌 하나의 하위 개념으로서 NPM의 특징을 제시하는 것으로 보는 것이 타당하다.

리론에 기초한 관리 방식은 성과와 고객을 중시하며 탄력적인 관리체계, 정보기술의 적극적 활용 등 조직 외형이나 구조보다는 운영기술을 강조하고 있다(Ingraham & Rosenbloom, 1989:116-125). 이와 같은 신공공공관리주의의 주요 특징을 전통적 관료제 모형과 비교하면 〈표 3-2〉와 같다.

이와 같은 신공공관리론의 논의들은 두 가지로 압축할 수 있다. 하나는 조직 내부에 시장의 원리를 도입하자는 것이고 다른 하나는 비능률적인 행정조직의 일부를 능률적인 시장에 맡기자는 것이다. 바로 신공공관리론이 시장의 원리 도입을 주장하고, 시장의 역할을 강조하는 측면이 신자유주의와 동일한 속성의 개념으로 받아들여지는 부분이다. 그러나 이들의 주장은 시장이 정부를 대신하는 것이 아니라 관

〈표 3-2〉 신공공관리주의의 주요 특징

NPM	전통적 관료제 모형
기본방향 설정(Steering)	구체적 업무수행(Rowing)
지역사회로 권한부여(Empowering)	정부주도의 서비스 제공(Service)
서비스 제공에 경쟁도입(Competition)	비경쟁 독점(Monopoly)
임무지향(Mission-driven)	규칙, 절차, 법령 중심(Rule-driven)
성과연계 예산(Funding outcomes)	투입지향 예산(Budgeting input)
고객중심(Customer)	관료제, 기관 중심(Bureacracy)
수익지향: 기업가적 정부(Earning)	소비지출지향(Spending)
예방 강조(Preventing)	사후적 치료에 치중(Curing)
권한의 위임(Decentralization)	계층적 위계질서(Hierarchy)
시장기제 도입(Market)	정부통제 등 규제(Organization)
절약과 능률	사회적 형평, 감응성 강조
공사 일원론	공사 구별론
기획, 조직, 통제, 평가 강조	사회적 가치, 관료제와 민주주의 갈등논의

자료: Frederickson, H. G.(1996). Comparing the Reinventing Government Movement with the New Public Administration.; Minogue(1997); 유훈(1995)에서 재구성.

료들이 정부 관료제를 관리하여 사회문제를 해결하여야 한다(이명석, 2001)고 보는 측면이 신자유주의와 구별되는 부분이다. 신공공관리론의 관심이 공공 부문 내부 효율성과 관리체계의 개선을 증진시키는 데 있는 반면에 신자유주의는 시장과 정부의 적절한 관계설정에 주된 관심을 두고 있다(Frederickson, 1996:263-269)는 측면에서 차이가 있다.

Osborne과 Gabler는 공공 부문이 민간 부문에 비해 효율성(effective)이 현저하게 떨어지고, 이를 극복하는 유일한 길이 시장의 논리를 공공 부문에 접합하는 것이라고 주장하였다. 이들은 '효율적'인 정부체제의 재창조를 통해서만 이 사회의 효율화를 이루어 낼 수 있다는 강한 신념을 전제로 하고 있었다. 그리고 이러한 정부 개혁을 이루기 위한 원리로서 열 가지를 제시하였는데 그 내용은 정리하면 다음과 같다(Osborne and Gabler, 1992:285-290).

첫째, 그동안 정부가 너무 많은 일을 직접 하였다. 그러다 보니 정부는 전체적 차원에서 중요한 의사결정에 시간과 노력을 집중하는 데 실패하였다는 것이다. 따라서 이들은 정부가 직접 배를 젓는 것(rowing)을 지양하고, 배를 조정하는(steering) 촉매자(facilitator)로서의 역할에만 전력할 것을 제안한다. 그리고 좀 더 많은 사회적 조직과 경제적 조직 등을 작동하게 만드는 것이 사회 전체의 효율성을 높이는 데 유익하다는 것이다.

둘째, 첫 번째와 같은 맥락에서 정부는 서비스를 직접 제공하는 데 관심을 두기보다는 서비스의 유형에 따라 전문성과 열의를 가지고 있는 결사체들에 위임하는(empowering) 것이 바람직하다고 충고한다.

셋째, 서비스의 공급 방식을 기존의 공급자 독점 방식에서 경쟁(competition)체제로 변경시켜야 한다. 경쟁은 경직된 관료제의 문제를 해결하는 열쇠로 개인 간의 경쟁이 아닌 조직 간 혹은 기관 간의 경쟁을 의미한다. 경쟁은 서비스의 질과 능률, 그리고 고객의 요구에 대한 응답성, 환경변화에 대한 신축성과 혁신성을 제고하는 데 결정적인 역할을 한다.

넷째, 규칙지향적(rule-driven)인 관료조직의 경직성을 극복하기 위해 임무지향적(mission-driven)인 태도를 강조함으로써 조직의 효율성을 극대화하도록 해야 한다.

다섯째, 정부 활동은 결과보다는 투입 측면을 강조한다. 그러다 보니 직업수행이나 결과에는 적은 관심만을 기울인다. 조직의 효과성을 높이기 위해서는 결과지향적인(result-oriented) 태도를 강조할 필요가 있다.

여섯째, 정부가 서비스의 공급을 일방적으로 제공하고 시민이 그것을 단지 소비하는 방식보다는 '고객'으로서 서비스를 선택하게 함으로써 수요와 공급의 법칙이 공공 부문 안에서 순수하게 작용하도록 해야 한다.

일곱째, 전통적으로 정부는 주어진 예산을 어떻게 써야(spending) 할 것인가 하는 제한된 문제점에 관심을 두었으나, 이제 정부 관료는 기업가 정신(entrepreneurial sprit)으로 무장하여 어떻게 벌어서 어떻게 쓸 것인가를 고민해야 한다.

여덟째, 기존 정부는 사후적으로 사회문제를 해결하는 소극적 태도를 취함으로써 문제의 발생률을 줄이는 데 어려움을 겪고 있다. 이를 극복하기 위해서는 정부의 예측능력(anticipatory capacity)을 강화함으로써 치료보다는 예방(prevention)에 관심을 기울여야 한다.

아홉째, 전통적인 정부조직의 계층성이 갖는 경직성과 비능률성을 극복하기 위해서는 분권화된 형태의 조직을 설계할 필요가 있다.

열 번째, 시장의 원리에 따른 정부 재창조를 요구한다.

이상에서 논의된 신공공관리의 핵심을 정리하면 다음 세가지로 요약할 수 있다(권인석, 2004:35).

첫째, 시장을 더 효율화시키자. 시장의 특징은 보이지 않는 손에 의해 자유롭게 활동하는 것이다. 이를 위해서 공명정대한 경쟁을 할 수 있도록 정부는 규칙을 만들고 이들을 엄격하게 적용시켜야 한다. 이는 곧 규범적이고 도덕적이고 정의로운 정부를 의미한다.

둘째, 정부와 시장의 기능 배분의 문제에 있어 시장이 효율적이므로 시장 영역을 확대하자. 이 시장 영역의 확대 논리가 영미식의 신자유주의 논리와 맥을 같이 하는 것이다. 복지국가의 과다한 부하, 관료제의 비능률, 대규모의 관료제의 폐단을 줄이자는 것이다. 그 방법으로 계약, 민관공동생산, 민간위탁 등의 민영화방법들을 사용한다.

셋째, 시장의 논리에 의한 관리 기법을 정부에도 적용한다. 민간경영기법의 도입은 관리주의 논리와 가장 유사하다. 신테일러리즘이라고 할 수 있는 관리주의는 고객에게 더 질 좋은 재화와 용역을 제공하기 위해서 행정서비스 간, 공급자들 간의 경쟁을 야기시켜야 하고 이를 위해 성과평가와 성과에 대응된 보상체계를 수립한다.

Peters and Pierre(1998)는 NPM이 국가 문제를 전통적인 공적 위계조직인 정부만이 해결하는 것이 아니라 시장 및 시민사회와 협력하여 국가사회가 직면한 문제를 더 효과적으로 해결한다는 점에서 '거버넌스(governance)'와 많은 유사점을 가지고 있다고 주장하였다. 특히 다음과 같은 이유들을 논거로 들어 신공공관리와 거버넌스가 유사하다고 말한다.

첫째, 선거직 관료의 역할과 중요성이 경시되며 변화한다. 즉 목표를 설정하고 우선순위를 결정하던 역할에서 네트워크를 형성하고, 공공·민간의 자원을 유치하며 책임운영사업소(agency)에 많은 재량권을 위임하는 것 등이다.

둘째, 정치적 기업가정신의 요구로 통제와 책임성이 취약해지고 그 대신 '소비자 선택'이 책임성의 대안으로 제시된다. 그렇지만 집합적 자원으로 재원이 조달되는 경우, 특정 서비스의 소비자 혹은 이해당사자가 아닌 사람에게도 이용 가능한 수단이 필요하다.

셋째, 국가는 사회로부터 유리되어 왔기 때문에 시장의 경쟁 압력하에서 협동행위자들이 정교한 관리 및 자원배분 모델을 개발해 오는 동안에도 공공관료제는 이러한 경제적 압력으로부터 유리되어온 결과 조직이완, 비능률, 고객 욕구에 대한 무관심 등의 현상을 낳았다는 입장이다.

넷째, 공공과 민간의 이원적 구분은 시대착오라는 것이다. 실제로 이러한 이원적 구분론이 공공 부문 개혁의 걸림돌로 작용하였기 때문에 공공조직에도 민간의 관리전략과 목표가 도입되어야 한다는 것이다. 모든 조직 관리에는 유사한 문제들이 존재하므로 공공조직의 문제도 민간의 조직관리 방식으로 해결할 필요성이 있다는 것이다.

다섯째, NPM의 경우 공공서비스에 '경쟁'을 도입하는 것이 핵심이다. 하지만 거버넌스는 공공서비스를 생산하고 전달하는 데 있어, 공공과 민간의 자원을 혼합하는 데 기본적으로 관심이 있기 때문에 정부 내 경쟁보다는 민간과 공공의 창조성 경쟁에 더 호의적인 입장이다.

마지막으로 투입통제보다는 결과 및 산출통제를 강조한다는 것이다. 따라서 노젓기(rowing)보다는 우선순위의 설정, 목표정의와 같은 방향 잡기(steering)가 중요한 개념이 된다(Osborne and Gaebler, 1992). 차이점은 거버넌스의 경우 조직 간에, 그리고 NPM의 경우 조직 내에 초점을 두고 있다는 것이다.

결국 신공공관리(NPM)는 행정 패러다임의 전환이란 관점에서 전통적인 행정모형을 대체하기 위해 공공 부문과 정부와 사회 간의 관계를 전환시키고 있는 것이다(Hugh, 1994:66-74). 그러나 여기서 보다 중요한 것은 NPM에 의한 정부 혁신이 거버넌스 즉 국가, 시장, 사회 간 상호작용의 질서를 재배열하는 촉매가 되었다는 사실이다(Desai and Imrie, 1998).

2. 시장실패(market failure)

신공공관리론이 정부보다 자원의 배분에 있어 효율적이라고 주장하는 시장도 효율적 자원배분의 달성이 가능하지 않은 시장실패(market failure)현상이 발생한다. 경제학에서 시장은 이론적으로는 완전경쟁(perfect competition)시장의 일정 조건[5])이 충족되면 효율적인 자원배분이 달성 가능하다고 본다. 그러나 만일 시장기구가 제대로 작동하지 못하면 효율적 자원배분의 달성이 불가능해진다. 시장실패가 발생하는 경우는 크게 다섯 가지 유형으로 구분할 수 있는데 이를 정리하면 다음과 같다.

첫 번째 유형의 시장실패는 시장의 구성적 전제가 파괴되는 경우로서 시장의 기능장애라고 불리며 독점의 시장지배력이 행사되는 경우이다.

경제학자들은 완전경쟁시장을 시장적인 시장으로 보고 있다. 완전경쟁 시장은 수요자와 공급자가 다수이고 시장에의 진입에 제한이 없는 시장이다.[6]) 이러한 조건하에서의 완전 경쟁 시장은 최적 자원의 배

5) 완전경쟁시장의 조건은 통상적으로 가격수용자(price-taker)로서의 공급자와 수요자, 동질적 상품(homogeneous product)의 공급, 자원의 완전한 이동성 또는 자유진출입(free entry & exit), 완전정보(perfect information) 등을 의미한다.

분을 가져온다. 시장은 완전 경쟁 상태에서 작동되는 것이 바람직하다고 보는 입장에서는 불완전 경쟁은 제1의 시장실패가 되는 것이다.

산업에 규모의 경제가 존재할 때, 달리 말해 생산량이 증가함에 따라 평균 비용이 내려갈 때, 시장은 독점과 같은 불완전 경쟁으로 바뀌게 된다. 평균 비용이 하강하면 한계 비용은 평균 비용 아래에 있게 된다. 경쟁 시장에서 최적 배분을 위해 기업은 한계 비용과 일치하게 가격을 설정해야 하는데, 평균 비용이 체감하는 산업에서 한계 비용에 따라 가격을 설정하면 한계 비용은 평균 비용 아래에 있기 때문에 기업으로서는 손해를 보게 되고, 그 결과 기업을 운영할 수 없다. 바로 이것이 시장실패이다. 이를 막기 위해서 후생경제학자들은 기업이 정부로부터 보조금을 받거나, 정부가 직접 운영해야 한다고 주장한다. 생산량이 증가할수록 평균 비용이 내려가기 때문에, 이제 생산을 시작하는 새로운 기업은 대량 생산의 이점을 누리는 기존 기업에 비해 불리하여 시장 진입을 하지 못하고, 기존 기업은 생산량을 늘리면 늘릴수록 이득이 되어, 결국은 전 시장이 한 독점 기업에 의해 지배되는 현상이 발생한다. 이러한 독점을 기술적 독점(technological monopoly) 혹은 자연적 독점(natural monopoly)이라 한다(황수연, 2006:187). 이렇게 독점된 시장은 여러 가지 폐단이 발생한다. 독점이 되면 경쟁 시장에 비해 가격이 올라가고 공급량은 줄어든다. 또한 독점은 기술 혁신을 저해하기도 한다. 경쟁은 사업자들로 하여금 더욱 효율적인 생산기법을 찾고, 새 제품을 생산하며, 이를 위하여 위험을 감수하게 한다. 그런데 독점의 경우는 경쟁자들의 도전을 받지 않기 때문에 혁신을 해야 할 유인이 결여되어 관리 및 기술의 침체에 빠지게 된다.

---

6) 어떤 학자들은 시장 참가자들이 완전한 정보를 가지고 있다는 가정까지를 완전 경쟁 시장의 요건으로 보고 있다.

두 번째 유형은 시장이 효율적으로 작동할 수 있도록 하는 제반가정이 무너지는 경우로 시장의 내재적(內在的) 결함이라고 불리며, 외부효과, 공공재, 비용체감산업, 불확실성 등이 여기에 해당한다. 이는 후생경제학자들이 주장한 것으로 시장이 경쟁적이라고 하더라고 시장실패가 일어나는 경우이다.

외부성(externalities)은 어떤 사람(들)의 행동이 다른 사람(들)에게 피해를 입혔는데 그 피해에 대해서 보상을 해주지 않거나, 어떤 사람(들)의 행동이 다른 사람(들)에게 이득을 주었는데 그 행동에 보상을 받지 못할 경우에 일어난다고 말한다. 여기서 남에게 피해를 끼치는 경우는 외부비용(external cost), 남에게 편익을 제공하는 경우에는 외부 편익(external benefit)이라고 한다.

시장 거래에 의해서는 이와 같은 피해와 편익이 내부화되므로 외부성은 발생하지 않는다. 내가 어떤 물건을 사면 판매자는 물건을 가지지 못하는 피해를 보지만 내가 그에게 가격을 지불함으로써 그는 보상을 받는다. 따라서 그의 입장에서는 아무런 외부성도 겪지 않는다. 나는 돈을 가지지 못하지만 그러한 피해에 대해 상대방이 물건으로 보상을 하므로 나 역시 외부성을 겪지 않는다. 하지만 때로는 시장에서의 거래에도 외부성이 발생할 수 있는데, 예를 들면 플라스틱 용기를 기업으로부터 구매하는 경우 거래자들 사이에서 아무런 외부성이 발생하지 않는다. 대금과 물건으로써 외부성이 내부화되었기 때문이다. 그러나 플라스틱 용기를 생산하는 기업이 용기를 생산하는 과정에서 공해를 발생시켰다면 외부 비용이 발생하게 된다. 기업이 발생시킨 매연은 인근 주민들에게 천식을 일으키고 세탁물을 더럽히지만 이러한 피해에 대해 기업은 주민들에게 보상하는 것은 아니기 때문이다. 이러한 거래는 부정적 외부성(negative externality) 대표적인 사례라 볼 수 있다. 그러나 외부성은 이와 같은 부정적 외부성(외부 비용)만 있는 것이 아니고 긍정적 외부성(외부 편익)도 있다. 긍정적 외부성(positive externality)의 사례로 아름다운 꽃밭의 주인이 행인들에게 제공하는 편익을 들 수 있다. 하지만 여기서도 제공된 편익만큼 꽃밭 주인에게 대가가 지불되는 것은 아니다.

이러한 외부성의 관점에서 시장실패론자들은 "시장 활동을 하는 개인은 의사결정에서 내부적 비용과 편익은 고려하지만 외부적 비용과 편익은 고려하지 않기 때문에, 외부 편익이 발생하는 활동은 사회적 최저 수준보다 미달되어 제공되고, 외부 비용이 발생하는 활동은 사회적 최적 수준을 초과하여 발생한다. 바로 이 부분에서 시장실패가 발생한다"고 주장한다.

후생 경제학자들에 의해서 경쟁적 시장이라고 하더라도 시장실패가 일어나는 또 다른 경우가 공공재이다. 예를 들어 연필이나 자동차와 같은 사적재는 시장에 의해서 효율적으로 생산되고 배분되지만 공공재는 그렇지 않다는 것이다. 왜냐하면 재화가 효율적으로 배분되려면 우선 가격을 매길 수 있어야 하는데, 공공재는 대가를 지불하지 않아도 공공재의 소비로부터 배제[7)]할 수 없다는 성격 때문에 소비자가 가격을 지불하지 않고, 소비자에게 가격을 부담시킬 수가 없기 때문이다. 뿐만 아니라 공공재는 소비가 경합적[8)]이지 않기 때문에 소비

7) 배제는 대가를 지불하지 않는 사람이 소비 혜택을 누리지 못하게 막을 수 있는지의 여부와 관련되는 것이다. 예를 들어 커피와 같은 사적재의 경우는 대가를 지불하지 않으면 소비 혜택을 누릴 수 없으므로 배제 가능하지만 국방과 같은 공공재의 경우는 대가를 지불하지 않더라도 국방서비스의 혜택을 누리지 못하게 할 수 없으므로 배제가 불가능하다.

8) 소비의 경합성이란 한 사람의 소비가 다른 사람의 소비 혜택을 줄이느냐 아니냐에 관한 것으로 사적재의 경우는 한 사람의 소비가 다른 사람의 소비를 줄이므로 소비가 경합적인데 반하여, 국방과 같은 공공재의 경우는 한 사람이 추가되어 국

를 하지 못하게 배제하는 것도 바람직하지 않다.[9] 공공재의 비배제성 때문에 일단 그것이 집단에 제공되면 집단의 어느 누구도 그 혜택으로부터 배제될 수 없다. 순수 공공재의 예로 자주 거론되는 국방 서비스를 생각해보자. 일단 방어미사일이 제공되면, 그 비용을 지불하였건 아니건, 국가의 모든 국민들은 혜택을 얻는다. 한 사람에게 이용 가능하면 모든 사람에게 이용 가능하다. 그 결과 대다수 혹은 전부는 공공재에 무임승차(free ride)하려 할 것이고, 그 결과 공공재가 사회적 최적 수준보다 미달되어 제공되거나 혹은 전혀 제공되지 않을 수도 있다. 후생경제학자들은 이런 무임승차 문제가 시장실패를 보여주는 사례라고 주장하고 이의 해결책을 정부에서 찾으려 하였다.

세 번째 유형은 시장이 이상적으로 기능하더라도 해결하지 못하는 문제로서 시장의 외재적(外在的) 결함이라고 불리는 소득분배나 가치재의 공급 등이 여기에 해당된다. 한 나라의 소득분배가 공평하게 이루어지면 사회 구성원 모두는 좋은 사회에 사는 것으로부터 만족을 얻으며, 사회 내의 어떤 사람도 이와 같은 만족으로부터 배제되지 않는다. 따라서 소득분배를 핵심적 기제로 하는 사회복지는 일단 제공되면 그 나라 국민 모두가 혜택을 받을 수 있는 면이 있고, 사회복지를 통하여 보다 정의롭고, 안정되고, 통합된 사회가 이루어지며, 이로 인한 혜택은 사회 구성원 모두가 누리게 된다(Thurow, 1971).

방 서비스를 더 소비한다하여 다른 사람들의 국방 서비스 혜택이 줄어드는 것이 아니므로 소비는 비경합적이다.

9) 재화의 공공재와 사적재의 구분은 소비의 배제성과 경합성을 기준으로 구분되는 것이다. 따라서 정부가 제공하지만 사적재인 것도 많고 민간이 제공하지만 공공재인 것도 많다. 공공재와 사적재의 기준은 생산 주체가 아니라 재화의 성질에 따라서 구분되는 것이다. 즉 배제가 가능하고 소비가 경합적이면 사적재, 배제가 불가능하고 소비도 비경합적이면 (순수)공공재, 배제가 가능하나 소비가 비경합적이거나 소비는 경합적이나 배제가 불가능하면 준공공재라 부른다.

이러한 성격 때문에 Musgrave(1959)는 사회복지서비스를 "가치재 또는 준공공재"라고 지칭하였다. 이러한 시장실패가 정부 개입의 근거가 된다.

네 번째 유형은 시장 대부분의 거래 상황에서 거래와 관련된 정보가 당사자 간에 불균등하게 존재하는 상황, 즉 정보가 비대칭적 일 때 시장이 효율적으로 작동하지 않는 경우이다(Akorlof, 1970; 이준구, 1993). 일반적으로 시장 경제의 우수성을 이야기할 때 전제로 삼는 것은 완전경쟁시장이다. 완전경쟁시장은 무수한 소비자와 공급자, 합리적 개인, 완벽한 정보 등을 전제로 하여 전개되는 이론이다. 그러나 현실에서 이러한 조건을 완벽히 만족하는 시장은 존재하지 않는다. 특히 이러한 시장이 존재할 수 없는 요인 중에서 정보가 모든 거래 당사자에게 완벽하게 갖추어져 있지 않아서 생기는 역의 선택(reverse selection), 도덕적 해이(moral hazard) 등의 현상이 발생하여 시장에서 효율적으로 자원이 배분되지 않는 시장실패가 일어난다.

우선 역의 선택이란 정보 부족으로 인하여 바람직하지 못한 상대방과 거래하게 될 가능성이 높아지는 현상을 말한다. 역의 선택은 우리가 일상생활에서 흔히 경험하게 된다. 판매자의 현란한 말솜씨나 그럴싸한 외양만 보고 상품을 골랐다가 후회하게 되는 경우가 이에 해당한다. 예를 들어 중고차를 사고자 하는 사람은 중고차 시장에 나와 있는 차를 보는 것만으로는 그 차가 괜찮은지 아닌지를 알지 못한다. 즉, 차의 실질적인 상태가 감추어져 있는 특성 때문이다. 반면, 그 중고차의 판매자는 차를 그동안 써보았으므로 그 차에 대한 정보를 가지고 있으므로 비대칭적인 정보의 상황이 존재한다(Akorlof, 1970; 이준구, 1993). 문제는 이러한 역의 선택이 한두 번에 그치는 것이 아니라 지속적으로 반복되는 것에 있다. 반복이 된다는 것은 개인적인 노력으로 극복하기 어렵다는 것을 뜻하고 이러한 역의선택을 지속적으로 조장하는 시장이 있다는 것을 의미한다. 이러한 시장에서의 정보 비대칭의 문제를 해결하기 위하여 중고차 시장에서는 매매상들이 전문가를 배치하여 차량의 사고 발생 유무나 기본적인 상태를 점검하는 서비스를 제공해서 거래되는 중고차에 대한 신뢰도를 높인다. 그러나 근본적인 정보의 비대칭이 존재하는 상황에서는 보완적인 대책에 불과하다. 이렇게 시장에서 정보를 완전히 알지 못하는 상황에서는 시장 경쟁적이어도 시장원리가 제대로 작동하지 않는다(Akerlof, 1970).10)

정보의 비대칭이 가져오는 두 번째 문제가 도덕적 해이다. 도덕적 해이는 본인-대리인 관계에서 많이 나타난다. 자본주의에서 시장은 교환의 장소이고, 교환은 사람들 사이의 특화를 통한 분업을 전제로 하고 있다. 고도 분업 사회에서 사람들은 직접적이든 간접적이든 자기 일의 여러 가지를 남들에게 맡기고 살아야 한다. 왜냐하면 본인이 하는 것보다는 일정한 대가를 지불하고 남에게 맡기는 것이 직접 하는 것보다 훨씬 이익이 크기 때문이다. 여기서 가장 좋은 예는 주식 투자이다. 주식 투자를 자기가 가진 정보와 판단력으로 하면 좋지만 이 분야에 대한 지식과 정보가 쌓이지 않은 사람은 투자에 성공하기가 어렵다. 그래서 현실적으로 시장에서는 간접 투자 상품들이 개발되고, 은행이나 보험사에 일정 금액을 예탁하면 이를 가지고 금융사들은 주식 투자를 대신 해 준다. 이런 간접투자는 본인-대리인의 관

10) 미국의 경제학자 조지 애컬로프(George Akerlof)는 중고차 시장처럼 구매자들이 자동차의 품질에 대한 정보를 완전히 알지 못하는 상황에서는 시장이 경쟁적이어도 시장원리가 제대로 작동하지 않는다는 사실을 증명하였고, 이러한 시장을 '레몬 시장'으로 지칭하였다.

계를 형성하고, 이 관계에서 발생하는 치명적인 문제가 바로 정보의 비대칭이다. 간접 투자에 대한 계약이 이뤄지면 투자자의 이익을 극대화해 주고 이에 대한 보수를 받는 것이 암묵적인 계약 사항일 것이다. 그러나 이것을 감시할 능력이 주인에게는 없다. 주인의 이익이 아니라 대리인이 자기 이익의 극대화를 추구해도 주인이 알 수가 없는 것이다. 이러한 관계는 프로선수와 에이전트, 연예인과 기획사, 소송 의뢰인과 변호사 등 무수한 사례로 확장된다. 이와 같이 정보가 비대칭일 경우 대리인은 자신의 이익을 위하여 주인의 이익에 해가 되는 행동을 할 수 있는데, 이러한 대리인의 행동을 '도덕적 해이' 현상이라고 한다. 그리고 대리인의 '도덕적 해이' 현상을 해결하기 위하여 시장에서는 실적에 비례한 보수를 지급하거나, 작업을 직접 감독하는 방법을 사용한다. 그렇지만 정보의 비대칭이 존재하는 상황에서는 이는 근본적 해결책이 되기는 어렵다.

마지막으로 cream skimming(크림 탈취)의 경우에도 시장은 효율적으로 작용하지 않는다. cream skimming은 우유에서 양질의 크림만을 걷어내는 행위를 말하는 것으로, 흔히 '돈이 될 만한 시장'에만 상품이나 서비스를 선택적으로 제공하거나 진입하려고 경쟁적으로 달려드는 현상을 말한다. 예를 들면 병의원의 경우 전략적으로 돈이 안 되는 진료는 줄이고, 비급여 항목 서비스 라인을 늘이는 것이다. 비급여 항목이 늘어나면 환자의 경우 병원비 부담이 높아지게 되고, 이로 인하여 받아야 할 서비스를 받지 못하는 계층들이 생겨난다는 것이다.

또한 공공서비스 제공에 있어서 공기업의 기업성만 강조하다 보면 공기업의 수요가 큰 지역, 혹은 고수익을 가져올 수 있는 사업에만 진출하려는 경향이 나타난다. 공기업에게 타사업자의 진입을 막고 독점권을 부여하는 이유 중 하나가 보편적 서비스의 의무(the mandate for universal service) 때문인데, 전력이나 전화와 같은 기본적인 서비스 요금은 가능한 많은 사람들이 이용할 수 있는 수준이이야 한다. 그런데 기업성을 강조하다 보면 이런 중요한 이유들이 무시되기도 한다.

사회복지서비스의 제공에 있어서도 시장에서 제공되는 경우가 많이 있어, 이때 경쟁적이고 배타적으로 거래가 이루어지기도 한다. 그렇지만 비용 지불 능력이 없는 계층에 대한 사회서비스나 복지재화는 시장에서 제공되지 않을 가능성이 높다. 왜냐하면 이들이 지불 능력이 없거나 부족하기 때문이다. 이런 의미에서 시장에서는 사회복지재화나 서비스의 공급은 사회적으로 바람직한 수준까지 생산되지 않는다.

경제학 사조에서는 시장실패의 가능성을 인정하지만 그 대처방안에 대해서는 두 가지 사상이 오랜 기간 동안 대립되어 왔다. 하나는 시장의 주도권을 어느 측이 행사하는가에 따라 시장 자동조절기능을 신봉하는 자유주의(liberalism) 사상이고, 또 다른 하나는 시장으로부터 정부 개입을 주장하는 간섭주의적 사상(interventionism)이다.

신고전학파, 시카고학파, 그리고 질서자유주의 등의 사상을 바탕으로 하는 자유주의 사상은 시장실패의 발생 가능성을 인정하지만, 시장은 경제의 불안전성과 교란 요인을 자동 조절하는 기능을 보유하고 있다고 판단하고 시장경제를 중시하는 반면, 경제의 불안정과 교란 요인이 정부실패에 기인한다고 하여 정부 개입을 부정하는 입장이다. 이에 비해서 정부의 적극적 시장 개입을 주장하는 Keyens(2006)의 사상으로부터 크게 영향을 받은 간섭주의적 사상은 시장 기능의 자동 조절 능력을 신봉하지 않을 뿐만 아니라 시장실패의 부정적 결과는 정부개입으로 감소시킬 수 있다고 주장한다(김적교, 2008). 그러나 현재의 경제학계에서는 시장실패를 시정하기 위한 정부개입의 유효성에 대한 이론적 논쟁은 사실상 종식된 상태이고, 시장실패로 인한 경제 및 사회분야로의 정부개입은 불가피하다고 인식되고 있다.

교육에서 시장실패 현상으로는 첫째, 외부성이 존재한다는 것이다. 교육받은 사람이 민주사회에 성공적으로 기여할 수 있으며, 교육받은 노동자는 새로운 기술의 수용과 증진에 중요하다는 점, 교육수준과 범죄와의 정적 관계에서도 찾을 수 있다. 둘째, 소수자의 교육수혜량을 결정할 때, 즉 부모가 아이의 교육에 저투자 결정을 할 때 정부가 개입하여 보호할 수 있다는 점이다. 셋째, 교육을 위해 자본차입이 어려울 때, 그리고 차입자본 이자율이 자본의 한계생산성을 상회하여 자본시장의 제약이 존재할 때이다. 넷째, 교육생산에 고정자본이 존재하여 소규모 지역, 적은 수의 학생일 경우에도 일정 수준의 고정자본이 필요하게 된다는 것 등이다.

보건에서 시장실패 현상으로는 첫째, 정보 문제와 불확실성이 존재하여 서비스 질 평가가 중요하나 어려워 합리적 결정이 곤란하다는 점이다. 둘째, 현재, 미래 의료수요의 불확실성으로 의료지출의 비예측성이 발생하기 때문에 의료보험에 대한 수요로 대체하여 판단한다는 점이다. 또한 의료보험 구매 후 도덕적 해이로 의료 수요의 왜곡이 발생한다는 점도 해당된다. 셋째, 민간의료보험에 있어서 역 선택이 발생하여 일정 형태의 보험이 시장에서 상실되고 결국 민간보험은 충분치 않은 수준의 보험을 공급하게 된다는 것이다. 넷째, 전염병 질환예방과 예방접종 등은 외부효과가 발생한다.

제3절 NGO의 등장과 복지공급 거버넌스

최근 들어 국내외를 막론하고 NGO(non-governmental organization)가 정부와 시장의 틈새를 대체하는 공공문제 해결의 새로운 가능성으로 논의되고 있다. 서구에서는 이미 NGO 또는 NPO(nonprofit organization)가 공공서비스의 제공, 사회적 가치수호, 그리고 정부활동에 대한 건전한 비판 등 사회·정치적으로 중요한 역할을 하고 있다. 우리나라에서도 1990년 들어서면서부터 NGO가 양적, 질적으로 비약적으로 발전하였으며 정부, 시장과 함께 한국사회를 이루는 중심축으로 성장하였다.

NGO는 자발적 참여, 공동체의 일원이라는 소속감, 그리고 사회적 가치공유에 근거하여 형성, 운영된다. 따라서 공익 실현을 위한 활동을 한다는 측면은 정부와 비슷하고, 자발성의 원칙으로 보아서는 민간영역이지만 운영 원리나 추구하는 가치의 우선순위에서 정부나 시장과는 커다란 차이를 보인다. 따라서 NGO는 정부와 시장으로부터 자유로운 상황이 NGO의 순수성을 지켜 공익 활동을 성공적으로 수행할 수 있다고 상정해왔다.

그러나 신공공관리와 신자유주의, 세계화, 정보화의 새로운 물결들은 전통적인 정부와 민간의 역할 구분을 모호하게 만들어 새로운 형태의 공사협력 지배구조, 즉 새로운 국정운영방식을 요구하였다. 이러한 새로운 현상에 대해 전통적인 통치(government) 개념을 대체, 보완하는 개념으로 거버넌스(governance)가 각광을 받고 있다(김석준 외, 2000).

원래 거버넌스라는 개념은 특정한 통치 형태를 의미하는 것이 아니라 순전히 형식적인 틀을 의미하는 것으로 사용되어 왔다. 즉 거버먼트(government)가 '통치의 주체'를 의미하는 것이라면 거버넌스는 '통치의 구조 또는 방식'을 의미하는 개념으로 사용되어 왔고, 사전적 의미 또한 그러하다. 거버먼트가 특정 형태의 정부를 지칭하는 개념이 아니듯이 거버넌스 역시 특정한 통치 형태가 아니라 어떠한 형태라도 담을 수 있는 형식적인 틀을 의미하는 것이다. 거버넌스란 용어가 최근에야 빈번히 쓰이기 시작하였지만, 따지고 보면 전혀 새로운 개념은 아니다.[11]

거버넌스의 개념은 아직은 사용하는 사람과 상황에 따라 다소 차이를 보이고 있다.[12] 거버넌스에 개념적 다양성이 존재하는 것은 다음과 같은 변화를 배경으로 하고 있기 때문이다(Hewitt, 1998:110-111). 첫째, 사회적 · 정치적 이슈에 대한 대응 능력의 한계로 경제적 일변도적 사고의 퇴조, 둘째, 국가 역할이 감소되고 시민사회의 역할이 증대되는 등 공공 부문에서 민간 부문으로의 권력이동, 셋째, 공공 부문의 행정적, 제도적 개혁요구에 대응, 넷째, 민주화와 인권에 대한 강조, 다섯째, 후기 갈등 재구조화에 직면한 급격한 도전 등이다.

로즈(Rhodes, 1997)는 거버넌스를 규제 · 조정 · 통제에 관한 것으로 보고, 개념을 7가지로 정리하였다.

첫째 '기업 거버넌스(corporate governance)'이다. 이것은 기업을 관리하고 통제하는 방식을 공공 부문에 접목시키는 형태를 의미한다. 둘

---

11) 예컨대 The Oxford Dictionary of Quotations(London: OUP, 1995, p195;518)에 의하면 16세기때부터 쓰이기 시작하였다.

12) 거버넌스(governance)는 여러 가지로 변역되고 있는데, 일본은 「21세기 일본구상」에서 '협치'(일본 21세기 구상간담회보고서, 2000)로, 국내에서는 '국정관리', '통치와 공치' 등으로 사용되고 있다. 그 의미에 있어서 국가의 직접적 역할이 조정자로서의 역할로 바뀌는 한편, 시장과 시민사회 집단의 참여적 관계에 근거한 협력과 경쟁을 지향하는 새로운 패러다임인 것으로 파악되고 있다.

째 '신공공관리(NPM)'을 의미한다. 이것은 공공 부문에 기업의 관리 방식과 시장의 원리를 도입하는 것을 의미한다. 셋째, '좋은 거버넌스(good governance)'이다. 이것은 세계은행 같은 국제기구들이 선호하는 모형으로서 제3세계 국가들에게 권유하는 행정 개혁의 지향을 담고 있다. 중요 개념은 경쟁, 시장, 민영화, 분권, 공공 부문의 인력 감축, 비정부조직(NGOs)의 적극적 활용 등이다. 넷째, 국제적 상호의존(international interdependence), 즉 '정부가 없는 거버넌스(governance without government)'이다. 생산물과 금융거래의 국제화, 국제조직(G8, IMF, WTO 등등), 국제법, 국가 간 협약 등을 지칭한다. 이러한 거버넌스는 국가의 결정권을 약화시키는 결과를 가져온다. 다섯째, '사이버네틱체계(socio-cybemetic system)'를 의미한다. 이것은 사회적 의사결정이 국가나 기업과 같은 하나의 행위 주체에 의해서 이루어지는 것이 아니라 다양한 주체에 의해서 이루어지는 것을 말한다. 여섯째, 거버넌스는 신정치경제(New Political Economy)를 의미한다. 여기서 거버넌스는 경제적 행위주체들 간의 활동을 조정하는 정치적, 경제적 과정을 말한다. 마지막으로 거버넌스는 '네트워크(network)'를 의미한다. 여기서 거버넌스는 사회조정의 기제로서 이해된다.

Pierre(1999:49-55)는 전통적 모형의 대안이 되는 네 가지 거버넌스 모형을 시장모형, 참여모형, 신축모형, 탈규제모형 등으로 구분하고 있다. 이 외에도 Hewitt(1998:110-111)은 거버넌스를 분석 수준과 차원에 따라 세계화의 물결과 함께 국가 간 협력과 문제 해결을 지향하는 글로벌 거버넌스(global governance), 인접국가 간 지역공동체를 중심으로, 또는 그러한 지정학적 한계를 초월하여 현안 문제를 해결하고자 하는 리저널 거버넌스(regional governance), 개별 국가 내부에서 새로운 국정 운영 방안을 찾기 위한 내셔널 거버넌스(national governance),

지역공동체에서 시민참여와 지역발전을 모색하는 로컬 거버넌스(local governance), 그리고 가상공간을 통해 형성되고 운영되는 사이버 거버넌스(cyber governance) 등으로 구분하고 있다. 또한 대상과 이슈에 따라 green governance, techno governance, internet governance, digital governance, NGO governance, 주체에 따라 국가 중심 거버넌스, 시장 중심 거버넌스, 시민사회 중심 거너넌스, 내용에 따라 corporate governance, good governance, network governance 등으로 구분되어 사용되기도 한다(오수길, 2000).

이와 같이 다양하게 사용되고 있는 거버넌스 논의에서 강조되는 일련의 개념 요소들을 간추려 거버넌스의 개념을 정리하면 다음과 같다(Peters and Pierre, 1998:225). 첫째, 정책 통제에 관해 공식적 정책결정 기관이 아닌 행위자들을 결집하는 것이 중요하므로 네트워크를 강조한다. 둘째, 국가 역할에 있어서는 통제에서 영향으로의 전환을 의미한다. 즉, 국가는 직접적 개입을 삼가는 대신, 분권화되고 다중심화된 네트워크를 통해 사회적 하위체계 간의 의사소통을 중재하고 그들을 통해 국가가 이루어지도록 조종한다(안병영, 2000:16-17). 셋째, 공사자원의 혼합으로 이들 자원 간 파트너십을 강조한다. 넷째, 정책결정과 집행에 있어 다양한 수단을 활용한다. 이는 목표달성을 위해 정부의 간접개입 수단을 개발하는 데 유용하다.

요약하면 네트워크의 중요성(the importance of network), 통제에서 영향으로(from control to influence), 사적자원과 공적자원의 혼합(blending public and private resources), 다중 정책 수단의 활용(use of multiple instrument) 등이 거버넌스의 핵심요소라고 할 수 있다. 하지만 이처럼 다소 추상적이며 모호한 성격의 거버넌스를 행정 실제에 적용하기 위해서는 보다 구체화된 개념이 필요하다.

제솝(Jessop, 1999:351)은 거버넌스를 시장의 무정부 상태(anarchy)와 명령통일의 계층적 정부(hierarchy) 사이에 이러한 엄격한 양극화를 거부하고 시장, 국가, 시민사회 등 상호의존적 행위자들 간 수평적 자율조직인 복합조직(hierarchy network)이란 개념으로 구체화하였다. Dunsire(1993: 30-31)은 궁극적으로 '문제(problem)'를 제어할 수 있는 기제를 균형화 과정에의 참여를 의미하는 'Colliblation'으로 개념화하고, Kickert(1993:191-192)의 경우에는 'Network'로 표현한다. Klijn 등(1995:439)은 네트워크를 정책문제나 자원을 놓고 형성되는 상호의존적인 행위자 간 사회적 관계의 안정적 형태로서 일련의 게임에 의해 형성, 유지 변화된다고 본다. 여기서 게임은 공식적, 비공식적 규칙에 따라 행동하는 상이한 행위자 간의 연속적인 일련의 행동으로서 행위자가 관심을 가지고 있는 이슈나 결정에 따라 야기되는 것을 말한다(강창현, 2002:315-316).

결국 '거버넌스'에는 공통적으로 국가 문제를 전통적인 공적 위계조직인 정부만이 해결할 수 있는 것이 아니라 시장 및 시민사회와 협력함으로써 국가사회가 직면한 문제를 더 효과적으로 해결할 수 있다는 의미가 포함되어 있다. 즉, 거버넌스의 의미에는 정부행정이 더 이상 공공 부문만의 활동이 아니며 다양한 문제와 도전을 민간 부문의 노력과 상호작용해야 한다는 것이다. 이런 측면에서 정부실패와 시장실패 현상을 극복할 수 있는 대안으로서 국가의 직접적 역할이 조정자로서의 역할로 바뀌는 한편, 시장과 시민사회 집단의 참여적 관계에 근거한 협력과 경쟁을 지향하는 새로운 관리구조를 의미한다.

현대사회의 다원화 경향은 사회복지서비스에 대한 다양한 수요를 발생하였고, 이러한 다양한 수요를 정부 단독으로 충족시키는 것은 거의 불가능한 것이 되었다. 따라서 정부 단독으로 수행해 오던 많은 사회복지서비스가 다양한 민간 참여자를 통하여 생산되고 공급되는 경향이 많아지고 있다. 뿐만 아니라 복지행정의 내용적 맥락인 복지서비스생산도 공급자 중심에서 이용자 중심으로 전환이 일어나고 있으며 현장 중심 또는 지역사회 중심의 복지행정이 이루어지고 있다. 바로 이러한 맥락에서 거버넌스의 개념이 논의되는 것이다.

제솝(Jessop, 1999:351)에 따르면 복지 거버넌스에서 고려해야 할 사항으로서 첫째, 복지의 정의(definition)가 변화한다는 것, 둘째, 복지전달에 책임 있는 조직(institution)이 변화한다는 것, 셋째, 복지가 전달되는 절차(practices)가 변한다는 것이다. 그리고 이러한 이슈들은 복지 거버넌스와 상호 밀접하게 관련되어 있다.

복지 거버넌스는 복지 다원주의, 복지레짐의 출현과 매우 밀접하게 연관되어 있다.

1. 복지다원주의(Welfare Pluralism)의 전개

사회복지에 대한 국가개입이 보편적으로 정당화되던 경향하에서는 국가복지(state welfare)는 복지 제공의 핵심이었지만 1970년대 접어들면서 자본주의 체제에서 케인즈적 수요경제가 위기에 직면하게 되고, 복지국가 위기 이후 특히 신자유주의자들에게 복지다원주의가 주요 담론의 주제로 부각되기 시작하였다. 이들에 의하면 복지국가가 미시적 수준에서 개인의 경제활동에 대한 동기를 저하시킴으로써 그 결과 복지의존성(welfare dependency)을 높이고, 거시적 수준에서 사회 내 하위계층(underclass)의 형성을 초래하여 경제성장에 저해가 된다는 것이다(Gilbert, 1993). 따라서 사회복지에 대한 국가의 책임과 역할이 시장, 가족, 지역사회, 자원 조직 등 다양한 제공 주체들로 대체되어야

〈표 3-3〉 다양한 복지공급 주체들의 특성

구분	가족	시장	NGO	국가
관계	일차적 관계	교환관계	감각공유(네트워크)	권리-의무 관계
주 거래관계	비공식	계약, 흥정	호조, 호혜, 신뢰	명령, 지시, 감독
기능	보호	구매	가치실현	서비스
역할	개인의 독립성, 자율성	자기 조절적	자발성, 호조성, 경쟁성	취약자의 보호, 사회권의 실현
복지기능의 특징	개별성	선별성	부분적	강제성, 보편성

자료 : 류진석(1997:125), 임승빈(1999:127)에서 재구성.

한다고 주장한다. 이들은 복지의 사회적 분업(Marsland, 2003)을 통한 새로운 연대성(solidarity)의 체계를 모색한 것이다.

〈표 3-3〉에서 보는 것과 같이 복지제공의 원천들은 다양하고 각기 다른 특색을 가지고 있으므로 다양한 관점에서 접근하려는 시도가 복지다원주의(welfare pluralism)의 입장이다.

Ben-Ner와 Gui(2003)에 따르면 복지다원주의는 다음과 같은 이념적인 특성을 가지고 있다. 첫째, 국가가 장, 자원조직, 그리고 비공식적 조직 등이 담당해왔던 복지제공의 역할을 효과적으로 대체할 수 없다는 것이다. 따라서 이에 대한 해결책으로서 분권화(decentralization)와 수혜자들의 참여(participation), 그리고 권한부여(empowerment)에 관심을 기울여야 한다. 둘째, 사회복지에 대한 책임과 역할이 국가로부터 다른 제공 주체들에게 전이되어야 하며, 국가의 이상적 역할은 잔여적(residual)이어야 한다고 주장한다. 이러한 맥락에서 복지다원주의는 탈상품화(decomodification)의 정도가 매우 낮은 복지체제를 선호한다고 할 수 있다. 셋째, 복지다원주의자들은 가장 효율적으로 복지서비스를 제공하기 위해서 각 제공 주체들의 역할을 어떻게 합리적으로 결합할 것인가의 문제에 관심을 가진다. 그러나 복지다원주의자들은 대체적으로 사적시장보다는 비공식 부문이나 자발적 부문에 보다 관심을 기울인다. 사적 시장을 부정하는 것은 아니나 국가의 개입 못지않게 시장 남용의 한계가 존재하며 가족이나 자발적 부문의 사회참여를 통해 사회자원을 보다 효율화를 기대할 수 있다고 본다. 이러한 점에서 복지다원주의는 사회적 역할의 분담과 시민참여를 유도하고 복지국가보다는 복지사회를 선호한다고 볼 수 있다(Rao, 1996). 그러나 이러한 다양한 부문이 분담하여 복지를 창출해 내자고 하는 입장이 국가의 역할을 부정하는 것은 아니다. 단지 복지산출과 관련하여 생산과 공급, 그리고 재원조달의 분야를 분권화하자는 입장을 취한다. 그래서 국가는 기획과 재원조달, 그리고 규제 역할을 담당한다면 여타 부문들, 특히 자발적 부문은 생산하고 공급하는 일을 담당하는 것이 사회자원의 효율적 운영과 선택적 가치에 바람직하다는 입장이다.

현실에서 복지다원주의는 1980년대 이후 영국의 대처정부가 공공부문의 민영화와 시장원리의 도입을 정당화하기 위한 수단으로 적극 활용하였다.

복지다원주의는 국가 복지뿐만 아니라 시장, 비공식 부문, 자원 부문 등이 사회복지에서 담당하는 역할에 관심을 기울이고, 이들 간의 적정한 관계를 탐색하게 만들었고, 사회정책을 복지국가(welfare state)가 아닌 복지체제(welfare system)의 관점에 기초하여 설계되도록 하였다는 측면에서 유의미한 기여를 하였다고 평가받고 있다. 그러나 다른 한편에서는 사회복지공급자로서 국가 역할의 축소와 이전을 주장한다는 점에서 비판을 받고 있다. 서비스의 공급 주체, 재원, 그리고 전달체계와 관련한 분권화는 복지서비스의 분절화(fragmentation)를 야기할 수 있다. 또한 복지다원주의는 서비스 수준의 불평등을 심화시키는 심각한 문제점을 가지고 있다. 사회복지공급자로서 시장의 역할을 강화하는 것이 국가 역할의 축소를 수반하는 것이라면 이것은 서비스의 불평등을 증가하게 만든다. 왜냐하면 시장에서는 지불 능력이 있는 사람들만 서비스를 활용할 수 있기 때문이다. 이외에도 사회복지에서 자원 부문의 역할은 계층별, 지역별로 차이를 보인다. 따라서 복지다원주의가 복지국가의 축소에만 기여하고 비국가 부문의 잠재력을 개발하지 못할 경우, 사회복지 총량의 감소를 초래할 수 있다.

최근의 복지다원주의의 경향은 사회복지에 대한 책임과 역할이 국가로부터 다른 제공 주체들로 실질적으로 전이되는 것을 핵심 내용으로 하고 있다. 이러한 내용들이 대체적으로 복지의 사회적 분업, 역할분담, 민영화의 형태로 나타나고 있다(이인희, 2005:224).

복지의 사회적 분업은 국가복지의 역할을 사회의 제 부문으로 확장하여 역할의 분권과 시민의 참여를 통한 복지혼합모형(welfare mix model)을 구현하는 것이다. 이 모형의 주요 구성요소는 국가—시장—기업—자발적 · 비영리 부문이다.

사회복지의 역할 분담은 클라이언트의 욕구형태와 이에 반응하여 서비스를 제공하는 조건들의 상황에 대한 것으로 서비스 전달 주체가 누구인가?, 서비스의 재정 주체가 누구인가?, 서비스 제공의 결정권자가 누구인가? 등의 세 가지 문제를 고려하는 것이다. Savas(2003)는 이러한 역할 분담의 모형과 방식을 순수공공, 공공과 민간의 혼합, 순수 민간으로 범주화하였고, 복지다원주의에서는 공공과 민간의 혼합이 강조된다.

민영화는 사회복지에 대한 재정 및 전달 주체를 민간 내지 시장으로 전환하는 것이다. 재정의 민영화는 국가복지의 재정축소를 의미하는 것으로 소득보장, 의료보장, 주택보장, 교육보장 등과 같은 복지예산이 축소 내지 그 서비스의 제한 및 폐지가 이루어지는 것이다. 급여 전달의 민영화는 서비스의 생산과 전달을 민간 부문으로 이전하거나 대체하는 것으로, 계약(contract out), 증서(voucher), 보조금의 지급(subsidy), 독점권(franchises) 등이 있다.

2. 도시 레짐의 출현

도시 레짐이론은 지방정부의 효과성이 비정부 행위자와의 협력, 그리고 국가 능력과 비정부적 자원과의 조합에 의존한다는 가정에서 출발하며, 주로 도시 또는 지방정부 단위에서의 공사 간 협력관계(public-private partnership)를 근간으로 하고 있다.[13] Stone(1994)은 레짐의 개념을 지배연합에서부터 찾는다.

> 도시정책형성을 이해하기 위해서는 관료가 통제하는 한정된 자원이 통치능력을 산출하기 위해 어떻게 민간 행위자들의 그것과 융합하는지를 고려해야할 필요가 있다. 지배연합(governing coalition)과 같은 장치가 형성될 수 있고 이를 레짐이라 부른다. 지역성에 따라 도시레짐이라고도 한다(Stone et al., 1994:223-4).

이처럼 다소 모호하게 전개되고 있는 레짐의 개념에 있어 핵심 요소는 권력에 대한 새로운 해석, 공공과 민간의 구분, 그리고 공공-민간의 파트너십이라고 할 수 있다. 이를 구체적으로 살펴보면 다음

13) 레짐(regime)의 개념적 용법도 사용자에 따라 차이가 있다. 레짐의 사전적 정의로 Webster 사전에는 정부 혹은 통치형태; 정치체계, 특정정부, 사회체계 혹은 질서, 집권기간 등 주로 정치권력과 사회질서체계의 의미로 정의하고 있다. 도시정치이론에서의 레짐은 이러한 사전적 개념에서 확장된 정치경제학적 의미를 포함하고 있다.

과 같다.

첫째, 권력에 대한 관점이다. Stone(1989: 227)의 레짐이론은 정부보다는 '거버넌스'를, 사회통제적 권력 또는 군림하는 권력(power over) 대신에 사회생산적 권력, 조장하는 권력(power to)을 강조한다. 이는 종전의 권력이 공식적 지위와 절차를 통해 행사되어 왔던 것에 반해 비공식적 맥락을 통한 연대와 연합이 새로운 권력행사의 방법으로 대두된다는 것을 의미한다. 또한 이러한 권력관은 타인의 행동을 제약하는 행태적 권력인 다원주의적 권력관과 구별되며, 이익에 반하는 정책의제를 암묵적으로 통제하는 은폐적 권력인 신엘리트주의적 권력관과도 구별된다.

둘째, 공공과 민간의 구분에 관한 것이다. 레짐이론에서 레짐의 개념은 공공/민간 연합(public-private coalition)으로 조작화됨으로써 도시정치학의 지역권력 논쟁과 정치경제학의 경제결정론을 성공적으로 중재하였다. 여기서 정부와 민간을 이분법적으로 구분하는 것은 잠재적 행위자들의 다양성에 적합하지 않다. 공공과 민간의 구분은 점점 경계가 불분명해지며 또한 구분의 차원이 다양함을 이해할 필요가 있다.

Brown(1999)의 경우 레짐이론이 공공과 민간의 파트너십을 핵심으로 하고 있음에 주목하여 공공(public)을 정부, 민간(private)을 시장경제로 구분하는 전통적 이분법으로부터 나아가 보건복지서비스(구체적으로 AIDS ISSUE) 공급의 경우 공공과 민간의 다차원적인 구체화가 필요하다고 역설하였다(〈표 3-4〉 참고).

로크자유주의 관점은 국가-시장이 다음과 같이 역할 분담되어 있음을 뜻한다. 즉 '공공'인 국가는 보건과 안전을 유지하며, '민간'인 시장모델은 정책이 어떻게 집행되고 발전되는가를 규정하는 데 도움이 된다. 보건위기에 대한 대응 능력은 공공-민간연합(public-private

〈표 3-4〉 공사구분의 다차원성

공공영역	사적영역	이론적 관점
국 가	시 장	로크 자유주의
국가와 시장	공 동 체	낭만주의
공공성/공적 대면	개인적 프라이버시	현대 자유주의
국가와 시장	가정영역과 가족	페미니즘

자료: Brown, M. (1999). Reconceptualizing Public and Private in Urban Regime Theory: Governance in AIDS Politics.

coalition)에 의해 가능해지며, 공중보건에 대한 국가의 공적 책임과 최소비용, 최대효율로 작동하는 자본주의 시장에 의해 결정된다.

낭만주의 관점은 공공보건정책과 시장 기제를 방향으로 하는 에이즈 조직의 '공적 측면'과 공동체란 '사적영역' 간을 구분한다. 이러한 구분은 도시 내 에이즈와 싸우기 위한 공고하게 연결된 자발적 공동체가 있음에 주목한다. 이 공동체를 통해 사회사업가, 봉사자, 지방정치가, 매춘부, 클라이언트, 학자 등이 자주 회합하고, 빈번한 토의를 통해 의견과 정보, 통찰과 뒷얘기가 교환된다. 비공식적으로 네트워크와 전략이 형성되는 것이다.

현대자유주의 입장에서는 남들에게 (가족과 친구 포함) 보여지는 '공적 면모'(public face)와 '사적 면모' 혹은 내면 깊숙이 비밀을 간직한 자아를 구분한다. 많은 동성애자들이 스스로를 이성애자로 생각하는 사적 자아가 있기 때문에 에이즈 보건은 에이즈 관련 조직이 안전한 성관계 정보를 제공하는 등 사적 자아에 개입함으로써 가능해진다.

여성주의적 분석은 이원주의 즉 남성은 정치 또는 일(공적)이며 여성은 집, 또는 가족(사적)이라는 구분을 지적하고 있다. 이러한 구분은 매춘부들에게 일인 매춘이라는 공적 영역과 친밀한 상대와의 섹스인 사적 영역까지 공적보건(안전한 섹스의 향상)의 정치를 확장한다.

셋째, 협력 파트너십이다. 공공-민간 파트너십(PPP: Public Private

Partnership)은 일반적으로 공사네트워크에 의한 결합 거버넌스로 간주된다. 사용상 PPP의 개념적 구성요소는 정부와 민간 간의 상호작용이 있고, 상호 수렴하는 목표를 달성하는 데 있어서, 초점은 사회적이면서 동시에 상업적인 목표의 시너지에 있으되, 양자 간 상대적 정체성과 책임성은 원래대로 유지되는 것을 말한다(Kouwenhoven, 1993: 120). 협의로는 법적으로 공식화된 공·사 간 협동형태를 의미하며 광의로는 다소 덜 공식화된 자문토론장까지 포함한다.

Stone(1993)은 정책변화가 일어날 때 제기된 의제의 요구조건에 어떻게 비정부적 자원들이 대응하는가에 따라서 레짐 유형을 분류하였다. 그는 특정 정책의제에 요구되는 거버넌스 과업의 난이도에 따라 레짐의 유형을 현상유지(maintenance), 개발(development), 중산층 진보(middle class progressive), 하층 기회확장(lower class opportunity expansion)으로 분류하고 각각을 일상적 서비스 전달, 제도엘리트 조정, 복합규제, 대중동원을 과업으로 설정하였다.

3. NGO(혹은 NPO) 실패

복지다원주의와 레짐이론에서 복지공급의 주체의 하나로 새롭게 각광받게 된 것이 NGO이다. 복지다원주의가 사회복지제공에 국가부문을 비롯한 시장, 자원 부문, 그리고 가족과 이웃 등의 다양한 비공식 부문의 역할을 적극적으로 개발·활용해야 한다고 주장하지만 이들은 사적 시장보다는 비공식 부문이나 자발적 부문에 해당하는 NGO 혹은 NPO(민간 비영리 부문)에 대해 보다 많은 관심을 기울였다.

민간비영리 부문은 자원 부문, 혹은 제3섹터, NGO 등으로 다양하게 불리는데[14] 민간이 설립하였기 때문에 사적 기구이지만, 수익에 따라 움직이지 않기 때문에 시장과 구분되는 독특한 특성을 가진 영역으로 정의된다. 이들은 영리를 목적으로 하지 않는 주민조직, 사회복지법인, 재단 법인 및 사단법인, 종교단체, 자발적 조직 등을 말한다(Johnson, 1987).

NGO에 의한 복지공급은 자율적인 자원 부문을 바탕으로 이루어지기 때문에 시민들의 자발적인 참여와 지지를 유도할 수 있고, 상황과 욕구의 변화에 신속하고 융통성 있게 적응해나갈 수 있으며, 보다 다양한 서비스를 전문화된 인력에 의해서 제공할 수 있다고 주장되고 있다(Kramer, 1981). 또한 이들은 자발적 기금에 재원을 의존하고 있어 독창적이고 혁신적인 프로그램을 개발할 수 있으며, 특정한 대상자들에 대하여 옹호자(advocacy)의 역할을 담당하고 애정과 이해심을 가지고 심도 있는 서비스를 제공할 수 있으며, 상대적으로 낮은 국민적 최저수준(National Minimum Standard)의 공공 부문 보장을 넘어서서 그 기준을 높여나가는 역할(setter of standards)을 주도해 나가는 장점이 있는 것으로 규정되고 있다(백종만, 1994:20).

이러한 NGO의 특성으로 NGO가 성공적인 활동의 전제로 정부나 시장 지원 없이 민간의 자발적 참여와 민간 재원으로만 운영되어야 한다는 믿음이 있다(Salamon, 1995). 이러한 믿음은 NGO의 활동이 사회적 가치의 수호와 정부나 기업 등의 정책에 대하여 비판자로서의 역할을 하기 때문에 이런 역할을 제대로 수행하려면 정부나 기업으로

---

14) NGO는 Non-governmental Organization, NPO는 Nonprofit Organization으로 용어상 하나는 정부가 아닌 기구를 가리키는 것으로, 다른 하나는 영리(시장)가 아닌 것을 가리키는 용어로 사용하고 있고, 각 용어들이 출발하게 된 배경에도 약간의 차이는 있지만, 이 두 용어의 핵심적 의미는 정부섹터도 시장섹터도 아닌 이 두 섹터의 특징을 동시에 가지고 있는 영역을 의미하는 것이므로 이하에서는 두 용어를 호완적으로 사용한다.

지원을 받아서는 건전한 비판자의 역할을 할 수 없다는 것이다.

그러나 정부와 NGO와의 협조나 협력관계를 부정적으로 인식하는 것이 올바르다고 할 수 없다. 역사적으로도 NGO와 정부가 항상 갈등 관계를 유지해왔거나 독립적으로만 활동해온 것은 아니다(Salamon, 1995). 이들의 역할은 시장이나 국가가 사회복지공급에서 중요하게 여겨지는 근대에서도 지속되어 왔고, 국가복지가 확장되던 시기에도 결코 그 중요성이 간과되지 않았다. 예를 들면, 웹부처(Webbs)도 국민적 최저를 주장하면서도 자발적인 민간 복지활동의 우월성을 강조하였고, 복지국가의 청사진을 마련한 베버리지(Beveridge)도 『자원 활동(Voluntary Action)』이라는 저서를 출간하여 영국의 우애조합 등 민간 비영리 복지 부문의 역할을 과소평가해서는 안 되며, 국가복지가 자발적 활동을 위한 시민들의 창의성을 저해하지 않아야 한다고 주장한 바 있다(Beveridge, 1948). 또한 영국 노동당의 사회정책 브레인이었던 티트머스(Titmuss)도 유명한 그의 저서 Gift Relationship에서 자발적인 비영리적 동기의 중요성과 우월성을 강조하였다(이혜경, 1998: 46-47). NPO가 발달한 미국의 경우에도 정부 부문과 NPO는 상당한 협조관계를 유지해왔다. 정부는 NPO를 공공서비스의 주요한 전달자로 활용하고 있으며, NPO는 정부를 통하여 활동에 필요한 주요 자원을 제공받아 왔다. 정부의 지원은 평균적으로 이들 영역 예산의 36% 가까이를 차지하고 있으며 이는 민간자선기금의 두 배 이상을 차지하는 규모인 것으로 Salamon(1999)은 보고하고 있다.

이와 같이 정부와 NGO 간의 협력, 협조는 보다 효율적인 공공재를 생산하고 공급하기 위해서 정부와 NGO는 긴밀하게 협조관계를 유지해야 할 필요성이 있다는 것이다. 사회문제의 특성상 NGO가 그 문제의 해결에 있어 비교우위가 있는 경우에도 충분한 자원 확보나 전문성의 부족으로 효과적인 활동을 하지 못하는 경우가 있다. 이 경우 적절한 수단과 방식에 의한 정부의 지원은 NGO의 효과성을 향상시키는 데 큰 도움을 줄 수 있다.

정부와 NGO 간의 협력에 대한 이론적 설명 중 하나가 NGO 혹은 NPO실패(voluntary failure)이론이다. 이는 살라먼이 주장한 이론으로 NGO가 정부실패의 대안이 아니라 NGO의 실패로 NGO에 대한 정부 지원이 필요하다고 설명한다. Salamon(1995)은 민간 비영리 부문들이 본질적으로 불충분성, 온정주의, 특수주의, 비전문주의 등의 내재적 특성을 가지고 있어서 사회복지서비스를 제공하는 데 완전하지 못하므로 정부의 개입이 필요하다고 지적하고, 이를 '자원 부문 실패이론'(voluntary failure theory)으로 명명하였다(Salamon, 1995; 문순영, 2005 재인용).

첫째, 박애적 불충분성(philanthropic insufficiency)은 민간 비영리 부문의 재원조달 측면에서 발생되는 문제이다. 민간 비영리 부문의 재원조달이 자발적이고 자선적인 기부에 의존하기 때문에 근본적으로 불충분하고 불안정하다는 것이다. 자원봉사의 여부와 시간을 강제할 수 없고, 기부금 등의 납부 여부와 액수를 NGO가 정할 수 없다. 이로 인하여 사회복지서비스에 대한 욕구가 증대할 때나 경기 침체 시와 같이 사회복지서비스에 대한 수요가 오히려 더 커지는 시기에 민간기관들은 그 역할을 충분히 해내기가 어렵다. 또한 지역적인 격차도 문제가 된다. NGO는 대부분의 경우 활동 영역이 일정 지역에 한정되어 있다. 하지만 도움을 가장 필요로 하는 곳과 도움을 많이 줄 수 있는 곳은 지역적으로 일치하지 않는 경우가 대부분이다.

둘째, NGO의 재원조달 방식이 온정주의(philanthropic paternalism) 특성을 초래할 수 있다. NGO의 활동 내용과 방식은 NGO에 가장 많은 자원을 공급하는 사람이나 집단에 의해 좌우될 수 있다. 이는 NGO가 서비스의 혜택을 받는 대상자 선정과 조직 활동에 재원을 제공하는 사람들의 요구나 가치를 우선적으로 반영하기 때문이다. 따라서 이들 조직들은 보편적 사회복지서비스 공급이 가능하지 않게 된다. 이는 자원을 제공하는 사람들이 자신들의 도덕적 기준과 가치체계에 비추어 지역사회의 욕구를 가치 있는 것 혹은 무가치한 것으로 판정하기 때문이다.

셋째, 박애적 특수주의(particularism)이다. 이는 NGO의 서비스가 도움을 필요로 하는 모든 대상에게 전달되지 않은 것을 말한다. 물론 이는 NGO가 사회적 사안에 대하여 특정 견해를 공유하는 사람들이 모인 단체라는 점, 그리고 또 하나는 온정주의적 특성과 마찬가지로 재원조달을 하는 사람들의 선호도가 일차적으로 반영되어 활동 내용이 결정되기 때문이다. 따라서 NGO의 활동 대상은 일반 대중보다는 특정집단이나 계층 혹은 이슈에 한정하는 경우가 많다. 즉 특정인구 집단이나 특정 지역에만 봉사하는 경우 전국적 수준에서의 배분에 관한 협의와 조정이 이루어지지 않으며, 특정 집단의 욕구가 과도하게 반영되거나 아니면 배제되고, 지역 간의 격차가 발생하게 되어 서비스의 중복이나 단절이 발생한다. 예를 들면 미국의 경우 유색인종을 배경으로 한 NGO의 활동 영역과 주요 서비스 공급 대상이 유색인종으로 한정되는 경우 등이라고 할 수 있다.

넷째, NGO는 비전문성(amateurism)의 문제도 가지고 있다. 이것은 NGO가 문제 해결에 필요한 전문성을 확보하는 데 한계가 있다는 것을 의미한다. 즉, 민간 기관들이 재정문제로 적절한 보상을 통한 전문 인력을 동원하지 못하고 주로 자원봉사에 의존하게 되어, 종교적 설득이나 도덕적 예시와 같은 비전문적 활동으로 변질될 우려가 있다. 도덕적 · 종교적 신념에 바탕을 둔 일반적 도움은 한계가 있다.

이와 같은 NGO의 실패는 정부 개입으로 상당 부분 해결될 수 있다.[15] 정부는 사회적 강제성을 바탕으로 안정적이고 지속적인 사회문제의 해결에 필요한 자원을 제공해 줄 수 있고, 민주적 절차에 의하여 이슈 간의 상대적 중요성을 결정할 수 있어 자원 낭비를 막을 수 있으며, 서비스의 질을 통제하는 기준을 제도화할 수 있다. 정부의 이와 같은 장점들은 NGO의 장점과 상호보완적인 협력관계를 유지함으로써 효과적인 공공재의 공급을 가능하게 한다. 바로 이러한 측면에서 복지다원주의 이후 사회복지 공급에 있어 핵심 이슈로 논의가 되고 있는 것이 공공 부문과 민간 부문의 파트너십을 어떻게 형성할 것인가?, 역할 분담을 어떻게 할 것인가? 등이다. 이를 통한 적용 범위에 있어 보편성과 포괄성을 갖고자 한다.

4. 거버넌스 실패(governance failure)

현대와 같이 복잡한 사회에서 공공이나 민간이 단일의 행위자로서 일방적인 지식이나 자원을 가지지 못하기 때문에 각자의 목표를 수행하기 위해서 서로 간의 역량을 혼합하는 상호작용의 과정이 필요하다. 이러한 측면에서 거버넌스가 중요하게 논의되고 있다.

앞에서 살펴보았듯이 거버넌스의 개념과 성격 및 유형에 대해서는 아직까지 합의된 보편적 논의가 성립되어 있지 않다. 그럼에도 불구

15) 시장이나 기업은 이윤을 추구하는 원리에 따라 NGO를 이용할 수도 있어서 이들의 지원은 논의 밖으로 한다. 이에 비하여 정부는 공익을 우선시하기 때문에 정부의 지원이 NGO에게 유용하게 사용될 수 있고, NGO의 공익실현을 더 높일 수 있다.

하고 거버넌스의 핵심적인 특징으로 이해되는 것은 다음 두 가지로 정의해 볼 수 있다. 하나는 공공서비스의 전달 또는 공공문제를 해결하는 과정에서 정부라는 제도적 장치에 전적으로 의존하기보다는 정부와 민간 부문 및 비영리 부문 간의 협력적 네트워크를 적극 활용하는 것이다. 이 과정에서 정부, 시장, 그리고 시민사회와의 관계와 정부의 역할이 새로 정립되고, 정부와 민간・비영리 간의 협력체계가 등장하고, 이들 간의 조정기제로서 상호 신뢰와 협력에 기초한 네트워크를 활용하게 된다(이종수・윤영진 외, 2005). 둘째, 시민을 정부의 의제와 정책을 결정하는 능동적인 존재로 인식하는 것이다. 행정을 단순히 수동적인 소비자의 만족에 의해 통제되는 서비스 전달로 이해하는 것이 아니라 국민들이 행정에 적극적으로 참여하도록 하는 것을 강조한다.

이러한 거버넌스의 핵심 요소들로 인하여 거버넌스도 실패할 수 있다는 논의들이 등장하고 있다. 아직까지 거버넌스의 성공과 실패를 단정할 수 있는 기준은 명확하지 않다. 절차적 합리성(procedual rationality)을 추구하는 시장이나, 내용적 합리성(substantive rationality)을 추구하는 정부와 달리 거버넌스는 성찰적 합리성(reflexive rationality)[16)]에 기초하고 있으므로 목표는 반성과 협상을 통해 수정되기 때문이다. 그렇기 때문에 거버넌스 실패(governance failure)는 여러 다양한 파트너들이 관련되어 의견 불일치가 계속되는 상황에서 목표를 재설정하는데 실패하는 것이다.

---

16) 시장에서의 절차적 합리성은 이익극대화 추구 우선주의 경제화, 정부에서 내용적 합리성은 정책목표의 효과적 추구 우선주의 목적지향이라고 Jessop은 설명한다. 그리고 반성적 합리성은 정보를 생산하고 교환하기 위해 대화를 계속하는 것과 관련된다.

제솝은 거버넌스의 성공조건은 어떤 조정양식(co-ordination mode)을 채택하였는지, 거버넌스의 목표가 어떻게 구성되어 있는지, 그리고 관련 행위자들이 목표를 달성하기 위해 어떤 환경에서 행위를 조정하는지에 달려 있다고 한다(Jessop, 1998:36). 그래서 효과적인 거버넌스 메커니즘을 만들기 위해서는 몇 가지 사항을 고려해야 한다고 주장한다. 첫째, 불확실성을 줄이면서 현실세계의 과정에 알맞고 거버넌스의 목표에 적절한 모형과 실행을 단순화하는 것이다. 둘째, 다양한 인과과정, 상호의존의 형태, 행위에 대한 책임과 능력의 속성, 복잡한 환경에서 조정의 가능성 등에 대한 역동적인 상호학습능력을 발전시키는 것이다. 셋째, 정체성과 이익, 그리고 의미체계가 서로 다른 사회 세력 간 조정행위에 대한 방법들을 만들어 공간과 영역의 차이를 극복하도록 하는 것이다. 넷째, 개별행위들에 대해 공통의 세계관과 메타-거버넌스 체계를 구축하여 핵심행위자들의 지향성, 기대, 행동 규칙들을 안정화시키는 것이다.

제솝은 이러한 효과적이고 성공적인 거버넌스를 제한하는 요인들을 통하여 거버넌스 실패를 설명하고 있는데, 그 세 가지 요인은 다음과 같다(Jessop, 1998:39-40).

첫째, 거버넌스 실패는 자본주의 그 자체의 역동성에 있다. 이로 말미암아 시장경제를 포함한 모든 형태의 사회경제적 조정이 영향을 받기 때문에 복잡구조(heterarchy)[17]는 시장을 비자본주의적 원리로 대체하거나 시장과 국가 사이에 존재하는 중립적 제3의 용어를 도입하

17) 상호의존활동의 조정양식은 교환의 무정부구조(anarch of exchange), 조직적 계층구조(organizational hierarchy), 자기조직화 복잡구조(self-orgarnizing heterarchy) 등으로 구분되며, 거버넌스는 자기조직화 복잡구조(self-orgarnizing heterarchy)에 해당한다.

지 않는다.

둘째, 거버넌스는 보다 큰 정치체계에 넣을 수 있다. 성찰적으로 합의된 목표를 추구하기 위해 필요한 남다른 조정 양식, 제도적 지원과 자원에 대한 독특한 접근이 상대적으로 두드러지기 때문이다. 이러한 제약은 다음과 같이 살펴볼 수 있는데, 거버넌스와 정부 메커니즘 양자 모두 여러 단계(scale)로 존재하여 한 단계에서의 성공은 다른 단계와 걸쳐있다는 것이다. 또한 거버넌스에서 조정 메커니즘은 서로 다른 일시적 시계(視界)를 가질 수 있기 때문에 복잡구조(heterarchy)의 생동력에 영향을 주는 정부 메커니즘과는 괴리가 있을 수 있다. 그리고 거버넌스가 특정의 정치, 경제, 이념적 기능을 가졌다 하더라도 국가는 이것이 사회적 응집에 어떤 영향을 주는지를 관찰하여 당파적 관점과 총체적 정치적 이점의 측면에서 이를 허용 또는 통제하는 권한이 있다.

셋째, 거버넌스 실패는 자기조직화 과정이라는 거버넌스의 본질에 있다. 이것은 거버넌스 성공 조건들이 어떤 면에서는 실패 요인이 될 수 있음을 의미한다.

제 4 장

복지공급의 전략적 수단

제4장 복지공급의 전략적 수단

제1절 정책수단

1. 개념

오늘날 정책 문제의 속성으로서 복잡성(complexity), 다양성(diversity), 역동성(dynamics)이 증가하여 이른바 통치불능성(ungovernability)의 정도가 커지므로, 문제해결을 위한 새로운 방식을 강조하는 거버넌스 이론에서는 다중 정책수단의 활용(use of multiple instrument)을 중요한 요소로 제시하고 있다(Peters and Pierre, 1998:225).

정책수단 또는 공적조치의 수단(the tool or instrument of public action)은 "그것을 통해 공공 문제에 대응하는 집합적 행동이 구조화되는 실체적 방법"으로 정의될 수 있다(Salamon, 2002). 즉, 정책수단(policy instrument)이란 정부 관료가 정책을 형성할 때 이용 가능한 행동노선에 관한 것이다.

여기서 '실체적(identifiable)'의 의미는 수단의 특징들이 공통적인 특징 외에 수단에 따라 구체화되어 서로 다르다는 것이며, 구조화(structure)

는 수단의 형태가 제멋대로가 아니라 제도화되어 있다는 것이다. 또한 수단에 의해 구조화되는 행위인 집합적 행동(collective action)은 공공문제에 대응하는 것을 목적으로 한다.[1)]

일반적으로 거론되어 온 정책수단에는 규제(regulation), 공공지출보조(public expenditure subsidy), 조세감면(tax incentive), 정부권고(government suasion), 그리고 정보캠페인(public information campaigns) 등이 있다.

2. 정책수단의 유형

정책수단은 여러 유형으로 분류되는데 Howlett과 Ramesh(1995)는 서비스 제공과 관련된 국가의 관여 정도에 따라 자발적 수단(voluntary instrument), 강제적 수단(compulsory instrument), 혼합적 수단(mixed instrument)으로 구분하였다.

정부의 관여가 가장 낮은 수준에 있는 것은 자발적 수단(voluntary instrument)이고, 정부의 관여가 가장 높은 수준에 있는 것은 강제적 수단(compulsory instrument)이다. 그리고 그 중간에 위치하는 것이 혼합적 수단(mixed instrument)이다.

Hans & Hans(1998)는 정책수단을 규제적 수단(regulatory instrument), 재정적 인센티브(financial incentive), 정보이전(information transfer)으로 분류하였다. 규제적 수단(regulatory instrument)은 정상화가 목표이나 지

1) 수단은 실제로 여러 가지 다른 요소들을 담고 있는 패키지인데, 다음 형태들을 띠고 있다. 재화와 활동의 형태(현금 또는 현물지불, 제한과 금지, 정보의 제공 등); 재화 또는 활동의 전달체(대부, 바우처, 보조금, 직접공급서비스, 조세체계 등); 재화나 서비스, 또는 활동을 제공하는 데 참여하는 일련의 조직체인 전달체계(정부기관, 비영리조직, 지방정부, 영리기관 등); 전달체계에 포함되는 조직체들의 관계를 설정하는 공식적, 비공식적 규정.

체현상이 발생하며, 재정적 인센티브(financial incentive)는 정책의 표적 행위자가 선택할 수 있는 사항이므로 인센티브를 선택해야 효과가 나타나는 특성이 있다. 그리고 정보이전(information transfer)은 현물과 같은 다른 가시적 수단인 경성적(hard) 수단과 병행하는 것이 일반적이다.

Lascumes & Le Gales는 정책수단을 세금과 법에 기초한 전통적인 유형과 새로운 유형으로 구분하고 있다. 전통적인 유형에는 입법적·규제적(legislative and regulatory), 경제적·재정적(economic and financial) 수단이 포함되며, 새로운 유형에는 합의·인센티브 기반(agreement and incentive based), 정보·의사소통 기반(information and communication based), 사실·합법적(de facto and de jure) 수단이 포함된다.

전통적 유형에서 입법적·규제적(legislative and regulatory) 수단은 위임통치력이 있는 선출된 대표에 의해 일반이익이 부과되는 사회적 보호자국가의 정치관계에서 정당성을 가진다. 일반적으로 국가개입주의의 전형에서 일상화된 수단이다. 경제적·재정적(economic and financial) 수단은 재분배국가의 정치관계에서 사회경제적 효율성에 중점을 두는 특징이 있다.

반면 새로운 유형에서 합의·인센티브 기반(agreement and incentive based) 수단은 파트너십과 계약에 밀접하게 관련되어 있으며, 관료제의 복잡하고 모호한 성질을 비판하고 책임을 경감하는 방향으로 사용되고 있다. 정보·의사소통 기반(information and communication based) 수단은 전통적 대의제 정치 영역에서 자율적 공공 영역으로 변화되었으며, 이것은 제2세대 민주주의를 의미한다고 볼 수 있다. 사실·합법적(de facto and de jure) 수단은 시민사회 내, 경제 주체 간, 경제주체와 NGO 간 특정 권력관계를 조직하는 것으로써 과학기술적 합리성(정치적 중요성의 중립화)과 민주적 합리성(협상과 협력적 접근)의 결합체라고 할 수 있다.

Porterba(1996)는 교육과 보건 등 휴먼서비스 정책에서 정부가 개입할 수 있는 정책수단으로 가격보조(price subsidy), 정부명령(government mandates), 정부직접공급(government provision) 등을 제시하고 있다.

가격보조(price subsidy)는 조세감면 또는 직접보조 등의 수단을 활용하여 서비스 생산을 촉진하기 위한 것으로 보조받은 서비스 수요에 대한 높은 가격탄력도가 성공요건이다. 따라서 만약 탄력도가 낮거나 불확실할 때, 또는 가계별 탄력도의 편차가 큰 경우에는 적절하지 않다. 이 수단의 장점은 개인이 서비스 제공자와 서비스 수준에 대하여 선택할 수 있기 때문에 저마다 욕구에 맞는 재화와 서비스를 추구할 수 있다. 각자 기호가 매우 다를 때 이러한 개인의 선택을 허용하는 것은 소비자 효용에 긍정적 효과를 주게 된다. 단점은 보조받지 않는 지출을 보조받는 지출인 것처럼 속임수를 쓸 동기가 있다는 것이다.

정부명령(government mandates)은 특정 재화나 서비스를 모든 사람이 구매하도록 하는 것이다. 이 수단은 보편적 소비를 보장하므로 형평성이 주된 관심일 때 적합하며, 개인이나 민간조직에 비용부담을 전가하여 정부 예산에 영향을 주지 않도록 설계될 수 있다. 그러므로 어떤 재화에 대한 개인 지출이 높은 것과 상관없이 이 부분의 구매수준을 정부 부담 없이 올리고자 할 때 적합하다. 모든 자동차는 자동차보험에 가입하도록 강제된 것이 대표적인 예라고 할 수 있다.

정부직접공급(public provision)은 서비스 수혜자가 생산비용을 부담하지 않고 조세로 충당하는 수단이다. 이 수단은 정부가 서비스의 본질에 대하여 엄격하게 통제할 수 있어, 소모적인 민간 경쟁을 줄일 수 있는 장치이기도 하다.

이러한 수단들을 선택할 때는 정부개입이 필요한 시장의 불완전성 뿐만 아니라 정부개입 방법의 비용과 성공적인 개입에 필요한 정보를 습득할 수 있는 정부 관료들의 능력을 고려해야 한다. 정부개입의 비용이 시장의 불완전성을 교정함으로써 얻는 이득을 초과한다면 정부가 개입하지 않는 것이 최적이 될 수 있다.

3. 정책수단의 속성

정책수단들은 하나의 차원에서 서로 다를 수도 있지만 다른 차원에서는 비슷할 수도 있다. 이런 식으로 선택 매트릭스를 활용하면 수단들을 조합하는 데 용이하다. 수단들의 차원은 강제성(coerciveness), 직접성(directness), 자동성(automaticity), 가시성(visibility) 등의 속성을 가지고 있다.

강제성(coerciveness)은 어떤 수단이 개인이나 집단의 행태를 제한하는 정도를 의미한다. 가장 낮은 강제성 척도는 주로 개인의 자발적 협동에 의존하며 아주 강제적인 범주에는 사회경제적 규제가 있다.

직접성(directness)은 전달체계의 본질에 관한 것으로서 업무를 수행하는 데 있어 책임 · 재정 · 실행 등이 집합적 행위와 관련된 정도를 말한다. 예를 들면 서비스의 전달과 재정에 있어서 가능한 네 가지의 조합이 여기에 해당한다. 즉 첫째, 공공재원/공공전달 둘째, 공공재정/민간전달 셋째, 민간재원/공공전달 넷째, 민간재원/민간전달 등에서 공공재원/공공전달 조합이 직접성이 가장 높다고 할 수 있다.

자동성(automaticity)은 어떤 수단이 새로운 행정기구를 설치하는 것보다 기존의 행정구조를 활용하는 정도를 말한다. 시장(market)을 활용하는 수단은 자동성이 가장 높다. 자동성과 직접성에 다소 중복되

〈표 4-1〉 정책수단으로서 조세감면(tax incentive)의 속성

정책수단의 차원		예상되는 결과				
		효과성	능률성	형평성	관리가능성	정당성
강제성	낮음	낮음	보통	낮음	보통	높음
직접성	보통	보통/낮음	보통	낮음	낮음	높음
자동성	높음	낮음	높음	보통/낮음	보통/높음	보통
가시성	보통	-	보통	보통	보통	보통

자료: Salamon, L. M. The New Governance and the Tools of Public Action: An Introduction'(2001). Fordham Urban Law Journal, 28, 1611.

는 면이 있지만 반드시 그렇지만은 않다. 모든 자동 수단들이 간접적인 것이 아니며, 모든 간접 수단들이 자동적이지도 않다. 예를 들면, 조세지출은 자동적이지만 완전히 간접 수단이 아니며, 계약은 간접적이지만 자동성과 거리가 있다.

가시성(visibility)은 정부 예산이나 정책 분석 과정에 어떤 수단과 관련한 자원이 나타나는 정도를 의미한다. 보험이나 규제 수단들은 상대적으로 비가시적인 반면 직접정부나 보조금, 계약, 바우처 등은 보다 가시적이다. 이러한 가시성은 정치 영역에 매우 큰 영향을 줄 수 있어서 비가시적 수단들이 정치권을 통과하기에 매우 쉽다.

예로, 정책수단으로서 조세감면(tax incentive)의 속성을 살펴보면 강제성은 낮은 반면 자동성은 높다. 또한 직접성과 가시성 면에서는 보통의 특징을 보이고 있다.

4. 사례와 쟁점: 교육 참여촉진을 위한 정책수단들 평가

Elk & Gelderblom(2005)은 임금(wages) · 생산성(productivity)의 교육 효과에 관한 연구에서, 교육이 경제를 재생시킬 수 있는 중요한

역할을 하고 있다는 것을 발견하고, 교육 참여를 촉진하기 위한 정책 수단들을 평가하였다.

그들은 연구를 통해 기존 교육수단 평가들은 특정 수단(specific measure)이 도입되기 전·후의 교육 양(volume)을 단순히 비교하고 있다고 비판하였다. 그들의 견해는 교육 양의 변화가 실제로 어떤 수단에 의해 어느 정도 일어났는지를 확신할 수 없다는 점이다. 예를 들면 경기순환(business cycle)처럼 많은 다른 요인들이 교육량에 영향을 줄 수 있다는 것이다.

또한 Elk & Gelderblom는 교육 참여 촉진 수단의 순효과(net effect)가 자중손실효과(dead weight effect) 산출 결과와 차이가 있다는 것을 〈표 4-2〉를 통해 제시하고 있다.

〈표 4-2〉를 보면, 대부분 수단과 인센티브가 교육참여를 증가시키는 데 도움이 되는 것으로 보이나 자중손실효과(dead weight effect)를 산출한 결과에서는 20%에서 50% 이상 차이가 나고 있다. 이러한 이유를 Elk & Gelderblom는 "순효과를 조사하는 방법에는 참여자에게 질문하는 방법(주관적인 정보)과 통제그룹접근법(control group approach)이 있지만, 〈표 4-2〉의 연구결과는 주관적 정보만을 이용하였고, 제한된 수의 연구로만 측정하였기 때문에 순 효과라는 확실한 결론을 내리기는 빈약하다"고 설명하고 있다.

재정 인센티브(Fiscal incentive)뿐만 아니라 추가부담금(Levy)은 흔히 사용되는 수단임에도 불구하고, 효과에 대한 어떤 포괄적인 평가는 거의 없지만, 많은 나라에서 이러한 형태의 수단은 교육을 장려하기 위한 정책의 근간을 이루고 있다. 하지만 대부분의 평가에서 성공지표는 교육 참여 경향에 대한 일반적인 수치만을 활용하기 때문에, 높은 자중손실(high deadweight)을 나타날 수 있어, 기업들은 그들의

〈표 4-2〉 정책 수단의 효과(effect measures on volume)

측정 유형	측정의 순 효과 표시
조직을 위한 재정 인센티브 (Fiscal incentives for organisations)	Limited; a high deadweight is more or less logical for such a measure(높은 자중이 이러한 수단에 더 논리적이다)
조직을 위한 보조금 (Subsidies for organisations)	Relatively high; estimations for deadweight roughly vary from 20% to more than 50%(자중은 대략 20%에서 50 이상 차이가 난다).
추가부담금(Levy)	Limited; a high deadweight is more or less logical for such a measure(높은 자중은 이러한 수단에 더 논리적이다)
근로자보조금 (Subsidy for employees)	Moderate; deadweight of 45% in one study(연구에서 45%의 자중)
근로자바우처 (Voucher for employees)	Moderate; deadweight of 55% in one study(연구에서 55%의 자중)
학습계좌제 (Learning account)	Moderate; deadweight of 44% in one study(연구에서 55%의 자중)
그 외 지식 전달과 홍보 (Other knowledge transfer and publicity)	Various; Investors in people standard seems to have a relatively high net effect(인적투자는 상대적으로 높은 순 효과가 있다)

자료: Elk, k. and Gelderblom, A. (2005). Lifelong Learning and employer provided training. Thematic Review.

교육 정책에 이러한 수단들이 역할을 충실히 하고 있다고 보기는 어렵다.

조직을 위한 보조금 지원(subsidies)에 대한 자중손실(deadweight)은 보통 상대적으로 작으며(relatively small), 여기에는 자중손실이 20%에서 50% 이상 차이가 나는 것으로 나타났다. 보조금(subsidy)은 보통 특별한 표적그룹(target group)과 연결되므로, 보조금의 자격 부여(entitlement)를 위해 많은 조건들이 충족되어야 한다. 이것은 표적대상과 환경에 대한 조건을 설정함으로써, 자중손실이 제한될 수 있고, 정책들은 더 복잡하게 되어 행정적인 부담(administrative burden)을 증가시키게 됨을 의미한다.

바우처(vouchers), 평생 학습 계좌제(learning accounts), 개인들에 대한

보조금(subsidies for individuals)의 자중손실 효과와 대략적으로 비교할 수 있는 수치는 50% 내외다. 이러한 이유는 수단들 뒤에 담긴 철학이 다소 다르기 때문이다. 예를 들면, 평생학습계좌제는 개인들을 격려함으로써, 그들이 자산(가치) 확립과정에서 책임감을 가질 수 있도록 힘을 실어주는 목적이 있는 반면, 이것을 이용하려면 번거로운 절차(bureaucracy)를 따라야 한다는 것이다.

공공캠페인(publicity campaign)의 경우, 아주 이질적(heterogeneous)이고 비교하기도 어려워 효과를 판단하기는 쉽지 않다. 예를 들면 핀란드에서 고령의 노동자에 대한 국가적인 프로그램(National Programme for Ageing Workers)은 거의 영향이 없었고, 반면에 영국의 일반인에 대한 'Investors in People Standard' 제도는 제한된 자중손실의 관점에서 아주 성공적이었다.

〈표 4-3〉에서는 교육 참여를 위한 정책수단들의 장점과 단점을 보여 주고 있다.

세금 공제(Tax deduction)는 기존의 법제도(institutional arrangements)

〈표 4-3〉 정책수단의 이점과 단점(Advantages and disadvantages)

	범위/양	순효과	행정부담	공공비용
조세감면(Tax incentives)	고	저	제한적	고
부담금 강제할당(Levy)	고	저	제한적	저
보조금(Subsidy)	저	고	고	고
학습계좌(ILA)	저	고	고	고
바우처(Voucher)	저	고	제한적	고
그 외 산학(Other UniversityIndustry) 인적 투자자 등 (investors in People, ect)	고	고	?	저

자료: Elk, k. and Gelderblom, A. (2005). Lifelong learning and employer provided training. Final report Lifelong Learning submitted to DG Employment of the EC, Volume 1 Main Report, Policy instruments to foster training of the employed, EIM Zoetermeer/SEOR Rotterdam, January 2005.

에 의한 이점이 있고, 부가적인 행정비용(administrative cost)이 거의 들지 않는다. 그러나 부가성(additionality)이 표적 대상과 조건에 따라 제한됨으로 재정적 인센티브에 높은 자중손실(high deadweight loss)이 연결된다.

부담금 강제할당(levy)은 제한된 조건과 높은 자중손실이 예상됨에도 불구하고 교육 시스템에서 중심적인 역할을 하고 있다. 본질적으로 이것은 교육훈련에 적게 투자하는 회사로부터 많은 투자를 하는 회사에게로 자금재편성을 수반하게 하여, 시장실패에 대한 균형을 잡는다(예: limit 'free riders'). 그래서 부담금 강제할당 제도의 주요 이점은 자체자금(self-financing)을 통해 높은 수준의 고용주 주도(employer-based)교육을 유지, 향상할 수 있는 능력이다. 동시에 추가부담금은 교육에 자금을 거의 투자하지 않는 작은 회사에겐 단순히 여타의 세금 부담으로 인식되어 인기가 없다.

보조금 제도(Subsidy scheme)는 광범위하고 세분화된 규칙과 부가적인 규칙, 그리고 특정한 그룹을 목표로 하는 것에 연관되어 있어, 정부당국, 공급자, 사용자에게 높은 행정적인 비용(administrative cost)을 발생시키며, 사용자 요구를 허용할 수 있는 유연성(flexibility)이 확보되어 있지 않다. 그러나 이 제도의 이점은 상대적으로 자중손실이 낮다는 것이다.

개인의 평생 학습 계좌(ILA: Individual Learning Accounts)는 1990년대 후반에 나타난 수단의 유형으로 자격이 미달되는 중년 남녀가 자격에 도달할 수 있도록 관리하는 것이다. 영국에선 ILA(Individual Learning Accounts)는 상대적으로 낮은 자중손실의 관점에서 효과적이다.

바우처 제도는 교육기관의 서비스를 이용할 경우에만 현금화(cashed-in by)될 수 있기 때문에 남용의 위험성은 제한적이며, 이 유형에 포함된 대부분의 교육훈련들은 인증시스템(accreditation system)이 있어 품질이 보증된다.

제2절 사회복지 공급수단

서비스 전달에 있어서 기본적인 참여자는 서비스 소비자, 생산자, 그리고 조정자(제공자)이다. 서비스 소비자(consumer)에는 서비스를 직접 획득하거나 받는 개인, 지리적으로 한정된 구역 내에 거주하는 모든 사람, 민간조직, 공통적인 특징을 가지고 있는 인구 계층, 정부기관 등이 포함된다. 서비스 생산자(producer)는 직접 작업을 수행하여 서비스를 소비자에게 전달하는 역할을 하는데, 여기에는 정부 단위, 특별구, 자발적 시민연합, 민간기업, 비영리기관, 그리고 어떤 경우에는 소비자 자신 등이 포함된다.

서비스 조정자(arranger, provider)는 생산자를 소비자에게 할당하거나 생산자를 선정하는 역할을 한다. 조정자에는 정부 단위 뿐만 아니라 소비자가 거주하는 지방자치단체, 자원단체, 그리고 소비자 자신 등이 포함된다(Savas, 2000:64-66).

정부서비스, 정부 간 광역서비스 등은 정부가 조정자로서 정부기관에 서비스 생산 기능을 할당하는 예이다. 정부가 민간 부문을 생산자로 선정하여 서비스 공급기능을 배정하였을 때 계약, 프랜차이즈 등이 여기에 해당한다. 민간이 정부 자산을 매입하는 경우 조정자는 민간 부문, 생산자는 정부이며 정부 판매를 하나의 예로 들 수 있다. 민간인 소비자가 민간 부문의 생산자를 선택하여 서비스를 구입하는

〈표 4-4〉 서비스 공급기제

생산자	조정자	
	공공	민간
공공	정부서비스, 정부 간 기제	정부판매
민간	계약, 프랜차이즈, 보조금	시장, 자발적 서비스, 셀프서비스, 바우처

자료: Savas, E. .S. (2000). Privatization and Public-Private Partnership. New York: Chatham House Publishers.

경우는 조정자, 생산자가 모두 민간이다.

1. 계약(contracting out)

1) 개념

계약은 민영화(privatization)의 가장 일반적인 형태로서 지방기관 및 법정기구가 자선단체나 다른 조직으로부터 서비스를 구매하는 관행을 말한다. 예를 들면, 영국의 지방기관 사회서비스국은 식사 배달 서비스를 직접 수행하지 않고, 비영리 혹은 상업조직과 계약하여 서비스를 제공하도록 하고, 이에 대한 비용을 지불한다(Society Guardian: http://society.guardian.co.uk).

포괄적 의미에서 계약은 법적인 강제와 의무가 있는 협정이며(Atiyah, 1996), 행정에서는 공공서비스 조직이 계층제에서 시장적 접근으로 이동하는 것과 관련된다. 이렇게 볼 때 계약(contracting out)은 정부가 영리 또는 비영리 민간조직과 계약을 통하여 업무를 수행하도록 민영화하는 것이다(Savas, 2005). 그러나 계약을 통해 서비스 전달이 이루어진다 하여도 재원은 세금으로 조달되고, 서비스는 공공적인 것이며, 서비스의 양과 질, 배분 등 주요한 사안에 대한 의사결정의 책임

〈표 4-5〉 공공-민간경쟁의 단계별 사안

I. 과정설계
A. 공공과 민간 부문은 순차입찰이 아니라 동시입찰에 참가한다.
B. 공공기관은 자문 창구를 가지고 있어야 한다.
C. 독립기관이 공공 부문의 제안서와 입찰을 평가해야 한다.
D. 정부구매자와 정부공급자는 독립된 실체로 구분되어야 한다.
II. 비용
A. 정부는 민간부분의 임금이나 편익을 법제화해서는 안 된다.
B. 정부는 최저절감선(minimum savings threshold)을 설정해서는 안 된다.
C. 비용 산정에서 공공 부문은 회피가능비용(avoidable cost)을, 민간 부문은 완전할당비용(fully allocated cost)을 사용하는 것이 유리하다.
D. 거래비용은 대칭적으로 포함되거나 배제되어야 한다. 현재 전달 주체가 민간일 경우 공공 부문에 포함되고, 반대의 경우 민간 부문에 포함되어야 한다.
E. 계약행정과 모니터링 비용도 거래비용의 경우와 마찬가지이다.
III. 계약행정
A. 만일 계약이 공공기관과 체결되면 내용은 양해각서(memorandum of understanding) 형식으로 작성되어야 한다.
B. 공공 또는 민간 부문 계약자의 성과를 모니터링해야 한다.
C. 계약 사항에는 이행실패에 대한 처벌이 포함되어야 하며, 정당한 처벌은 언제나 이루어져야 한다.

자료: Lawrence Martin, (1999). "Determining a Level Playing Field for Public-Private Competition," presented at the Northeast Regional Conference of the American Society for Public Administration, New York, NY, October 29(Savas, 2005)에서 재인용.

도 공공에 있다(Brudney et al., 2005:394).

정부가 계약을 통해 얻는 편익은 시장경쟁으로 인한 비용 절감, 효율성 획득, 서비스의 질적 수준 유지 또는 향상 등이다(Frederickson, 2007). 다시 말해 정부가 민간계약에서 지향하는 가치는 서비스 공급비용 절감과 서비스 질 향상에 있다.

또한 정부는 계약을 통해 공공기관의 성과를 높이기 위해 공공조직도 계약을 놓고 민간계약자와 경쟁을 하도록 유도하기도 하는데 이것을 '관리된 경쟁'(managed competition) 또는 '경쟁적 위탁'(competitive sourcing)[2]이라고 한다. 그러나 경쟁적 위탁은 공공기관이 성과를 향상시키는 인센티브가 되었지만 한편으로는 민영화의 위협 앞에 공직자들에게 경쟁하는 기회를 제공하여 일자리 유지를 위한 방편이라는 우려도 있었다. 이로 인해 모든 경쟁이 관리되어야 하는 관리된 경쟁 대신 '공공-민간경쟁'(public-private competition)이 선호된다. 공공-민간 경쟁에는 내부자가 외부 민간 계약자 혹은 그 반대의 경우라도 공정하게 경쟁할 수 있도록 단계별 활동 영역을 만드는 것이 필요하다(Savas, 2005). 이에 대한 내용은 〈표 4-5〉에 정리되어 있다.

(1) 등장배경과 기본원리

민간계약(contracting out)[3]은 1970년대 미국의 도시정부가 재정압박에 대응하기 위한 정책수단으로 사용되어 왔다. 일반적으로 재정위기상황에서 지방정부가 선택해온 정책수단은 조세를 통한 재정확충이었는데, 세금을 내야 할 주민들이 이에 반발하면서 문제는 달라지기 시작하였다. 실제로 미국 캘리포니아 주민들의 조세저항(tax revolt)을 위한 california proposition13[4]이 발의·통과되면서 조세인상이

---

2) 경쟁적 위탁(competitive sourcing)개념은 부시 대통령의 2001년 Management Agenda에 처음 쓰인 용어로서 공공과 민간 간 효율적이고 효과적인 경쟁을 도모하기 위해서는 행정부는 공공과 민간을 평가하기 위한 절차를 단순화, 개선하고 경쟁으로 더 좋아진 공공화된 활동, 경쟁을 증진시키는 상급부서의 관심을 확보하는 데 헌신한다는 것이다(Executive Office of the President, OMB, 2002).

3) 계약 또는 민간공급이란 서비스의 공급기능이 민간 부문으로 이전되는 것을 말한다. 이는 공급의 민영화와 생산의 민영화로 구분된다. 생산의 민영화란 서비스를 생산해 왔던 정부조직이 비정부조직으로 변환 혹은 대체되는 것을 의미한다. 이는 미국식과 영국식으로 구분될 수 있는데 영국식은 사적 구매자를 위해 생산해 왔던 국가 생산의 소유권을 민간 부문에 이전시키는 것을 말한다. 미국식은 정부가 책임과 정부보조를 계속하고 민간생산자에게 서비스 공급기능을 이전시키는 즉, 계약(contracting out)을 의미한다.

4) 1978년 6월 6일 캘리포니아 주민들의 2/3는 약 57%정도 재산세 감축을 위한 주

더 이상 정책수단으로 효과적이지 않다고 인식되었고, 이에 대한 대안으로 계약이 등장하였다. 이러한 과정으로 등장한 계약은 다음과 같은 실천원리를 가지고 있다.

첫째, 경쟁체제의 설정이다. 이것은 계약과정에서의 경쟁입찰과 생산자 간의 경쟁을 확보하기 위해 계약과정에서 최소한 둘 이상의 입찰자들이 실생산비용으로 입찰하여 이들 간의 비용경쟁으로 정부는 최소비용 입찰자와 계약이 성립되어야 한다.

둘째, 이윤의 추구이다. 민간 부문에서 조직의 생존과 확장은 소비자의 수요원리에 달려 있어, 이윤 획득을 위한 비용절감과 경영의 합리화가 이루어져야 한다.

셋째, 규모의 경제성이다. 규모의 경제성은 서비스의 성격에 따라 부의 효과도 낼 수 있지만 대부분의 서비스는 일정 규모에 달하지 않으면 서비스 공급단가가 상승하고 이와 반대로 일정 규모를 넘어서면 서비스 단위당 비용이 하락하게 된다. 특히 지역 환경에 따라 적정수준의 서비스 수요를 유지하기 어려운 경우가 종종 발생한다. 서비스 생산비용을 절감할 수 있고 소비자 만족도를 높일 수 있는 수단으로 활용되었지만 저소득 계층이 소외될 소지와 서비스의 질을 유지하는 데 행정비용이 소모되는 등 부정적 측면도 있음을 고려할 필요가 있다.

민발의13을 통과시켰다. 주민발의13통과 전 캘리포니아의 재산세율은 평균적으로 시장가치의 3%보다 조금 적었다. 게다가 세율인상이나 재산가치 평가에 의한 세금인상에 상한이 없었다. 어떤 재산들은 1년에 50%~100% 재평가되고 소유자들의 세금부과는 그에 따라 증가하였다. 이러한 상황은 납세자들에게는 매우 큰 부담으로 작용하여 조세저항으로 표출된 것으로 보인다. 캘리포니아 주민발의13으로 인해 재산세율은 연 2% 이상으로 인상할 수 없게 되었다(www.californiataxdata.com.).

(2) 한국의 계약

한국의 현실에서는 행정 용어로 민간위탁 개념이 가장 많이 쓰이고 있으며, 민간위탁의 법적근거는 다음과 같다.

가. 정부조직법(제6조3항)

행정기관은 법령이 정하는 바에 의하여 그 소관사무중 조사·검사·검정·관리 업무 등 국민의 권리·의무와 직접 관계되지 아니하는 사무를 지방자치단체가 아닌 법인·단체 또는 그 기관이나 개인에게 위탁할 수 있다.

나. 지방자치법(제104조제3항제2조)

민간위탁은 '각종 법령 또는 조례·규칙에서 정하는 지방자치단체장의 권한에 속하는 사무 중 조사·검사·검정·관리업무 등 주민의 권리·의무와 직접 관련되지 아니하는 사무를 법인·단체 또는 그 기관이나 개인에게 맡겨 그의 명의와 책임하에 행사도록 하는 것'이다.

다. 행정권한위임 및 위탁에 관한 규정(대통령령 제26127호, 2015.3.3.)

제2조(정의)

위임은 법률에 규정된 행정기관의 장의 권한 중 일부를 그 보조기관 또는 하급 행정기관의 장이나 지방자치단체의 장에게 맡겨 그의 권한과 책임 아래 행사하도록 하는 것을 말하며, 위탁은 법률에 규정된 행정기관의 장의 권한 중 일부를 다른 행정기관의 장에게 맡겨 그의 권한과 책임 아래 행사하도록 하는 것을 말한다. 민간위탁은 법률에 규정된 행정기관의 사무 중 일부를 지방자치단체가 아닌 법인·단체 또는 그 기관이나 개인에게 맡겨 그의 명의로 그의 책임 아래 행사하도록 하는 것을 말한다.

라. 사회복지사업법

① 사회복지사업법 제34조4항

국가나 지방자치단체가 설치한 시설은 필요한 경우 사회복지법인이나 비영리법인에 위탁하여 운영하게 할 수 있다〈개정 2011.8.4〉.

② 사회복지사업법 제34조5항

위탁운영의 기준·기간 및 방법 등에 관하여 필요한 사항은 보건복지부령으로 한다〈개정 2011.8.4., 2012.1.26〉.

③ 사회복지사업법 시행규칙 제22조1항

사회복지사업법 제34조제4항에 따라 국가 또는 지방자치단체가 설치한 시설을 위탁하여 운영하고자 하는 경우에는 공개모집에 의하여 수탁자를 선정하되, 수탁자의 재정적 능력, 공신력, 사업수행능력, 지역간 균형분포 및 제27조의2에 따른 평가결과(평가를 한 경우에 한다) 등을 종합적으로 고려하여 선정하여야 한다〈개정 2008.11.5., 2012.8.3〉.

④ 사회복지사업법 시행규칙 제22조2항

제1항에 따른 시설의 수탁자 선정을 위하여 당해 시설을 설치한 국가 또는 지방자치단체(이하 "위탁기관"이라 한다)에 수탁자선정심의위원회(이하 "선정위원회"라 한다)를 둔다〈개정 2008.11.5〉.

⑤ 사회복지사업법 시행규칙 제22조3항

국가 또는 지방자치단체는 제1항에 따라 수탁자를 선정하고자 하는 경우에는 제2항에 따른 선정위원회의 심의를 거쳐야 한다〈개정 2008.11.5〉.

⑥ 사회복지사업법 시행규칙 제22조4항

선정위원회는 위원장 1명을 포함한 9명 이내의 위원으로 구성하고, 위원은 다음 각 호의 어느 하나에 해당하는 자 중에서 위탁기관의 장이 임명 또는 위촉하며, 위원장은 위원 중에서 위탁기관의 장이 지명한다〈개정 2007.3.7, 2008.11.5〉.

⑦ 사회복지사업법 시행규칙 제23조1항

국가나 지방자치단체는 법 제34조제4항에 따라 시설을 위탁하여 운영하고자 하는 때에는 다음 각 호의 내용이 포함된 계약을 체결하여야 한다〈개정 2004.9.6, 2012.8.3〉.

- 수탁자의 성명 및 주소
- 위탁계약기간
- 위탁대상시설 및 업무내용
- 수탁자의 의무 및 준수 사항
- 시설의 안전관리에 관한 사항
- 5의2 시설종사자의 고용승계에 관한 사항
- 계약의 해지에 관한 사항
- 기타 시설의 운영에 필요하다고 인정되는 사항

⑧ 사회복지사업법 시행규칙 제23조2항

제 1항 제 2호의 규정에 의한 위탁계약기간은 5년 이내로 한다. 다만, 위탁자가 필요하다고 인정하는 때에는 제21조제2항에 따른 선

정위원회의 심의를 거쳐 그 계약기간을 갱신할 수 있다〈개정 2004.9.6. 2012.8.3〉.

마. 서울특별시 사회복지시설 위탁업체선정·관리 공통기준

서울특별시는 사회복지시설 민간위탁 시 합리적인 선정기준과 객관적 절차운영으로 최적의 수탁법인을 선정하고자 공통기준을 마련하였다.

서울시에서 설립·운영 중이거나, 설립 예정인 사회복지시설(서울특별시사회복지시설설치및운영에관한조례에 규정된 시설)중 민간위탁하고자 하는 경우, 시설유형(노인·장애인·여성·아동 등)을 불문하고 위탁업체 선정·관리 공통기준을 반드시 적용한다. 여기에는 신규위탁과 재 위탁이 모두 포함된다.

■ 신규위탁 시설

① 위탁계획수립→ ② 모집공고→ ③ 사업설명회(필요시 현장설명 병행)→ ④ 수탁신청서 접수 → ⑤ 심사위원회 구성→ ⑥ 사전 서류심사→ ⑦ 심사(위원회 집합심사)→ ⑧ 위탁체 결정→ ⑨ 선정결과 공개→ ⑩ 위탁계약(공증)

■ 기존시설 재위탁

① 재 위탁계획 수립→ ② 기존 위탁체 재 수탁 신청→ ③ 심사위원회구성 → ④ 위탁계약(공증)→ ⑤ 심사위원회 집합심사(현장심사 포함)→ ⑥ 재 위탁 여부 결정 → ⑦ 선정결과공개

바. 민간위탁과 관련한 유사용어

① 위탁

위탁은 각종 법률에 규정된 행정기관의 장의 권한 중 일부를 동등한 수준의 다른 행정기관의 장이나 법인·단체 또는 그 기관이나 개인 등 민간 기관에게 맡겨 수탁자의 권한과 책임하에 행사하도록 하는 것을 말한다.

② 위임

위임은 각종 법률에서 정하는 행정기관의 장의 권한 중 일부를 그 보조기관 또는 하부 행정기관의 장이나 지방자치단체의 장에게 맡겨 그의 권한과 책임하에 행사하도록 하는 것이다.

③ 대행

대행은 실정법상으로 여러 의미로 규정되어 있으나 크게 두 가지로 요약된다. 첫째, 행정기관이 법령상의 권한을 그의 명의와 책임하에 행사하되 권한의 행사에 따른 실무를 대행기관으로 하여금 행하게 하는 경우이며 둘째, 대행기관이 그의 명의로 권한을 행사하되 그 법률적 효과가 본래의 권한자인 행정기관이 행한 것으로 간주되는 경우가 있다. 이는 사무를 수행하는 자의 명의가 행정기관이든 대행자이든 대주민관계에서의 책임은 행정기관에 있다.

④ 이양

이양은 위임 및 위탁이 권한을 본래의 권한자에게 유보되는 것을 전제로 하는 것에 비하여 권한 자체가 제3자에게 변경되는 것을 말한다. 예를 들면 법령상 중앙행정기관의 권한으로 되어 있는 것을 당해 법령을 개정하여 지방자치단체의 장에게 그 권한을 이관하는 경우이다.

⑤ 아웃소싱

아웃소싱은 행정기관이 수행해야 하는 사무를 직접 수행하지 않고, 이것들에 대한 수요자적 입장에서 외부로부터 구매하는 방식으로 대체하는 것이다.

2) 정책맥락(원리)

(1) 서비스의 비용과 질

정부가 서비스 전달에서 계약을 선택하는 다양한 이유들이 있지만, 이 중 가장 두드러지는 동기는 서비스 비용(cost)과 질(quality)이다 (Brudney et al., 2004). 따라서 민영화가 확산되면서 계약은 예산을 절감하고 질 높은 서비스를 공급하고자 하는 지방정부의 수단이 되었다. 미국과 캐나다, 영국, 독일, 일본, 그리고 스위스 등에서 동일한 서비스에 대해 계약을 통해 전달한 것과 다른 방식으로 전달한 것의 서비스 수준과 질을 비교하였을 때 행정비용과 감시비용을 고려한 후 평균 25%의 비용절감 효과가 나타났다(Savas, 2000:147).

하지만 이러한 결과에도 불구하고 계약을 통한 서비스 전달은 거래비용의 문제, 주인–대리인의 문제, 모니터링 문제 등이 있는 것으로 논의되고 있다.

거래비용은 재산권을 교환하는 데 시장을 활용하거나 거래를 일으킬 때 수반되는 비용으로, 시장정보에 대한 탐색, 계약수행의 강제와 모니터 비용 등이 포함되며 조직비용, 순응비용과 기관비용은 제외된다. 계약에는 정보탐색이 매우 중요한데 비대칭적 정보가 존재하는 한 그 비용은 매우 높다.

주인-대리인의 관계측면에서 볼 때, 대리인이 주인을 위해 일하도록 동기부여를 하며, 동시에 주인은 대리인의 노력을 보상하도록 계약을 설계하는 것이 중요하다. 하지만 도덕적 해이 문제가 발생할 수 있는데, 어느 일방이 효율적인 행동을 하도록 유혹하거나 다른 일방이 비효율적인 행동을 하도록 왜곡된 정보를 제공할 경우가 있기 때문이다.

모니터링은 계약 내용을 준수하도록 하는 안전장치로서 공익을 위해 매우 중요한 과정이다. 하지만 모니터링 비용이 민간계약이라는 시장기제의 도입이 없을 때 절감비용보다 많다는 주장도 있다. 또한 모니터링 과정은 비용이 들기도 하지만 결과를 객관적으로 측정하기가 어려운 서비스에 적용하기는 기술적으로 어렵다.

실제로 많은 학자들의 연구에서도 계약을 통한 서비스가 비용절감 측면에서 효과가 낮다는 것이 발견되었다. 김승현(1998)의 연구에서는 "경쟁성을 기반으로 하는 경우, 경비 절감은 큰 비중을 차지하지 못하고 직영보다 위탁경영일 때 비용이 더 많이 든다는 것"을 지적하고 있다. 이는 계약과정에 경쟁성이 확보되지 못하거나 수탁계약자가 비용절감을 인건비 등으로 내부화하는 경향이 있기 때문에 계약의 경비 절감효과로 보기 어렵다는 것이다. Slyke(2003)는 "쓰레기처리, 교통의 일부 유형(도로보수, 제설작업 등), 견인, 그리고 데이터 처리 과정에서는 비용절감이 나타나지만, 사회서비스 즉 위탁보호, 아동복지, 가정폭력, 약물남용치료, 노숙긴급보호, 직업훈련, HIV/AIDS서비스, 의료보호사례관리, 식품저장고 등에서는 비용절감의 증거를 찾기가 어렵다"고 하였다. Butler(1985)는 "민간위탁은 지출연합(spending coalition)

을 확대시켜 예산이 오히려 증가한다"고 하였으며, Strausman & Farie (1981)는 "사회복지서비스의 경우 민간위탁방식이 비용절감을 가져온다는 증거가 없다"고 주장하였다(노시평, 2007:184).

이처럼 계약으로 서비스비용은 떨어지는데 그 대가로 희생해야 하는 것이 서비스의 질이나 효과성이라면 이는 허위절약이 되므로 계약의 명분이 될 수 없다. 하지만 대체로 서비스 질에 대한 계약의 효과는 정확히 알려진 바가 드물다(Hodge, 2000:136-139).

(2) 계약의 대상: 주체와 서비스

민간위탁 가능성이 높은 서비스는 서비스 장비와 재료의 요구, 수용능력의 활용문제가 큰 경우, 산출에 대한 모니터링이 쉽고 노동집약적이며 분배적 목적과 도덕적 해이문제가 중요하지 않으며, 주민들의 저항과 공공노조가 강하지 않은 경우 등이다(Ferris and Graddy, 1986:334).

보건과 휴먼서비스(동물보호소운영, 주간보호시설운영, 아동복지프로그램, 노인보호프로그램, 공공노인주택관리, 병원운영 및 관리, 공중보건프로그램, 약물 및 알콜치료프로그램, 정신보건 및 지적장애프로그램)는 일반적으로 가시적이지 않고, 산출을 명시하기에도 쉽지 않은 특징이 있어, 서비스의 성과 특히, 품질을 측정하기는 더욱 어렵다.

한편, 이러한 서비스에는 다른 대안적인 생산자들, 특히 비영리 부문이 매우 많다. 또한 이들 서비스들은 노동집약적이어서 유연한 노동력을 활용하는 민간계약을 통해 노동비용절감을 이룰 수 있다. 이것은 주민들의 반대나 서비스의 비가시적 속성에도 불구하고 이들 서비스분야에서 중요한 위탁계약을 기대할 수 있게 하는 것이다. 비가시적 속성의 문제는 불완전하지만 수용가능한 산출측정 즉, 수혜자의 수로 줄어들 수 있다(Ferris and Graddy, 1986:335-337).

계약되는 서비스의 특성으로 산출의 가시성(tangibleness)과 단순성(simplicity)이 매우 중요한 요소인데, 매우 복합적이고 연성적인 산출을 특징으로 하는 보건휴먼서비스가 많이 계약되는 데는 몇 가지 이유를 찾을 수 있다. 첫째, 서비스의 질이 매우 중요한 산출요소여서 민간계약을 통해 보다 좋은 서비스 질을 확보할 수 있을 때 둘째, 전형적으로 민간 부문의 서비스생산자가 많아 이를 많이 활용할 수 있을 때 셋째, 보다 소모적인 것으로 간주되어 쉽게 계약되는 경우 등이다.

계약의 대상 주체는 타 지방정부나 비영리조직이 될 수 있으며, 이들과 계약하는 이유는 다음과 같다.

우선 타 지방정부와 계약을 하는 이유는 첫째, 규모의 경제성이다. 일단 소규모 지방정부는 규모의 경제를 실현하기 불가능하여, 서비스에 소요되는 평균 비용이 상승할 수 있어, 이것을 방지하기 위해서이다. 또한 서비스에 대한 수용능력도 최대한 활용할 수 있으며, 특히 소규모 지방정부의 경우 계약을 하기에 적절한 민간 부문이 부족하기 때문이다. 둘째, 관할구역을 넘어 서비스의 일관성을 유지하기 위해서이다. 만약 서비스의 품질에 격차가 존재한다면 서비스 품질이 좋은 곳으로 사람들이 몰리는 부정적 외부효과가 발생하지만, 그렇다고 이러한 현상을 통제하기 위해 강제적으로 서비스 사용 범위에 지리적 제한을 둘 수도 없기 때문이다.

또한 민간생산을 금지하는 법적제약이 있는 경우 타 지방정부와 계약이 이루어진다. 하지만 대상서비스의 성격이 노동집약적일 때 타 정부와의 계약은 민간 부문과의 계약에 비해 적절한 대안이라고 할 수 없다.

다음으로 비영리조직과 계약을 하는 이유는 비영리조직의 존재에 대한 필요조건이 형평성자본에 기여하겠다는 개인의 의지이기 때문에 서비스제공에 관심 있는 사람들이 참여할 수 있는 길을 제공한다는 것이다. 그러므로 서비스생산에 비영리조직을 활용한다면 지역사회의 연대와 지지가 이미 존재하는 것으로 볼 수 있어, 지방정부는 비영리조직을 우선적으로 선호하게 된다.

셋째, 비영리조직은 민간 부문이 개인적인 대체재를 제공하는 것과는 대조적으로, 개인적이지 않은 보다 집합적인 서비스를 생산할 수 있어, 공공 부문을 대신한다. 그렇기 때문에 서비스의 집합성(collectiveness) 정도가 계약대상자 결정에 영향을 미친다. 즉, 집합적인 서비스일수록 비영리 부문이 생산자가 된다는 것이다.

넷째, 주민은 서비스의 질이 위험해지는 것을 우려해 민간보다는 비영리 부문과의 계약을 선호할 수 있는데, 특히 보건・휴먼서비스에서 그러하다. 그러나 빈곤층 보호를 위한 계약에서 서비스는 명확하게 명시될 수 있지만 서비스의 질을 명시하는 것은 매우 어렵다. 그럼에도 불구하고 비영리조직은 더 나은 질적 서비스를 제공한다고 생각하고 있다.

(3) 경쟁

경쟁으로 인한 계약의 성과는 긍정적으로 평가되는 경우도 있지만, 반대로 회의적인 평가도 존재한다.

긍정적인 평가의 경우, 다수의 계약자가 정부서비스를 공급하는 데 서로 경쟁하도록 하면 비용은 절감되고 성과는 올라간다고 주장한다 (Kettle, 1993; Savas, 1982; Osborne & Gaebler, 1993). 다만 계약에서 경쟁은 성공의 기본적인 가정임에도 불구하고 행정의 계약관리 능력 부족으로 활용이 미흡할 뿐이라는 것이다.

반대로 성과와 경쟁 간의 관계에 회의적인 시각도 있다(Hefetz & Warner, 2004; John & Ward, 2005). Slyke(2003)는 "계약은 정부가 서비스 전달에 직접 개입하지 않고, 시장을 잠식하지도 않으면서 효율적으로 일하고, 소규모화되는 것으로 보이기 위한 정치적 상징으로 쓰이는 경우가 있는데, 이는 계약에 있어 경제적 논리보다는 정치적 논리가 더 많이 작용하기 때문"이라고 주장하고 있다. Romzek & Johnston (2005:437)도 사회서비스 계약에서 네트워크와 여러 공급자가 존재하는 경쟁의 상황이 성과와 부정적 상관관계가 있다고 주장하였고, Kettle(1990) 역시 경쟁은 사회서비스에 방해가 된다고 보고, 이러한 이유를 "구매자와 판매자에게 모두 높은 거래비용을 부과하기 때문에 정부의 독점적 행태가 계약자의 독점적 행태로 대체되어 왔다"고 설명하였다.

DeHoog(1984)은 사회서비스에서 경쟁이 제한되는 이유를 설명하였는데, 첫째, 사회복지기관들은 미충족된 사회적 욕구들에 대응하기 위해 만들어졌기 때문에 경쟁보다는 분화로 경쟁의 전통이 없다는 것이다. 둘째, 수많은 진입장벽으로 더 많은 가용 예산이 확보되지 않으면 정부는 새로운 서비스들에 대한 수요가 없으며, 민간 대응자금(matching fund) 요건과 여타 행정절차 부담 등이 있다는 것이다. 셋째, 공식적 입찰 권유의 절차와 평가기준이 부족하다는 것이다. 넷째, 입지적 한계, 즉 기존의 시설이 지리적으로 독점적 역할을 하여 경쟁이 제한되므로 의사결정자는 이전의 서비스를 고수하고 계약자는 반복되며 다만 추가자금이 배정되었을 때 새로운 대안을 추구한다는 것이다.

(4) 계약의 유형

Sclar(2000)가 제시하는 계약의 유형은 계약환경을 중시하는데 완전한 계약, 불완전한 계약, 그리고 관계적 계약 등이다.

첫째, 완전한(complete) 계약이다. 이러한 환경은 전통적 시장계약모델에서 가정하는 것으로, 계약자는 경쟁과 같은 시장의 강제력에 훈련되어 있으며, 판매자는 계약시장에 접근하는 것이 용이하고, 관련 계약자의 성과정보를 이용하는 데 어렵지 않다.

둘째, 불완전한(incomplete) 계약이다. 불완전한 계약은 계약당사자간 잦은 거래와 계약기간 내의 미래상황과 산출물, 그리고 과정에 관한 높은 수준의 불확실성을 특징으로 한다. 그래서 흔히 주인과 대리인 관계에서 내재하는 정보의 비대칭(information asymmetry), 역선택(adverse selection), 그리고 도덕적 해이(moral hazard) 등의 문제에도 취약하다.

셋째, 관계적(relational) 계약이다. 이 환경에서는 주인과 대리인이 신뢰를 기반으로 하여 계약을 한다. 이 유형에서 계약 당사자는 서로 의존하며 계약의 공적인 조치 없이 각각의 이익을 상대방의 관심에 맞춰 수정하는 것이다. 이러한 수정 때문에 관계적 계약이 불완전한 계약보다 산출과 과정에 대한 불확실성, 거래비용, 도덕적 해이에 덜 민감한 경향이 있다.

DeHoog(1990)는 고전적 경쟁모델(Competition Model)에 대한 대안으로서 협상모델(Negotiation Model) 그리고 협동모델(Cooperation Model)을 제시하고 있다.

고전적 경쟁모델(Competition Model)은 상황에 따라 적용이 제한되는 경우가 있다. 서비스 공급자가 제한적일 경우, 거래비용을 상쇄할 수 있는 조직의 자원이 부족할 경우, 그리고 추가 재원이 불확실한 경우에는 적용되지 않는다. 왜냐하면 이 모델은 계약자의 기회주의 때문에 결과가 준최적상태로 되며, 계약에 관여하는 획일적인 정부 관료의 본성을 지나치게 강조하기 때문이다. 이러한 이유로 실제 계약과정에서는 겉으로 드러난 합리적 선택 이면에 얽힌 계약자와 정부 관료들의 관계를 보게 된다.

협상모델(Negotiation Model)에서는 계약에 관심을 표명하는 계약자나 기업에게 협상이 제한되는 경우가 있다. 이는 지역의 기업이나 기관과 계약하고자 하는 정치적 이유 때문에 지방 관료들은 계약사항이 관할구역 외부로 알려지는 것을 꺼리기 때문이다. 따라서 협상모델에서는 계약할 서비스 내용에 대해 담당 직원이 선호하는 요소들만 간단히 기술한다. 또한 계약자 선정과정 중에는 서비스의 가격, 형태, 양 등에 대한 협상을 진행하고, 계약자로 선정된 다음에는 서비스 활동에 대한 일반적 제한, 행정절차, 정부가 부담해야 하는 1인당 비용 또는 총 비용 등에 대해 협상한다.

협상모델의 장점은 첫째, 지역에 서비스 공급자가 적을 경우에도 적용 가능하다. 둘째, 경쟁입찰에서 요구하는 모든 행정 절차가 필요 없다. 셋째, 공급자와 계약의 세부사항을 협상함으로써 불확실성과 복잡성을 조율할 수 있다.

이와 반대로 단점은 첫째, 정부가 계약사항을 지나치게 통제하여 계약자의 전문성을 충분히 살리지 못할 수 있다. 둘째, 계약조건에 대한 협상, 감독, 그리고 평가의 거래비용은 경쟁모델보다 더 높을 수 있다.

협동모델(Cooperation Model)은 서비스를 생산하는 데 시간과 재원, 그리고 공급자가 부족할 경우, 서비스 전달에 정부의 전문성과 경험이 거의 없을 경우, 재정·기술·서비스 방법에 대한 불확실성과 복잡성이 높을 경우, 자본투자 혹은 시장진입 비용이 높을 경우에 적용할 수 있다. 이러한 경우는 공급자가 제한적일 수밖에 없어, 정부 관료는 미리 선정된 공급자와 단독입찰방식을 통해 비공식적 계약에 합의하게 된다. 그러므로 협동모델은 계약자가 오직 하나뿐이고, 계약자에게는 계약을 장기간 유지할 수 있는 환경이 제공된다.

협동모델의 계약과정의 특징은 첫째, 계약과정이 매우 분권화되어 있고 유연하여, 사업관리자의 재량으로 계약자와의 관계를 발전시킬 수 있다. 그러므로 계약자는 욕구사정, 프로그램기획, 그리고 서비스 전달 수준과 방법을 결정하는데 핵심적인 역할을 한다. 또한 감시 직원은 계약 집행과정에서 계약자에게 계약 내용을 강요하기보다는 장해물을 극복하고 성과를 향상시키도록 돕는 조력자가 된다. 따라서 양측의 최고 우선순위는 상호조율행정과 서비스 전달이다. 이는 결국 사업의 과정과 절차에 대한 문서업무 대신 서비스, 고객, 성과를 강조하고 있다는 것을 의미한다.

둘째, 계약서 내용도 상세하게 작성하지 않는다. 여기에는 불확실성, 복잡성, 급속한 변화율, 그리고 불충분한 시간과 자원 때문이기도 하지만 사업관리자와 계약자와의 믿을 수 있는 신뢰가 있기 때문이다.

셋째, 묵시적으로 계약 조항들에 순응하려는 의도가 있다. 이는 지속적 계약을 통해 협력의 균형을 깨지 않고, 조직적 · 정치적 · 재정적 측면에 대한 서비스 환경의 불확실성 수준을 감소시키기 위함이다.

넷째, 처음 서비스 계약을 결정해야 하는 지방정부 입장에서는 협동모델이 달갑지 않을 수 있다. 이는 몇 해 동안 특정한 계약자와 만족스런 협상관계를 가져온 경우에 발전되는 모형이기 때문이다.

협동모델의 장점은 첫째, 성과와 프로그램 관리를 강조한다는 것이다. 이는 협동모델이 매우 유연한 계약체계를 가지고 있어 인위적인 종착점에 대한 제약이나, 비현실적 계약조항이 없으며, 복잡한 절차 없이 변화에 적응할 수 있다는 것이다.

둘째, 계약자는 서비스와 클라이언트에 대한 지식을 충분히 활용할 수 있어, 정부보다 좋은 정보와 전문성을 확보할 수 있다.

셋째, 계약 또는 계약 갱신을 할 때 기회주의적 행태로 인한 인센티브는 거의 없다. 이것은 대인적 상호작용 계약자에게 사업수행을 잘하고, 기관의 요구에 순응하도록 하는 비공식적이고 전문적인 압력이 될 수 있다는 것이다.

협동모델의 단점은 첫째, 사업의 전체적 조망과 객관성이 부족한 전문가들에 의해 진행되는 폐쇄적인 과정이라는 점이다. 체계적인 통제 장치 없이 전문적 재량에 의존하고 있기 때문에 계약자 오류를 방치할 수 있다. 또한 신뢰 분위기, 계약 상세 내용 부족, 서비스 복잡성, 그리고 낮은 모니터링 및 평가 비용은 정부 관료의 평가와 통제에 대한 동기부여를 어렵게 할 수도 있다. 둘째, 계약담당 관료와 계약자 간의 친밀함은 계약자에게 계약을 상실할 현실적인 위협을 주지 않기 때문에 계약자가 안주할 수 있다는 점이다. 이는 양질의 서비스를 전달하는 것보다 친화적인 개인 관계를 더 중요하게 생각한다는 것이다. 셋째, 계약자가 정부 관료보다 중요한 정보를 획득할 가능성이 있어, 계약과정에 정보를 통제하거나 조작할 수 있다는 점이다. 따라서 이 모형의 성공은 독자적인 정보 검증을 해야 하는 계약 담당자의 가치, 기술, 지식에 달려있다. 넷째, 정치적·행정적으로 수용되기가 어렵다는 점이다. 외부 시각에서 보면 이러한 관계는 협력이나 조정만큼 공모나 결탁을 강조하는 것으로 보일 수 있다.

Lawther(2002)는 〈그림 4-1〉의 공공—민간 파트너십(PPP: Public-Private Partnerships) 모델이 전통적인 계약자—고객 관계에 비해 재화

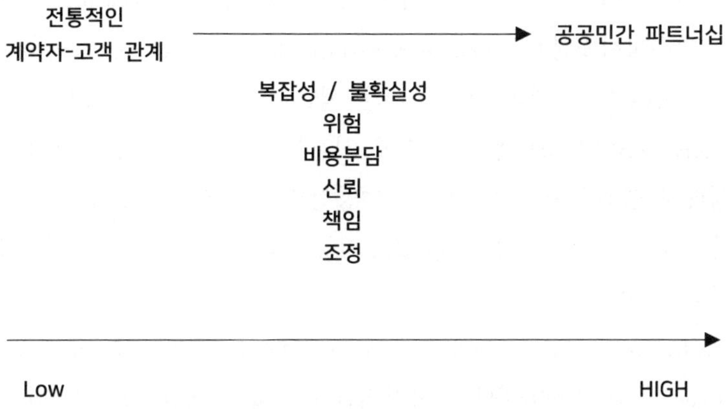

전통적인
계약자-고객 관계 → 공공민간 파트너십

복잡성 / 불확실성
위험
비용분담
신뢰
책임
조정

Low → HIGH

자료: Lawther. (2002). Contracting for the 21st Century: A Partnership Model.

〈그림 4-1〉 공공-민간 파트너십(PPP: Public-Private Partnerships) 모델

및 서비스의 복잡성이 높거나, 투입/산출을 성취하기 위한 방법이 불확실한 경우 적용이 용이하다고 설명하고 있다. 뿐만 아니라 서비스의 장기간 위임을 기대할 수 있고, 비용의 공동부담이 가능하며, 무엇보다도 공공-민간 영역 간 고도의 신뢰가 있어, 서비스 조정이 가능하여, 높은 품질의 서비스가 약속된다.

(5) 계약과 성과(performance)

계약이 하나의 수단으로 확산되면서 성과 측정이 중요한 이슈가 되고 있다. 하지만 양자를 어떻게 조화시키는가에 대한 딜레마가 있다(Terman et al., 2010:401).

미국의 경우, 성과 기반 서비스 계약을 대통령 관리아젠다(Presiden's Management Agenda, 2001)와 관리예산처(Office of Management and Budgeting)의 핵심요소로 다루었다. 이에 기관들은 모든 서비스의 최소한 20%,

금액기준 $25,000 이상을 성과 기반으로 계약하도록 하고(Lawther, 2002), 연방성과측정시스템(Performance Assessment Rating Tool, PART)을 도입하였다. PART는 기관의 성과를 예산, 책임, 연계에 초점을 두고, 제3자(3rd party) 거버넌스를 성과 측정에 연결시키려 하였으며, 계약이 기관 성과에 영향을 미치는 경로를 연방정부 수준에서 측정할 수 있도록 하였다. 즉, 성과측정이 정치화(politicizing)된 도구로부터 자유로워야 한다는 것이다.

GAO(Government Accountability Office, 2003)는 성과계약(performance based contract)을 "계약자에게 바람직한 결과를 구체화하고 이러한 결과를 달성하는 데 사용해야 할 방법을 기술하는 것보다 어떻게 달성할지를 결정하도록 하는 것이다."라고 정의하고 있다. 이는 계약자에게 재량이 부여되는 동시에 위험도 함께 전가(risk shift)되겠지만 결과의 계량화가 가능한 경우 성과측정을 통해 계약자에게 항상 목적과 목표를 환기시킬 수 있다는 것이다. 다시 말해, 성과계약은 대리인이 주인의 목표에 초점을 두게 되어, 주인-대리인 관계의 부정적 측면을 상쇄시키는 효과도 있다는 것이다.

Martin(2007)은 휴먼서비스 성과를 형성기(1968~1979), 성숙기(1980~1989) 그리고 성과기(1990~)로 나누어 휴먼서비스 성과계약모형을 제시하였다. 투입과 과정이 설계내역(design specification)을 대표하고, 산출과 질, 그리고 결과는 성과내역(performance specification)을 대표하고 있다.

형성기(1968~1979)에는 서비스계약의 책임성은 주로 설계내역의 관점에서 개념화하였고 성과에 상관없이 계약자가 지출한 비용의 상환형태에 관심을 두었다. 성숙기(1980~1989)에는 휴먼서비스계약의 책임성은 과정과 산출의 관점에서 재개념화되기 시작하였다. 서비스 전달이 투입과 과정에 있어서 표준화되었으며 산출에까지 확대되어 갔다. 산출 표준화를 위한 서비스 단위(units of service)를 개발하였고, 계약자에게 이에 대한 자료를 확보하도록 하였다. 이때 비용상환 형태 계약도 산출양과 서비스단위에 따라 보상하는 단위비용 또는 고정비용계약으로 대체되었다.5)

성과기(1990~)에는 GPRA(Government Performance and Result Act, 1993), GASB(Governmental Accounting Standards Board, 1994) 등의 영향으로 산출(서비스의 양 측정), 질, 그리고 결과(사업의 결과, 영향, 실적) 등의 성과책임에 초점을 두었다.6)

---

5) 단위비용계약(unit cost contract)은 사업의 양적 세부항목이 추산되고 이들의 단위비용에 근거하는 계약이다.
고정비용계약(fixed fee contract)은 포괄계약으로서 사업의 범위와 일정이 충분히 확인될 수 있을 때 활용할 수 있다.

6) GPRA는 연방정부에 대한 국민의 불신을 해소하고 국민들의 신뢰를 회복하기 위한 노력의 결정체로서 1993년에 제정된 법이다. 이 법의 기본목적은 프로그램의 성과목표를 정하고 그 결과를 측정하는 체제를 구축함으로써 프로그램의 능률성(efficiency)과 효과성(effectiveness)을 제고하는 것이다. GPRA집행의 주요내용은 전략계획서, 성과계획서, 성과보고서로 요약할 수 있다.
전략계획서는 연방정부 각 기관은 전략계획서(strategic plan)를 작성하여 OMB 및 의회에 제출한다. 이 계획서는 각 기관의 프로그램과 관련하여 최소한 5년간의 계획을 담고 있어야 하며, 최소한 3년마다 갱신하여야 한다. 이 계획서가 담아야 할 중요 내용은 각 기관의 주요기능 및 운영을 총괄하는 종합적인 임무의 기술(mission statement)이다. 또한 기관의 일반적인 목적(goals)과 구체적인 목표(objectives) 및 이들을 달성하기 위한 방법들을 제시한다. 전략계획서의 작성 시 각 연방기관들은 의회와 협의를 거쳐야 하며 이 계획에 관심이 있거나, 이 계획으로 인해 영향을 받을 수 있는 모든 당사자들의 견해나 제안을 수렴하도록 하고 있다는 것이다. 특히 의회와의 협의를 명시함으로써, GPRA의 집행에 의회가 관여하고 있음을 보여준다.
성과계획서는 OMB는 각 기관의 예산제출 시(예산요구서와 함께 제출함) 예산에 포함된 모든 프로그램에 관한 연례성과계획서(annual performance plan)를 준비하도록 한다. 이 성과계획서에는 프로그램의 수행에 의해 달성할 성과의 수준을 성과목표로 설정하되, 계량적으로 측정할 수 있는 형태로 표현된다. 그 외에 성과목표의 달성을 위해 필요한 기술이나 정보를 비롯하여 소요되는 인적, 물적 자원

〈표 4-6〉 휴먼서비스 성과 기반 계약모형

투입(inputs)→	과정(process)→	산출(outputs)→	질(quality)→	결과(outcomes)
직원	서비스 정의	서비스양 측정	적시성	결과(result)
시설			신뢰성	영향
장비	작업명세		적합성	성취
재료		서비스 단위	가시성	
소모품	서비스 임무		기타	
재원				
서비스 수혜자				
[——설계 내역——]		[——————성과 내역——————]		

자료: Martin, L. L.(2007). Performance-Based Contracting for Human Services: A Proposed Model.

그리하여 휴먼서비스의 성과계약에 대한 합의된 개념은 서비스제공의 산출, 질 그리고 결과에 초점을 두어 계약확장 또는 재계약뿐만 아니라 최소한 계약자에 대한 지불의 일부분을 성취와 연결시키게 될 것이다.

을 기술. 설정된 성과목표와 실제 프로그램 운영결과를 비교할 수 있는 기준 및 수단이 제공된다.

성과보고서는 각 연방기관의 장은 전년도의 성과목표의 달성을 검토해야 하며, 지난해의 성공과 실패를 토대로 당해 연도의 성과계획서를 평가한다. 즉, 2000년 3월 말까지 1999회계년도의 프로그램성과보고서를 대통령 및 의회에 제출하도록 되어 있으며, 그 후 매년 3월 말까지 전회계년도의 성과보고서를 제출하여야 한다. 이 성과보고서에서 연례성과계획서(annual performance plan)에 나타난 성과목표와 실제 당해 회계연도의 프로그램성과를 성과지표를 통해 비교한다. 만약 성과목표를 달성하지 못한 경우, 그 이유를 설명해야 하며, 장래 목표달성계획을 제시해야 한다(김신, 2001).

GPRA의 집행과정에서 중요한 참여자는 전략계획서와 성과계획서 및 보고서 등을 작성하는 행정부 각 기관들, 행정부의 GPRA 집행을 총괄하고 있는 OMB와 GPRA의 입법자인 상원과 하원(분과위원회) 및 GAO이다. GAO는 GPRA의 의회감독의 역할수행과 의원들의 전략계획서 및 성과계획서, 성과보고서 등의 검토를 지원하고 GPRA 집행과정에서의 문제점을 분석하는 등 핵심적인 역할을 수행한다. 아울러 GPRA의 집행에 있어서 행정부와 입법부 간의 갈등을 해소한다.

한편 Martin(2007)은 몇 가지 사례분석을 통해 가장 단순한 형태와 가장 복잡한 형태를 양 극단으로 하고, 그 사이에 개별 형태가 분포하도록 모형화한 휴먼서비스 성과모델을 제시하였다.

제1유형(Maine), 계약자가 성과 관련 자료를 수집하고 보고하도록 하며 비용상환형태계약을 활용하여 비용지불과 성과를 직접 연결시키지는 않는다. 다만 재계약과 계약연장에 성과표준을 활용한다.

제2유형(Florida), 모든 계약자는 성과척도와 표준(performance measures and standards)에 맞춰야 하며 계약자보상은 비용상환 형태를 활용하지만 계약자 성과는 신규계약에 직접 연결된다. 성과기준을 충족시키지 못한 계약자는 신규계약 자격이 없게 되며, 대신에 현재의 계약이 연장되고 집중 모니터링과 기술지원이 제공되며 반복적으로 성과표준에 도달하지 못할 때는 계약을 종결시킨다. 성과표준은 기관에서 제시하거나 협상을 통해 설정할 수 있다.

제3유형(Illinois), 매 회계연도마다 직원별 서비스 사례량의 기본선을 정하고 사례 의뢰 및 사례 종결에 대해 몇 % 증가에 합의하여 성과 판단의 기준으로 삼는다. 예를 들어 직원별 기본선이 25사례였고 당해 연도 24% 사례 추가와 24% 성과에 합의하였을 경우(추가 사례에 대한 비용보상은 없음), 그 해 계약자가 24% 성과를 냈다면 사례량은 변함없이 남게 된다. 성과가 이에 미치지 못한다면 사례량은 증가하고, 반대의 경우는 사례량이 감소한다. 따라서 완전한 비용보상이 이루어지지 않으므로 수정된 비용상환(modified cost reimbursement contracts) 형태라고 할 수 있다.

제4유형(Massachusetts), 계약자는 매달 클라이언트당 비용(fee per client)인 사례가격(case rate)에 따라 보상받는다. 과정, 산출, 결과 등 성과목표의 성취에 대한 비용지불과 인센티브도 받지만 클라이언트에 소요된 실제비용의 초과가 초래될 우려도 있다. 그렇기 때문에 이 유형은 Cream Skimming 즉, 계약자가 고비용 위험의 서비스대상자를 회피하고 좋은 조건의 대상자만 선별하는 기회주의적 행동을 할 가능성이 있다. 따라서 사례가격과 인센티브 지불, 계약자 재정위험은 보통 수준임을 특징으로 한다.

제5유형(Arizona), 계약자는 제공된 산출 또는 서비스단위에 대한 단위비용 또는 고정비용 형태로 보상받는다. 예를 들어 식사 배달 서비스의 경우 한 끼 식사의 배달에 대한 비용으로 보상받는 것이다. 이 형태는 산출에 직접 연결되어 보상받는 형태이므로 계약자성과와 비용자료의 신뢰성과 타당성에 따라 계약자의 재정위험은 보통 수준을 상회할 수 있다. 계약자는 서비스 전달의 모든 비용을 만회하기 위해 비용상쇄수입을 발생하기에 충분한 산출량을 공급해야 한다.

비용보상이 성과와 직접 연결될 때 계약자의 재정위험의 문제는 첫째, 클라이인드의 자격결정과 배분을 계약자가 아닌 정부 등 제3자가 할 때 계약자는 충분한 수의 클라이언트를 확보하여 손익분기점에 도달하기는 어렵다. 둘째, 계약자가 서비스를 제공하는 시점과 비용보상을 받는 시점 간 시간지체가 있다. 특히 산출(output), 질(quality), 결과(outcome) 등에 따라 보상이 이루어질 때 이러한 시간지체는 중요하다. 셋째, 감사와 모니터링의 문제인데, 계약자는 타당하고 신뢰할 만한 성과 및 비용자료에 대한 필요성이 요구된다.

제6유형(Oklahoma), 계약의 쌍방이 성과주의계약 경험이 부족하고 또 타당하고 신뢰적인 계약성과와 비용자료가 부족하여 계약자가 재정적 어려움에 있을 때 하는 결과(outcome)에 대한 계약이다. 일종의 이정표계약(milestone contract)으로서 클라이언트를 각자 과제로 다루는데 서비스의 시작과 종결 그리고 그 과정에 있는 주요 이정표를 확인한다. 그러므로 투입(input), 과정(process), 산출(output), 질(quality) 또는 결과(outcome)의 조합으로 이루어져 있다. 계약자는 클라이언트가 특정 이정표에 도달하였을 때마다 일정 사례율의 비율을 지불받는다. 예를 들어 결과지표로서 장애인 직업재활이 사례율의 70%로 계약되었다면 이를 달성하였을 경우 70%를 지불받는다. 그리고 나머지 30%는 과정과 투입에 관련된 것들이므로 별로 어려움이 없을 것이다. 즉 욕구결정(과정지표 10%), 직업준비(과정지표10%), 취업알선(산출지표 10%), 직업훈련(과정지표 10%), 직업유지(결과지표 15%), 직업안정(결과지표, 20%), 사례종결(결과지표 25%) 등으로 이정표계약은 구성된다. 성과에 관련된 사례율의 비율은 계약에 따라 달라질 수 있으며 완전히 성과에 대해서만 지불하는 형태인 고정비용(fixed fee) 방식도 있다.

제7유형(North Carolina), 계약자는 결과(outcome)들 중 하나를 성취하였을 때 평균 비용의 일정 비율로 지불받는다. 이 경우는 100% 성과 기반 계약이며 계약자의 재정위험율은 매우 높다. 예를 들면 아동이 입양알선되었을 때 전체 비용의 60%(결과지표)를 지불받고, 입양허가가 완료되었을 때 20%(결과지표), 그리고 입양이 12개월간 문제없이 지속되었을 때 20%(결과지표)로 구성되어 있기 때문이다.

〈표 4-7〉의 이 성과계약모형은 계약자의 성과와 비용데이터의 필요성뿐만 아니라 계약자의 재정위험변동정도가 일곱 가지 접근법에 따라 다르게 나타난다. 산출과 질, 결과 등 성과에 대한 신뢰적이며 타당한 데이터와 서비스 전달비용에 대한 데이터 필요성이 높아질수록 계약자의 재정위험도 증가한다. 그러므로 성과 기반 계약을 고려할 때 계약자 보상을 성과와 직접 연결시킬수록 계약자의 재정위험도 높아지며, 성과와 서비스비용에 대한 정확하고 믿을 만한 데이터의 필요성도 커진다는 측면을 감안해야 할 것이다.

〈표 4-7〉 휴먼서비스 성과계약 모델

계약자 재정위험 낮음 → 높음						
제1유형	제2유형	제3유형	제4유형	제5유형	제6유형	제7유형
성과에 대한 데이터 수집, 보고 의무	신규계약 수주를 위한 성과표준 충족 의무	사례종결과 사례량 증대 의무	산출과 질, 그리고 결과 인센티브에 의한 수입	산출에 의해 지불받음	투입, 과정, 산출, 질, 결과의 조합에 대해 지불받음	결과에 대해 지불받음
비용상환	비용상환	수정비용 상환	인센티브 부여	산출, 서비스단위	성과조합	결과보상
낮음 → 높음 데이터 필요성(성과와 비용)						

자료: Martin, L. L.(2007). Performance-Based Contracting for Human Services: A Proposed Model. Public Administration Quarterly. Vol.31, No.2

이처럼 사업의 성격과 지역의 특성에 따라 다양하게 적용되고 있는 성과계약을 특성별로 유형화시켜보면 비용상환 방식, 사례 기준 비용 지불방식, 서비스 기준 비용 지불방식, 사례 기준 서비스과정별 지불방식으로 분류할 수 있다.

첫째, 비용상환 방식은 사업비용의 전부를 보상하는 것으로 성과와 비용지불이 직접 연결되지 않으며, 다만 재계약과 계약 연장 시에 성과결과가 고려된다는 점에서 성과유인 요소는 약한 편이다. Maine, Florida 유형 등이 여기에 해당된다고 할 수 있다. 기본 사업량에 대하여 비용보상을 하고 추가 사업량에 성과요소를 적용하는 방식인 Illinois(수정비용상환형: 추가사례)도 여기에 해당된다.

둘째, Massachusetts의 사례 기준 비용 지불방식은 사례 단위로 비용을 보상하는 것이므로 계약자의 입장에서는 본질적으로 서비스비용을 절감시키려는 시도를 하게 되며, 이는 서비스의 질적 저하를 불러올 수도 있다.

셋째, Arizona의 서비스 기준 비용 지불방식은 서비스산출의 단위비용에 따라 비용보상을 받는 것이므로 계약자 입장에서는 평균 수익이 평균 비용을 상회할 수 있도록 공급 규모를 확보하는 것이 중요하다. 그렇기 때문에 누가 대상자 자격과 배정을 결정하는가는 대상자 규모와 관련하여 핵심 사항이 된다.

넷째, 사례기준 서비스과정별 지불방식은 전달되는 서비스의 전 과정에서 과정, 산출, 결과 등 각 단계별로 비용이 보상되는 것이다. 예를 들면 고용지원사업의 경우 상담(과정)—교육훈련(과정)—취업(산출)—유지(결과)로 진행된다. 이때 과정과 결과에 비용지불 비율을 조절하여 결과에 비용지불 비율을 높일수록 성과 요소를 강화시킬 수 있다. Oklahoma, North Carolina(결과에만 비용지불) 등이 여기에 해당된다.

3) 설계

(1) 계약과정

Savas(2000)는 계약과정을 "계약 절차, 즉 계약 결정—구매(입찰)진행—평가 과정을 의미한다"고 설명하고, 계약과정의 단계를 하나의 로드맵으로 제공하고 있다.

가. 1단계: 계약 아이디어

계약에서 고려되어야 할 아이디어에 대한 여섯 가지 충족 조건은 다음과 같다.

첫째, 리더가 아이디어를 파악하고, 행동에 착수하며, 동기부여를 제공한다. 둘째, 리더는 이를 맡길 유능한 자를 찾아 준비시킨다. 셋째, 조직단위가 심각한 재정 압박 상태에 있거나 현재 관행을 개선할 필요가 있어야 한다. 넷째, 계약으로 기존 서비스 수준이 유지 또는 향상되어야 하고, 비용절감과 더불어 다른 혜택이 가능해야 한다. 다섯째, 직원들과 이해당사자들의 힘을 고려할 때 정치적으로 실현가능해야 한다. 여섯째, 어떤 사건이 현재 상태를 고수하거나 변화회피가 불가능할 때 계약을 고려할 수 있다.

나. 2단계: 대상 서비스의 선택

서비스는 법적 장애가 없는 서비스, 경쟁계약을 하기에 용이하고 최소한 위험이 존재하는 서비스, 경성서비스, 단일서비스, 경쟁 환경 조성을 위해 위치에 따라 분할 가능한 서비스, 다른 지역에서 계약을 통해 성공한 서비스 등을 선택해야 한다. 이 외에도 경험 · 의도 · 책임감 있는 입찰자들이 있는 서비스, 파트타임 직원을 활용할 수 있는 서비스, 대규모 비용절감 서비스, 공공의 불만이 있는 서비스, 노조의 저항을 극복할 수 있는 서비스, 강한 정치적 반대를 발생시키지 않는 서비스, 내부 전문가를 보유할 수 있는 서비스, 그리고 계약자의 성과를 모니터할 수 있는 서비스 등을 선택할 수 있다.

다. 3단계: 실현가능성 연구실행

계약 대상 서비스가 결정되면 이 서비스의 현재비용과 질을 계약가격과 비교하기 위해 측정해야 한다. 이때 정부생산서비스는 예산중심으로 비용이 계산되고, 또 이익추구를 하지 않기 때문에 민간계약서비스보다 비용이 적게 든다는 오류에 빠진다. 하지만 비용은 특정 활동에 관련된 모든 비용들을 종합하는 활동중심비용으로 계산될 필요가 있다.[7] 한편 계약가격은 생산비용의 총합이며 이것은 일시이전비용, 계약준비 및 협상비용, 모니터링, 계약변경비용, 분쟁비용 등이며 입찰자들부터 획득가능하며 다른 지역의 사례에서 추정할 수 있다. 서비스의 질도 계약자의 다른 사업실적에서 평가될 수 있다.

라. 4단계: 경쟁의 조성

계약의 성과를 위하여 경쟁 입찰을 통해 경쟁을 조성하기도 한다. 하지만 예상되는 입찰자가 부족할 경우 계약이 어려울 수도 있다. 이 때는 자격 있는 계약자 몇몇과 입찰에 대한 협상을 시도하는 것이 최선의 방법이 될 수 있다.

이와 같이 입찰자가 적은 이유는 정부 관료제의 병폐에 기인하기도 한다. 예를 들면 관료적 절차로 발생되는 지불 대금의 지연 등이 여기에 해당된다. 따라서 경쟁을 조성하기 위하여 지리적으로 분산되어 있는 서비스는 작은 지역들로 또는 기능별로 나누어 계약하고, 입찰을 널리 공포하여 충분한 시간과 정보를 입찰자들에게 제공해야 한다. 또한 다수 공급자 확보를 위해 충분한 계약 기간을 정해놓고, 계약들에게 시차를 두어 입찰자들의 관심이 지속되도록 하며, 문제는 공정하게 다루고, 대금은 신속하게 지불하며, 현재 계약자의 이점을 최소화해야 하고, 입찰 희망자들에게 민감한 사업정보를 요구해서는 안 된다.

정치적 관용으로 경쟁이 덜한 비영리조직과 계약을 할 경우 기관별 할당 방식이 효과적일 수 있다. 그러나 노인센터나 노숙자 보호소처럼 특정 장소가 필요한 서비스는 경쟁에 한계가 있을 수 있다.

---

7) 정부활동비용을 계산할 때 포함되어야 할 비용항목으로 자본지출, 자본지출이자, 공급비용(연료비 등), 부가비용(사회보험료 등), 미도래지불비용, 비정규인건비, 건물유지비, 토지 및 건물의 기회비용, 책임보험료, 간접비용 등이다.

마. 5단계: 관심 또는 자격 표명요구

정부 기관에서 계약 내용과 절차가 확실하지 않은 경우, 예상되는 입찰자들에게 관심 또는 자격 표명 요청서(RFEI: Request for expressions of interest)를 발행하고, 이것에 응답한 응답자들을 초청하여 공개토론회를 개최하는 것이 좋다.

바. 6단계: 직원 이동 계획

직원의 이동은 자연감소, 배치전환, 조기퇴직, 민간계약자에 의한 고용, 특례고용[8], 퇴직수당 등이 일반적인 방법이며, 이 문제는 계약과정 전에 미리 다루어져야 한다.

사. 7단계: 입찰명세서 준비

입찰명세서는 일상의 언어로 표현되어야 하고, 유지해야 할 표준사항 및 위반 시 처벌내용은 반드시 밝혀야 한다. 하지만 불필요한 제재는 피해야 한다. 예를 들면 어떤 사업을 하는 데 있어서 특정 차량을 사용하도록 하는 것, 트럭 당 사람 수, 임금 등은 불필요한 사항이다.

지불방식은 좋은 성과를 유도하고 불확실성에 대응하기 위한 방법으로 활용될 수도 있다.[9]

---

8) 특례고용(preferential hiring)은 적극고용(affirmative action) 정책의 일종으로서 도덕적 원칙을 이유로 고용기준을 더 잘 충족하는 사람을 대신하여 채용되는 것을 말한다(Philips, 1991:161). 사회적 소수자에게 일자리 할당정책 등이 여기에 해당된다.

9) 총고정가격(firm fixed price) 방식은 계약에서 정해진 가격이 성과에 따라 변동이 없는 지불방식이다. 비용가산(cost plus fixed fee) 방식은 정부가 미리 결정된 최대한의 요금에 더하여 노력수준에 대하여 지불하는 방식이다. 그 중간 형태로 고정가격가산(fixed price plus award) 방식은 고정된 가격에 더하여 평가에 의해 탁월한 성과에 더해주는 방식이다.

아. 8단계: 공공관계 캠페인 발의

민간계약에 대한 반대가 있을 때 지지연합을 발전시켜야 한다. 그러기 위해서 강한 캠페인을 매체, 모임, 광고를 통해 기회가 있을 때마다 진행해야 한다.

자. 9단계: 관리된 경쟁에 관여

관리된 경쟁(managed competition)은 공공기관이 민간과 함께 동등하게 입찰에 참여하는 것을 말한다. 특히 공공과 민간이 동일한 서비스를 동일한 시간과 지역에서 공급할 때 경쟁이 더 격화될 수 있다. 또한 공공기관 성과가 민간기관 성과를 측정하는 기준이 될 수 있다. 하지만 공공기관은 각종 세금과 요금으로부터 면제되기 때문에 실질비용이 높아 공정한 경쟁이 될 수 없는 점도 있다.

차. 10단계: 공정한 입찰과정의 진행

- 입찰요청을 널리 알린다.
- 공포일시와 입찰마감일시 사이 충분한 준비기간을 둔다.
- 설명회를 개최하여 질의응답한다.
- 내외부 전문가를 동원하여 제안서검토와 채점을 한다.
- 하나의 입찰제안서에 여러 입찰가격(1년, 2년, 3년 등)을 요구하지 않는다.
- 부적절하게 경쟁입찰을 거부하지 않으며 입찰자들 중 한명과 협상하지 않는다.
- 입찰자들 중 한명이 서류상 미비가 있을 때 재입찰하지 않는다.
- 계약체결일시가 언제인지를 입찰요청 시 밝힌다.
- 입찰보증금과 계약이행보증이 공통적으로 필요하다.

카. 11단계: 입찰평가와 계약체결

입찰을 평가하기 위해 기관장실, 예산부서, 해당서비스부서, 노동부서, 시의원 등이 참여하는 위원회가 형성되어야 한다. 만약 최저입찰자와 계약하는 것이 아닌 다른 복잡한 경우라면 그 선정기준이 입찰서류에 제시되어야 한다.

타. 12단계: 계약의 성과 모니터, 평가, 그리고 강화

서비스 모니터링은 불평조사, 계약자 업무기록조사, 계획된 현장관찰, 비계획된 현장조사, 고객요청에 의한 조사, 정기적 추출조사, 시민 서베이 등의 방법이 활용된다.

(2) 효과적인 계약

효과적인 계약을 위해 충분히 고려해야 할 내용으로 Kramer & Grossman(1987)은 "어떤 조건이 경쟁을 촉진하는가?, 항상 최저입찰을 수용해야 하는가? 영리에 비해 비영리조직을 선호해야 하는가?, 정부는 소규모 비영리조직을 지원하기 위해 특별한 조치를 해야 하는가?" 등을 제시하였다.

Kelman(2002)은 계약이 효과적으로 이루어지기 위해 중점적으로 다루어야 할 안건으로 첫째, 후보선정(계약에 적합한 서비스 선정) 둘째, 입찰방식선택(단독입찰, 제한입찰, 공개입찰) 셋째, 계약형태(고정비용 또는 비용 상환, 실현계약(성과계약)) 또는 품질보장(best-effort 계약) 넷째, 다중제공 계약(전달주문, 업무주문, 무한정 조달) 다섯째, 계약에 대한 동기, 개선사항, 분쟁해결 등의 방법 여섯째, 입찰평가 기준 일곱째, 허용 가능한 직원 재량 정도 여덟째, 감독의 내용과 정도를 설정하는 것이다.

한편 Peater and Costly(2001)는 3단계의 효과적인 계약 과정을 제

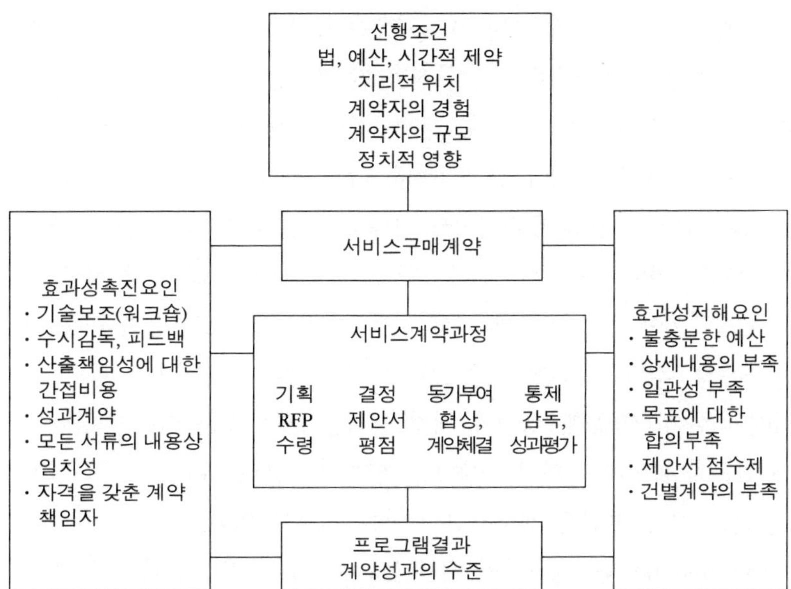

자료: B .Peat and L. Costley(2001). Effective Contracting out Social Services. NONPROFIT MANAGEMENT & LEADERSHIP. Vol.12, No.1, p.66

〈그림 4-2〉 사회서비스의 효과적인 계약 모델

시하고 있다. 첫 번째 과정은 ① 제안 요청서(RFP)를 보내고 ② 제안서를 검토하고 ③ 계약을 협상하고 구조화하는 단계로 이루어진다.

두 번째 과정은 첫 번째 과정이 완료되고 서비스가 전달된 후 이루어지는 ④ 감독과 평가이다. 이 단계에서 계약 주체는 책임성의 문제에 초점을 둔다. 물론 앞선 세 단계의 상세 내용과 얼마나 일치하는가가 계약 성과에 대한 계약자의 책임을 유지하는 초석이 된다. 그리고 여기서 수집된 정보는 마지막 최종과정인 세 번째 과정의 ⑤ 계약 갱신, 종결, 해지에 사용될 수 있다.

Romzek & Johnston(2000)은 효과적인 계약을 위해 계약 시 반드시 검토해야 할 사항을 다음과 같이 제시하였다.

첫째, 프로그램 설계, 직원, 비용 등의 요인을 고려해야 한다. 둘째, 계약을 결정하기에 앞서 계약자 상호 간 책임을 확인할 수 있는 충분한 시간을 가져야 한다. 셋째, 계약설계에 만병 통치적 접근(one-size-fit-all approach)은 피해야 한다. 넷째, 다른 자치 단체에서 비슷한 계약프로그램의 경험이 효과적이라 하더라도 우리 지역의 상황과 맥락에 맞춰야 한다. 다섯째, 성과는 계약 체결 전에 미리 계약 쌍방 간에 협상되어야 한다. 여섯째, 계약관리, 훈련, 책임요건 등의 비용 상승 요소를 검토해야 한다. 일곱째, 관리 조정과 훈련투자 비용을 인식해야 한다. 여덟째, 행정과 재정 능력을 모두 갖춘 다능의 공급자가 있는지 확인해야 한다. 아홉째, 계약자는 정부로부터의 위험 전가로 인한 재정 손실을 검토하고 추산할 필요가 있다.

Lawther(2002)는 효과적인 계약관리 요소로 복잡성/불확실성, 지식의 이해, 계약 체결 전에 진행되는 계약관리 과정 등을 제시하고 있다.

복잡성/불확실성의 요소는 서비스의 복잡성, 최상의 서비스 전달수단을 선택하는 데 있어서 불확실성, 목표성취의 불확실성 정도, 특정 서비스 전달도구가 바람직한 결과를 가져올 것이라는 확실성 정도, 민간계약자가 바람직한 결과를 제공하기 위한 도구를 선택하는 데 주어진 재량도, 서비스가 목표를 달성하지 못하는 것에 대한 정부 직원과 민간관리자의 위험 정도 등이 있다.

지식과 이해 요소에는 계약행정과 계약자들에 의해 생산될 서비스에 대한 지식, 중앙정부 규정, 성과계약과 관련법규 · 절차에 대한 지식, 계약자의 조직 특징에 관한 지식, 계약자가 도산하지 않을 것이라는 확신 정도 등이다.

계약 체결 전에 진행되는 계약관리과정의 요소는 신청서 완성 전 정부 관료가 획득한 정보와 지식 정도, 신청서에 부여된 상세도와 한

서비스 전달 수단에 대한 불확실성	고	-	결과가 쉽게 측정될 수 없을 때 계약행정에서 반드시 높은 수준의 이해도를 가져야 한다.
	저	계약행정에서 최소한의 이해도를 가진다.	결과가 쉽게 측정될 수 없을 때 계약행정에서 반드시 어느 정도의 이해도를 가져야 한다.
		저	고
		서비스 전달수단의 복잡성	

자료: Lawther. (2002). Contracting for the 21st Century: A Partnership Model. The Business of Government.

〈그림 4-3〉 서비스 전달 수단에 관한 계약행정의 이해도

계, 서비스의 수요량 또는 욕구에 대한 불확실성과 변동, 입찰방식과 과정의 선택, 민간계약자 간 경쟁 정도, 서비스 전달 완료에 요구되는 시간설정, 장기간 헌신의 기대, 잠재적 금기, 상황적응계획, 잠재적 인센티브의 본질 등이다.

가. 복잡성/불확실성의 특정요소

① 서비스의 복잡성과 서비스 전달에 대한 불확실성

서비스 전달 측면에서 복잡성은 서비스 전달에 요구되는 기술적 전문성 정도 즉, 서비스 전달 담당 직원에게 필요한 훈련과 교육 양에 영향을 받는다. 따라서 민간계약자가 서비스 전달에 필요한 지식을 갖추고 있는 직원이 있는지 반드시 검토해야 한다. 이 검토는 계약 체결 전, 협상진행 중(특히 직원 변동이 있을 시), 계약 후(직원 변동이 있을 때 언제나) 등 시간 단계별로 행해져야 하고, 민간계약자는 신청서에 기재된 것보다 전문성이 부족한 인사를 채용해서는 안 된다.

높은 복잡성과 불확실성이 있는 서비스 전달의 경우 직원 교체 시 승인이 필요하지만 일상화된 업무의 경우, 교체 직원의 자격 요건에

서비스 전달 수단에 대한 불확실성	고	-	계약행정과 계약자가 수단을 공동으로 선택한다.
	저	계약자가 수단을 선택한다.	계약자에게 수단선택의 한계가 있다.
		저	고
		서비스 전달수단의 복잡성	

자료: Lawther. (2002). Contracting for the 21st Century: A Partnership Model. The Business of Government.

〈그림 4-4〉 서비스 전달 수단 선택에 관한 계약자 재량성 정도

대한 검토는 필요하지 않다(〈그림 4-3 참조〉).

② 서비스 전달 수단 선택에 관한 계약자 재량성 정도

계약자에게는 서비스 전달 수단을 선택할 수 있는 권한이 어느 정도 주어져야 한다. 전달 수단 선택에 제한을 두는 것보다 계약자에게 전달 수단 선택에 대한 재량권이 부여되었을 때 계약행정에서 시행하고 있는 서비스 전달수단에 대한 검토, 모니터링, 그리고 문제를 해결하기 위해 소요되는 시간과 비용을 절약할 수 있다. 그러나 서비스 전달수단의 복잡성과 불확실성 정도에 따라 선택에 관한 재량성도 달라진다(〈그림 4-4 참조〉).

나. 계약체결 전에 진행되는 계약관리과정의 특정요소: 입찰 형태와 과정의 선택

계약체결 전에 진행되는 계약관리과정에서 광범위하게 논의되고 있는 세 가지 주요 입찰 형태와 처리과정은 첫째, 밀봉입찰 둘째, 다단계 입찰 셋째, 협상 경쟁이다(〈표 4-8〉).

첫째, 가장 많이 활용되는 밀봉입찰(Sealed bid)은 복잡성과 불확실

〈표 4-8〉 입찰형태와 과정

서비스의 복잡성/불확실성		
낮음	중간	높음
밀봉입찰	다단계	협상적 경쟁

자료: Lawther. (2002). Contracting for the 21st Century: A Partnership Model.

성이 낮은 일상적 서비스 계약에 적합하다. 이 경우 제안요구서(RFP)에 있는 과업 수행 능력이 증명된 최저 가격을 제시한 입찰자와 계약하게 된다.

둘째, 다단계 또는 2단계 입찰(Multi-step or two-step bids)은 중간 정도 복잡성을 가진 서비스에 적합하며, 계약 대상 서비스의 기술적 제안, 가격, 그리고 비용에 대한 대응 계획을 분리하여 제출한다. 이러한 형태는 우선 입찰자들이 자신들의 서비스 전달 능력을 입증하는 기술적 제안을 하고, 입찰자들이 입증한 기술적 제안 중에 적합하다고 판단한 것에 한해 가격입찰을 실시한 후 최소 가격입찰자와 계약하는 과정으로 되어 있다.

그렇기 때문에 기술적 제안에 대한 입찰자들의 대응 계획안은 계약행정이 인정한 서비스 전달 과정과 유사할 경우 효과적이다. 즉 대응 계획안들은 비교 가능해야 한다. 만약 제출된 대응계획서들 중 하나 이상이 규범과 현저히 다른 서비스 전달과정을 담고 있다면 계약자로 선택하는 데 적합하지 않다. 또한 기술적 제안에 대한 대응계획서들은 오직 가/불가로 판단되어야지 점수가 매겨져서 최종 계약자를 선정하는 데 영향을 주어서는 안 된다. 그리고 가격은 고정가격 계약 형태이어야 한다.

셋째, 협상된 경쟁 입찰(Negotiated Competition)은 높은 복잡성을 가진 서비스에 적합하며, 기술적 제안서가 공개되고 난 후, 경쟁의 범위에 있다고 간주되는 입찰자들과 토의를 진행한다. 그런 다음 각 입찰자들은 서비스 전달과 가격에 대한 최종 계획을 제안하게 된다.

이러한 형태는 몇 가지의 장점을 가지고 있다. 첫째, 만일 완료된 과업, 지표 등의 불일치에 관해서 참여기관이 제출된 대응계획서의 수정을 바란다면, 이를 명확히 하여, 합의에 도달할 수 있다. 둘째, 선정팀이 기술적 제안서를 충분히 이해하지 못하였을 경우 협상은 선정팀의 질문에 입찰자들이 답변하는 방식의 연수 세미나 혹은 교육 등으로 구성될 수 있다. 셋째, 이러한 토의는 계약이 체결된 이후에 계약자와 파트너십을 위한 지속적인 대화를 시작하는 것이다.

(3) 우리나라 민간위탁 추진절차

우리나라 민간위탁 추진 절차는 〈표 4-9〉에서처럼 민간위탁 추진구상, 민간위탁 추진계획 수립, 지방의회 심의의결, 수탁자선정, 위·수탁체결, 사무시설운영 인계인수 단계로 이루어진다.

가. 1단계: 민간위탁 추진구상

민간위탁 추진구상 단계에서는 위탁추진을 위한 사전 기초조사, 위탁대상사무 조사, 다른 지방자치단체 자료수집을 실시한다.

나. 2단계: 민간위탁 추진계획 수립

우선, 민간위탁 추진계획 수립 단계에서는 대상사무(시설)의 위탁가능성을 검토하기 위해 기본현황, 직영과 민간위탁 비교, 다른 지자체 민간위탁현황 파악 및 분석, 수탁가능 기관단체 등을 조사한 후 위탁대상사무(시설) 확정한다.

민간위탁대상의 선정 요령은 첫째, 경영효율 전문성을 살릴 수 있

〈표 4-9〉 민간위탁 추진절차

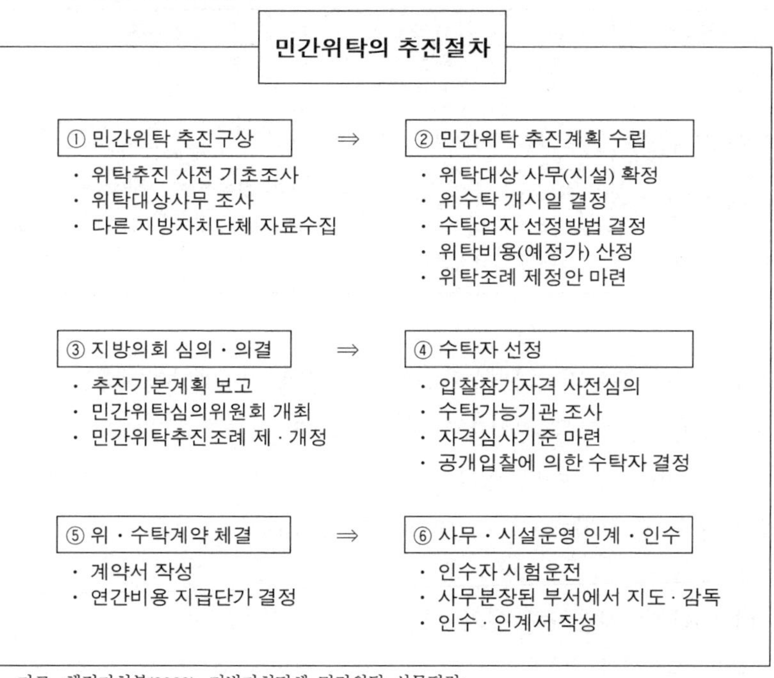

민간위탁의 추진절차

① 민간위탁 추진구상	⇒	② 민간위탁 추진계획 수립
· 위탁추진 사전 기초조사 · 위탁대상사무 조사 · 다른 지방자치단체 자료수집		· 위탁대상 사무(시설) 확정 · 위수탁 개시일 결정 · 수탁업자 선정방법 결정 · 위탁비용(예정가) 산정 · 위탁조례 제정안 마련
③ 지방의회 심의 · 의결	⇒	④ 수탁자 선정
· 추진기본계획 보고 · 민간위탁심의위원회 개최 · 민간위탁추진조례 제 · 개정		· 입찰참가자격 사전심의 · 수탁가능기관 조사 · 자격심사기준 마련 · 공개입찰에 의한 수탁자 결정
⑤ 위 · 수탁계약 체결	⇒	⑥ 사무 · 시설운영 인계 · 인수
· 계약서 작성 · 연간비용 지급단가 결정		· 인수자 시험운전 · 사무분장된 부서에서 지도 · 감독 · 인수 · 인계서 작성

자료: 행정자치부(2003). 지방자치단체 민간위탁 실무편람.

는 분야 중심으로 선정 둘째, 다른 지방자치단체의 위탁사무를 비교 평가 셋째, 지방자치단체사무의 경량화와 경영화를 동시 고려 넷째, 조직진단 측면에서 위탁사무를 총체적으로 진단한다.

다음으로 위탁기간, 개시일, 위탁비용, 수탁업자 선정 방법을 결정한다. 위탁기간은 3년 정도로 하되, 특별한 경우를 제외하고는 연장할 수 있도록 규정하는 것이 일반적이다. 위탁개시일은 위탁대상 시설물의 여건에 따라 위탁개시일을 정하도록 하되, 제반 행정절차를 이행할 소요기간을 감안하여야 한다. 위탁비용(예정가)은 원가계산에 의해 산정한 원가를 기초로 위탁비용을 결정하며, 예정가격 결정은 위탁의

〈표 4-10〉 수탁업체 선정방법의 장단점 비교

입찰방법	장 점	단 점
경쟁(제한)입찰	업체선정 투명성 확보, 수의 계약에 비해 낮은 가격으로 낙찰가능	우수업체 탈락가능, 부적격 업체 낙찰로 부실화 우려
적격심사 후 입찰	능력있는 적격업체 선정가능	참가업체가 적어 적격심사의 필요성 희박
수의계약	능력있는 적격업체 선정가능	업체선정의 투명성 결여, 위탁비용 고가우려
협상에 의한 계약	능력있는 적격업체 선정가능	업체선정의 투명성 결여, 위탁비용 고가우려

범위에 따라 유동적이다. 수탁업자 선정방법 결정계약관계법령에 의하여 일반경쟁계약을 원칙으로 하며, 예외적으로 제한경쟁계약(지명경쟁, 수의계약)을 할 수도 있다. 그리고 민간위탁촉진조례가 제정되어 있지 않은 경우에는 조속히 민간위탁촉진조례를 제정해야 한다.

다. 3단계: 지방의회 심의 의결

지방의회 심의·의결을 위해 추진기본 계획을 보고하고, 조례 제·개정을 한 후 소요예산을 확보한다.

라. 4단계: 수탁자 선정

수탁자를 선정하기 위해서는 우선 민간위탁심사위원회(조정위원회: 위원장과 부위원장 1인을 포함한 6~9명으로 구성)를 구성·운영한다.

자격 심사기준 마련하여 입찰참가자의 수탁능력(기구·인력 구비)여부, 재정부담 능력, 공신력 보장 여부 등에 대한 자격을 사전심의 한 후 수탁자를 결정한다.

〈표 4-11〉 ㅇㅇ시 청소년복지관련 수탁자선정 기준(예시)

분 야 별	배 점 기 준
법인의 설립목적(10점)	사업목적과의 관련성 정도에 따라 차등
사업계획의 적정여부(50점) - 프로그램 참신성(20) - 프로그램 전문성(15) - 프로그램의 실현가능성(15)	- 새롭고 창의로운 프로그램 - 프로그램의 내용이 시설의 기능과 부합정도 - 인력 · 예산 · 시설 등을 고려한 실행 가능성
법인의 재정부담능력(15점)	총 소요사업 예산중 법인부담비율
법인의 시설관리능력(15점)	법인의 책임성과 공신력
신청시설 기능관련 추진실적(10점)	법인추진실적 중 신청시설 기능과 관련된 실적

마. 5단계: 위 · 수탁계약(협약) 체결

위 · 수탁계약(협약) 체결 단계에서는 계약서를 작성하는데, 계약서에는 위탁사무의 범위, 업무처리 기준, 연간비용 지급 단가, 계약기간, 계약금액, 위탁 내용 등의 일반적인 사항, 지휘 · 감독사항, 고용승계 관련 규정, 성과배분 방식, 재위탁의 금지, 협약(계약) 이행보증금 등을 포함한다.

바. 6단계: 사무 · 시설운영 인계 · 인수

인계 인수서 작성은 위탁기간 만료 또는 해제 시 시설 및 기구, 기자재, 물품 등의 원상복구, 반환을 확실히 하기 위해 인계 · 인수서에 재산은 물론 시설물의 전 배경을 사진 또는 영상 촬영한 기록테이프를 상호 보관한다.

사. 7단계: 사후관리

계약서에 기재된 내용의 사후관리 지속추진, 지도 · 감독기능 수행, 위탁으로 인한 주민불편 최소화할 수 있도록 한다. 또한 매년 말 1년간 운영성과 분석을 시행하여, 위 · 수탁에 따른 현실적 문제점 보완해야 한다.

(4) 계약의 책임과 배분

Romzek & Johnston(2005)는 "새로운 정보기술채택은 계약책임성을 지연시키는 경향이 있고, 높은 수준의 위험전가는 계약책임성을 감소시키며, 전형적인 계약이론은 다수 계약자가 있는 경쟁적 시장 환경에서 기대만큼 책임을 달성하기 어렵다"는 결론을 내리고, 계약의 책임성 결정요인을 계약명세(contract specification), 계약설계(contract design), 책임설계(accountability design)로 구분하여 설명하고 있다.

가. 계약명세(contract specification)

계약명세에서는 책임관계의 명료성과 어떻게 계약자의 성과를 측정할 것인가가 중요하다.

책임관계의 명료성은 계약 당사자 간에 상호기대, 책임, 의무를 상세화하는 것을 말한다. 특히 기대의 주체들이 다양하고 정당하며 서로 상충됨으로 인해 다층적, 경쟁적, 전이적 성과기대가 있기 때문이다. 자금성격이 독립적이지 않은 비영리조직에 있어서 계약자는 정부기관의 기대에 반응해야 하고 기부자, 그리고 자체 조직의 자율성 간 균형을 맞추어야 하는 상황이 발생한다. 계약당사자들은 성과단위와 목표서비스가 성과측정의 목표에 적합하다는 것에 동의해야 한다. 하지만 사회서비스에서 적합한 성과단위는 충분히 개발되어 있지 않다. 보조금과 계약의 경우 전통적으로 투입, 과정, 산출지표에 의존하는데 직원 업무량, 펀드 순응도, 사례 수 등을 강조한다.

나. 계약설계(contract design)

계약설계에서는 성과데이터 수집의 용이성, 계약자의 자율성, 정부의 위험담보, 새로운 기술도입의 용이성을 효과성의 요소로 제시하였다.

첫째, 성과데이터의 수집 용이성이다. 이것은 적합한 성과정보의 확인과 더불어 프로그램 효과성을 평가할 수 있는 정보가 확보되어야 한다는 것이다.

둘째, 계약자의 자율성이다. 사회서비스 계약은 흔히 다중의 비정부 서비스 공급자 네트워크를 통해 관리되는 것이 필요하다. 한편 다중의 행위자들은 구조적 안정성을 위협하고 불안정성은 네트워크 관리의 효과성을 감소시킬 수 있다. 따라서 계약자들이 계약의무에 대해 상대적 자율성을 가질 때 책임성은 향상시킬 수 있으나 서비스 전달에 전달네트워크가 활용될 때 책임성을 확보하기는 어렵다.

셋째, 정부 위험담보이다. 위험전가가 정부계약에 증가하는 요소이다. 위험전가 시나리오에서 계약자는 서비스비용을 줄일 수 있는 전략을 찾는 부담을 지니게 된다. 계약자들이 협상 시 예상된 조건 때문에 재정적 불안정성이나 손실에 노출된다면 계약자들은 높은 비용이 드는 클라이언트들을 거부하는 동기가 생기거나 직원을 감축시킨다. 즉 정부가 위험을 전가하면 계약자는 게임을 하려는 동기와 책임을 전가하려는 동기가 생기게 된다. 따라서 서비스 전달과 관련한 재정적 위험을 정부가 담보하는 것이 효과적이다.

넷째, 새로운 기술도입의 용이성이다. 비정부기관에서 계약으로 인해 새로운 사회서비스를 실행할 때 서비스 전달의 복잡성과 광범위성, 그리고 보고업무를 감당하기 위해 새 기술을 도입해야 할 때가 있다. 하지만 정부와 비정부기관이 이러한 IT기술을 개발할 필요성은 있더라도 데이터를 처리하는 소프트웨어와 기능은 거의 갖추지 못한 경우가 많다. 그러므로 새로운 정보체계나 기술의 도입은 책임성을 저하시킬 수 있다.

다. 책임설계(accountability design)

책임장치는 사회서비스 전달자네트워크에서 특별히 요구된다. 계약환경에서는 법적, 전문적, 그리고 정치적 책임성이 중요한데 각 책임성 유형의 강도는 계약제도의 맥락에 따라 좌우된다. 그래서 계약상황에 맞게 책임장치가 배분되어야 한다. 법적 책임은 이미 설정된 표준과 규정에 대한 계약성과의 합치성을 말한다. 전문적 책임은 결과를 달성하기 위한 최선의 전략에 대해 전문가의 판단을 수용하는 것이다. 정치적 책임은 주요 이해당사자, 즉 서비스 구매자, 의원, 서비스 전달자, 클라이언트 등에 대응하는 데 재량을 강조하는 것이다. 이 유형은 계약수행이 잘 되었는지는 이해당사자들이 제시하는 지표, 즉 프로그램 산출, 기부사와 클라이언트 만족도, 사례비용 등에 달려 있다.

계약에 관한 제도적 환경에서 가장 근본적인 이슈는 시장의 본질과 계약 대상서비스이다. 이상적인 책임성 조건을 찾기는 어렵지만

〈표 4-12〉 이상적 책임배열

		핵심계약과업			
		일상적			비일상적
관리적 전략	투입(input)	위계적			
	과정(process)		법적		
	산출(output)			정치적	
	결과(outcomes)				전문적

자료: Romzek and Dubnick (1994). "Issues of Accountability in Flexible Personnel Systems," with B. Romzek In New Paradigms for Government: Issues for the hanging Public Service.

관리적 전략과 핵심적 계약과업 사이에 적절한 배열 형태를 찾을 수 있다(Romzeck and Johnston, 2005:441).

핵심 계약과업의 성격은 일상적인 것에서 복잡한 것까지 나열되며 전자는 표준화와 규칙으로, 중간은 일상화와 재량, 그리고 가장 복잡한 과업은 개별 재량과 전문가에 의한 비일상적 반응을 요구한다고 한다.

성과기대가 투입에 있고 과업이 일상적이면 제한된 재량성과 근접 통제를 특징으로 하는 위계적 책임성 성과표준이 과정을 강조하고 과업이 상대적으로 일상적이면 법적 책임성이 효과적이다. 관리 전략상 산출이 중요하고 기관의 과업이 덜 일상적이라면 이해당사자들의 반응을 강조하는 정치적 통제, 그리고 마지막으로 계약 성과가 결과로 나타나고 기관과업이 복잡하면 전문적 책임성 관계가 요구된다. 그러나 계약환경에서는 여러 책임관계가 동시에 발생할 수 있기 때문에 이상적 배열처럼 하나의 책임성이 모든 상황에 반드시 적절한 것은 아니다.

4) 사례와 쟁점

사회서비스의 민영화는 여러 형태가 있으나 가장 많이 활용되는 방법은 계약공급(contracting out)이다.[10] 이 방법은 서비스를 구매하는

10) 계약 또는 민간공급이란 서비스의 공급 기능이 민간 부문으로 이전되는 것을 말한다. 이는 공급의 민영화와 생산의 민영화로 구분된다. 생산의 민영화란 서비스를 생산해 왔던 정부조직이 비정부조직으로 변환 혹은 대체되는 것을 의미한다. 이는 미국식과 영국식으로 구분될 수 있는데 영국식은 사적 구매자를 위해 생산해 왔던 국가 생산의 소유권을 민간 부문에 이전시키는 것을 말한다. 미국식은 정부가 책임과 정부보조를 계속하고 민간생산자에게 서비스 공급기능을 이전시키는 즉, 계약(contracting out)을 의미한다.

것이 직접공급에 비해 비용이 적게 들고, 보다 효율적으로 공급되어 질이 좋게 된다는 믿음에 근거를 두고 있다. 하지만 계약공급은 실행하는 데 있어 몇 가지 문제점을 가지고 있는데 그중 가장 빈번한 문제 중 하나는 공무원과 계약자 간의 부패관계가 발전될 가능성이다 (DeHoog, 1985;.430). 이 외에도 저급의 비노조원을 채용할 가능성, 응집력 있는 정책의 형성과 집행이 외부 계약공급자들로 인해 보다 힘들어진다는 것, 외부계약공급자들의 재량활동 증가로 혼란, 중복, 모순된 기능이 생겨난다는 것, 계약공급이 실질적으로는 정부의 규모를 축소하지 않는다는 것이다.

이러한 문제들로 인해 계약공급 시 확보해야 할 기본 조건으로서 첫째, 시장에서의 경쟁관계, 행정절차상의 경쟁관계를 확보하는 것 둘째, 서비스 비용을 낮추고 질을 올리겠다는 합리적 의사결정자가 있어야 한다는 것 셋째, 효과적인 감시체계가 필요하다는 것 등을 들 수 있다. 이는 소비자가 불만상태를 즉시 표현할 수 있어야 하고 객관적이고 독립적인 평가가 있어야 하며, 비용, 성과, 효과성 등으로 구성된 피드백이 주어져야 한다는 것을 의미한다.

이를 실천원리로 살펴보면 첫째, 경쟁체제의 설정이다. 계약과정에서의 경쟁입찰과 생산자 간의 경쟁을 확보해야 한다는 것인데 계약과정에서는 최소한 둘 이상의 입찰자들이 실생산비용으로 입찰하여 이들 간의 비용경쟁을 통하여 시정부는 최소비용 입찰자와 계약이 성립되어야 한다. 둘째, 이윤동기의 추구이다. 민간 부문에서 조직의 생존과 확장은 소비자의 수요원리에 달려 있기 때문에 이윤 동기를 통해 비용절약과 경영의 합리화를 가져와야만 한다. 셋째, 규모의 경제성이다. 규모의 경제성은 서비스의 성격에 따라 부의 효과도 낼 수 있지만 대부분의 서비스는 일정 규모에 달하지 않으면 서비스 공급단가가 상승하고 이와 반대로 일정 규모를 넘어서면 서비스 단위당 비용이 비싸게 되는데 지역의 경우 일정 규모를 유지할 이른바 서비스수요의 적정 수준을 유지하기가 어렵다.

민간공급(민영화) 방법으로 일컫는 이 유형은 서비스 생산비용을 절감할 수 있고 소비자 만족도를 높일 수 있는 수단으로 활용되었지만 저소득 계층이 소외될 소지와 서비스의 질을 유지하는 데 행정비용이 소모되는 등 부정적 측면이 제기되고 있음에 유념할 필요가 있다.

경제이론과 민간 부문의 경험에서 볼 수 있듯이 경쟁은 흔히 낮은 비용의 효율성을 제공하지만 경쟁과 상승된 성과 사이의 관계에 대한 비관주의도 있다. Kettle(1993)은 시장경쟁은 정부의 통제처럼 완전하지 않아서 계약에서 경쟁이 작동되기 위한 능력은 다른 요인들에 의존하고 있다고 주장한다.

Romzek과 Johnston(2002), John과 Ward(2005)도 사회서비스 공급에서 계약경쟁이 잘 이루어졌을 경우에 좋은 성과를 가져온다는 점을 지적하고 있다. 여기에는 서비스 판매자들과 관계를 개발하는 것 외에도 공공조직 내에 입찰, 입찰 권유와 조달을 수행할 수 있는 기술이 필요하다는 것이다. 그러나 만약 부적절한 계약과 계약자의 성과를 감시하는 정부의 부실한 능력은 오히려 반대의 결과를 초래할 수 있다는 것이다. 특히 Romzek과 Johnston(2002:448-449)은 효과적인 계약집행관리모델을 구성하였는데 공급자 간 경쟁, 자원의 적절성, 성과측정계획, 정부의 계약관리자 연수, 계약자의 직원 간 재정관리 능력에 관한 주의 깊은 평가, 개혁에 관한 건전한 논리의 존재 등이 효과성을 제고시키는 요소들이며 자신들의 클라이언트 그룹을 옹호하는 기관들과의 계약, 그리고 계약자에게 위험의 전이는 효과성을 반감시키는 요인들이라고 본다.

이러한 쟁점들을 토대로 국내 민간위탁 사례에 대한 연구 결과를 살펴보면 〈표 4-13〉과 같다.

김순양(1998)은 대구광역시 사회복지관의 민간위탁과정 분석을 통해 목적의식의 부재 및 목표의 불명확성, 지방자치단체 세부실천 계획미비 및 포괄적 운영계획 의존, 수의계약과 자동재계약으로 경쟁결여, 형식적인 수탁자 선정과 계약서 작성, 복지관 재정의 취약성과 높은 인건비 비중, 프로그램의 질적 관리 결여, 양적기준(복지관 규모)에 의한 일률적 지원, 복지관 직원의 최저배치 기준 미충족, 형식적 지도점검, 사업성과 평가지표 미비 등의 문제점을 지적하였다.

정윤길(2000)은 서울시 사회복지시설 민간위탁과정 분석을 통해 민간위탁은 비용절감보다 서비스의 질적 개선을 목표로 하며, 한정된 공급자로 인해 대부분 수의계약에 의존한다는 점을 지적하였다. 또한 계약해지 시 발생되는 문제들로 인해 대부분 재계약을 한다는 사실을 밝혔다.

박순애(2002)는 서울시 청소년수련관의 민간위탁과정 분석을 통해 수탁기관 선정 일정이 촉박하여 시설운영에 대한 준비기간의 부족, 수탁기관으로서 비영리조직의 경쟁성 결여, 위탁계약 기간의 단기성, 선정심의위원회의 구성 및 심사의 투명성 결여, 지도감독 주체의 근접 필요성, 형식적 지도감독, 재협약 시 관련규정의 미비, 명확한 기준의 부재, 형식적인 심사 절차 등을 문제점으로 지적하고 양여권 계약(concession contracts) 형태를 제안하였다.

최항순(2003)은 경기도 성남시 사회복지회관 민간위탁 실태를 분석하여, 공무원으로만 구성된 선정심사위원회의 비공정성, 세부적 심사기준의 비공개, 현장실사의 미비 등을 문제점으로 지적하였다.

김순양·고수정(2004)은 대구광역시 사회복지관의 민간위탁 과정

〈표 4-13〉 민간위탁사례에 대한 연구 결과

연구 내용(연구자)	연구 결과(문제점)
대구광역시 사회복지관의 민간위탁과정분석 김순양(1998).	목적과 목표 의식부재, 세부실천계획미비, 수의계약과 자동재계약, 형식적인 수탁자선정, 재정의 취약성, 프로그램의 질적 관리결여, 양적기준(복지관 규모)에 의한 일률적 지원, 직원의 최저배치기준 미충족, 형식적 지도점검, 성과 평가 지표 미비
서울시 사회복지시설 민간위탁과정 분석 정윤길(2000).	민간위탁은 비용절감보다 서비스 질적 개선이 목표 한정된 공급자로 인해 대부분 수의계약에 의존 계약해지 시 발생되는 문제들로 인해 대부분 재계약
서울시 청소년수련관의 민간위탁과정분석 박순애(2002).	촉박한 수탁선정 일정으로 준비기간 부족, 수탁기관으로서 비영리조직의 경쟁성결여, 위탁기간의 단기성, 선정심의위원회의 구성 및 심사 투명성결여, 지도감독주체의 근접필요, 형식적 지도감독, 재협약 시 관련규정의 미비, 형식적인 심사절차
경기도 성남시 사회복지관의 민간 위탁실태 분석 최항순(2003).	공무원으로만 구성된 선정심사위원회의 비공정성 세부적 심사기준의 비공개와 현장실사의 미비
대구광역시 사회복지관의 민간위탁과정분석 김순양 · 고수정(2004).	공개모집의 부재와 수의계약형태, 신청서에 의존한 위탁자격심사, 계약의 구체적 내용결여, 공무원재량에 의한 지도점검, 성과평가부재, 재계약의 비경쟁성
서울시 민간위탁시설의 성과평가 조임곤(2006).	신뢰성, 책임성, 신뢰서비스, 장래성, 재정운영, 인력/조직관리 측정 결과 사회복지증진시설은 전체 항목에서 평균 이상, 사회보장시설은 책임성, 대민 서비스에서만 평균 이상.
대전광역시 사회복지시설 민간위탁절차 실태조사 백경원(2007).	자료공개 폐쇄적, 위탁선정 심사위원 구성의 비공정성, 운영조례상에 특정단체나 법인에 유리하도록 규정, 한번 위탁되면 계속적 재위탁
익산시 장애인종합복지관 민간위탁과정분석 노시평(2007).	현장 미실사, 짧은 심사시간, 계약에 있어서 위탁자와 수탁자의 호혜성의 원칙이 결여, 지도감독에 있어 체계성과 전문성이 결여, 수탁자에게 피드백이 되지 못하는 성과평가
지방자치단체 민간위탁의 계약, 운영, 성과분석 추병주 · 정윤수(2009).	위탁근거는 조례, 법령순, 계약방법은 수의계약, 일반경쟁입찰, 제한경쟁입찰순, 사업의 시장성은 제한경쟁이 가장 많음 위탁료는 자체적으로 산정, 위탁기관 비용부담, 지도감독의 비체계적, 성과평가는 결과 전문성강화, 품질향상은 긍정적으로 평가, 비용 및 인력성과는 추정 불가
경기도 K시 종합사회복지관 민간위탁 분석 박윤희 · 박천오(2011).	정보의 비대칭성, 역선택, 도덕적 해이 분석 재위탁 심사기준의 포괄성과 추상성, 가산점제도운영의 비현실성, 재위탁심의위원회구성의 비전문성, 수탁자 제공정보의 의존성, 재위탁 1회 제한권고의 미실행, 공개모집 심사기준 및 방식의 불공정성, 지도점검과 평가미비

분석을 통해 공개모집의 부재, 수의계약 형태, 선정기준 미비, 신청서에 의존한 위탁 자격 심사, 계약의 구체적 내용 결여, 공무원 재량에 의한 지도점검, 성과평가 부재, 재계약의 비경쟁성과 자동재계약 등을 문제점으로 지적하였다.

조임곤(2006)은 서울시 민간위탁 시설을 신뢰성, 책임성, 신뢰서비스, 장래성, 재정운영, 인력/조직관리 등의 요소를 평가한 결과 사회복지증진시설은 전체 항목에서 평균 이상을, 사회보장시설은 책임성, 대서민서비스에서만 평균 이상으로 나타났다.

백경원(2007)은 민간위탁절차는 매우 공정하고 투명하게 이뤄져야 함에도 불구하고 평가의 공정성, 심의위원구성 등과 관련하여 담합 의혹이 지역사회에서 공공연히 제기된 바 있음을 지적하고, 대전광역시 사회복지시설 민간위탁절차 실태조사를 통해 자료공개가 폐쇄적이며, 위탁선정 심사위원의 구성이 일정치 않고, 민간 위탁 시 해당 시설 운영조례상 특정단체나 법인에 유리하도록 규정, 한번 위탁되면 계속 재위탁되고 있다는 사실을 밝혔다.

노시평(2007)은 익산시 장애인종합복지관 민간위탁 과정 분석을 통해 입찰 절차, 방식 선정 기준 등이 사전에 공개되었지만 절차상 현장실사 미실시, 짧은 심사시간, 계약에 있어서 위탁자와 수탁자의 호혜성의 원칙이 결여, 지도감독에 있어 체계성과 전문성이 결여, 성과평가의 결과가 수탁자에게 피드백되지 못하고 있다는 것을 제시하였다.

추병주 · 정윤수(2009)는 지방자치단체 민간위탁의 계약, 운영, 성과 분석을 통해 민간위탁 선정 및 계약 단계에서 위탁 근거로는 조례, 법령 순, 계약 방법은 수의계약, 일반경쟁 입찰, 제한경쟁 입찰순, 사업의 시장성은 제한경쟁이 가장 많다고 제시하였다. 또한 위탁료는 주로 자체적으로 산정, 민간위탁 운영 단계에서 위탁기관이 비용부담, 지도감독에 있어서는 근거와 방법, 회수 등이 체계적이지 못한 문제점을 지적하였다. 성과평가 결과 전문성강화, 품질향상은 긍정적으로 평가되는 반면, 비용 및 인력성과에 대하여는 추정이 불가하다고 주장하였다.

박윤희・박천오(2011)는 경기도 K시 종합사회복지관 민간위탁을 정보의 비대칭성과 역의 선택, 도덕적 해이를 기준으로 분석하여, 재위탁 심사기준의 포괄성과 추상성, 가산점제도 운영의 비현실성, 재위탁 심의위원회 구성의 비전문성, 수탁자 제공 정보의 의존성, 재위탁 1회 제한권고의 미실행, 공개모집 심사기준과 방식의 불공정성으로 진입장벽의 존재, 계약서상 지도점검과 평가의 구체성 미비와 실행의 곤란성, 프로그램 위주 평가 체계의 활용 부족 등을 문제점으로 지적하였다.

김정해(2016)는 민간위탁의 사례분석을 통해 몇 가지 문제점을 제시하였다. 첫째, 위탁 대상 사무의 적절성에 대한 검토나 분석 없이 민간위탁에 부적절한 사무를 위탁하는 사례가 발생한다는 것이다. 둘째, 수탁기관이 협회인 경우 자기감독이 되어 공정한 업무수행을 저해할 우려가 있음에도 위탁하여 수행한다는 것이다. 셋째, 평가업무를 위탁하는 경우 형식적으로 운영되어 신뢰성 및 적정성 문제가 발생되었고, 안전검사・안전점검 업무, 관리업무, 보고 및 확인 업무의 경우 관리 소홀로 안전사고가 우려되며, 검사 및 인증 관련 업무의 경우 검사인력 역량 부족이나 심사기준 미흡으로 심사원의 자의적 결정이 이루어질 가능성 등이 제시되었다.

2. 프랜차이즈(Franchise)

1) 개념

프랜차이즈를 정의하는 데 있어서 여러 학문의 다양한 관점에서 접근하기 때문에 단순하게 정의하기가 어렵다. 법학에서는 계약에 초점을 두고, 경제학에서는 분배 채널과 마케팅 전략과의 관계에 초점을 두며, 조직이론에서는 인적자원의 관리와 조직구조 분야에 초점을 두고 정의하고 있다.

이처럼 개념화의 어려움에도 불구하고 세 가지의 공통적 특징을 찾을 수 있는데 첫째, 허가자(franchisor: 이하 FO)와 피허가자(franchisee: 이하 FE) 간[11] 책임과 의무에 관한 계약 성립 둘째, 이들 간 강한 협력적 관계의 발전 셋째, 허가자 상표와 마케팅 전략 아래 피허가자의 사업운영 등이다(Hunt, 1972). 이렇게 볼 때 프랜차이즈는 FO와 FE 간 합법적 사업 협약으로 이해하는 것이 필요하다. FO는 사전에 시장에서 검증된 생산품과 서비스의 사업 패키지를 구체적인 형식에 맞추고, 사업을 운영할 FE와 계약관계를 시작하는 것이다. 즉, FO는 새로 사업을 시작하는 FE에게 검증된 운영방법을 제공하고, FE는 이에 대해 일괄 가입료 및 정기 서비스 비용(상표사용료, 광고료, 마케팅 분담금 등)을 지불하는 것이다.

---

11) franchisor와 franchisee에 해당하는 적절한 용어를 찾기가 어렵다. 일반적으로 franchisor는 본부 또는 판권을 주는 사람, 허가자 등으로 불리며, franchisee는 가맹주, 가맹점, 허가받은 자등으로 불린다. 하지만 이 용어들을 그대로 공공 부문이나 사회적 서비스 분야에 적용하기가 곤란하여 이 책에서는 franchisor를 허가를 주는 사람으로 해석하고 표기는 FO, franchisee를 허가받은 자의 의미에 FE로 표기하기로 한다.

이러한 프랜차이즈의 특징은 다음 제시하는 몇 가지 정의에 잘 나타나 있다. 우선 영국 프랜차이즈 협회(BFA: British Franchise Association)는 프랜차이즈를 상업적인 측면에서 "한 사람이 다른 사람에게 허가를 승인해 주고, 승인받은 이는 승인한 사람의 명의하에 거래할 수 있는 자격을 갖게 되고, 승인한 사람은 계약사항을 바탕으로 승인받은 사람이 사업을 정착시킬 수 있도록 사업에 필요한 모든 요소가 포함된 전체 패키지를 사용할 수 있도록 지원하는 것이다" 로 정의하고 있다(http://www.thebfa.org/pressroom/backgroundwif.asp).

유럽 프랜차이즈 연합회(EFF: The European Franchise Federation)는 "독립적 두 사업 주체인 허가자(franchisor)와 피허가자(franchisee) 간 계약적 협약으로서, FO가 FE에게 사용료를 받고 FO의 상표, 정형화된 사업시스템, 운영 권리를 승인한다(Eff, 2008:3)"로 정의하고 있다.

Hoffman & Preble(1991)은 프랜차이즈를 "생산물 또는 서비스의 생산자나 마케터(FO)가 지역의 독립적인 기업가(FE)에게 미리 정해진 방식으로, 특정 장소에서, 정해진 기간 동안 사업을 수행할 수 있도록 배타적 권리를 승인하는 장치"로 정의하고 있다.

이와 같은 프랜차이즈에 대해 Karaaslan(2005)가 제시한 성립조건은 첫째, FE는 FO에게 프랜차이즈 가입비(franchise fee) 지불 둘째, FE는 FO가 규정한 운영시간, 신용, 종업원 훈련, 광고 등을 사용 셋째, 생산물의 일정한 질적 표준 준수 넷째, 필요한 투입물을 FO에게 전부 또는 일부를 구입 다섯째, FE는 판매액의 일정비율을 FO에게 사용료(royalty)로 지불하는 것에 동의하는 것이다(Karaaslan, 2005).

한편 공공분야에서 프랜차이즈는 서비스를 공급하는 하나의 제도적 장치로 사용할 수 있으며, 이것은 배타적 · 비배타적 프랜차이즈로 구분된다.

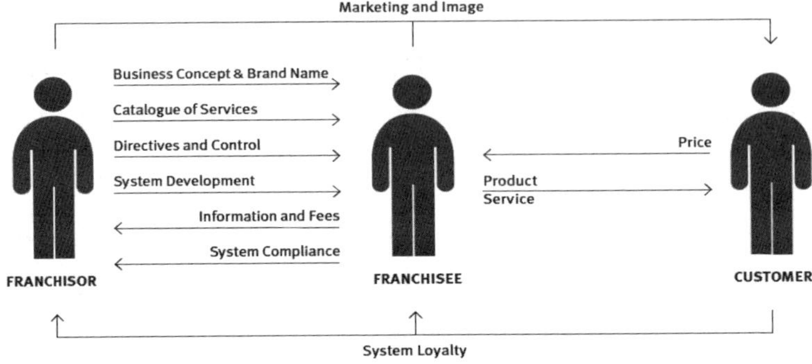

자료: Ahlert et al., (2008) Social Franchising: A Way of Systematic Replication toIncrease Social Impact.

〈그림 4-5〉 프랜차이즈 개념도: 허가자(FO), 피허가자(FE), 소비자의 관계

배타적 프랜차이즈는 보통 정부에 의한 가격규제가 있기는 하지만 민간 기업에게 일정 지역 내에서 특정한 서비스를 공급할 수 있는 독점권을 주는 것으로 설명된다. 반면 비배타적 프랜차이즈는 택시 면허처럼 FE가 복수인 경우이다.

이외에도 정부시설이나 건물, 토지를 사업상 민간 기업에게 임대(lease)하는 것도 프랜차이즈의 일종으로 볼 수 있다.12) 그렇지만 프랜차이즈는 식품 및 음료의 판매 등과 같은 단순한 '허가'와는 다르다. 또한 정부가 조정자이고 민간 기업이 생산자라는 공통점을 가지고 있는 계약과는 서비스 비용 지불에서 차이점이 있다. 계약의 경우 정부가 생산자에게 지불하고, 프랜차이즈의 경우 소비자가 생산자에게 직

12) Savas(2005)는 프랜차이즈 형태를 두 가지로 구분하였는데 첫째는 양여(Concession)로 공적 공간, 즉 공중, 도로, 지하, 전파 등을 활용하는 것과 관련된다. 예를 들면 방송, 항공, 버스와 택시회사 그리고 전기, 가스, 수도, 전화시설 등이 상업적 활동을 수행하는 데 있어서 공적 공간을 활용하는 것을 말한다. 두 번째는 임대(lease)로서 토지나 건물처럼 가시적인 정부소유의 재산을 임차인이 상업적으로 사용하는 것이다.

접 지불하기 때문이다(Savas, 2000).

2) 정책맥락(원리)

(1) 프랜차이즈 역사

프랜차이즈는 사업장치의 형태로서 18C 프랑스에서 유래하였다. 프랑스어로 프랜차이징(franchising)은 권리의 승인(a granting of right) 또는 면제(an exemption)로 번역된다(Williamson, 1992). 19C에는 생산물 분배 프랜차이즈가 발달하면서, FE는 FO의 상표와 로고에 대한 사용 허가를 받고, FO의 생산물과 서비스를 판매하였다.

1950년대 프랜차이즈 특징는 FO와 FE 간의 강한 관계를 특징으로 FO는 FE에게 사업의 시작과 운영을 위한 시스템 전체를 제공하고, FE는 FO의 가이드라인에 맞춰 사업을 운영하였다. 이때 공통 상표를 가지고 있는 FE는 자기의 이익을 위해서만이 아니라 사업에 대한 책임감을 가지고 일을 하였다. 특히 이 시기에는 최초의 현대적 프랜차이즈 시스템이 등장하였는데, 이것이 둘로 자른 빵 사이에 넣은 얇은 고기조각과 일괄 공급 레스토랑(turnkey restaurant) 개념을 가지고 있는 맥도널드이다. 오늘날 맥도널드는 세계적으로 3만 개 이상의 상점이 있으며, 매 3시간마다 하나의 상점이 개점하고 있다. 이러한 결과로 프랜차이즈는 매우 인기 있는 분배와 마케팅 시스템 중 하나가 되었다(Ahlert et al., 2008;17).

1970년대는 프랜차이즈에 협력적인 접근이 강조되면서, 분권화된 통제와 FE와의 공동결정을 특징으로 하는 파트너십 프랜차이즈가 등장하였다.

(2) 프랜차이즈의 이론적 배경

프랜차이즈의 이론적 배경에는 자원결핍이론(resource scarcity theory), 주인-대리인이론(principal-agent theory), 조직학습이론(organizational learning), 조사비용이론(search cost theory), 신호보내기이론(signaling theory), 그리고 제도이론(institutional theory) 등이 있다.

자원결핍이론(resource scarcity theory)은 신생업체나 소규모 업체는 급속한 사업 확장 수단으로 프랜차이즈를 활용함으로써 세 가지 결핍 자원인 관리기술, 현지시장지식, 재정자본을 극복한다는 것이다.

주인-대리인이론(principal-agent theory)은 특정 상황에서 주인(FO)과 대리인(FE)의 목표 사이에 갈등이 일어날 경우, 또한 주인(FO)이 대리인의 행태를 감시하기 어렵거나 과도한 감시 비용이 들어 갈 경우에 이를 해결하는 것과 관련된다. 여기에는 양자의 위험선호[13]에 대한 차이뿐만 아니라 정보의 비대칭도 있는 것으로 가정한다. 주인(FO)에 있어서 문제는 자회사 소유의 업체, 프랜차이즈, 다른 혼합체 중 어느 것을 활용하여 확장할 것인가이다. 이와 관련하여 대리인이론에서는 두 가지로 예측한다. 첫째, 회사의 모니터링 비용이 낮다면, 자사 소유 업체를 활용하여 확장할 것이고, 대리점 비용이 상승하면 프랜차이징을 활용하여 확장할 것이다. 둘째, 프랜차이즈로 회사는 FO와 FE에 모두 무임승차의 기회를 열게 되며, 이는 잠재적으로 회사가 프랜차이즈로 인해 얻게 되는 이득을 제한된다.

조직학습이론(organizational learning)은 조직이 지식을 어떻게 얻는가와, 그 지식을 프랜차이즈 전체 시스템에 어떻게 전파할 것인가에

---

13) 주인(FO)는 위험을 여러 기회에 다양하게 분산시킬 수 있기 때문에 위험중립적(risk neutral), 대리인(FE)은 위험을 분산시킬 수 없기 때문에 위험기피적(risk averse)이다.

관한 것이다. 여기서 지식은 정보(어떤 것에 대한 앎)와 노하우(어떤 것을 하는 방법에 대한 절차)로 구성된다.

조사비용이론(search cost theory)에서 조사비용은 FO가 현지 시장 상황을 알아보는 데 발생하는 비용이다. FO는 정보조사 비용을 FE에게 위탁함으로써 현지 마케팅에 관한 의사결정 권한을 FE에게 주고, FO는 FE가 현지의 기회에 맞추어 적절히 행동하고 학습하는 능력을 자본화한다.

신호보내기이론(signaling theory)은 자사소유의 업체와 프랜차이즈 업체를 섞어 활용한 것으로서 FO의 신호를 반영한 것이다. FO는 최상급 사업모델을 가지고 이에 대한 정보를 두 가지 수단, 즉 자사 소유의 상점과 높은 로열티를 통해 FE에게 전달하고 싶어 한다. 회사는 먼저 프랜차이즈 업체를 개설하기 전에 자사의 업체를 새 지역에 개설하여 FE에게 신호를 보낸다. 이후 시간이 지나 회사 명성이 올라가면 신호보내기 필요성은 줄어들게 된다.

제도이론(institutional theory)은 회사가 프랜차이즈 시스템 구축에 내적 · 외적으로 제도적 압력이 있다는 점을 설명하고 있다. 이는 프랜차이즈 사업모델 그 자체가 점차 제도화되고 있다는 것이다.

이상의 이론에 근거하여 볼 때 프랜차이즈가 지향하는 가치는 상대적으로 적은 비용으로 신속하게 표준화된 서비스 공급망을 확대하는 것이다.

독점 프랜차이즈는 보다 많은 산출이 단위당 평균 비용을 낮출 수 있다고 여기는 자연독점의 문제와 관련된다. 자연독점 상황에서는 한 개의 기업만이 생존할 수 있으며, 만약 두 기업이 있다면 비용을 감소시키기 위해 하나는 확장하게 되고, 결국 나머지 하나는 잠식하게 된다. 이러한 상황은 생존한 생산자가 경쟁시장 가격보다 높은 가격을 매길 수 있기 때문에 가격 설정 문제가 야기되어, 결국 자연독점에 대한 규제 또는 국유화에 대한 논의를 일으킨다.[14]. 그러나 프랜차이즈는 요금상한을 계산하거나 수정할 필요가 없으며, 여러 규제 계획에 대해 발생되는 비용이 없어 국유화 또는 규제 문제를 피할 수 있다. 그러므로 프랜차이즈 체계가 성공하려면 이러한 편익에 대한 대안으로 입찰비용과 계약 내 속임수를 통제하는 비용에 가중치를 두어야 하고, 이를 위해 계약설계, 유능한 조달, 모니터링 기관에 관심을 가져야 한다.

이러한 이유로 프랜차이즈는 어떤 사업을 완전히 민간화하기 곤란한 경우, 민간 부문의 제한적인 참여가 요구된 경우, 정부가 규제 비용을 피하기 원하는 경우 활용될 수 있다(Dnes, 1995).

(3) 사회적 프랜차이즈(social franchise)와 사회적 기업(social enterprise)

가. 사회적 프랜차이즈 정의

사회복지 공급에 있어서 사회적 프랜차이즈는 낯선 수단이고, 비교적 오랜 역사를 가지고 있는 상업 분야의 프랜차이즈와 비교하면 아직 이른 단계에 있다.

일반적으로 사회적 프랜차이즈(social franchise)는 "비영리부문의 사회적 목적에 보탬이 되는 프로젝트에 상업적 프랜차이즈 기술을 개조한 활용"이라고 정의할 수 있다(Ahlert et al., 2008;23). 좀 더 구체적으로 말하면, 사회적 프랜차이즈(social franchise)는 분산된 기업적 단위

14) 프랜차이즈 체제의 유용성 검토에 대한 비교 대안은 첫째, 국유화와, 둘째, 민간에 두되 독점남용에 대한 규제이다. 주로 수익률 규제(rate of return)가 적용된다. 그런데 국유화는 비효율과 통제의 문제가 있어 왔고 수익률 규제는 비용효율성에 대한 인센티브를 줄일 수 있다.

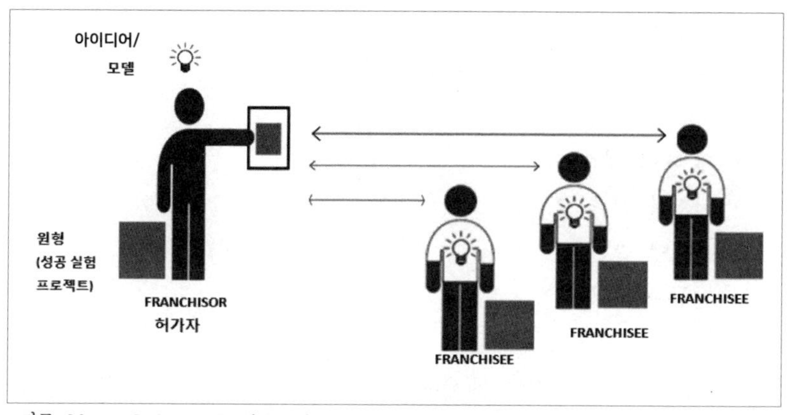

자료: Meuter, J. (2008). Social Franchising. Berlin Institut.

〈그림 4-6〉 사회적 프랜차이즈 모델

들과 중앙지원 단위(본부)와의 계약기반협력, 일률적인 질적 표준, 공통 철학에 의해 지원되는 것으로 이해할 수 있다.

〈그림 4-6〉의 사회적 프랜차이즈 모델에서 잘 나타나 있듯이, FO에 의해 개발된 시범사업들은 규정된 가이드라인에 따라 몇 명의 FE에 의해 복제된다. 가이드라인은 보통 매뉴얼 형태로 되어 있고, FO가 제공하는 교육을 통해 FE에게 전달된다. 그러므로 사회적 프랜차이즈는 비영리사업에 상업적 수단을 활용한 것으로 볼 수 있는데, 이를 구체적으로 설명하면 다음과 같다.

성공적으로 검증된 사회적 개념의 개발자인 FO가

- 표적집단의 범위
- 산물 및 서비스의 질을 확대하기 위해

FE에게

- 모델을 복제하고

• 검증된 시스템을 사용하고
• 상표를 사용할 수 있도록 하는 과정이다.

이에 대한 대가는
• 사회적 결과
• 시스템 발전
• 영향 정보이다.

〈그림 4-7〉은 보건의료 체계에서 돌봄 서비스의 품질 및 접근성을 보장하기 위한 조정활동(coordinating)에 대한 개념 모형이다. 이 모형을 통해서도 프랜차이즈(franchise)와 사회적 프랜차이즈(social franchise), 시장과 공공보건 체계의 주요 차이점을 확인할 수 있다. 조정자의 역할은 제공 형태에 따라 차이가 있지만 모든 서비스 제공 체계는 서비스의 접근성, 서비스의 질, 서비스의 효율성으로 평가될 수 있다. 프

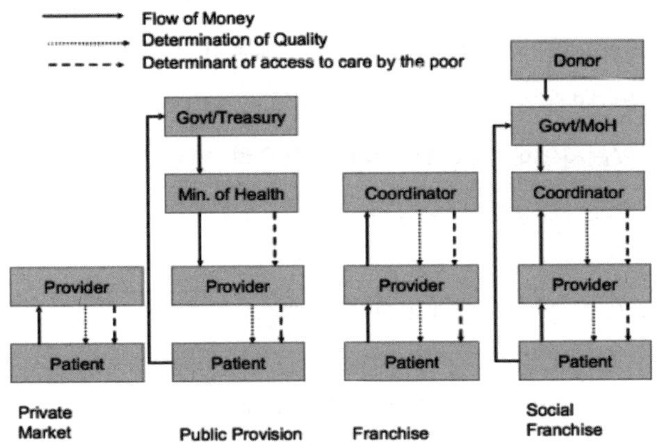

자료: Bishai, D., Waker, D., Peters, D. (2008). Social Franchising to Improve Quality and Access in Private Health Care in Developing Countries.

〈그림 4-7〉 재정과 조정의 보건체계 유형들

랜차이즈는 조정자의 재정 지원을 환자로부터의 자금 이전으로 유지하고, 공급자로부터의 자금 흐름으로 조정과 서비스 품질보장 기능에 대한 지원을 확보한다. 그런데 사회적 프랜차이즈는 조정자에 공적 지원을 더한 체계로서 이는 조정기능이 공공재 측면의 보건 서비스 전달을 보장한다는 인식에서 비롯된다.

나. 사회적 프랜차이즈의 요소

사회적 프랜차이즈 시스템을 구성하는 핵심적 요소는 상업적 프랜차이즈와 유사하며, 내용은 다음과 같다(Meuter, 2008).

첫째, 하나의 '원형(prototype)'과 '이것의 다른 지점에 복제'이다. 원형은 시행착오 목적으로 사용되며, 사회적 프랜차이즈 체계를 수립하기 전 개념을 확립하고 성숙시키는 데 도움을 준다.

둘째, 개념과 반복 순화과정을 정리한 매뉴얼이다. FO는 모든 노하우가 담겨져 있는 매뉴얼을 FE에게 제공하여, FO가 의도한 방향으로 FE가 프로젝트를 집행하고 운영하도록 한다. 따라서 매뉴얼에는 절차에 관한 상세한 내용과 특정한 상황에서 어떻게 행동해야 하는지에 대한 가이드라인 및 지시 사항이 포함되어야 한다.

셋째, 전체 사업의 상표명이다. 상표의 정체성은 사회적 프랜차이즈 속성과 가치를 반영하는 것으로서, 프랜차이즈 체계 내 각 주체들의 신뢰와 평판을 증진시키는 데 도움을 준다.

넷째, FO와 FE 간의 관계와 책임분배를 규율하는 계약이다. 사회적 프랜차이즈는 독립적 주체들이 하나의 상표로 활동하고 있고, 정보 교환이 일반적 파트너십을 초과하기 때문에, 명확하고 포괄적인 계약이 관계의 초석이 되어야 한다.

다섯째, FE에게 표준화된 훈련이다. 훈련은 프랜차이즈 사업의 질과 지속성을 담보하기 위해 매우 필요하다. 특히 사회적 프랜차이즈 체계는 진화하는 자기학습 시스템이므로 세미나 혹은 다른 교육과정을 통해 FE를 정기적으로 훈련시키는 것은 필수적이다.

여섯째, 체계적이고 표준화된 평가 및 통제 수단의 사용이다. FO가 FE의 실적을 평가하는 것은 서비스 품질 보장을 위해서 매우 중요하며, 통제수단을 사용하는 것은 하나의 FE가 잘못된 행위를 하였을 때, 전체 체계에 부정적 영향을 미칠 수 있기 때문에 필요하다. 그러므로 FO는 회의, 현장방문, 인터넷을 통해 우수사례와 아이디어를 자주 교환해야 한다.

(4) 사회적 마케팅(social marketing)

사회적 마케팅의 본질에 대한 개념적 정의는 여러 학자들이 다양하게 정의하여 왔으며, 사회적 변화 관리기술에서 사회적 변화 프로그램 개발과정으로 발선되있다.

Kotler and Roberto(1989)에 의하면 사회적 마케팅은 "하나 또는 그 이상의 표적 집단에게 사회적 아이디어나 실천의 수용가능성을 증대시키는 것을 목적으로 하는 프로그램의 설계, 집행, 통제에 관련된 사회적 변화 관리기술"을 의미한다. 이때 시장분할, 소비자연구, 상품개발 및 검사, 방향성 있는 의사소통, 인센티브, 표적 집단의 반응을 극대화하기 위한 교환이론 등의 개념을 활용하였다.

사회적 아이디어의 수용 가능성에 초점을 두어 사회적 마케팅을 보고 있다. 그러나 이후 Andreasen(2002)은 사회적 마케팅을 "민간영역 마케팅 과정에서 모형화한 사회변화 프로그램 개발과정으로 사회적 아이디어 수용가능성 증가만이 사회마케팅의 전부는 아니다"라고 주장하였다. 그렇기 때문에 Andreasen(2002)은 사회적 마케팅의 본질은 "아래로부터의 행태변화를 통해, 소비자 주도적 행태를 촉진하는 매력적인 교환을 만드는 것"이라고 정의한다. 따라서 효과적인 사회적 마케팅을 위해서 클라이언트의 욕구를 조직 활동 중심에 두는 '소비자 중심' 마케팅 철학 채택, 시장조사에 근거한 의사결정 및 캠페인 전개, 표적수용자(target audience)의 분할, 조직과 클라이언트 간 상호 편익교환, 모든 마케팅 믹스(marketing mix) 요소 활용, 조직 생산품을 경쟁 대상이 차지하고 있는 포지션(position)에 따라 포지셔닝(positioning) 결정 등의 개념을 활용해야 한다.

사회적 마케팅에서는 민간 부문의 이익 증진을 위해 개발된 이러한 수단들을 사회적 마케팅 기관의 목표 극대화를 위해 적용한다. 상업적 마케팅에서는 바람직한 결과가 재정 기반의 이윤에 있지만 사회적 마케팅에서 근저에 있는 것은 행태적 변화이다.

또한 사회적 마케팅의 바람직한 결과는 사회적 변화이다. 그렇지만 중요한 점은 사회적 마케팅이 사회적 변화를 위한 항상 최선의 메커니즘(mechanism)은 아니라는 것이다. 장점도 있지만 한계도 있기 때문에 정부마케팅을 비롯한 광범위한 수단들 중 하나로 간주되어야 한다. 왜냐하면 사회적 변화를 위한 사회적 마케팅이 사람들의 태도, 행태, 신념을 변화시키도록 동기부여는 할 수 있지만, 모든 경우가 자발적 메커니즘을 통해 이루어질 수 없기 때문이다. 이러한 이유로 사회적 변화를 위한 수단으로서 사회적 마케팅은 교육과 법의 상호작용으로 이루어지는 것이 효과적이다.

교육 마케팅은 자발적 변화를 강조한다. 교육은 변화에 필요한 지식을 제공하며, 마케팅은 지식과 더불어 변화를 위한 적절한 인센티브를 제공한다. 마찬가지로 마케팅과 법은 변화를 지원하는 환경을 제공할 수 있다. 특히 법을 통해 변화 기회가 제공될 경우, 이것은 비협상적 장치라 할 수 있다. 예를 들면 안전벨트 사용을 지지하는 법의 경우, 이에 반대하는 사회적 압력을 무효화시킬 뿐 아니라 자발적 순응의식도 무효화시킨다. 그러므로 사회적 변화를 위한 수단으로서 사회적 마케팅은 교육과 법의 중간에 있다고 할 수 있다.

가. 사회적 마케팅 사례 1

대부분의 부모는 아동안전에 긍정적인 성향이 있어서, 어떤 특정한 표적시장(가정 내 아동 안전을 위한 시설 개축)을 목표로 하는 사회적 마케팅은 매우 효과적이다. 부모들은 아동안전에 관련된 구체적인 정보(아동을 위한 안전한 가구 재설계 상담, 최소비용으로 아동안전을 도모할 수 있는 방법과 사례 등)를 필요로 하기 때문에 아무런 정보가 없는 것 보다 향상된 아동안전 결과를 성취할 수 있기 때문이다.

미찬가지로 수영장 소유자들도 아동안전은 필요하다고 생각한다. 그러나 수영장에 펜스를 설치하자는 것에는 시간과 설치비용으로 반대할 수 있다. 특히 아동이 이용하지 않는 수영장 소유자들과는 쉽게 조율되지 않는다. 이런 경우 펜스 설치라는 행태에 순응을 강제하는 법을 도입하는 것이 필요하다.

나. 사회적 마케팅 사례 2

〈표 4-14〉는 미국에서 국민들이 '활력 있는 삶(active living)'을 살아갈 수 있는 환경을 만들기 위해서 사회적 마케팅, 교육, 법을 연속체의 개념으로 활용한 것이다.

교육의 경우 소비자(청중)에게 전에는 알지 못하였거나 고려하지 않았던 기회를 알려 주는 것이다. 예를 들면 지하철에 자전거를 가지고 탈 수 있다는 것을 알려 주는 것이다. 그리고 정책결정자(지방공무원)에

〈표 4-14〉 행태관리대안 연속체(교육-사회적 마케팅-법)

	교육	사회적 마케팅	법
표적시장이	바라는 대로 행위	증진된 행태에 따르지도 않고 저항하지도 않음	바라는 행태에 저항함
행태의 편익과	자기이익이 표적시장에 쉽게 전달됨	자기이익이 제안촉진과 관리로 표적시장에 전달될 수 있음	자기이익이 표적시장에 전달될 수 없음
메시지에 대한 경쟁수준	없거나 약함	활발함	관리 불가능

자료: Maibach. (2003). Recreating Communities to Support Active Living: A New Role for Social Marketing.

게 타 지역의 혁신 사례를 알려주는 것도 해당된다. 이 부분에는 활력 있는 삶을 위한 권장 행동을 선택하기 쉬운 경향이 있는 사람들이 위치해 있다. 이들은 교육을 통해 새롭게 알게 된 기회가 자신에게 이익이 된다고 생각하며 자진해서 권장행동을 선택하기 때문이다. 그러므로 교육캠페인은 단독으로 주민들의 행동변화를 만들어 내기 충분하다.

사회적 마케팅은 소비자에게 이용 가능한 선택을 확대(버스 앞에 자전거 운송장비를 설치)하고, 장려(자전거 운송 장비를 사용할 경우 인센티브 제공)함으로써 동기를 강화시키는 것이다. 또한 정책결정자는 인지된 이익과 장벽을 분석한 정책 기반 모델을 제공해야 한다. 이 부분에는 권장 행동에 저항 하는 사람들도 있고, 그렇지 않은 사람들도 있어, 사회적 마케팅은 이러한 사람들의 행동 변화를 이끌어 낼 수 있다. 그리하여 권장 행동의 지각된 가치가 증가하는 것이다.

법은 개발업자에게 보도(sidewalk) 또는 자전거 길을 만들도록 요건화하는 것이다. 여기에 속한 사람들은 권장행동에 저항한다. 왜냐하면 그들은 그것에 자신의 이익이 없다고 생각하기 때문이다. 이러한 인구들의 행동을 변화시키기 위해서는 법 혹은 정책 기반 접근이 요구될 수도 있다. 예를 들면 자동차의 안전벨트 사용 의무화가 여기에 속한다.

이와 같은 특징이 있는 사회적 마케팅(social marketing)의 핵심원리를 살펴보면 다음과 같다.

첫째, 교환이론이다. 마케팅의 기본 개념과 궁극적인 목표는 상호혜택이 있는 자발적인 교환의 생성이다. 상업적 마케팅에서 교환은 화폐, 재화 및 서비스로 이루어지므로 비교적 쉽다. 하지만 공공과 비영리 부문의 사회적 마케팅은 교환 과정이 복잡하여, 최종 교환을 실현하기까지 여러 단계를 거치는 경우도 있다.

예를 들면 교환 1은 기업과 자선 조직 간에 있다. 기업은 돌봄에 대한 사회적 책임 전술로써 노숙자를 위한 자선 식사에 후원을 하고, 자선조직은 이를 사업수행에 돈이 필요하므로 후원자의 재정적 기여라고 인식한다. 그리고 기업을 상업적으로 지원하기 위해 지지자를 격려한다.

교환 2는 자선조직과 클라이언트 사이에 있다. 자선조직은 노숙자에게 의복과 식사를 제공하는 데 자금을 사용하고, 클라이언트는 자선조직의 서비스로부터 도움을 받는다.

교환 3은 자선조직과 사회 간의 교환이다. 자선조직은 노숙자 관련 사업으로 공공의 평판이 좋아지면, 더 많은 기부를 모을 수 있게 되고, 사회는 노숙자에게 기본 생존용품을 제공하여 도둑에 대한 위험이 감소되었음을 인식한다. 그러므로 사회적 마케팅은 양방향 과정이지 한방향의 편익분배가 아니라는 것이다.

둘째, 소비자 지향적이다(consumer orientation). 효과적인 마케팅은 개인의 결핍이 무엇인가를 찾아내고, 기업은 이익을 낼 수 있는 범위까지 이것을 제공한다. 그러므로 마케팅 초점은 개인의 바람이 사회적 욕구에 우선한다는 것이며 이로 말미암아 정책은 공익에 기여하도록 설계된다는 점에 있어서 잠재적인 갈등관계가 있다.

셋째, 마케팅을 실행할 때 다단계 수준의 접근과 관련된다. 클라이언트 중심적 철학, 시장조사, 시장분할을 통한 전략적 자원의 분배, 상품분배, 서비스 전달에 대한 통합프로그램의 전술적 개발 등의 순으로 접근한다.

3) 설계

(1) 사회적 프랜차이즈와 상업적 프랜차이즈의 차이점

첫째, 목표가 다르다. 제3섹터의 주요 목표는 이윤이 아니라 사회적 영향을 극대화하는 것이다. 그러므로 FO는 FE를 모집하고 그들과 관계에 있어 냉철함이 적을 수 있지만 그런 만큼 집행과 통제를 위해 프랜차이즈 원칙은 더욱 견고할 수 있다.

둘째, 표적 집단이 다르다. 비영리조직은 대체로 고객보다는 수혜자를 위해 기여한다. 그러므로 이들로부터 항상 어떤 대가를 기대할 수 있는 것은 아니며, 또한 클라이언트에 따라 접근방식도 달라진다.

셋째, 추가 행위자이다. 이것은 사회적 프랜차이즈가 재정적 지원에 의존하는 시스템으로, 추가행위자로서 기부자가 존재한다는 것을 의미한다. 그러나 FO는 기부자의 선호를 고려해야 하기 때문에 FE와 이익갈등을 초래할 수도 있다.

넷째, 투자위험에 대한 이전이 다르다. FE는 자기소유의 자원을 제공해야 하기 때문에 투자위험이 따를 수 있다. 그러나 사회적 프랜차이즈의 경우 투자 위험이 항상 FE에게로 이전되는 것은 아니다. 이로 인해 FE가 사업의 성공을 위한 동기부여가 상실된다는 주장이 있기는 하지만 사회적 프랜차이즈의 목적이 사회적 영향 증대에 있기 때문에 동기부여에 대한 영향력은 거의 없을 것으로 본다.

다섯째, 사용료이다. 사회적 프랜차이즈에서 FE는 투자수익이 없어 사용료 지불능력이 없는 경우가 있다. 이때 FO는 사용료 경감 등의 화폐적 보상이 아닌 다른 대안을 수립해야 한다.

(2) 사회적 프랜차이즈의 속성과 조건

사회적 프랜차이즈는 완전 자율적 단위나 의존적 계층 단위와 구별되는 속성이 있다. 사회적 프랜차이즈를 완전 자율적 단위와 비교하면, 조정과 자원면에서 우월하여 사업 확산이 빠른 반면 덜 복잡하다. 무엇보다도 평판, 신뢰, 체계 인지를 중요시하는 특징으로 개별단위(FE)들은 네트워크를 통하여 표준화・일치성이 가능하고, 체계의 노하우가 전파되어 규모의 경제를 실현할 수 있다.

한편 의존적 계층 단위와 비교해 보면, FE는 독립적 사회적 기업가로 활동할 수 있어 동기부여가 높고, 종업원들에 대한 융통성・자율성도 높아 창조적이고 혁신적이어서, 대규모 조직의 하위조직보다 현지에 잘 적응할 수 있다.

사회적 프랜차이즈를 적용할 시 유의해야 할 점은 첫째, 시작할 때 임무가 바뀔 수 있는 위험이 있다. 둘째, 부정적 평판에 대한 위험이 있다. 셋째, 모니터링과 평가의 어려움이 있다. 넷째, 표준화의 어려움이 있다. 다섯째, 재정수입 증대에 대한 경쟁 문제가 발생될 수 있다.

그렇기 때문에 사회적 프랜차이즈는 건전한 사업개념, 충분한 수용능력, 충분한 시장잠재력이라는 조건이 충족되어야 한다(Inma, 2002).

건전한 사업개념이라는 조건에서 볼 때, 사업이 실제로 바람직한 결과를 가져왔다면 복제되어야 하지만 원형은 검증되어야 하고, 필요하다면 복제 전에 FO에 의해 개선되어야 한다. 또한 사업의 표준화를 허용해야 하며, 표준화는 모든 개념을 포함할 필요는 없지만 주요 목표 달성에 필수적인 요소는 포함해야 한다.

충분한 수용능력의 조건은 사회적 FO가 체계적 조직 능력을 갖추고, 충분한 재정능력과 기부자원을 확보해야 한다는 것이다. 왜냐하면 FO는 FE에 대한 모니터, 조정, 훈련, 감독의 의무가 있고, 물품조달을 비롯한 모든 절차를 책임져야 하기 때문이다.

충분한 시장잠재력의 조건은 사업이 기여할 수 있는 분명한 사회적 욕구가 있어야 한다는 것이다. 이는 사회적 욕구는 있지만 서비스가 없거나 약할 경우 FE가 진입할 수 있는 좋은 틈새가 된다는 것을 의미 한다. 예를 들면 부족한 공급능력과 열악한 서비스 질로 인한 미충족 수요가 있는 경우이다. 그러므로 사회적 프랜차이즈가 규모의 편익을 거두고, 체계 발전을 정당화하기 위해서는 충분한 수의 잠재적 FE들이 있어야 하고(Ahlert et al., 2008;34), 생산품과 서비스에 대한 지속적인 소비자 수요가 있어야 하며, 시장구조가 신규 진입을 견딜 수 있어야 한다(Smith, 2002).

(3) 사회적 프랜차이즈의 유형

가. 유형 1: FO와 FE 간 자금의 흐름이 없는 사례(No monetary stream betweenFO and FE)

FO와 FE는 재정적으로 상호 독립적이며, 자기충당으로 유지된다. 양자는 자신들의 재정을 확보하고 있지만 FE는 체계 가입을 위해 진입 초기에 정해진 사용료를 지불한다. FO는 FE의 사용료가 낮은 수준에서 책정되었다 하더라도 FO가 제안한 가치를 향상시킬 수 있다고 본다. 사용료가 없더라도 FO와 FE 간 계약 협정은 있어야 한다. 또한 FE는 FO의 개념과 평판으로부터 이득을 보기 위해 FO가 설정한 표준에 맞추어야 하고, 지식교환 및 체계증진을 위한 활동에 참여해야 한다.

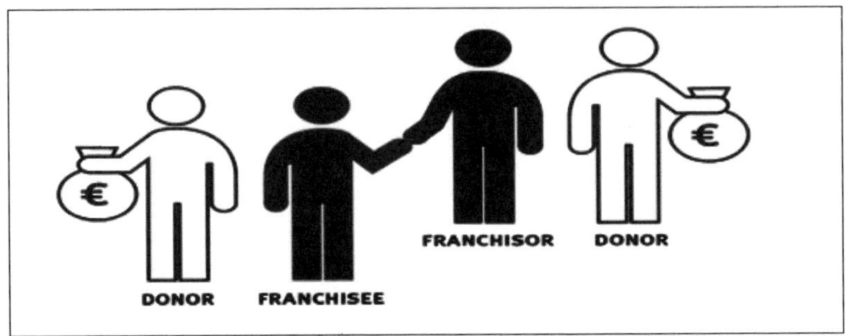

자료: Ahlert et al., (2008). Social Franching: A Way of Systematic Replication to Increase Social Impact.

〈그림 4-8〉 FO와 FE 간 자금의 흐름이 없는 사례

나. 유형 2: FO가 FE에게 수입을 지불하는 사례(FO pay an income to FE)

만약 수혜자가 지불 능력이 없고, FE가 필요한 자본조달이 어려운 경우, 사용료는 사회적 프랜차이즈의 맥락에서 역효과를 낼 수 있다. 이런 경우 사용할 수 있는 효율적인 접근은 FO가 FE에게 비용을 지불하는 것이다. 이는 FE의 적절한 성과를 보장하기 위해 FO가 재정적으로 지원할 수 있다는 것을 의미하며, 지불은 특정 목표 성취에 따라 분배될 수 있다.

유형 2의 경우 프랜차이즈 시스템에서 일반적인 자금 흐름과 반대로 FE가 지불하는 사용료로 운영되는 상업적 프랜차이즈와는 역방향이라 할 수 있다. 그러나 FO가 FE에게 수입인 지불 중단 위협을 가하게 되면, FE의 시스템 규칙 준수에 대한 유인이 증가되어, 시스템 효율성을 향상시키는 장점이 있다.

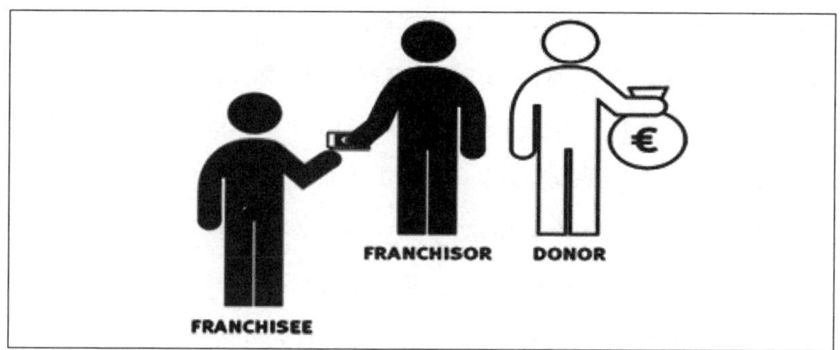

자료: Ahlert et al.,(2008). Social Franching: A Way of Systematic Replication to Increase Social Impact.

〈그림 4-9〉 FO가 FE에게 수입을 지불하는 사례

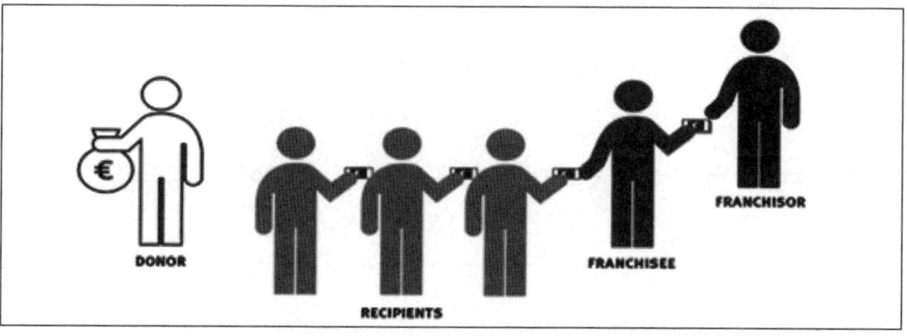

자료: Ahlert et al., (2008). Social Franching: A Way of Systematic Replication to Increase Social Impact.

〈그림 4-10〉 FE가 비용 대부분 부담 사례

다. 유형 3: FE가 비용 대부분 부담 사례(FE bear most offranchise cost)

프랜차이즈에서 사용료 지불은 시스템에 가치를 부여하고, 정직하지 못한 공급자를 가려내며, FE가 네트워크 가입에 관심을 가지고 목표에 헌신하도록 하기 때문에 매우 중요하다. 그러나 가입비와 사용료가 FE의 기회를 제약할 수 있어 FO는 적절한 사용료와 충분한 재정적 자유를 통해 정당한 인센티브의 균형을 맞추는 것이 필요하다. 또한 FE가 서비스 사용료를 받거나 후원자로부터 재정이 조달된다면, FO에게 사용료를 지불하는 상업적 프랜차이즈를 채택할 수 있다.

하지만 상업모델을 사회적 영역에 적용하는 데 유의해야 할 점들이 있다. 사회적 프랜차이즈의 주요 목적은 사회적 영향을 극대화시키는 것으로, 사회적 FE가 비록 소규모의 이득을 발생시켰다 하더라도, 총 매출에 기반한 사용료(royalty)는 사회적 환경에서 반드시 목표 지향적 동기를 제공하지는 않는다. 그렇기 때문에 사용료 구조를 어떻게 할 것인가는 사회적 프랜차이즈에서 매우 중요하다.

(4) 사회적 프랜차이즈 기본 틀

〈그림 4-11〉은 Grace(2002)가 제시하고 있는 사회적 프랜차이즈의 기본 틀이다.

프랜차이즈 적용 전제조건으로 다음 사항이 사전에 검토되어야 한다.

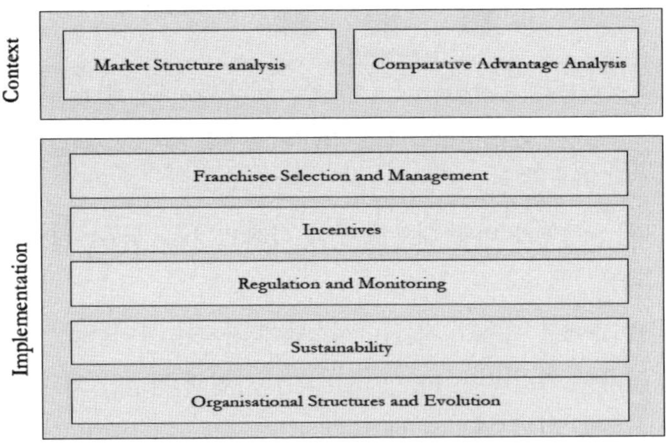

자료: Grace, C.(2002). A Framework for Social Fanchising in India: A Reportfor The Department for International Development.

〈그림 4-11〉 사회적 프랜차이즈의 기본 틀

- 민간 부문이 제 역량을 다하지 않고 있는 영역이 존재하는가?
- 프랜차이즈 조직군 형성에 대한 비용을 정당화하는 것이 널리 퍼져 있는가?
- 클라이언트는 프랜차이즈 서비스에 대한 지불 의사와 지불 능력이 있는가?
- 프랜차이즈는 효과적 이윤추구 방식으로 작동되는 대규모조직을 만들고 관리하는 데 충분한 현지 수용 능력이 존재하는 곳에 발달될 수 있는가?

프랜차이즈는 다음 일련의 순서로 단계별로 전개된다.

- 시장구조분석
- 비교이점분석
- 결정: 특정 서비스의 생산에 사회적 프랜차이즈 프로그램을 사용할 것인가? 현존 계획을 확장할 것인가? 아니면 완전히 새로운 체계를 발전시킬 것인가?
- 어떤 인센티브를 제공할 것인가를 결정
- 인센티브에 대응하여 규제/모니터링을 위해 어떤 요소를 결정할 것인가?
- 신청자의 자격기준 결정
- 구성원들이 인정하는 초기 및 지속 훈련프로그램
- 물류지원이 있을 초기와 진행과정 결정
- 클라이언트 연계체계를 포함한 상호체계 구성
- 중앙조달방법을 결정: IT 또는 문서 기반 체계
- 경제성 판단: 간접비 충당을 위해 필요한 FE 수, FE의 최소 효율규모, 사업기간에 필요한 기부금과 공적자금의 양
- 프랜차이즈 공통문제 대응전략개발: 갈등해소전략, 네트워크 확대에 따른 혁신전략, 변화 관리전략

가. 시장구조분석(market structure analysis)

시장구조를 고려하는 것은 프랜차이즈 서비스가 기존 서비스보다 질, 가격, 지리적 점유의 측면에서 향상될 수 있는 시장의 틈새를 찾는 것으로 정부의 적합한 일을 찾는 과정이다. 이미 고객 수요가 충족되고 있는 시장에 정부가 공적 자금으로 진입하는 것은 자원 낭비가 될 수 있기 때문이다. 예를 들면 프랜차이즈가 보조금으로 운영되는 경우 장기적으로는 민간 부문을 시장에서 퇴출시키게 됨으로써 경쟁이 없어질 수 있다. 이렇게 되면 서비스 질이 낮아지고, 소비자의 이용가능성이 감소될 수도 있다.

그러므로 시장구조분석에 있어, 고려해야 할 항목은 첫째, 몇 퍼센트 정도 다른 형태의 서비스가 정부로부터 공급되고 재정지원이 되는가? 그리고 민간 부문(비영리, 영리 등)은 어떤가?

둘째, 특정 지역에서 서비스 질, 가격, 종류, 지리적 도달 범위, 시장분할 전략 등이 각각 어떻게 비교되는가? 그래서 시장에 어떤 틈새가 존재하고 있는가?

셋째, 새로운 서비스에 대한 충분한 공급자들(자격 있는 직원)이 있는가?

넷째, 새로운 프랜차이즈 서비스는 기존 서비스에 대한 보완재인가? 혹은 대체재인가? 등이다.

나. 비교이점분석(comparative Advantage)

비교이점분석은 FO(franchisor)와 FE(franchisee) 간의 역할(Roles)과 책임(Responsibilities)을 확인하는 것이다. 〈표 4-15〉는 서비스(혹은 상품) 유형과 주체의 성격(정부 · NGO · 상업 분야 등)에 따른 FO와 FE 간 역할과 책임을 설명하는 항목이다. 여기서는 누가 가장 역량 있는 주체인지가 관심사항이 된다. 이것을 FE와 FO 사이의 참여적 실행에 접근

〈표 4-15〉 FO와 FE 간에 가장 전형적인 역할과 책임

책임	FO(NPO)	FE(PO)
국제후원자및 NGO의 연결	+++	
중심적 모금의 지원		+++
업체재정, 거버넌스구조, 정책, 지역영향에 대한 정보제공		+++
위 사항에 대한 피드백 제공	+++	
프로그램향상을 위한 혁신적 아이디어 제공	++	+++
프로그램 전체적 개념과 목표, 원칙, 최소요건 규정	+++	
프랜차이즈 사업모델 개발	+++	+
계약권과 책임에 대한 초기규정과 구조화	+++	+
계속되는 계약권과 책임	+++	+++
계약권과 책임 변화에 관한 의사결정 능력	++	++
선택과 훈련	+++	+
중심적 마케팅: 브랜드 포지션닝, 광고계약	+++	
필요장비의 획득	+++	
신규서비스에 대한 시장연구	++	++
물품의 중앙조달	+++	
지역 마케팅		+++
상표명/로고개발	+++	

자료: Grace, C. (2002). A Framework for Social Fanchising in India: A Report for The Department for International Development.

하기 위한 초기 틀로, 시행 초기 역할과 책임을 명확히 하면, 신뢰(trust), 제한점(set limitations), 정책(policies), 기대치(expectations)를 구축하는 데 도움이 될 수 있다.

다. 신규 FE 선택과 관리요소

■ 기존 네트워크 이용

FO에 있어서 중요한 이슈는 전문화된 인적 자원의 공급을 찾는 것이다. 프랜차이즈 재화나 서비스의 특성이 중요할 때 기존의 전문

가 네트워크 혹은 선교 네트워크를 활용할 수 있다. 예를 들면 저개발국에서 프랜차이즈를 홍보하거나 FE를 고르는 데 교회 네트워크를 활용하는 것이다.

■ 장소 선택

좋은 입지를 선정하는 것은 상업적·사회적 프랜차이즈 성공의 열쇠가 된다. 장소 선택에 있어, 상업적 프랜차이즈는 수요와 경쟁에 대한 복잡한 분석을 시도하는 반면 사회적 프랜차이즈는 목표 대상에게 서비스를 빠르게 확장시키려는 공급 측면에 집중한다.

■ FE 선택

FE의 선택에 필요한 기준은 사업에 종사한 연수, 필요한 자격, 특정 집단과의 제휴관계, 훈련기간 후보에 대한 인터뷰 자료 및 관찰 내용, 사업계획 수준, 재정투자 요건, 훈련 참여 의지 등이다.

■ 사업계획

사업계획은 신청한 FE 후보군들의 역량과 동기를 선별할 수 있는 항목들로 구성된다. 예를 들면 지역환경 분석, 서비스에 대한 항목별 가격, 경쟁자 조사, FE의 재정능력 등이다.

■ 모니터링 용이성

프랜차이즈의 편익은 전달된 서비스와 소비자 사이의 접점에서 증가한 인센티브가 그 체계의 실행비용을 능가한다는 것이다. 강한 인센티브 구조로부터 성취한 편익성과는 프랜차이즈 진입과 계약유지 과정에서 조직이 감당해야 하는 높아진 거래비용(성과 측정, 계약 협상,

모니터링 비용 등)을 상쇄한다고 가정한다.

성과의 정도에 관련된 거래/모니터링비용의 정도에 영향을 미치는 요인은 성과가 양적으로 측정될 수 있는 정도, 서비스 질 측정의 용이성, 측정자(모니터)와 피측정자 간 정보 간격, 측정자(모니터)와 피측정자 간 지리적 근접성, 피측정자에 대한 측정자(모니터)의 각 단위의 규모와 수, 사업방식과 서비스 전달 모델에 있어 FE 간 유사성(표준화는 프랜차이즈의 본질적 원칙이며, 모니터링 비용 감소뿐만 아니라 브랜드 일관성·명료성 강화를 위해 중요하다), 측정된 활동의 빈도 등이다.

라. 인센티브

FE가 프랜차이즈 네트워크에 진입하고 유지할 수 있도록 장려하기 위해 FO는 다음의 수단들을 활용할 수 있다.

첫째, 물품에 대한 접근성이다. 이것은 정부 보조를 받은 것과 받지 않은 것이 포함될 수 있으며, 프랜차이즈 구성원만이 구매할 수 있는 것을 말한다.

둘째, 소유권이 있는 노하우에 대한 접근성이다. FO는 FE에게 훈련 프로그램을 제공하고 현장에게 기술적인 지원을 한다. 그렇기 때문에 FO는 교육 기회와 기술 접근에 높은 가치를 두고 있다.

셋째, 상표명의 접근성이다. 일단 상표가 구축되면 FE는 상표 영역에 들지 않는 사업에서도 상표 효과를 볼 수 있다.

넷째, 자본에 대한 접근성이다. 상업적 프랜차이즈와 달리 사회적 프랜차이즈는 낮은 대출 이자율, 가입비 감면, 업체 개조에 대한 보조금 등의 보상이 주어진다. 그러나 이것은 일시적 보상이다.

마. 규제와 사회적 허가

사회적 프랜차이즈에서 FO는 인센티브를 주는 것뿐만 아니라 규제도 할 수 있다. 사회적 프랜차이즈에 대한 대안으로서 사회적 허가(social licensing)는 규제가 질 높은 서비스에 대한 소비자의 접근성을 향상시키는 도구로 사용된다. 사회적 허가에서 정부는 FO라기보다는 규제자로 행동하며 표준에 충족되는 품질이 인증되면 이를 승인한다. 이러한 규제에 따라서 FE는 다음과 같은 의무사항을 준수해야 한다. FE가 해야 하는 의무사항으로는 판매할당량의 충족, 서비스의 질 유지, 사용료 지불, 표준화된 소매규격 준수, 표준범위 또는 서비스가격 제시, 고객에게 투명성 제공, FO에 관련 통계의 제공, 관련 캠페인에 참여, 표준화된 재고관리, 판매보고, 고객관리 체계의 준수 등이다.

품질관리(quality monitoring)는 FO에게 매우 어려운 과제이나 관찰 가능하고 검증 가능한 측면은 측정되고 모니터되어야 한다. 체크리스트에 의한 일상적 방문과 클라이언트에 대한 주기적 서비스가 긴요한 수단이 된다. 이러한 조사에는 기록유지, 표준화된 절차에 대한 순응 등의 측면이 포함되어야 한다.

바. 지속가능성

프랜차이즈 시스템의 지속화를 위해 두 가지 접근방법이 고려될 수 있다. 하나는 목적을 달성하는 FE에게 보조금을 지급하는 것이고, 다른 하나는 프랜차이즈 시스템의 간접비에 보조금을 지급하는 것이다.

그런데 프랜차이즈 초기에 FE에게 보조금이 이용 가능하다면 프랜차이즈 시스템의 증진보다는 유지에 관심을 돌릴 수 있어서 인센티브가 되지 못하고, 더하여 이에 대한 모니터링 비용이 발생하는 단점도 있다.

그러나 공공의 목적을 위한 사회적 프랜차이즈에서는 보조금이 적절할 수 있으며 몇 가지 대안을 생각할 수 있다.

- FE의 훈련비용 보조
- 대출금에 대한 보조금 제공
- 대출금 이자에 대한 보조
- 격지시설 임대료 보조
- 간접비/관리비 보조
- 도매 가격에 대한 할인 또는 프랜차이즈 사용료에 대한 보조

4) 사례와 쟁점

(1) Aflatoun

Aflatoun의 철학은 아동이 자신의 행동을 스스로 판단하는 능력을 가지고 있고, 이러한 능력이 그들의 미래 세계에 지대한 영향을 미칠 수 있음에도 불구하고, 종종 개발되지 않거나 간과되는 기술이 있다는 것이다. 그러므로 Aflatoun의 목적은 아동의 권리 프로그램인 사회와 금융 교육을 통해, 반곤 아동이 자신의 삶과 공동체를 긍정적으로 변화시키는 권한이 자신에게 있다는 것을 배우게 하여, 아동 스스로 빈곤을 탈피할 수 있도록 하는 것이다.

Aflatoun의 교육 사업은 1991년 Jeroo Billimoria가 인도 뭄바이에서 시작하였고, 교육의 장은 서로의 삶에 대해 배울 수 있도록 부자와 가난한 아이들이 함께 있는 학교가 되었다. 특히 1993년에 뭄바이 인종 폭동이 발생하였을 때에는 편견과 차별 퇴치를 위해 인권교육에 초점을 맞추기도 하였다.

그 후 Aflatoun는 2005년 암스테르담에 국제아동저축(Child Savings International) 회사를 설립하고, 아동을 위한 사회와 금융 교육의 중요성을 알리는 캠페인을 전 세계적으로 진행하여, 많은 지역에 그들의 교육 프로그램이 전파되었고, Aflatoun는 세계적으로 인정받는 프랜차이즈 기업으로 성장하였다.

현재 Aflatoun의 사업은 공통 브랜드뿐만 아니라, 다섯 가지 핵심 요소로 구성된 공통의 교육 과정(curriculum)을 통해, 인도, 세르비아, 우간다, 네덜란드에 위치한 사무국(Secretariat)을 포함한 13개국 현지 파트너로 구성된 글로벌 네트워크 조직으로 수행되고 있다.

Aflatoun 사회적 프랜차이즈는 파트너 조직에 최대 소유권을 허용하여, 높은 품질, 지속 가능성, 강력한 영향력을 가질 수 있게 하였고, 폭 넓은 네트워크는 정보와 경험을 교환하고 배우게 하였다. Aflatoun는 이러한 재정적 독립을 위해 현지 파트너가 스스로 자금을 조성하도록 하며, 이러한 자금의 조성 능력이 Aflatoun와의 계약을 위한 전제조건이다.

Aflatoun의 사회적 프랜차이즈에서 FO의 역할은 FE(지역 조직)와 파트너십 협정에 서명한 후 FE에게 기술 지원, 지역 회의를 통해 모범 사례, 훈련 공유, 평가 시행, 품질보증, 프로그램 자료 향상, 그리고 프로그램 확대를 위해 지원하는 것이다. 그리고 아동의 사회 및 경제 권리에 대한 국제적 인식을 촉구한다.

FE(파트너 조직)는 아이들과 함께 일하는 실적뿐만 아니라 그들의 네트워크 기반이 확립된 경우에 선택되는데, 선택된 FE의 역할은 FO의 정체성(브랜드/이미지), 교육 시스템에 순응하고, 다른 조직과 서로 협력하여 각자 국가에서 프로그램을 시행한다. 또한 품질과 영향 평가를 위한 자체 평가에 참여한다(http://www.aflatoun.org/).

(2) The Green Star Network

1996년 PSI(Population Services International)와 SMP(Social Marketing Pakistan)는 파키스탄 정부와 함께 저소득 도시 여성을 위한 가족계획 서비스와 피임약 생산 영역에서 혁신적인 프로그램을 시작하였다.

파키스탄 여성에게는 평균 다섯 명 이상의 아이가 있었고, 이것은 젊은 인구 대비 높은 출산율이다. 그런데 결혼한 파키스탄 가임기 여성 대부분은 임신을 원하지 않았지만 겨우 24%의 여성만이 가족계획 방법을 사용하고 있었고, 그것마저도 거의 전통적인 방법에 의존하였다.

Green Star는 이러한 명확한 미충족 욕구를 다루기 위해 만들어졌다. Green Star는 저소득 도시 지역에서 개인 소유의 진료소와 약국에서 Green Star logo 아래 가족계획 서비스와 품질 좋은 피임약을 제공하는 '가족계획 프랜차이즈 네트워크'이다.

시행 초기 Green Star 네트워크는 프랜차이즈 사업을 확장하기 위해 현장 직원을 고용하여 사업에 참여할 의사를 찾았고, 잠재적인 프랜차이즈를 식별하도록 하였다. 우선 현장 직원은 협회와 접촉하여 의사 목록을 획득하고, 의료 행위를 실제로 하고 있는 의사들을 면밀히 조사하여, 사업 참여에 필요한 기본적인 기준 항목을 평가하였다. 그리고 기준에 적합한 의사들에게는 현장 직원이 방문하여 네트워크 개념을 판매하였다.

이러한 활동들을 통해 Green Star 네트워크는 다른 나라의 비슷한 프로그램에 비해 크게 성공하였다. 실제로 5년(1995~2000) 동안 40개 이상 도시에서 거의 12,000명 정도의 의사, 긴급의료원, 약사가 참여하여 파키스탄의 연간 900,000쌍 이상에게 서비스를 제공하였다.

이와 같은 성공에 대해 Green Star 실행자들은 "빠르게 행해져야 하는 사회서비스를 빠르게 행한 사회적 프랜차이즈의 힘"이라고 설명하며, 성공 요소로 가족계획 서비스에 대한 미충족 욕구, 소규모 비즈니스 모델과 이것에 대한 빠르고 충실한 복제, 민간 의료 전문가들의 수용능력, 국가적인 실행, 모든 인구가 보건의료에 대한 비용지불을 반대하지 않은 것 등을 꼽고 있다.

결론적으로 사회적 프랜차이즈는 "공공-민간 파트너십의 여러 가지 방법 중 하나일 뿐이지만, 민간 부문의 통찰력과 기술을 혁신적으로 사용하는 것은 전 세계의 개인, 가족, 지역사회가 사회 서비스에 더 쉽게 접근하도록 도움을 준다"는 것이 Green Star 기획자들의 주장이다(McBride & Ahmed, 2001).

(3) Dialogue in the Dark

Dialogue in the Dark는 Dialogue 기업의 브랜드이다. 이 기업은 사회적 프랜차이즈 시스템을 기반으로 프로그램을 실행하고 있다. 특히 Dialogue in the Dark의 완전 암흑 속의 비즈니스 워크숍에는 세계 각국의 기업과 조직들이 참여하여, 전문 가이드의 인솔하에 아무것도 보이지 않는 환경에서 강력하고 혁신적인 일련의 활동으로, 협력적인 태도와 감성지능(emotional intelligence)이 강화된 팀 정신을 경험하게 한다.

Dialogue in the Dark에서 이러한 경험을 제공하는 이유는 전 세계 소외 계층의 사회통합을 촉진하기 위해, 일반 대중이 다른 사람에게 관용을 가질 수 있도록 하여, 우리와 그들("us" and "them") 사이에 장벽을 허무는 것이 그들의 미션이기 때문이다. 그러므로 이 사업의 목적은 이러한 경험을 통한 참가자 개인의 변화를 유도하고, 전 세계적 규모로 시각장애인을 위한 일거리를 제공하는 것이다. 실제로

Dialogue in the Dark는 장애인에 대한 고용 기회를 증가시키고, 그들의 삶을 변화시킨 특별한 능력을 보여주었다. 이것은 고용주가 전시회를 방문하여 프로그램 참여 후 마음을 움직여 자신의 사업장 인력을 장애인으로 충원하였기 때문이다. Dialogue in the Dark는 1988년 이후 유럽, 아시아, 미국 등 전 세계 30개국 160개 도시에서 열렸고, 이를 통해 지금까지 7백만 명 이상의 세계인들이 이것을 경험하였으며, 7,000명 이상의 시각장애인들이 고용되는 효과를 불러왔다. 고용된 시작장애인은 수동적 복지수혜자에서 적극적으로 자신의 삶을 만들어가는 사람으로 변화되었다.

2000년 4월부터 연중 상설 전시가 진행되고 있는 함부르크에서는 광고나 홍보활동 없이 입소문을 타고 오랜 시간 동안 많은 관람객이 다녀갔으며, 현재 함부르크 시 정부의 지원 아래 운영되고 있다.

Dialogue in the Dark의 사례는 프랜차이즈 시스템이 아직 확립되지 않았을 때, 올바른 FE를 선택하는 것이 얼마나 중요한가를 보여주고 있다. 사업의 설립자 및 관리자인 Dr. Andreas Heinecke는 첫 보고서에서 이를 "많은 지역에서 개념이 실행되기를 원하는 이해 관계자가 너무 많은 프로젝트"라고 소개하면서, 사업을 진행함에 있어 나타난 문제에 대하여 "FE는 FO가 요구하는 것에 관심을 가지고 있기는 하였지만, FE의 경영 역량이 부족하였다는 것을 나중에 깨달았고, 이것을 되돌리기는 매우 어려웠다"고 설명하고 있다.

그러므로 프로젝트의 복제와 사회적 영향력을 만드는 것에 능숙할 뿐만 아니라 윤리적으로도 건전한 적극적인 FE의 신중한 선택이 필요하다. 그래야 더 존경받는 네트워크가 되고, 네트워크에 더 많은 참여 신청이 있어, 결국 FE에 대한 더 엄격한 선택 기준을 가질 수 있기 때문이다(http://www.dialogue-in-the-dark.com/).

(4) 한국의 사회적 프랜차이즈 모델 사례: 소액신용 창업대출 사업

㈜ 신나는사람들

사회 취약계층의 경제적 자립을 위한 소액신용 창업대출 사업이 시중 은행 후원을 통해 사회적 프랜차이즈 사업으로 발전하였다. 마이크로크레디트(저소득층 대상 소액신용대출) 기관인 사단법인 신나는 조합이 국민은행 후원으로 설립되었고, 송파구 풍납시장 내에 첫 가맹점포를 개설하였다. 신나는사람들의 공동 브랜드는 '이웃3촌(村)'으로 이웃사촌보다 더 가까운 3명 이상이 모여 함께 만들어 가는 공동체를 지향하는 것이다.

첫 사업 아이템은 왕만두와 왕찐빵이었다. 한 개에 천원에 파는 왕만두와 왕찐빵을 첫 아이템으로 택한 것은 열심히만 하면 쉽게 망하지 않는데다 비록 작은 점포로 운영되지만 3~4명이 일해야 하기 때문에 일자리 창출 효과가 크기 때문이다.

후속 사업 아이템으로 수익성이 검증된 왕만두에 이어 강원도산 전두부를 시험 판매하고 있으며 웰빙 분식을 검토 중이다.

신나는 조합은 사회취약계층 또는 저소득층 요건이 되는 사람 중 적합한 사람을 발굴, 창업을 위해 필수적인 기본 이론교육과 실무교육, 직능훈련 등 충분한 사전 준비를 거친 뒤 적격자에게 창업 대출자금과 연계해 일부 창업자금 조달을 지원하는 등 생계형 창업을 위한 종합 서비스를 제공할 계획이다(서울=연합뉴스, 2011/02/23).

(5) 영국의 프랜차이즈 모델 사례

가. Crossroads Care(1993)

Crossroads Care 제도는 장애, 연령, 질병 혹은 정신적 건강 약화로 돌봄이 필요한 사람과 그들에게 무급 돌봄을 제공하는 간병인을 지원하기 위해 자발적으로 만들어진 영국의 대표적인 사회서비스 공급업체이다.

Crossroads Care 제도는 약간의 도움이 있다면 돌봄이 필요한 사람들이 돌봄 제공 시설이 아닌 자신의 집에서 계속 생활할 수 있다는 것을 확신하고, 그들을 돌보는 무급 간병인 지원의 중요성을 강조한다. 이러한 이유로 Crossroads Care에서는 30년 이상 무급 간병인(unpaid care)과 그들이 돌보는 사람들을 위한 일시적 돌봄 서비스를 제공하고 있다. 그러므로 Crossroads Care의 목적은 무급 간병인에게 휴식과 자유 시간을 제공하여 육체적·정서적 스트레스를 감소시킴으로써 그들이 돌보는 사람들이 병원 혹은 돌봄 제공 시설 진입을 피할 수 있도록 하는 것이다.

Crossroads Care 제도는 자발적인 이사회에 의해 운영되며, 여기에는 조직관리를 위한 유급직원, 잘 훈련된 돌봄서비스 제공자들, Kent and Medway 시의 젊은 간병인 프로젝트 팀이 포함되어 있다.

이러한 제도를 운영하기 위한 비용은 Kent and Medway의 보건사회 서비스부로 부터 일부 보조를 받는다. 그리고 Crossroads Care 서비스를 사용하기 원하는 개인적인 간병인과 가족들로부터 직접지불(direct payments)을 받기도 한다(http://www.carerskm.org/).

Crossroads Care는 품질보증(quality assurance)을 위해 협회가 개발한 정해진 품질 기준을 측정하기 위해 CROQUET(Crossroads Own Quality Evaluation Tool)를 사용하고, 품질 측정은 Crossroads 협회의 정규적인 감사를 받기 전에 간병인 위원회의 감사원이 한다. 추가적으로 Crossroads Care 내부 품질 보증 프로그램은 서비스를 이용하는 사람들의 욕구의 충족 여부를 평가하는 Care Quality Commission에 의해 규제된다.

나. Home Start(Norton, 2011)

Homc Start 사업은 빈곤 또는 취약계층의 아동에게 밝은 미래를 열어 주기 위해 자원봉사자들이 그들 부모에게 제공하는 영국 자선단체의 조언서비스이다.

Home Start 사업은 가족 스스로 더 나은 미래를 건설할 수 있도록 그들이 강점을 인식하고 활용하는 것에 초점을 둔다. 또한 지역사회 기반 협력을 통해 아동과 가족의 위험 요소를 발견하고, 이것을 해결하기 위한 프로그램이다. Home Start 사업의 철학은 "자신의 이익을 넘어 그들이 살고 있는 지역사회를 돕는 것"이다. 그렇기 때문에 자원봉사자에 의한 자발적인 가정방문을 통해 가족과 지역 내에 남용을 멈출 수 있는 프로그램, 특정 지역사회의 요구에 대응하기 위한 아웃리치 프로그램, 자녀의 양육방법 향상을 위한 교육과 양육지원 프로그램 등을 지원한다. 이러한 사업을 유지하기 위한 비용은 자선단체의 기금, 개인 및 조직의 기부금으로 충당한다. 특히 자원봉사자들은 시간뿐만 아니라 많은 경우 발생되는 비용까지도 기부하고 있다.

자원봉사자는 Home Start UK가 지원하는 지역 Home Start 제도의 관리감독을 받으며, 지역 Home Start 제도는 지역 사람들이 선택한 관리자가 운영한다. 이와 같은 Home Start의 품질보증 시스템은 자선단체 서비스 평가와 함께 2005년 도입되었다. Home Start 제도와 Home Start UK는 자신의 진행 상황을 측정하기 위해 16개 기준의 자체평가를 정규적으로 실시한다. 그리고 매 3년마다 그들의 조사결과를 외부적으로 입증하기 위하여 평가결과를 보고한다.

3. 바우처(voucher)

1) 개념

바우처란 구조화된 교환가치를 가진 급여 형태로서, 일정하게 정해진 범위 내에서 자원을 선택할 수 있는 전이가능성(transferability)이 있어, 현물급여와 현금급여가 가진 각각의 단점을 보완하며 사용할 수 있는 급여 형태이다(Gilbert & Terrell, 2005:141-143). 바우처는 사회적 급여의 한 형태로 현금급여와 현물급여의 장점을 혼합한 급여 방식으로 현금지급 제도와 현물지급 제도의 중간 형태를 취한다고 볼 수 있으며, 특정 서비스에 대한 구매권을 부여한다는 점에서 현금지급 제도와 다르고, 소비자로 하여금 다수의 공급자 중에서 원하는 공급자를 선택하게 한다는 점에서 현물지급 제도와도 구별된다. 또한 특정한 재화나 서비스를 구입할 수 있도록 구매력을 높여주는 소득지원의 한 형태로 정의되며, 정해진 범위 내에서 일정 정도 소비자 주권을 보장함과 동시에 정해진 범위 밖에서 증서가 사용되는 것을 금지함으로써 소비통제의 기능도 포함하고 있다.

이러한 바우처에 대해 Eugene Steuerle(2000)는 "제한된 범주의 상품과 서비스 중에서 선택할 수 있도록 개인에게 제한된 구매력을 부여하는 보조금"(a voucher is subsidy that grants limited purchasing power to an individual to choose among a restricted set of goods and services)이라고 정의한다.

그러므로 바우처는 생산자 주도의 보조금(producer-side subsides)이라기보다는 '소비자주도의 보조금'(consumer-side subsides)이라고 할 수 있다(Eugene Steuerle, 2000; Steuerle and Twombly, 2002:446). 그렇기 때

문에 바우처는 '경쟁'을 핵심 요소로 간주하여 비경쟁적 사업보다는 경쟁적 사업에 많이 활용된다. 비경쟁적 사업은 공급자에게 바우처 수혜자가 배정되는 한편, 경쟁적 사업은 수혜자가 인가된 공급자 집단 중에서 공급자를 선택할 수 있도록 한다. 이러한 선택의 유무가 참여하는 공급자 간에 경쟁을 유발하며 서비스의 질을 향상시키는 인센티브가 된다(Islam, 2006). 그러므로 바우처가 지향하는 가치는 소비자의 선택, 효율성과 질, 접근성과 형평성, 권능과 권장(empower and encourage)이라고 할 수 있다. 예를 들면, 소비자의 선택권은 공급자들 사이의 경쟁을 불가피하게 하여, 소비자는 낮은 비용으로 높은 품질의 서비스와 상품을 공급받게 되므로 효율성을 높일 수 있다.

또한 소비자 선택권은 계약을 통하여 서비스를 생산할 경우 발생하는 대리인 비용을 줄이는 효과가 있다(Salamon, 1989: 41-60). 이는 정부가 계약자의 품질이나 행태를 감시 · 감독하는 데 소요되는 비용을 소비자 선택권이 대체할 수 있기 때문이다. 하지만 취약계층만을 대상으로 한 바우처 방식은 소비자의 형평성을 제고하기 위한 목적이 있지만 소비자의 자원과 정보의 차이로 선택권 행사에서 불평등이 발생할 수도 있다.

이외에도 정부가 의도하는 특정 분야의 재화나 서비스에 대한 소비를 장려하기 위해 바우처를 이용한다. 예를 들면, 미국의 저소득 가구에 지원되는 대표적 바우처인 푸드 스탬프(food stamp)의 경우, 주무부처가 연방정부의 농업부(Department of Agriculture)인데, 이것은 농산물의 소비촉진이 중요한 정책 목표라는 것을 의미한다.

결론적으로 바우처 방식(voucher system)은 정부가 일정한 가격 기준이 되는 개인에게 특정한 재화 및 서비스에 대한 쿠폰이나 카드 형태로 구매권을 인정해 주는 정책도구(policy tool)이며, 구매권의 정도와 적용 대상은 정부 정책에 의해 규정되고, 서비스의 생산은 시장경제에 의존하는 것이다. 즉, 서비스를 전달하는 과정에서 정부 관여를 최소화할 수 있는 방식이라 할 수 있다. 다만 이 방식은 반드시 서비스시장 발달이 전제되어야 한다. 하지만 정책수단으로서 바우처는 이념적으로 중립적이며 어떤 목적으로는 유용하지만, 다른 어떤 목적에는 적합하지 않기 때문에 여타 정책수단 요소들과 비교될 수 있다.

2) 정책맥락(원리)

(1) 바우처의 특성

공공 정책 수단으로서의 바우처는 정부가 제공하고자 하는 특정 재화나 서비스에 대한 지불인증권으로서 그 재화나 서비스를 선택적으로 구매할 수 있도록 사람들에게 일정한 구매력을 제공해주는 보조금이라고 할 수 있다(정광호, 2007). 즉 바우처는 정부가 직·간접적으로 소비자에게 구매권을 부여하여 교육훈련이나 보육 서비스 등 용도가 제한된 개인보조의 일종이다. 따라서 바우처는 정부가 공급자가 아니라 수요자에게 보조금을 지급하는 형태이다. 이에 바우처는 다른 형태의 보조금과 비교할 때 다음과 같은 특징을 갖는다.

첫째, 바우처를 교부받은 개인의 선택이 가능하다. 바우처를 받는 소비자가 공급자나 서비스의 내용과 수준을 선택할 수 있다는 점이다 (Cave, 2001:61). 교육 바우처는 어느 기관에서 교육을 받을지, Food Stamp는 어느 식료품과 교환할지에 관해 일정한 선택권이 주어진다. 이러한 선택의 자유가 없다면 정부에 의한 직접적인 재화·서비스의 지급과 다르지 않다. 바우처는 이용자와 공급자가 시장에서 가격을 염두에 두고 자유롭게 상호 선택하게 하고, 이러한 특성으로 공급자는 소비자가 원하는 서비스를 공급해야 할 유인이 생겨나는 것이다. 그리고 이 과정에서 자연스럽게 소비자의 욕구에 맞추어 서비스의 질이 관리되도록 하는 것이다.

둘째, 지정된 범위의 재화・서비스로만 교환할 수 있다는 특징이 있다. 바우처 용도는 교육이나 식료품 등으로 정해진 것이 특징으로 무엇으로든 교환할 수 있다면 현금 보조금과 다를 바가 없다. 더욱이 교육이나 식료품이라 하더라도 정부가 적절하다고 인정한 기관에서만 이용할 수 있고, 주류와는 교환할 수 없는 등 제약이 부과되는 경우가 많다.

셋째, 다른 사람에게 권리를 양도할 수 없다는 점이다. 이 특성은 정부가 필요성을 인정한 요건을 지닌 개인에 한해서만 일정 수준의 재화・서비스 지급을 가능하게 한다. 양도를 제한하지 않으면 수급자는 지하시장 등에서 이를 팔아 현금처럼 써버릴 수 있기 때문이다.

넷째, 바우처는 행정 여건을 고려하여 세금보조(tax subsidy)나 조세지출(expenditure)의 형태로 지급하기도 한다.

다섯째, 가격에 대한 바우처의 영향은 다양하다. 바우처 수요가 많다면 가격이 상승할 가능성이 있으며, 공급자에 의한 다양한 형태의 시장반응이 나타날 수도 있다. 또한 품질규제 강화와 가격상승 압력이 있을 수 있고, 가격 차별화에 따른 수익 창출이 있을 수 있다.

여섯째, 바우처는 소비자와 공급자 모두에게 일정 수준의 규제가 가해진다. 소비자의 경우, 수혜자격에 대한 규정이 있고, 공급자의 경우, 바우처 서비스와 관련된 면허나 자격증이 있어야 한다.

일곱째, 역의선택(Adverse Selection)과 대체성(Subsitutability)이다. 의료바우처의 경우 creaming skimming 현상이 발생할 수 있다. 또한 바우처로 인해 다른 상품구매 여력이 증가할 수도 있다. 하지만 바

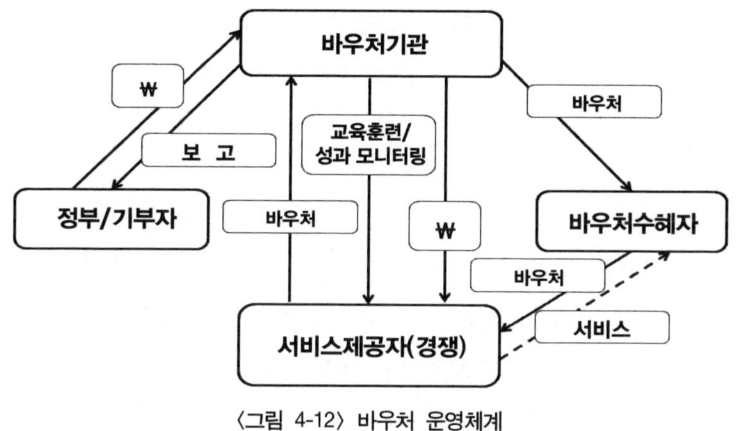

〈그림 4-12〉 바우처 운영체계

우처 사용처에 대한 과도한 제한은 바우처의 대체 가능성을 감소시켜 효용성을 떨어뜨린다(Eugene Steuerle, 2000).

(2) 유형

바우처(voucher)는 크게 3가지 유형으로 나누어 볼 수 있다.

명시적 바우처(explicit voucher)는 쿠폰 또는 스마트카드의 형태로 서비스 구매권이 부여되는 유형이다. 이 유형은 바우처를 통해 사용료를 받은 서비스 공급자는 다시 정부기관으로부터 현금으로 교환받는 시스템이고, 바우처(voucher)가 이용되는 가장 일반적인 형태라 할 수 있다.

묵시적 바우처(implicit voucher)는 수혜 자격자가 지정된 다양한 공급자들 중에서 특정 공급자를 선택할 수 있는 형태이며, 정부는 등록된 서비스 공급자에게 직접 비용을 지불한다.

환급 바우처(reimbursement voucher)는 서비스 이용자가 미리 비용을 지불하고, 정부가 서비스 이용자에게 해당 금액을 환급해 주는 형태이다. 이러한 방식은 과세체계를 통해서 이루어지기도 하고, 이와 비슷한 수준의 전통적인 정부지출프로그램 형태로 이루어지기도 한다 (Blöndal, 2005).

(3) 운영체계

바우처 시스템의 운영체계에게 중요한 행위자는 바우처 수혜자와 서비스 제공자, 바우처 기관이다. 서비스 제공자는 바우처를 획득하기 위한 경쟁관계를 요건으로 하며, 서비스 품질을 유지해야 하는 역할이 있다. 바우처 수혜자는 정해진 조건하에서 서비스를 자율적으로 선택할 수 있어야 한다. 한편 바우처 기관은 서비스 제공자에 대한 모니터와 서비스 수혜자의 자격을 관리하는 역할이 있다. 이처럼 3자의 역할관계가 상호 연결되어 바우처시스템은 효과적으로 운영된다.

3) 설계

(1) 바우처 시스템 설계의 정책 영역

바우처 체계를 설계하는 데는 다섯 가지 중요한 정책 분야가 있다.

누가 이 바우처를 사용할 자격이 있는지에 대한 수혜자 정책(recipient policy), 어떤 서비스가 이 바우처에 대해 지불되는지에 대한 급여정책(benefit policy), 수혜자는 이 바우처를 사용하는 데 얼마를 지불해야 하는지에 대한 가격정책(price policy), 어떤 공급자들이 바우처 프로그램에 참여할 수 있는지에 대한 공급정책(provider policy), 공급자들은 바우처에 대해 얼마를 받을 수 있는지의 가치정책(value policy) 등이다.

이들 정책에 앞서 바우처 기관을 선정하는 데 적용되는 기준들이 있다. 바우처 기관은 바우처를 발행하고, 서비스공급자와 계약하며,

바우처를 제시하는 서비스 공급자들에게 상환하는 책임을 진다. 한편 제공되는 서비스의 질을 모니터링하는 책임도 있다. 바우처 기관을 선정할 때는 정치적, 학술적 자격보다는 실질적인 능력이 강조되어야 한다. 바우처 기관은 공공 부문의 기관, 민간 부문의 기관 또는 준공공조직도 될 수 있으며 정부 부처에 비해 독립성과 자율성을 가진다.

바우처 기관이 가져야 하는 네 가지 속성은 다음과 같다.

첫째, 중립성이다. 바우처 기관은 이익갈등을 초래할 수 있기 때문에 서비스 공급자와 연결되어 있지 않아야 한다는 것이다. 예를 들면, 보건기관들이 서비스 공급자로 참여한다면 보건복지부는 바우처 기관으로 적합하지 않지만 재경부는 서비스공급자와 충분히 독립적일 수 있어 적합하다.

둘째, 명망이다. 바우처 기관은 바우처의 오용 및 남용에 대처 할 수 있는 투명성과 책임성을 필요로 한다. 그렇지 않으면 외부감시가 충분하지 않을 경우, 서비스공급자와 바우처 기관이 부패를 공모할 수 있다. 이론상 공공조직이 유권자와 납세자에 대한 책임성은 강하지만 그만큼 부패에도 민감하다. 그러므로 바우처 기관 선정 후에는 공급자 선정 기준과 가격에 대한 합의를 공포하는 것이 필요하다.

셋째, 기술과 경험이다. 바우처 기관은 서비스공급자들과 협상하고 계약하는 능력과 더불어 계약 성과를 모니터링하는 기술과 경험이 필요하다. 따라서 바우처 기관은 회계와 행정관리를 위한 기술을 갖추고 있어야 하고, 대상이 특정 표적인구(노인, 장애인 등)인 경우, 이들의 문제와 욕구에 친숙해야 한다.

넷째, 자율성이다. 바우처 기관은 재정 관리와 공급자 계약을 운용할 수 있는 충분한 자율성이 갖추어져야 한다. 민간기관의 경우 이러한 문제가 별로 없지만 정부기관은 규제가 매우 강하여, 자율성을 갖추기가 어렵다. 그래서 이러한 규제를 피하기 위해 준공공기관을 설립하기도 한다.

가. 수혜자 정책(recipient policy)

수혜자 정책은 표적 수혜자와 프로그램에 대한 지리적 경계를 정의하는 것으로, 바우처 수혜자 자격 기준에 관한 것이다. 나이, 직업, 위치, 특정질환에 대한 노출, 소득, 인종집단, 질병과 건강상태, 성별 등이 포함된다. 빈곤을 감소하고 형평성을 향상시키기 위한 정책이라면 빈곤층이 표적수혜자가 되어야 한다. 일반적으로 표적수혜자 선별은 지리적 표적, 자산조사, 그리고 비영리조직이나 지역 활동가들에게 빈곤을 확인하는 책임을 부여하는 방법이 사용된다.

지리적 표적은 가장 간단한 방법으로 빈곤 지역을 지정하는 것이다. 하지만 빈곤 지역에 사는 가난하지 않은 사람들이 프로그램에 포함될 수 있지만 빈곤 지역에 살고 있지 않은 가난한 사람들은 프로그램에서 배제될 수 있다. 또한 자산조사(means testing)는 정확하게 빈곤을 확인 할 수 있지만 비용이 많이 드는 단점이 있다.

비영리조직이나 지역 활동가들에게 빈곤을 확인하는 책임을 부여하는 방법은 각 기관이 바우처를 회수할 때 기록되는 빈곤지표에 기초하여, 바우처의 분배수량을 조절함으로써 표적 수혜자에 대한 정확성을 향상시킨다.

예를 들면, A와 B기관이 각각 100매의 바우처를 대상자에게 분배하도록 제공받았다면, 대상자가 바우처를 사용할 때마다 그 사람의 소득수준이 기록된다. 즉 100매가 전부 분배되었고, 이를 대상자들이 전부 사용하였다고 가정할 때, 1회전에 A기관 사용자의 80%가 빈곤층이고 B기관 사용자의 20%가 빈곤층이라는 기록이 제시되었다면,

이는 200명의 바우처 수혜자 중 100명만이 빈곤층이라는 것을 의미한다. 그러므로 2회전에는 150매의 바우처를 A기관에 주고, 50매를 B기관에 제공하게 되는데 이는 200명의 바우처 수혜자 중에 130명이 빈곤층이라는 것이다.

나. 급여정책(benefit policy)

급여정책은 바우처 수혜자가 받는 급여를 정의하는 것이다. 급여는 특정의 보건 또는 복지서비스가 될 수 있고, 아니면 서비스 패키지도 가능하다. 서비스 패키지는 근거 중심(evidence-based)이나 비용효과 우수사례에 따라 추출되는 것이 좋다. 왜냐하면 급여정책에 의한 서비스가 효과적이면 바우처 프로그램의 결과가 크기 때문이다.

바우처에 대한 급여는 수혜자와 공급자에게 상세하고 명확하게 제시되어야 한다. 수혜자에게는 어떤 서비스가 배제되었는지 알 수 있도록 하여 서비스에 대한 신뢰를 주어야 하고, 공급자에게는 가격이 정확히 인지되도록 해야 하기 때문이다.

그 외에도 바우처 유효 기간은 너무 길지 않게 하고, 만료일은 미리 설정하는 것이 좋다. 이렇게 하는 것이 바우처의 소비를 촉진시키고, 바우처 기관의 재정위기 극복에도 도움이 된다.

다. 가격정책(price policy)

가격정책은 수혜자가 바우처를 사용 때 지불해야 할 비용에 관한 것이다. 바우처 수혜자가 이용하는 서비스에 대한 지불액은 전부 보조되는 사업인 경우에는 없고, 정상가격의 일정 비율 혹은 일정액의 할인된 형태를 띤다. 또한 할인율은 집단에 따라 상이하여 빈곤층은 무료, 비빈곤층은 50%를 부담하기도 한다. 그러므로 이런 정책은 바우처 프로그램이 형평성을 향상시키고 빈곤을 감소시키기기 위한 목적으로 사용할 때 매우 중요하다. 이 경우 바우처 수혜자가 지불해야 하는 비용은 무료이거나 시장가격 이하여야 한다.

가격정책은 바우처 프로그램 효율성에도 영향을 미친다. 수혜자로부터 회수할 수 있는 비용이 정부나 기부자의 총비용보다 낮고, 수혜자 부담비용이 정상수준이라 할지라도, 사람에 따라 바우처 사용을 꺼릴 수 있고, 비용 부담을 요청하는 것으로 행정비용을 초래하기 때문이다.

라. 공급정책(provider policy)

공급자 정책은 일정한 조건하에 바우처의 급여를 누가 공급할 것인가를 결정하는 것이다. 공급자 정책은 다음 세 가지 측면에서 매우 중요하다. 첫째, 보건복지의 증진을 위해 최상의 기술을 가진 공급자를 선정함으로써 서비스의 효과성을 최대화하는 것이다. 둘째, 기술적 효율성으로 공급자 정책은 프로그램의 비용에 영향을 미친다. 셋째, 클라이언트 만족을 위해 선택의 범위를 넓힐 수 있도록 공급자의 자유참여 전략을 사용할 수 있다.

누구나 바우처 프로그램에 공급자로 참여할 수 있도록 하는 정책은 서비스가 광범위하게 이용 가능하도록 하는 것이 중요할 때, 그리고 각 공급자와 관련한 행정비용을 낮게 유지할 수 있을 때 유용하다. 하지만 이러한 정책의 단점은 공급참여자 수에 따라 행정비용이 비례한다는 것과 공급되는 서비스의 질을 거의 통제하지 않는다는 것이다.

공급자의 수를 제한할 때는 선정과정은 투명해야 많은 공급자들이 선정과정에 참여할 수 있다.

공급자 선정 기준은 여러 가지 고려할 수 있으나 첫째 비용이다. 최저가격을 제시하는 공급자가 선정되는 것을 말한다. 한편 벤치마크 가격이 제시될 수 있는데 이 가격에 대단위로 서비스를 공급하는 참여자가 선정될 수 있다. 두 번째, 공급자의 질이다. 모든 참여공급자들은 다음과 같은 일정한 최소기준을 충족시킬 수 있어야 한다.

- 최소 운영시간
- 직원 수준(자격증, 기술, 경력 등등)
- 기본, 전문장비
- 커뮤니케이션, e-mail 등
- 주관부처 등록
- 클라이언트 정보를 바우처 기관에 보낼 수 있는 의도와 능력
- 숙련도 테스트 결과
- 고객 평균대기 시간
- 고객 만족도 지수

공급자 입장에서는 바우처 프로그램에 참여하는 것이 이득이 될 것인지를 판단하는 데 시간이 필요하다. 신규 프로그램일 경우 참여를 꺼릴 수 있으며, 회수된 바우처에 대한 상환을 실제로 받을 수 있을지도 우려한다. 계약이나 승인과정에서 부당한 경우가 있을 수 있고 고정 대상자 관리 프로토콜로 인해 자율성이 상실되는 상황에 참여를 주저하기도 한다. 또한 바우처 수혜자의 사회경제적 배경으로 기관의 이미지가 저하되는 것을 우려한다. 그러므로 프로그램을 성공적으로 운영하면 다른 기관들도 참여에 관심을 표명하고 또 그렇게 할 수 있는 기회를 제공하는 것이 중요하다.

마. 가치정책(value policy)

바우처의 가치는 공급자가 바우처를 바우처 기관에 돌려 준 대가로 받는 양이다. 가장 간단한 방법은 교환가치 1로 하여 공급자들이 미리 바우처 고정가치에 대한 합의를 하고 모든 공급자들이 동일한 양을 받는 것이다. 이 방법은 공급자들을 선정할 때 벤치마크 가격이 사용될 경우 쓰일 수 있다.

다른 방법은 공급자들의 실제 입찰 가격을 사용하여 각 공급자들에 달리 지불하는 것이다. 이 방법은 투명성에 대한 이의제기가 있을 수 있기 때문에 주의를 요한다.

(2) 바우처시스템의 적용과 평가 기준

가. 사업원리 측면

① 공급자 경쟁성

정부 직영이나 혹은 계약을 통한 서비스 공급 방식에서 바우처 제도로 변경하는 주요 이유는 다양한 사기업이나 비영리단체가 서비스 공급권을 확보하기 위하여 상호 경쟁할 것이라고 보기 때문이다. 공공서비스 공급과 관련하여 시장이 여러 공급자를 확보해 줄 수 있는 경우에만 바우처 제도가 효과가 있다. 바우처 제도를 도입·적용한 OECD 국가들의 경험을 종합적으로 평가한 결과, 바우처 제도의 가장 중요한 성공조건은 경쟁적 시장구조로 나타났다(OECD, 2005). 이러한 공급자 사이의 경쟁이 어느 정도인가에 따라 바우처를 통해 전달받는 서비스의 질이 결정될 수 있다(Benefield and Levin, 2002). 그러므로 시장의 경쟁성이 서비스 효과성에 중요하게 영향을 미친다.

흔히 바우처 제도로 인한 시장의 경쟁이라는 개념을 설명할 때 다수의 연구들은 수요자가 공급자를 선택할 경우의 경쟁 즉 서비스 수요단계에서의 경쟁만 언급하고 있으나, Cave(2001)는 서비스 구매단계에서의 경쟁과 서비스 수요 단계에서의 경쟁을 구분하고 있다. 서비스 구매단계에서의 경쟁은 공급자 간 경쟁 절차를 통해 서비스 구매자가 서비스 공급기관을 지정하는 경우 발생한다. 그러나 서비스 구매에서 경쟁이 소비자 선택으로서의 경쟁으로 연결되지 않을 수도 있다. 바우처 제도에서 정부가 서비스 공급자로부터 서비스를 구매하는 일종의 바우처 자금관리(public fund-holding agency)로서 역할을 할 때, 경쟁을 통해서 서비스 이용자가 서비스 공급자를 선택한 후, 관리 기구인 정부가 이용자들을 서비스 공급자들에 배정하는 경우 구매에서 경쟁은 발생하지만 선택에 있어서의 경쟁은 발생하지 않을 수 있다(Cave, 2001:61-2).

이론적으로 바우처 제도는 경쟁을 촉진시킨다고 이야기되지만, 경험적 연구에 의하면 바우처 제도가 경쟁을 촉진시키는 것인지는 연구결과가 상반되게 나타나고 있다(Neal, 2002; Couch et al, 1993; Jepsen, 1999). 이 같은 연구의 결과들을 고려할 때 정책적인 측면에서 서비스 공급 방식에서 바우처 제도의 성과나 효과를 판단하기 위해서는 서비스 공급에 있어 실제 시장에서의 서비스 공급자 간의 경쟁이 어느 정도나 존재하는지, 그리고 경쟁을 위한 공급자들 간의 고객 유인 활동 정도가 어느 정도나 되는가를 평가해 보아야 한다.

② 소비자(수혜자) 선택성

바우처 방식과 기존의 서비스 전달 방식에서 다른 또 하나의 큰 차이점이 소비자가 공급자나 서비스 내용과 수준을 선택할 수 있다는 점이다(Cave, 2001:61). 수혜자의 선택성이란 수급자가 공급 기관을 선택하는 것은 물론이고 서비스 내용이나 프로그램, 서비스 전달자인

도우미, 서비스 시간대 등을 선택할 수 있는 정도를 의미한다. 예를 들면 미국 정부가 보조해 주는 보육 바우처의 경우 부모들을 주가 인증하는 보육서비스 제공자나 혹은 친척이나 동네 이웃을 포함하는 비공식적인 서비스 공급자 중 선택할 수 있게 하여 서비스 선택성을 넓혀주었고, 이로 인해 서비스 만족이 높아졌다(Bradford & Shaviro, 2000). 즉 바우처 제도에서 소비자가 공급자를 선택할 수 있는 선택성이 공급자로 하여금 소비자가 원하는 서비스를 제공해야 할 유인이 생기게 만든다. 바로 이런 측면에서 바우처가 공급자 위주의 공급 방식에서 수요자 중심의 서비스 공급 방식으로 변화하는 것을 의미한다.

그러나 현실에서 다수의 공급자와 이들 사이의 경쟁이 다양한 서비스의 선택을 증가시켜 소비자의 만족을 확대시킨다는 바우처 본래의 의미가 현실적으로 작동되는 경우는 그리 많지 않은 것으로 나타나고 있다. 또한 Cave(2001:62)는 서비스 선택의 대안이 많지 않더라도 바우처 서비스와 유사한 서비스를 제공하는 공급기관 중에서 선택할 수 있는 기회를 제공한다면 '소비자 선택권 보장'이라는 바우처 제도의 의의를 살릴 수 있다고 말한다. 그러므로 서비스 제공에 있어 사용자들의 선택권이 어느 수준에서, 어느 정도나 작동하고 있는지, 그리고 선택 가능한 대안적 시장형성이 있는지 등이 바우처 제도의 효과와 성과를 살펴보는 중요한 기준이 된다.

또한 선택의 자율성, 즉 소비자가 본인의 선호에 기초하여 타인에 의지하지 않고 스스로 선택의 주체가 되어 서비스를 선택할 수 있는 자율성이 어느 정도인가 하는 것이 수혜자의 선택성을 구성하는 중요한 기준이 된다.

③ 정보 접근성과 지리적 접근성

바우처 프로그램에서 서비스 이용자들의 서비스 효과성에 영향을 미치는 중요한 요소는 정보 가용성이다. 서비스 이용자의 선택권과 공급기관 간의 경쟁이 확보되어 있더라도 서비스 이용자가 아무런 정보도 없고 이에 따라 아무런 선택을 할 수 없다면 시장 기능이 제대로 작동하지 않게 된다. 따라서 바우처 서비스 이용자의 정보 가용성이 서비스 효과성에 영향을 미친다. 미국의 메디케어(Medicare) 바우처 프로그램의 경우 서비스 이용자가 대부분 저학력자이기 때문에 복잡한 미국 의료시스템을 충분히 이해하고 적절한 의료기관을 찾는 데 어려움이 크다. 이와 같은 각 분야에 대한 정보를 읽고 이해할 수 있는 문해 능력이 바우처 제도의 성과에 영향을 미치게 된다(Bilheimer, 2000). 그래서 미국 정부는 메디케어 프로그램의 경우 의료서비스를 제공하는 바우처 이용자에게 해당 의료기관이 모든 정보를 제공하도록 입법화하였다(Reischauer, 2000). 사회복지서비스를 필요로 하는 경우 의존적인 경향이 많아 주체적으로 공급자를 분별하는 것은 대단히 어려울 수 있다. 따라서 서비스 이용자들에게 공급자에 대한 정보 접근성은 바우처 제도의 효과에 영향을 미칠 수 있는 아주 중요한 요소이다.

사회서비스에 있어 공급기관들과의 지리적 접근성도 사회서비스 바우처 정책의 효과성을 결정하는 중요한 요인이다. 이는 바우처 시장에서 공급자와 소비자 간의 거리가 소비자 선택권의 효력에 중요한 영향력을 미친다고 주장하는 학자들이 있다. Le Grand(1991)는 사회서비스 시장에서 다양한 공급자의 확보가 어려운 문제가 발생할 때 거리상의 불편함이 존재하더라도 사회서비스 지상을 지리적으로 확대하여야 한다고 주장하였다. 이는 경쟁에 있어 공급적 요인에 초점을 둔 것으로, 현존하는 공급 기관의 수를 양적으로 늘리는 효과뿐만 아니라 잠재적 진입자(potential entrant)의 기대 수익을 높여 진입 유인(incentive to entry)을 증가시킬 수 있기 때문이다. 그러나 지리적 시장 확대 시 공급기관의 수요가 많은 대도시 지역에 위치하여 높은 시장 점유율(market share)을 확보하려는 유인이 있어 수요 측면에서 볼 때는 공급기관에 대한 접근성이 낮아질 위험성이 있다. 이러한 측면에서 Ensor et al(2002)은 거리를 건강 서비스(Health care service) 수요의 중요 장애요인(barrier)으로 해석하고 있다(이제복 · 박상인, 2011:373). 그러므로 공급기관과의 지리적 접근성은 서비스 효과에 영향을 미치는 중요 요인이 된다.

④ 형평성(equity)

사회 정책의 중요한 효과 중 하나가 형평성의 달성이다. 형평성은 수직적 형평성(vertical equity)과 수평적 형평성(horizontal equity)로 구성된다. 바우처 제도에서 수직적 형평성의 효과성은 바우처의 혜택이 소득이 적은 계층 내지 가구에 배정되어야 한다는 것을 의미하고, 수평적 형평성이란 제공되는 바우처가 가족의 수, 지역 등에 따라 차별화되어 제공되는 것을 말한다. 일반적으로 수직적 형평성을 위해서 가장 빈번하게 사용되는 방법이 수혜금액의 한도(ceiling)를 정하고 이를 소득 수준에 따라 구간별로 또는 반비례하게 지원금을 조정하는 것이다. 그러나 단순하게 소득뿐만 아니라 가구 구성원의 특성, 지역 등을 고려하면 수직적 형평성 역시 보다 강화될 수 있다.

형평성의 측면에서 고려해야 할 또 하나의 항목은 수혜기간(duration)이다. 만일 고소득자들의 수혜기간이 길어지면 수직적 형평성은 훼손된다. 따라서 일정 기간이 지나면 빈곤층을 제외하고는 바우처 혜택을 종료 또는 원점에서부터 재평가하여 시행하는 방법을 사용하면 일정 정도 이러한 형태의 수직적 형평성의 훼손을 막을 수 있다.

나. 사업집행 측면

① 예산 운영

사회정책에서 예산은 시행 중인 정책의 집행되는 상태의 정보를 제공하고 있는 것이다. 따라서 특정한 목적을 위하여 특정기간에 사용되는 예산이 집행되는 정책의 건전성과 자원을 인식하고 사용하는 방향을 제시하는 중요한 요인이다. 이런 측면에서 바우처 제도에서의 총 사업비용과 수혜자 1인당 사업비용 등이 사업 목표와 목표 달성을 위한 방향성을 보여주는 지표로 사용될 것이다.

② 본인부담액과 비율

바우처 제도에서 본인부담액은 서비스 대상 범위를 서민 및 중산층에까지 확대하는 한편 비용의 일정 부분에 대한 부담을 수급자에게 부담함으로써 소비자인 수급자가 서비스를 선택하도록 하여 공급자간 경쟁을 유도하기 위한 장치이다. 그러나 본인부담액의 과대 책정은 서비스 이용의 접근성 하락을 초래하며, 과소책정은 서비스의 과대 소비로 인한 경제적 비효율을 초래한다.

본인부담액의 산정 방식에는 정액제와 정율제가 있다. 정액제는 선정 기준에 따라 소득이나 욕구판정 결과 등에 따라서 서비스 제공량이 달라지지만, 이용자의 서비스 이용시간에 관계없이 일정 금액이 본인부담금액으로 지정되는 방식이다. 따라서 본인부담금액은 소득수준과 욕구에 따라 서비스 제공량과 서비스 시간을 고려하여 산정할 필요가 있다.

③ 규제

바우처 서비스의 질 관리를 위해서는 원론적으로는 다수의 역량 있는 제공기관들이 존재하여 이용자의 선택이 가능해야 하고, 여기서 경쟁을 통해 품질이 향상되는 선순환구조를 가져야 한다. 그렇지만 이러한 조건들이 바우처 제도에서 충분히 작동하지 않는 상황이거나 혹은 공급자 선정과정이 잘못되어 경쟁원리 도입이 아닌, 공급자 보호라는 바우처의 부작용이 나타날 수 있으므로 공급자의 자격을 통제하여 서비스 품질을 관리해주어야 한다. 특히 사회서비스와 같이 품질이 불확실(quality uncertainty)한 특성(Ackerman, 1996)이 있는 경우에는 더욱 이러한 공급자의 자격 통제를 통한 품질관리 부분이 바우처의 효과성을 평가하는 중요한 요인이 된다. 더욱이 바우처는 관련기관이 중앙정부, 지방정부, 비영리·영리기관, 민간기관 등으로 구성되어 정책집행 단계가 복잡하여 효과에 대한 책임소재를 파악하기 어려운 구조이므로, 정부가 규제를 통하여 일정 수준의 품질기준을 요구하고 이에 대한 모니터링을 강화해 나가야 한다. 따라서 정부가 일정한 정도의 품질 규제를 위해서는 서비스의 내용과 절차, 방법에 대한 기준을 마련하고, 서비스 공급시설의 시장 진입에 대한 기준을 마련하여 서비스 인력의 질적 자격을 관리하여야 한다. 또한 바우처는 정부의 직접 서비스 공급 방식에 비해서는 직접성이 낮은 정책수단이므로 책임성의 소재를 파악하기 힘들기 때문에 수혜자의 불만의 처리와 피해보상청구권의 적용 범위, 수혜자 바우처의 부정사용 등을 규제하여야 한다.

다. 산출 및 결과 측면

① 사업 목표의 부합성과 달성도

바우처 사업의 효과성을 평가하기 위해서는 사업목표의 명확성에 대한 평가가 이루어져야 한다. 사업목표가 명확한 근거를 가지고 있는지, 그 목표를 이루는 방식으로서 바우처가 가장 적합한지에 대한 평가가 포함되어야 한다. 즉 해당 바우처 사업을 통하여 소비자의 선택권을 강화하는 것이 주목표인지, 경쟁을 통하여 소비자의 선택권을 강화하는 것이 주목표인지, 경쟁을 통해 보다 질 좋은 서비스를 향유하도록 하는 것인지, 해당 상품이나 서비스를 좀 더 소비하도록 하려는 것인지, 서비스 대상자의 문제해결에 대한 명확한 목표를 수립하고 있는지와 이에 바우처 사업의 방식이 부합하는지를 평가하여야 한다.

② 참여이용자 수의 변화

정책이나 사업에 대한 평가에서 산출(outputs)의 평가란 그 정책이나 사업의 활동에 의한 직접적으로 나타나는 활동의 산물을 의미한다. 산출지표는 측정 가능한 산물로서 성취된 작업의 양, 서비스에 참여한 사람의 숫자 등과 같은 것이 포함된다. 사회서비스 바우처 사업은 사회서비스를 공급하는 활동이므로 이 사업에 참여한 이용자수가 중요한 산출지표가 된다.

③ 이용자의 서비스 전후 상태변화로 인한 사업목표달성 정도 및 만족도

바우처 사업은 전통적인 공급자 중심에서 이용자 중심으로의 변화를 초래하는 정책수단이므로 이용자들의 서비스 혹은 서비스의 질에 대한 평가가 이 사업의 효과성 평가의 중요 요인이 된다. 왜냐하면 서비스의 궁극적인 목적이 이용자가 자신이 원하는 바를 달성하는 것

이 가장 중요하며 이를 위해서는 서비스 이용자들이 자신이 이용하는 서비스에 만족하도록 하는 것이 중요하기 때문이다.

4) 사례와 쟁점

(1) 우리나라 사회서비스 바우처 사례

가. 사회서비스 바우처 구조

사회서비스가 무엇인지 합의된 정의는 없으나, 일반적으로 개인 또는 사회 전체의 복지 증진 및 삶의 질 제고를 위해 사회적으로 제공하는 서비스를 말하는 것으로 이해된다. 사회서비스에 대한 초기 연구들에서는 사회서비스를 현대인의 상호관계 및 역할에 대한 욕구충족을 위한 사회적 수단으로서, 가족생활을 보호하거나 회복하게 하고, 개인의 외적·내적 문제를 대처하도록 지원하며, 개인의 성장발달을 돕고, 사회차원에 접근을 촉진하는 서비스로 정의하였고(Kahn, 1973), 개인과 단체의 복지증진을 위한 공동서비스로서 아동보호, 가사서비스, 상담, 아동보호서비스 및 각종 공공서비스를 포함하는 것으로 개념이 확장되었다(Kahn & Kamerman, 1976). 1980년에 들어 사회서비스의 구체적 범주가 논의되었는데, Kahn & Kamerman(1987)은 사회서비스를 개별적, 비물질적 사회 심리적 서비스라 정의하면서 개인서비스의 구체적 범주로 아동, 장애인, 노인, 가족 등이 포함되며, 각종 시설보호와 재가보호 등이 모두 포함된다고 하였다.

일찍이 사회서비스가 발달한 영미권 국가에서는 사회서비스의 대인사회서비스를 강조하고 있다. 즉, 취약집단(빈곤층, 장애인, 노인, 정신질환자 등)이 가지는 문제를 해결하는 데 중점을 두면서 자활(Self-sufficiency)을 강조한다. 일례로, 미국은 인간서비스(human services) 혹은 사회서비스(social services)가 소득보장, 교육, 보건의료, 문화 관련 분야가 제외된 사회복지 부문 서비스의 의미로 통용된다. 영국의 사회서비스(social services)는 소득보장, 보건, 고용, 주거, 교육 등을 포괄하는 광의의 사회정책 영역이고, 대인사회서비스(personal social services)는 이와 구분되는 지방정부·민간·비영리 단체 등을 중심으로 사회적 보호욕구(social care need)를 충족시키기 위한 지원(support)과 보호(care) 서비스를 의미한다. 반면, 북유럽 국가들에서는 사회정책이 궁극적으로 전 국민의 결과의 평등을 지향하면서 국민의 권리적 측면을 강조하는 보편적 서비스를 제공하고 있다. 우리의 경우에도 사회보장기본법과 사회복지사업법에 따라 사회서비스를 사회복지의 영역으로 접근하고 있다. 사회서비스를 국가와 지방자치단체와 민간이 제공하는 상담, 재활, 직업소개 및 지도, 사회복지시설 이용과 관련된 개별적, 전문적 서비스로 규정하여 사회적 기능이 취약한 개인 혹은 가족의 삶의 질 보장을 위해 서비스 제공자를 통해 직접 전달되거나, 필요한 자원을 지원함으로써 일상생활의 유지와 재활, 자립이 가능하도록 지원하는 서비스를 일컫는 것으로 사용된다.

우리 사회에서 사회서비스는 '사회적 서비스 일자리'라는 용어와 더불어 등장하였다. 경제위기 이후로 사회안전망이 불충분한 상황에서 대규모 실업사태를 극복하기 위하여 공공근로사업을 추진하였는데 이러한 사업들이 주로 저소득층 간병 및 무료 집수리, 음식물 재활용, 숲가꾸기 사업 등 사회적 서비스 분야에 집중되어 있었다.

그러나 이러한 공공근로사업은 일자리로서 연속성이 보장되지 않았고, 안정적인 일자리로 전환하지 못하였다. 이에 "괜찮은 일자리 창출을 위하여 사회서비스 부문 확충의 필요성(국민경제자문회의, 2006)"이 제기되었고, (구)기획예산처(2006)의 사회서비스 향상 기획단에서 처음으로 사회서비스 향상을 위한 정부 차원의 기본 계획을 제시하였다. (구)기획예산처(2006)에서 발표한 기본계획의 내용은 다음과 같다.

첫째, 먼저 정부 재정투자를 바탕으로 시장의 활성화를 이루어 민간시장 공급에 역점을 둔 이후에 민간의 주도하에 공급을 촉진한다, 둘째, 공급자 지원 방식에서 바우처 지원과 같이 수요자 중심의 지원 방식으로 전환한다. 셋째, 공공근로나 단기 일자리의 한계점을 극복하고 질 높은 지속 가능한 일자리를 창출한다. 넷째, 현장 중심의 수요자 욕구 반영과 지역 고용 촉진을 위한 지방 정부의 역량 강화, 향후 지방정부 중심체계로의 전환이다(최옥채, 2008). 그리하여 정부에서는 사회서비스를 개인 또는 사회 전체의 삶의 질을 향상시키기 위하여 제공하는 관련 서비스로 정의하였고(사회서비스 향상기획단, 2006), 보육, 아동 · 장애인 · 노인보호 등의 사회복지, 보건의료, 방과 후 활동, 특수 교육 등의 교육서비스, 도서관 · 박물관 · 미술관 등 문화시설 운영을 포함하는 문화서비스 등으로 범주화하고 있다.

이러한 정책 기조하에서 전통적인 사회복지 분야에서 재정지원이 바우처를 이용해 적극적으로 이루어지기 시작하면서 사회서비스 바우처들이 등장하였다. 보건복지부는 사회서비스라는 새로운 사업영역을 사회투자라는 개념 틀 속에서 육성하기 위해 기초생활수급자와 차상위 계층을 수요자 중심의 바우처 방식으로 지원하기 시작하였다. 2006년 9월 "사회서비스 확충 계획"을 수립하고 '사회서비스바우처'가 전격 도입, 운영되었다. 또한 초기의 종이바우처 방식을 대신하여 2007년부터 사회서비스센터가 중심이 된 전자 바우처 제도가 실시됨으로써 바우처 제도가 확대되는 계기를 가져왔다. 당시 사회서비스 바우처 사업은 2007년 4월 노인돌봄서비스, 5월 장애인활동보조서비스, 8월의 지역사회서비스 투자사업 등 3개 사업으로 출발하였다.

〈표 4-16〉 사회서비스 전자 바우처 사업 주요 내용

구 분		가사 간병 방문 사업	노인돌봄 종합서비스	장애인 활동지원	발달재활 서비스	산모/신생아 도우미 지원사업	지역사회 서비스투자 사업
지원내용	지원 시간	월18~24 시간	월27~36 시간	월42~183 시간	주2회씩8회 (1회당50분)	2주(12일)	사업별 상이
	서비스 내용	신변·활동지원 가사·일상지원 간병	신변·활동지원 가사·일상지원 주간보호	신변·활동지원 가사·일상지원 방문목욕, 방문간호	언어·청능(聽能), 미술·음악, 행동놀이·심리, 감각 운동 등	산모 및 신생아 건강관리 등	아동인지 능력: 책읽어주기, 독서지도 지역개발형: 아동발달, 노인건강, 장애인 사회참여, 건강가정 지원
발급 기준		기초수급자 차상위	전국가구 평균소득 150%이하, 65세 이상 노인	만6~65세 1급 장애인	전국가구 평균소득 100% 이하 18세 미만 장애아	전국가구 평균소득 50% 이하 출산 가정	전국가구 평균소득 100% 이하 (사업별상이)
비용부담	수급자	면제~8천원	면제~8천원	면제	면제	평균소득 40 이하: 46천원, 평균소득 40-50: 92천원	서비스 가격의 20% 내외 (사업별상이)
	차상위	18~24천원	18~24천원	2만원	2만원		
	차상위 초과		36~48천원	지원액의 6~15%	4~6만원		

자료: 보건복지부(2012) 6월 1일 사회정책과 보도자료.

2008년 2월 산모신생아도우미, 9월 가사간병서비스를 추가하여 5개 사업으로 늘렸으며, 2009년에는 2월 장애아동재활치료 사업까지 확대하여 6개 사업으로 확대되었다. 이들 비우처 사업들을 정리하면 〈표 4-16〉과 같다.

나. 우리나라 사회서비스 바우처 사업의 문제와 성과 분석

2006년 이래 시행된 바우처 사업에 대한 효과성를 분석하여 요약

〈표 4-17〉 사회서비스 바우처 효과성 분석 지표

사업원리 측면의 기준		사업집행 측면의 기준		산출 및 결과 측면의 기준
공급자 경쟁성	경쟁 혹은 독점 정도	예산 운영	사업예산	사업목표의 부합성과 달성도
	고객유치활동 정도		사용부담액과 비율	참여이용자 수의 변화
수혜자 선택성	선택의 정도	규제	서비스 내용과 절차, 방법에 대한 기준	이용자의 서비스 전후 상태변화로 인한 사업목표 달성정도 및 만족도
	선택의 자율성		공급시설의 시장진입에 대한 기준	
접근성	정보의 접근성		서비스인력의 자격관리	
	지리적 접근성		수혜자 불만의 처리, 피해보상청구권의 적용 범위	
	수혜자 간 불평등 및 격차존재 여부		수혜자 바우처의 부정사용규제	

하면 다음과 같다(강창현, 2012). 사회서비스 바우처 사업들의 효과성을 종합적으로 분석하기 위해서 바우처가 가진 사회서비스 공급 정책수단으로서 목적과 의미에 가중치가 주어져야 한다. 따라서 분석기준별 중요도를 사업원리측면의 기준(50%), 산출 및 결과측면의 기준의 기준(30%), 사업집행측면의 기준(20%)순으로 판단하였다.

이에 대한 결과를 제시하고 있는 〈표 4-17〉을 보면, 우리나라 사회서비스에서 가사간병도우미 사업은 원리 측면의 기준을 충족하지 못하며, 일부 집행 측면의 기준만 충족하고 있다. 노인돌보미 바우처 사업도 원리 측면 기준은 충족하지 못하고 집행 측면 기준만 상당 부문 충족하고 있으나 결과 측면에서는 매우 미흡하다. 산모신생아도우미 사업은 세 가지 측면의 기준을 가장 많이 충족하고 있고, 장애인활동보조 사업은 집행과 결과 측면 기준만을 충족하고 있는 것으로 보인다. 또한 장애아동 재활치료 사업은 원리 측면과 집행 측면의 기준은 비교적 충족하고 있는 것으로 나타났고, 지역사회투자 사업은 지역별로 프로그램의 수가 많고 종류도 매우 다양하기 때문에 일률적 판단이 곤란한 것으로 조사되었다.

요약하면, 사회서비스 바우처 사업에 가장 효과적인 분야는 산모신생아도우미 사업, 장애아동재활치료 사업이고, 집행관리에만 치중하고 있는 분야는 장애인활동보조 사업, 노인돌보미 사업이며, 비효과적인 분야는 가사간병도우미 바우처 사업이라고 할 수 있다. 이러한 결과는 최근 3년간 사업예산이 250,000백만 원 이상 증가한 것에 비해 사업별 효과성 관리는 매우 부족하다는 것을 증명하고 있다. 그럼에도 불구하고 최근 3년간 제공 기관과 인력이 두 배 정도 증가한 것에 대해, 사회서비스 바우처 사업이 일자리창출의 측면에서는 성과를 보이고 있다는 것이다. 구체적인 분석결과는 〈표 4-18〉과 같다.

이상의 내용에 대한 분석과정에서 한국의 바우처 사업을 설계할 때 고려해야할 몇 가지 사항을 제시하면 다음과 같다.

첫째, 바우처 사업의 성과에 대한 기준이다. 사회서비스 바우처 사업의 경우 산출, 결과에 대한 지표가 개발되고 분석되어야 그 사업의 효과성을 구체적으로 진단할 수 있다. 미국의 WIC 사업의 경우에는 사업성과를 참여자수가 얼마나 늘어나고 있는가 보다 사업의 궁극적 효과가 나타나고 있는가에 주목하고 있다. WIC에 의한 건강의 결과가 얼마나 향상되었는지 긍정적인 증거들을 찾고 있으며 영양상태의 개선에 대한 데이터도 축적하고 있다. 우리의 경우에도 장애아동 재활치료 바우처를 통해 그 치료효과가 얼마나 나타나는지에 대한 구체적인 증거자료가 부족하다. 현장에서는 이 사업이 치료보다는 오히려 관리라는 의미가 크다고 지적하고 있다.

둘째, 경쟁구도의 제도화이다. 바우처는 기본적으로 시장 환경을

〈표 4-18〉 사회서비스 바우처 효과성 분석결과

평가 항목		가사간병			노인돌봄			장애인 보조			장애아동 재활			산모 신생아			지역사회 투자		
구분	세부 항목	종합판단			종합판단			종합판단			종합판단			종합판단			종합판단		
		미흡	보통	양호	미흡	보통	양호	미흡	보통	양호	미흡	보통	양호	미흡	보통	양호	미흡	보통	양호
공급자 경쟁성	경쟁/독점	✓			✓				✓				✓			✓			✓
	고객유치 활동	✓			✓			✓					✓			✓			
수혜자 선택성	선택의 정도		✓			✓			✓				✓			✓			
	선택 자율성	✓			✓				✓				✓			✓			
접근성	정보 접근성	✓			✓			✓				✓				✓			
	지리적 접근성	✓				✓			✓		✓				✓				
	불평등 격차	✓			✓			✓			✓				✓				
예산 운영	사업예산		✓				✓			✓			✓	✓					✓
	본인 부담액	✓			✓			✓			✓			✓			✓		
규제	내용·절차·방법		✓				✓			✓			✓			✓			✓
	공급자 시장진입		✓			✓				✓		✓			✓				
	자격관리			✓			✓		✓				✓			✓			
	불만/보상		✓			✓			✓		✓					✓		✓	
	부정사용 규제			✓			✓		✓		✓					✓	✓		
사업목표의 부합성/달성도			✓		✓					✓		✓				✓			
참여이용자의 변화			✓		✓				✓			✓		✓			✓		
서비스 전후 변화/만족도			✓		✓					✓	✓				✓				

전제로 작동되는 수단이므로 이를 위한 세밀한 설계가 요구된다. 현재와 같이 공급자 분할구도, 수혜자 나누기, 공급자의 수혜자 역선택 등 실질적인 경쟁이 상실된 상황에서는 바우처가 사회서비스 전달의 최적 수단이라는 명분은 약하다.

셋째, 연관사업 성장을 위한 정책목표의 전략화이다. 미국의 WIC 사업은 정책 대상이 상대적 하위소득계층의 임산부, 영유아들이지만 담당부처는 농무부이다. 이는 바우처 사업으로 이들의 건강증진 외 양질의 먹거리를 제공함으로써 농산물의 소비를 촉진시키려는 전략적 목표가 설정되어 있기 때문이다.

넷째, 소비자지원체계이다. 바우처는 본질적으로 소비자 중심의 수단이기 때문에 이들을 지원하는 인프라가 필요하다. WIC 사업이 시사하는 바는 민간계약을 통해 이들을 지원하기 위한 에이전시들을 지역별로 설치하고 여기서 다국어로 된 안내 자료가 제공되며, 다국어 상담요원, 영양사와 간호인력 등이 배치되어 다양한 인종의 대상자 지원활동을 하고 있다. 한편 우리의 경우 소비자불편사항에 대한 해결기제가 미비한데 분쟁해결기제를 마련하는 것도 여기에 해당되는 사항이 될 것이다.

다섯째, 전자 바우처에 대한 모니터링이다. 명목 바우처 대신 전자 바우처를 사용하는 목적은 편리함과 더불어 사용상의 속임수를 방지하기 위한 의도가 가장 크다고 할 수 있다. 그러나 사회서비스는 휴먼서비스로서 사람을 대상으로 사람에 의해 서비스가 행해진다는 특징이 있다. 이 점 때문에 전자 바우처로 모든 속임수를 차단할 수는 없다. 미국의 food stamp 사업의 경우 EBT카드로 대체되어 편리성이 도모되고 불법성이 줄었다고 하나 여전히 그 위험성은 상존한다. 그렇기 때문에 공급자, 소비자에 대한 모니터링이 강화되고 있으며 대단히 중요한 성공적 요소가 된다.

(2) 해외 사례

가. 미국의 WIC

미국 연방정부의 대표적인 바우처 프로그램인 WIC의 사업구조는 표적대상자, 정보의 제공, 경쟁시장의 형성, 서비스 전달체계 등에 있어서 우리에게 시사하는 바가 크다. WIC(Women, Infants and Children)는 임신부, 출산부, 영아, 5세 이하 아동에게 제공되는 보충적 영양프로그램이다. 철분과 단백질, 비타민C와 다른 영양소가 풍부한 음식을 제공하여 임산부는 건강한 아이를 출산하고, 태어난 아이는 건강하게 성장하도록 돕는 프로그램이다.

WIC는 1972년에 설립된 이후로, 1974년부터 2년 동안의 시범사업을 거쳐 시행되었으며, 미국 연방정부 USDA가 지원하는 바우처 프로그램으로 미국에서 시행하고 있는 바우처 프로그램 중 가장 성공적이라고 평가받고 있다.

WIC에 참여하기 위해서는 범주적 수혜 자격, 주거 지역, 소득 기준 등의 조건이 충족되어야 한다. 범주적 수혜 자격은 임산부, 산후 6주까지 비모유수유 여성, 산후 1년까지의 모유수유 여성, 생후 1년 미만 유아 또는 5년까지 아동으로 규정하고 있다. 소득 기준은 빈곤선의 최대 185%로 설정하고 있고,[15] 주 정부별로 자율적인 판단에 따라 수입 기준선을 정할 수 있으나 매년 보건부(DHHS: Department of Health and Human Service)에서 발표하는 빈곤선의 100%보다 낮출 수는 없다.

그리고 Food Stamp, Medicaid, TANF(Temporary Assistance for Needy Families) 프로그램에 참여하고 있는 가족 구성원이 있는 사람은 자동

15) 2006년 4월 기준 미국 4인가구의 연방빈곤선의 185%는 연간소득 37,000$, 월 3,084$, 주 712$ 수준으로 책정되어 있다(메릴랜드 주정부 내부자료, 2007).

적으로 WIC 프로그램에 참여할 수 있는 소득자격조건을 가지게 된다.

WIC 프로그램 참여자의 48%가 Medicaid의 혜택을 받고 있으며, Food stamp 프로그램은 WIC 프로그램 참여자의 27%, TANF는 WIC 프로그램 참여자의 17%가 각각 혜택을 받고 있다.[16] 수혜서비스는 보충적 식품패키지, 영양교육, 보건사회서비스 의뢰 등으로 구성되어 있다. 전달체계는 소매(Retail food delivery systems), 재가(Home food delivery systems), 직접배분(Direct distribution delivery systems) 등 세 가지로 구성되어 있다. 소매는 참여자가 인가된 소매점에서 바우처를 식품과 교환하는 것이며, 재가는 식품이 참여자의 가정으로 배달되는 것이며, 직접배분은 주 또는 지방 대행기관에서 운영하는 보관시설에서 참여자가 직접 식품을 고르는 경우를 말한다. 그러나 대부분 소매 전달체계를 이용하고 있다.

WIC은 연방정부-주정부-지방정부의 파트너십을 통하여 운영되며, 사업의 구조는 50개주, 34개의 인디언 부족조직 등 모두 주의 90개 사업기관과 2,200개의 지방기관, 그리고 9,000개의 클리닉(clinic site)으로 프로그램이 관리·실행되는 연방프로그램이다. 메릴랜드주의 경우 22개 지방기관을 통해 127,140명에게 WIC 프로그램을 실행하고 있으며 이 기관들에게 배정된 예산은 총 $17,465,545이다(메릴랜드 주정부 내부자료, 2007).[17] 각 기관별로 배정된 재정은 예산 가이드라인

16) 일부 WIC 프로그램 참여자는 3개의 프로그램 즉 Food stamp, Medicaid, TANF 중에서 1개 이상의 프로그램으로부터 혜택을 받고 있는데, 이 중에는 3개의 프로그램 모두에서 혜택을 받는 사람이 15%나 포함된다(메릴랜드 주정부 내부자료, 2007).

17) 메릴랜드 주정부의 WIC 재정은 두 개의 배정 기준이 있다. 각 기관당 총 재정은 기본 재정과 사례 당 재정으로 배정되는데 기본 재정은 5,000명 이하 185,000$, 5,000명~9,999명 170,000$, 그리고 10,000명 이상은 135,000$로 배정된다. 여기에 WIC등록자 1인당 110$로 계산하여 추가 배정된다(메릴랜드 주정부 내부자

에 따라 집행되어야 하는데 간접비는 인건비 10% 이내로 한정되어 있거나, 적이도 20%는 영양교육에 집행되어야 하며, 참여자별 3.5$는 모유수유를 촉진하기 위해 집행되도록 한다는 것이다. 22개 기관들 중 하나인 존 홉킨스는 11개의 현장 클리닉을 구성하여 주정부와의 계약사항을 수행하고 있다.[18)]

주정부 기관들은 당해 행정구역 내에서 프로그램 운영을 책임진다. 주정부 기관들은 지방정부 WIC 지원기관들과 계약을 맺는데 대부분이 지방정부의 보건 담당 부서이지만 대학 등 일부 민간 비영리기관도 포함되기도 한다. 주정부 기관은 이들에게 자금을 할당하고 프로그램 운영과 관련하여 지원하기도 한다. 지방정부 기관들은 참여자들에게 클리닉 창구를 통하여 또는 직접적으로 서비스를 제공한다.

대상자들은 클리닉에서 서비스를 신청하고, 적격심사를 받아 식품바우처를 제공받는다. 또한 영양스크린, 의료보호 및 기타 사회서비스 추천을 받아, 상담 교육 등의 서비스를 받거나 다른 자원에 연결되도록 한다.

820만 이상이 매달 이 프로그램의 혜택을 보고 있다. 1974년 도입 초기에 월평균 참여자 8만 8천 명이 1980년까지 참여자는 190만 명에 달하였다. 그 후 1990년에 450만 명, 1997년에 719만 명으로 늘어났다. 2008년 기준 월 평균 870만 명이 참여하고 있으며, 이 중

료, 2007). 각 지방기관들은 배정된 등록 인원의 97% 수준을 유지할 수 있어야 한다. 만약 당해회계연도 1분기에 이에 미달할 경우 다음회계연도에서 보조금이 삭감될 수 있다. 또한 각 지방기관들은 예산문제로 인해 배정된 인원의 5%를 초과할 수 없다(MARYLAND DEPARTMENT OF HEALTH AND MENTAL HYGIENE, WIC PROGRAM POLICY AND PROCEDURE MANUAL, 2007).

18) John Hopkins의 clinic site는 GBMC, Eastern Ave, JAI Medical Center, MLK, Cherry Hill, Park West Medical Center, Paquin, Harriet Lane Primary Care, Main Office, Belair/Edison 등이다(John Hopkins 내부자료, 2007).

〈표 4-19〉 WIC 프로그램의 성과

성과	WIC 프로그램의 영향분석결과	
	일반적 발견	비고
건강의 결과	출생몸무게와 관련성과 및 관련의료비용 등에 명백한 긍정적 영향	영향에 대해 대규모연구가 수행되지는 않음
영양섭취	대부분 긍정적 영향	많은 정보들이 최신의 것이 아니며, 일정 연령집단은 연구되지 않음
영양상태	아동의 철분상태에 대한 영향은 강력하게 제안. 유아와 아동의 성장에 관한 유용한 정보는 부족함	많은 연구들이 오래된 것이며 특정집단에 대한 연구는 전무함

자료 :Oliveira et al. (2002). The WIC Program: Background, Trends and Issues.

433만 명이 어린이고 222만 명이 유아, 그리고 215만 명이 여성이다(Oliveira et al. 2002; 2009).

그러나 미국의 대표적 바우처 프로그램인 WIC는 사업성과를 참여자수의 증가도 분석하고 있지만 무엇보다 사업의 궁극적 효과가 나타났는가에 주목하고 있다. WIC에 의한 건강이 얼마나 향상되었는지 긍정적인 증거들을 찾고 있으며, 영양상태의 개선에 대한 데이터도 축적하고 있다.[19)]

바우처 사업의 성패를 좌우하는 중요한 요소 중 하나는 부정과 남용을 어떻게 감시하고 방지할 것인가이다. 이와 관련된 집단은 판매자(vendor), 참여자(participant), 직원(employee)이다. 판매자의 부정은 판

19) 바우처 사업의 평가에 있어서 최성은・최석주(2007)의 연구는 Kutty(2005)의 연구를 주로 참고하여 효율성, 생활수준의 유지, 형평성, 사회적 통합으로 나누어 평가원칙과 고려사항을 제시하고 있다. 여기서 효율성은 바우처 도입이 노동시장 참여 내지 고용에 미치는 부정적 효과를 얼마나 최소하였나에 관련된 것이다. 생활수준의 유지는 빈곤구제와 사회보험적 역할이라는 목표를 수행하였는가와 관련된다. 형평성은 수직적 형평성과 수평적 형평성으로 나누어지는데 수직적 형평성은 바우처의 혜택이 소득이 적은 계층 내지 가구에 배정되어야 한다는 것을 의미한다. 수평적 형평성은 제공되는 바우처의 혜택이 가족 수, 임금수준, 지역 등에 따라 차별화되어 제공되는 것을 말한다.

〈그림 4-13〉 WIC 바우처

매협정, 사업규칙과 절차를 위반하는 것으로서 인가받지 않은 식품을 판매하는 경우나 부당하게 비용을 청구하는 경우를 포함한다. 참여자 부정은 허위 진술로 수혜자 혜택을 얻거나 중복수령 또는 비인가된 식품을 구매하는 경우가 해당된다. 직원에 의한 부정은 사업규정과 절차를 위반하고 수혜자격이 없는 사람에게 혜택을 제공하거나 혹은 자신이 혜택을 취하는 경우이다.

이를 방지하기 위한 방편으로서 food stamp의 경우처럼 EBT(Electronic Benefit Transfer)를 고려할 수 있다. GAO(1999)의 권고를 보면 접근성을 충족하는 한 판매자 수를 효과적으로 관리할 수 있는 정도로 줄이도록 하였다. 이를 발단으로 WIC 규정은 매년 판매자의 10%를 현장 확인하도록 강화하였다. 2000년 USDA의 WIC 전달체계 규정에서는 판매자 관리규정을 강화하였다(Oliveira et al. 2002:30-32).

나. 미국의 보육 바우처

미국에서 보육과 관련하여 바우처 지급 방식이 확대된 것은 1988년 가족지원법(Family Support Act)에서 육아와 관련하여 아동이 있는 가족지원/직업기회와 숙련프로그램(Aid to Family with Dependent Children/Job Opportunities and Basic skills Training Program, AFDC/JOBS) 기금 등이 제도화되면서부터이다. 그 이전까지 연방정부의 육아에 대한 지원이 지역사회의 육아프로그램이나 헤드스타트, 가정 내 데이케어를 중심으로 이루어져왔다.

현재 연방정부의 보건서비스부(Department of Health and Human Services)의 가족지원국(Office of Family Assistance)이 관리하는 '육아발전기금'(Child Care and Development Fund: CCDF)이 보육 바우처 중심에 있다. 육아발전기금은 1996년에 개인책임 및 근로기회회복법(Personal Responsibility and Work Opportunity Reconciliation Act)의 제정과 더불어 설립되었고, 저소득 가족, 일시적인 공공부조를 받는 가족, 그리고 교육훈련이나 취업을 위해 육아 관련 공적지원을 받는 가족에게 지원한다. 저소득 가족의 육아비용 전부 또는 일부를 연방정부는 '육아발전기금'(CCDF)을 통하여 지급하고, 지방정부는 '육아발전기금'과 TANF(Temporary Assistance for Needy Families: 일시적인 도움이 필요한 가족에게 지원)를 통하여 육아지원 프로그램을 운영한다(www.acf.hhs.gov; 유희정 외, 2009: 47-48 재인용).

대다수의 주정부들은 육아지원기관을 지원하기 위해서 '육아발전기금'과 매칭 펀드(Matching Fund)를 이용한다. 각 주와 지방정부는 '육아발전기금' 규정에 따라 2년마다 수립되는 '육아발전기금' 프로그램을 통해서 자금을 받는다. 중앙부처는 원칙적으로 바우처 금액 규모 및 배정에 대한 일반적인 정책 권한을 가지고 있다. 중앙부처에서 바우처 정책 방향을 확정하면 필요한 재원은 중앙정부로부터 나와서 일선행정기관에 배정되며 구체적인 지급기능은 주정부와 지방정부에 의해서 이루어진다. 이들 주·지방정부는 서비스 질 관리를 위한 성과기준, 서비스 제공에 대한 상환(reimburse) 결정, 바우처 제공기관 및 수요자 범위의 구체적 설정 등 실질적으로 프로그램이 진행될 수 있는 사항들에 결정권을 가지고 있다.

각각의 주·지방정부는 관리기구(Lead Agency)를 지정하고, 이를 중심으로 보육서비스 지원제도를 운영 및 관리하고 있다. 보다 많은 부모들이 CCDF를 이용할 수 있도록 모든 지역에서 관리기관의 지역사무소·지역바우처 관리사무소·관리기관과 계약을 맺은 지역기관 등을 통하여 부모들이 CCDF의 자격조건에 해당하는지 확인하고 있다(Child Care Bureau, 2006). 또한 모든 지역은 CCDF가 관리기관을 통해 어떻게 집행되었는지 격년제로 결과보고서를 의회에 제출할 의무를 지닌다. 관리 기구는 주로 자금지원과 프로그램 관리의 책임이 있다. 자금지원은 '일시적 도움이 필요한 가족에 대한 지원', 주정부가 지원하는 유치원(state-funded prekindergarten)과 사적 영역에서 출연한 펀드를 모두 포괄하는 '육아발전기금'을 통해 보육서비스에 대한 자금을 지원한다. '육아발전기금'은 저소득 가정, 정부지원에서 벗어나 일을 하거나 훈련/교육에 참여할 수 있는 가정을 지원하고 있다. 이러한 기금을 통하여 약 240만의 아동들이 보육보조금 혜택을 받고 있다. 프로그램 관리는 '육아발전기금' 서비스에 대한 전반적인 규정 준수를 관리하고 관리규정에 대한 정보를 제공하는 것이다. 부모에게 보육서비스와 관련된 정보를 제공하는데, 지원 자격, 수당 제공자와 부적격 수급자를 감소시키는 정책 등과 같은 보육서비스 수행에 대한 제반 사항들이다.

보육에 대한 지원은 두 가지 방식으로 이루어진다. 하나는 명시적 바우처로 수요자에게 직접 지불하는 보육 바우처(child care vouchers)이고 다른 하나는 지방정부와 육아지원기관 간의 계약(contracts)이라고 불리는 방식이다. 먼저, 명시적 바우처 방식은 부모가 바우처(몇 개 중에서는 certificate라고 불린다)를 받고 서비스 공급자격이 있는 공급자들 중에서 서비스를 선택할 수 있다. 서비스 공급자에는 시설 보육뿐 아니라 가정 내 보육, 친인척에 의한 보육, 이웃에 의한 보육도 포함된다. 계약(contracts) 방식은 보조금 프로그램을 관리하는 기구가 일정 자격요건을 충족하고, 보육을 공급할 의사가 있는 공급자와 계약을 체결하는 것이다. 대개 계약을 체결하는 공급자는 보육 시설인 경우가 많은데, 가정 보육 제공자와 계약을 체결하기도 한다. 주마다 계약 시스템은 다양하지만 대개 특정기간(대개 1년) 동안 특정 수의 아동을 보육할 경우 일정액을 공급자에게 지불하는 것을 기본방법으로 한다(유희정 외, 2009:49).

바우처를 지급받은 가족들은 공급자를 선택・변경할 수 있는 반면 계약을 통해서 보조금을 받는 가족들은 육아공급자를 변경할 수 없다. 전자는 보조금을 받는 부모가 계약이 체결된 공급자를 떠나면, 공급자는 또 다른 보조금 수급자를 찾아야 한다는 점에서 바우처의 소비자 선택권이 보장되고, 후자는 계약기간 동안 공급자에게 안정적인 수입을 약속함으로써 일정 수준의 서비스 질을 보장 받을 수 있다(http://www.urban.org).

보육 바우처가 작동하는 방식은, 일단 주 및 지방정부가 보육 보조금에 대한 증서를 발급한다. 증서를 받는 부모들은 주어진 시간 안에 적절한 보육공급자를 찾고 이를 관리 기구에 통보해야 한다. 그리고 보육 공급자가 돈을 받기 위해서는 증서 사본을 관리 기구에 제출해야 한다. 켈리포니아주의 경우 보육 서비스를 우선적으로 제공받을 수 있는 1순위는 보호가 필요한 아동이 있는 가정이나 아동이 방치되거나 학대를 당할 위험이 높은 가정이다. 2순위는 1인당 소득이 최저에 속하는 가정이다. 보육서비스 프로그램의 수혜자가 된 가정은 수혜 자격을 충족시키는 한 계속 수혜자가 된다. 이때 가구 소득은 캘리포니아주 소득의 75%를 넘지 않아야 한다. 일반적으로 보육증서(certificate)에는 부모, 아동, 보육서비스 제공 시간, 서비스 제공자의 요율이나 주 정부가 제공하는 최대 지원 금액, 유효 기간 등이 기재된다.

다. 미국의 메디케어 바우처 도입에 대한 논의와 시범사업

메디케어는 미국에서 가장 큰 공중보건 프로그램이다. 지난 40여 년이 넘는 기간 동안 메디케어는 미국의 노인들이 보건서비스를 받을 수 있도록 한 제도이다. 이러한 메디케어 제도가 The Affordable Care Act(ACA)법에 따라 몇 가지 수정을 필요로 하면서 Paul Ryan 의원이 정부가 제공된 서비스의 비용을 공급자에게 제공하는 "확정 급여(defined benefit)" 시스템으로부터 노인들이 받은 바우처로 사적 시장에서 커버리지를 구매하는 "확정 기여(defined contribution)"시스템으로 변화가 제안되었다. 이 시스템은 수혜자들에게 바우처를 지급하여 민간건강 보험을 구매하게 하고, 헬스케어 비용을 지불하도록 한다. 따라서 연방정부나 주정부가 제공하는 바우처의 가치를 넘어서는 건강보험 프리미엄의 비용을 수혜자에게 부담하게 하는 것이므로 수혜자로 하여금 저비용의 건강 계획에 등록하도록 만드는 경제적인 인센티브를 창출할 수 있다. 또한 바우처의 규모를 소득에 반비례하게 만들어 저소득층 가족들은 더 많은 혜택을 받을 수 있도록 하는 것이다.

그러나 메디케어에 바우처를 도입하는 것을 반대하는 의견도 있다. 반대의 이유는 이러한 시스템하에서 사용자들은 바우처의 혜택으로 해결하지 못하는 비용은 각자 지불해야 하므로 지불능력이 없는 노인들의 보건 안정망이 위험하다는 것이다. 또한 메디케어 시스템은 행정비용이 매우 낮은 반면 바우처는 높은 행정적인 부담과 등록의 복잡성을 증가시키기 때문이다.

실제 보건 영역과 관련해서 바우처의 사용은 지금까지 특별히 치과와 관련한 매우 제한된 범위에서 사용되어 왔다. 그마저도 사용 예들이 명확한 것은 몇 개에 불과하다. 2001년 Maine(메인)에서 Dental Service Development and Subsidy Program law가 공표되었고 이 법에 따라 치과 바우처가 설립되었다.

그 이전에 텍사스에서는 약 254개 군 중에서 대략 100여 개 군에서 적절한 치과인력 없이 바우처 프로그램을 시행하였다. 계약을 맺은 의사들이 아동들을 위하여 메디케이드 수준의 요금을 받았다. 이러한 아동들은 학교로 방문하였던 주의 치과 스텝이 일차적으로 의뢰하거나 접근성이 떨어지는 지역들에서 스크린 테스트로 걸러진 아동들이었다. 바우처는 빈곤선의 200% 이하이지만(그리고 일부는 무상학교급식프로그램이나 제한된 학교급식 프로그램에 있는) 메디케이드가 적용되지 않는 아동들에게로 제한되었다. 결제와 지불은 중앙사무소에서 두 명의 직원들이 처리하였는데, federal Maternal and Child Health(MCH) 보조금과 주정부의 일반재정으로부터 재원이 마련되었다. 그러나 보건성(health department)에서 치과 영역이 축소되면서 입법부에 의해서 삭감되었다.

라. 영국의 보육지원 바우처

영국의 보육지원 바우처는 1995년 교육고용성(Department of Education and Employment)이 제한한 유아교육바우처(nursery education voucher)가 1997년 상반기에 실시되었고, 1999년에 종이바우처(paper voucher) 형

태의 보육 바우처가 실시된 후 2004년 전자 바우처 제도로 변화되었다.

1980년대 들어 영국의 노동시장에 기혼여성의 참여가 활발해졌으나, 취업모 급증으로 아동교육·보육에 대한 수요가 과거 어느 때보다 높아지게 되었다. 영국 교육청은 1980년대부터 4세 아이의 무상교육을 표방하고 있었지만 중앙정부가 공립유아 학교를 중심으로 공급을 증가시키고자 하였을 때 필요한 예산은 30명 정원의 1개반 보육 시설을 증설하는데 약 5만 파운드(약 1억원)로 추산되었고, 정부는 이러한 비용을 확보하기 어려운 상황이었다(최봉섭, 2006). 따라서 4세아 무상보육 실행 여부는 전국 150개 지역교육청에 맡겨져 있었고, 시설의 공급이나 운영형태도 지역별 차이가 많았다(신은수, 2007). 공립기관보다는 민간유아교육·보육 시장이 다양한 형태로 활성화되어 있었는데, 민간시장에서는 보모(childminder), 사설 놀이방(play group), 교회 혹은 공공건물의 비영리 놀이방(play center), 사설 보육 시설(private nursery) 등 다양한 형태의 유아교육·보육 서비스가 활성화되어 있었다(최봉섭, 2006).

영국 중앙정부가 1996년 7월 일괄적으로 책임지고 4세 유아 의무교육을 전국적으로 실시하겠다고 공표하였으나, 정부가 발표한 시한에 맞춰 공립 유아학교를 한꺼번에 대량으로 공급할 수 있는 교육 재원과 시설 확보가 되지 않았었다. 이에 따라서 정부는 민간 영역에서 활성화되어 있는 다양한 형태의 교육·보육서비스를 구매하여 어머니들에게 분배해 주어 양질의 취학전 교육에 대한 시급한 수요를 충족시키고, 공공 영역의 시설 투자는 점차적으로 늘려간다는 대안을 선택하였다(최봉섭, 2006). 그 결과로 1996년 유아교육바우처가 도입되었다. 특히 당시 민간 시설은 형태, 시간, 연령, 조건, 비용, 가격 등의 편차가 커서 정부가 서비스를 구매하고자 하더라도 다양한 민간

서비스를 단일화하거나 규격화하는 것은 불가능하였고, 이러한 상황에서 최적의 대안으로 떠오른 것이 '바우처'였다.

유아교육바우처는 의무 취약적 연령인 만 5세의 직전 연령인 4세 아동의 부모에게 1년 비용의 약 50%에 해당하는 1,100파운드 상당의 바우처를 제공하고 부모는 바우처를 받아 공립·민간 기관 이용 시 사용할 수 있게 되었다. 단 공립유아학교는 바우처외에 부모로부터 별도 비용을 징수하지 못하게 하였으나 연간 1,100파운드 이상의 비용을 받는 민간시설을 이용할 경우 바우처와의 차액만큼을 부모가 지불하게 하였다(홍금자, 2008). 1996년부터 1년간 4개의 바우처 시범 지역에서는 지원 대상 아동이 있는 모든 가정에 바우처가 지급되었고, 보육기관은 바우처 이용 가능 시설이 되기 위한 인증을 받도록 하였다.

그러나 유아교육 바우처의 금액상의 불충분으로 교육·보육비용이 높은 지역에서는 부모의 추가 지출이 과다하게 나타났다. 바우처 제도 편입 시 감사를 받아야 하는데 새로운 시설투자를 하지 않는 한 감사기준을 만족시키기 어려웠으므로, 그러한 일부 시설들은 정부의 바우처 제도에 편입되기를 꺼려해 민간 참가가 그다지 많지 않았다. 또한 자원봉사 집단에 의해 운영되는 '놀이집단'은 오히려 감소하는 등 공급의 다양화나 선택권의 확대를 저해하는 현상이 초래되었다. 원래 계획대로라면 교육청은 공립유아학교를 점차적으로 확대하여 민간시설에서의 의존도를 줄이고 공립유아학교에서 4세 아동 교육을 전담하도록 해야 하였지만, 지방교육청에 따라서는 민간 영역에서 수요가 충족될 경우 더 이상 공립유아학교를 신설하기 위한 투자를 하지 않아 민간시설에의 의존도가 더 높아졌다. 이밖에도 만 4세 아동이 있는 가정에게만 유리한 제도로 소득재분배의 왜곡을 가져온다는 지적도 있었다(유한욱, 2006).

이러한 문제점이 지적되면서 결국 보수당에서 1997년 7월 노동당에의 정권 이양과 함께, 본격 실시 6개월 만에 시행이 철회되었다. 1997년 국가아동보육전략(National Childcare Strategy)의 수립으로 보육재정 증대와 시설 공급 확대를 위해 노력하였지만 민간이 운영하는 보육서비스 비중이 높고, 특히 민간 부문 중에서도 영리 부문 서비스가 발달되어 있었다. 따라서 수요자 재정지원 방식의 형태로 중간층까지의 혜택을 받을 수 있는 세액공제제도가 가장 중요한 대안이 되었다(유희정 외, 2009).

이후, 1999년에 일하는 부모가 소득세(Income Tax)와 국민보험료(National Insurance)를 내기 전에 보육비를 지급함으로써 세금 지출을 줄이는 방법으로 보육 바우처 제도를 도입하였다. 아동 양육 의무가 있는 근로자들의 양육비용을 최소화함으로써 근로자들의 직장생활에 있어서 균형을 유지하고 이직을 감소시키는 데 효과가 있는 제도로 고안되었다. 그래서 기업이 근로자 급여 중 일정 부분을 보육 바우처로 제공(salary sacrifice)하고, 바우처로 제공된 부분만큼 소득세와 국민보험료에 대한 면제 혜택을 부여하도록 제도가 설계되었다. 그런 점에서 근로 유인제도의 하나라고 볼 수 있다. 근로자에게는 세금부담을 감소시키는 효과가 있는 반면, 고용주에게는 사회보험에 대한 기업 부담금 감면 혜택을 준다(유희정 외, 2009:56).

영국에서 아동보육에 들어가는 비용은 가계 지출 중 두 번째로 큰 지출액을 차지한다. 대개 맞벌이 부부는 수입의 10~20%를 보육비로 지출한다. 이처럼 가계지출 중 보유비용이 차지하는 액수가 큰 이유 때문에, 가계 재정 차원에서 한 사람이 일을 그만두고 집에서 아이를 키우는 경우도 생겨났다(http://parentshut.com). 이와 같은 점에서 일하는 부모들에게 보육 바우처는 상당 부분 일을 계속하는 것에 대한 유인으로 작용한다. 2008년의 경우 보육 바우처 공제액이 주당 55파운드(월 243파운드) 정도로, 일하는 부모들은 상당량의 소득세와 사회보험료 지출을 절세할 수 있다. 20%의 납세자의 경우 연간 최고 903.96파운드까지, 40%의 납세자의 경우는 연간 1195.56파운드까지 절세가 가능하다.

영국 보육 바우처는 16세 아동까지 방과 후 보육(After School Care), 놀이학급(Play School), 방과 후 클럽(After School Clubs), 유아클럽(Pre-School Clubs), 보모(Childminders), 오페어(Au Pairs)와 기타 바우처 운영기관에서 보육 서비스에 사용할 수 있다. 그리고 2003년 전자 보육 바우처(Childcare vouchers direct) 시범사업을 실시하고, 2004년부터 본격적으로 전자 보육 바우처 서비스를 공급하기 위한 시스템 개선을 실시하였다.

마. 호주의 육아지원 바우처

호주의 보육지원은 육아 관련 시설에 대한 지원이 아니라 보호자에 대한 지원이 주를 이루고 있다. 보호자에 대한 육아지원은 자산조사를 통하여 제공되던 아동보육부조(Child Care Assistance)와 경제활동을 하기 위하여 보육서비스를 이용하는 맞벌이 또는 한부모 가족에게 적용되던 보육료 환불제도(Child Care Cash Rebate)가 시행되고 있었으나 2000년부터 보육지원금(Child Care Benefits, CCB)으로 보육 급여를 일원화하였다.

보육지원금은 가족의 실제 연간 소득을 근거로 차등 지급되며, 인가를 받은 보육 시설을 이용하거나 가족지원실(Family Assistance Office)에 등록한 개인 탁아를 이용하는 경우에 지원한다. 지원 수준은 연간

소득, 보육의 유형 및 시간, 보육이 필요한 부모의 사정 등에 의하여 결정된다. 인정 보육을 제공하는 보육 시설은 종일 보육, 가정보육, 방문보육(in-home care), 방과 후 보육, 휴일보육, 일시보육 등을 포함한다. 정부로부터 인정을 받은 보육 시설—평가인증을 받는 보육 시설—에 아동을 보낼 경우에만 보육지원금을 받을 수 있다. 등록 보육은 아동이 보모, 조부모 등 개인에 의해 보육되는 것을 말하는 것으로, 이들 개인이 가족지원실에 등록이 된 경우에만 지원을 한다. 등록보육은 민간 취학전 교육 시설이나 유치원 등에서도 제공된다. 보호자는 요건에 따라 아동당 1주일에 20시간, 50시간 이상의 보육 지원금 혜택을 받을 수 있다.

보육지원금을 받기 위해서는 두 가지 방법이 있는데, 첫째는 매월 보육료 감면을 받는 방법이고, 두 번째는 일단 보육료를 지불한 후 나중에 한꺼번에 환급을 받는 방법이다. 또한 맞벌이 부부는 보육 시설 이용에 대한 보육비 세금 환불(Child Care Tax Rebate)을 통해 추가 지원이 이루어지는데, 이는 일정한 심사조건(직업, 연수, 학업 등)의 30%를 세금에서 환불해주는 제도이다. 이렇듯 소비자가 직접 비용을 지불하여 해당 서비스를 구매하고 이후에 정부가 세액공제 등의 형태로 소비자에게 환급해주는 환급형(reimbursement) 바우처에 해당한다.

보육지원금은 센터링크(centerlink) 전달체계를 통하여 지급된다. 센터링크는 2003년 이후부터 전국 1,000여 개소의 네트워크 거점을 마련하고 가정방문, 대면상담, 전화, 인터넷 등 서비스 수단을 다양화하였을 뿐만 아니라 보육 시설 등의 서비스 제공 기관과 직통 연결망을 구축하여 서비스를 연계하여 제공하고 있다. 센터링크를 통한 보육지원은 다음과 같다. 일단 보육 시설에 자녀를 보내면서 보육지원금(CCB)을 지급받고 싶을 때, 센터링크에 자녀의 연령과 특수한 조건, 부모의 경제활동 상태를 보고하면 소득수준 테스트 결과에 따라서 결정된 보육 지원금 액수를 알려준다. 또한 보육지원금을 받을 수 있는 보육 시설을 소개해 줄 뿐만 아니라, 부모가 보육 시설 중 하나를 선택하여 센터링크에 알려주면 보육지원비가 시설에 직접 지급되고 보육 시설은 부모에게 청구할 전체 보육료에서 센터링크로부터 받은 지원금을 뺀 나머지를 부모에게 청구한다. 센터링크와 전국의 보육 시설이 전산망으로 연결되어 있어 각 보육 시설은 분기별로 모든 아동에 대해서 시설 이용시간과 출석일수 및 결석 사유까지 보고하도록 되어 있다(http://centerlink.gov.au/).

호주의 경우 센터링크가 민간시설이 제공한 공공 서비스에 대한 비용을 정부가 지불하도록 연결시킴으로써 재정지출을 줄일 수 있었지만, 질 높은 서비스 제공과 관련된 과제를 안고 있다(유희정 외, 2009).

4. 보조금(Grants)

1) 보조금의 정의

보조금은 소비자가격을 특정한 수준 이하로 유지시키는 모든 형태의 조치들을 포함하며 또한 보조금은 생산자 가격을 어떤 특정한 수준 이상으로 유지시키는 모든 형태의 조치들을 소비자와 생산자들에게 직·간접적인 지원을 함으로써 그들의 비용을 줄일 수 있는 모든 조치를 의미한다(권오성, 2009). 보조금은 역사가 길고 가장 광범위하게 사용되는 정책 수단으로 평가받는다(유훈, 1992:143).

OECD(1990)는 이러한 보조금을 “소비자에게 시장수준 이하의 가격을 유지시키거나 생산자에게 시장수준 이상의 가격을 유지하도록 지원하여 소비자 혹은 생산자의 비용을 감소시키는 관련조치"라고 정의하고 있다. 그리고 우리나라의 경우 '지방재정법' 제21조에 "지방자치단체 또는 그 기관이 법령에 의하여 처리하여야 할 사무로서 국가와 지방자치단체 상호 간에 이해관계가 있는 경우에 원활한 사무처리를 위해 국가에서 부담하지 않으면 안 되는 경비"라고 명시되어 있고, '보조금 관리에 관한 법률' 제2조에서는 "국가 외의 자가 수행하는 사무 또는 사업에 대하여 국가가 이를 조성하거나 재정상의 원조를 위하여 교부하는 것"이라고 정의하고 있다.

2) 보조금 유형

복지생산의 수단으로서 보조금을 생산자 보조와 소비자 보조로 나눌 때 생산자 보조가 좀 더 일반적이다.

생산자 보조는 공급자가 생산자에게 서비스 생산에 소요되는 비용을 보조하는 것이다. 이를 위해 중앙정부는 지방정부에게 보조금을 통해 서비스 생산을 위임하는 경우도 있고, 지방자치단체가 민간생산자에게 서비스 생산비용을 보조함으로써 가격인하효과를 유발하기도 한다. 또한 공익 목적의 도서관, 박물관 등과 같이 공공목적으로 소비가 장려되는 것이 사회 전체적으로 바람직할 때[20] 정부가 이들 생산자에게 생산비용을 보조한다. 이 외에도 보육 시설에 보육료의 일부를 보조할 경우도 생산자에 대한 보조에 해당된다. 여기에서 특히 중앙정부가 지방정부에게 보조하는 방식은 재정조정수단으로서 이해

20) 이를 가치재(merit goods)라고 하기도 한다.

할 수 있다(Beers & Andre de Moor, 2001). 이러한 생산자 보조의 유형은 일반보조금(general grants)과 특정보조금(specific grants), 그리고 포괄보조금(block grants)으로 구분된다.

Shah(1994)는 일반보조금(general grants)을 중앙정부가 별도 조건 없이 지방정부에 지원하는 자원으로 정의하였다. 무조건부보조금(unconditional grants)이 여기에 속하고, 무조건부보조금은 지방의 재정불균형 해소를 목적으로 사용된다.

특정보조금(specific grants)은 지방정부에서 시행하는 사업의 비용 일부를 중앙정부가 부담하는 방식이며, 조건부보조금(conditional grant)이 여기게 속한다. 조건부보조금은 중앙정부가 보조금 사용에 제약조건을 붙이는 것으로 범주적 보조금이라고도 불린다.

조건부보조금은 다시 지급 방식에 따라 대응보조금(matching grant: 정률보조금)과 비대응보조금(nonmatching grant: 정액보조금)으로 구분된다.

대응보조금은 중앙정부가 지방정부에게 총 사업비용의 일정 부분을 부담한다는 조건으로 지원하는 것으로써 지방정부가 자체적으로 부담하는 재정 규모에 따라 재정지원 규모가 변화한다(김종순, 1997). 반면 비대응보조금은 지방정부가 특정한 공공사업에 대한 비용일부를 조달하지 않아도 중앙정부가 그 사업에 보조를 하는 것으로써 빈곤대처, 노인보호 등 공공 부문의 재분배적 역할을 위한 수단으로 사용된다.

대응보조금은 다시 보조금의 상한선 존재 여부에 따라 개방형 대응보조금(open-end matching grant)과 폐쇄형 대응 보조금(closed-end matching grant)으로 구분한다.

개방형 대응보조금은 지역 간 외부효과의 교정을 목적으로 보조하는 것이고, 폐쇄형 대응 보조금은 전국적으로 공공서비스의 최소표준을 유지하고자 할 때 정책수단으로서 적합하다.

포괄보조금(block grants)은 지출 용도를 특정 기능으로 세분하지 않고, 하나의 광범위한 범주(block)로 만들어 제공하는 형태의 보조금이다(김종순, 1997) 다시 말해 중앙정부가 특정 목적을 지정하기는 하지만 지방정부가 개략적 요건을 만족시키는 범위 안에서는 구체적으로 통제하지 않는다는 것이다(송미령 외, 2011). 따라서 포괄보조금은 중앙정부 자금의 일부를 지방이 자율적이고 유연하게 활용할 수 있게 해주면서 보조금 사용의 책임성을 지방에 부여하는 특성이 보강된 것이라 할 수 있다(임성일 외, 2005).

한편 소비자에게 제공되는 보조금은 현물보조와 바우처를 제외한 현금보조를 말한다. 현금보조로는 지방자치단체에서 제공하고 있는 출산장려금을 예로 들 수 있다.21)

이러한 현금보조는 영국에서 적극적으로 도입하여 확대하고 있다. 영국은 사회서비스체계에 자기주도적 지원(self-directed support)이라는 접근을 도입하여 서비스사용자가 받는 서비스를 통제하도록 하였다. 이것은 사용자들이 자신들의 개인화된 서비스를 설계하도록 하려는데 목적이 있다. 직접지불(Direct payments), 개인예산(personal budgets),

---

21) 지방자치단체에서 현금보조형식으로 제공하는 출산장려금의 경우 다소의 문제점을 나타내고 있다. "저출산문제 해결을 위한 출산장려금제도가 기초자치단체(시·군·구)별로 일정한 기준 없이 천차만별로 시행되고 있는 것으로 나타났다. 국회 저출산·고령화특위 소속인 한나라당 손숙미 의원이 보건복지가족부로부터 제출받아 3일 발표한 '지자체별 출산장려금 현황'에 따르면 지난해 전국 230개 시·군·구 중 139곳(60%)은 출산장려금을 지급한 반면 나머지 91곳은 이 제도를 시행하지 않았다. 출산장려금제도를 시행하고 있는 지자체 중에서 셋째 아이에 대한 출산지원금을 기준으로 보면 경남 함안군은 500만 원이었지만 서울 용산구와 광주 서구는 5만원에 그쳐서 지역별 차이가 100배에 달하였다. 이 제도를 시행하는 지역 중 관련 예산이 가장 많은 곳은 13억5,000만 원인 경북 김천시였고 부산 사상구가 850만 원으로 가장 적었다"(조선일보, 2009.04.04).

개별예산(individual budgets), 자기평가(self-assessment)등이 모두 자기주도적 지원의 예들이다. 이중 개인예산(personal budgets)은 개인이 필요한 서비스 구입을 위해 시청에서 할당된 자금의 양이 얼마인지 알게 되고, 이로 인해 직접지불을 할 수 있다. 개별예산(individual budgets)도 개인예산과 비슷한 원리로 작동되지만 차이점은 사회서비스예산뿐만 아니라 다른 자금의 원천도 포함한다는 점이다(DH, 2008).

이와 같은 보조금 분류 방식 이외에 보조금의 법적 성격과 이행 행태에 따라 구분되기도 한다.

오준근(1995)은 보조금을 법적 성격에 따라 지급급여, 금융지원, 세제상의 지원, 국유지원, 국유재산의 양여 및 대여, 그리고 공동구매제도를 통한 지원책 등으로 구분하였다. 지급급여는 국가·지방자치단체·공공기관 등이 경제 주체에게 해당 경제활동에 필요한 비용의 일부 또는 전부를 반대급부 없이 무상으로 교부하는 것이다.

금융지원은 금융지원 행정청이 기금·준비금·자금 등의 형식으로 조성된 자금을 융자·지급보증 등의 방법을 이용하여 경제 주체에게 시장에서의 조건보다 유리한 조건으로 제공하는 것이고, 세제상의 지원은 조세감면 등의 방식을 통하여 국가가 사경제 주체에게 징수하여야 할 일정한 조세부담에 대하여 그 전부 또는 일부를 면제함으로써 사경제 주체를 지원하는 것이다. 또한 국유재산의 양여 및 대여는 국가가 사경제 주체에게 일정한 자금을 지원하지는 않지만 국공유재산 등을 사경제 주체에게 무상으로 양여하거나 대여해줌으로써 특정 경제활동을 지원·촉진하고자 하는 것이며, 공공구매제도를 통한 지원책은 정부가 각종 용역 및 제품 등을 우선적으로 구매하여 특정 경제활동 관련 재화와 용역의 수요를 창출하는 것이다.

Beers & Andre de Moor(2001)는 이행 행태에 따라 보조금을 예

산상의 보조금, 재화 및 용역의 공적제공, 자본비용보조금, 시장메커니즘을 통한 이전지출을 창출하는 정책수단으로 구분하였다.

예산지출 보조금은 직접 지출과 조세지출(tax expenditures)로 구분할 수 있는데, 직접지출은 명시적 환급, 교부 혹은 소비자나 생산자에게 다른 형태로 지불되며, 조세지출은 면세, 조세환급, 조세감면, 특별세율 혹은 조세 의무부담기간 연장 등의 편익을 납세자 그룹에게 주는 형태로서 조세 특혜(tax concession)라고 할 수 있다. 재화 및 용역의 공적제공을 통한 보조금은 공공 부문이 재화 및 용역을 소요비용 이하로 제공하는 것이고, 자본비용보조금은 특혜 대출, 대출보증, 그리고 채무면제 등을 해주는 것이다. 그리고 시장메커니즘을 통한 이전지출을 창출하는 정책에는 가격규제, 수량규제 및 정부조달정책, 수입 및 수출관세, 비관세 장벽 등을 포함한다.

3) 보조금의 조건과 용도

(1) 무조건부보조금(unconditional grant)

무조건부보조금은 지역 간 경제적 격차해소와 조세체계의 효율성을 제고하기 위해 중앙정부가 아무런 조건 없이 지방자치단체에 자원을 이전하는 것으로써 보조금이 지급되기 전후를 비교해 보면, 주민(소비자)이 소비할 수 있는 공공재의 소비량과 개별 소비재의 소비량도 증가한다(박세경 외, 2008). 지방의 자율성을 보존하고 행정구역간 형평성을 증대시키는 것을 목적으로 한다.

〈그림 4-14〉에서 직선 AB는 보조금을 받기 전의 지방정부의 예산선이다. 보조금AC(BD)만큼 받으면 원래 예산선 AB는 평행이동하여 새로운 예산선 CD가 만들어 진다. 보조금AC(BD)는 세금 감면을

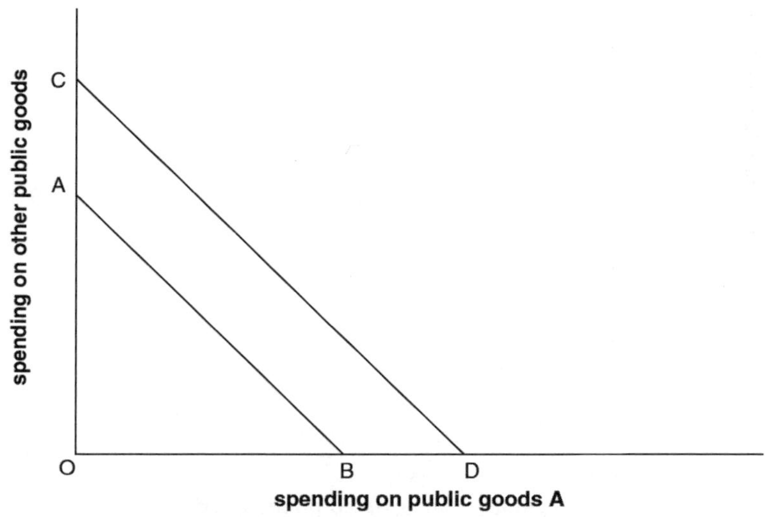

자료: Shah, Anwar. (1994). The Reform of Intergovernmental Fiscal Relations in Developing and Emerging Market Economies. Washington, DC: World Bank.

〈그림 4-14〉 무조건부보조금(unconditional grant)

포함하여 어떤 공공재와 서비스의 조합으로도 지출될 수 있기 때문에 지역 공공재의 상대가격에는 영향을 주지 않으며 지방정부 지출에는 최소한의 영향을 준다(Shah, 1994).

(2) 조건부보조금(conditional grant)

조건부보조금은 지방의 지출에 대하여 제약을 부여하는데 지원대상이 되는 부문의 상대가격을 하락시키는 대체효과와 소득효과가 결합되어 지출효과를 발생시키므로 소득 효과만 존재하는 무조건부 보조금에 비해 지방자치단체의 지출을 더 많이 증가시킨다(문병근 외, 1998). 특히 비대응보조금(nonmatching grant)의 경우 특정 공공재에만 사용해야 한다는 조건하에 지급하기 때문에 지정된 공공재의 공급과 소비는

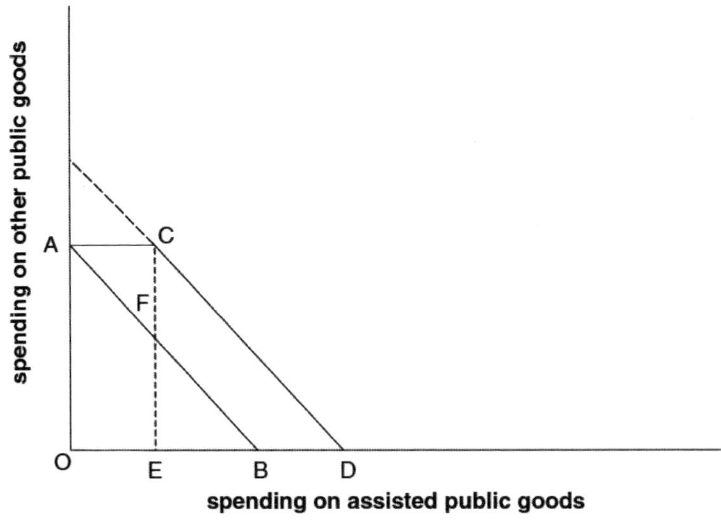

자료: Shah, Anwar(1994). The Reform of Intergovernmental Fiscal Relations in Developing and Emerging Market Economies. Washington, DC: World Bank.

〈그림 4-15〉 조건부보조금(conditional grant)

증가한다. 그러나 무조건부보조금처럼 감세효과를 가져올 수 없기 때문에 개별 소비재 소비량은 증가하지 않는다.

〈그림 4-15〉처럼 조건부보조금은 지방정부가 지역공공재를 AC만큼 공급한다는 조건으로 중앙정부가 보조금을 AC만큼 지원하면 원래 예산선 AB는 ACD로 이동하게 된다. 최소 AC(OE)만큼 보조된 공공재를 확보할 수 있다. 상위정부에는 높은 순위지만 지방정부에 낮은 우선순위의 사업에 대한 보조에 적합하다.

(3) 개방형 대응보조금(open-ended matching grant)의 효과

개방형 대응보조금은 소득효과와 대체효과가 있다. 보조금으로 지역은 더 많은 자원을 확보하여 보조된 서비스를 더 많이 확보할 수

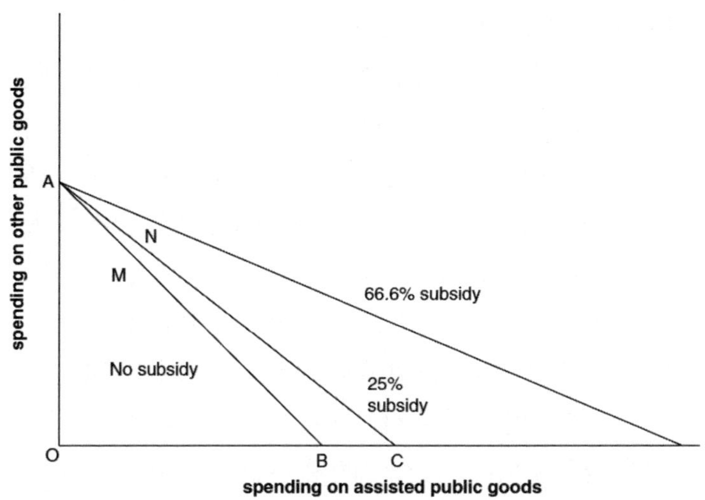

자료: Shah, Anwar(1994b). The Reform of Intergovernmental Fiscal Relations in Developing and Emerging Market Economies. Washington, DC: World Bank.

〈그림 4-16〉 개방형 대응보조금(open-end matching grant)의 효과

있다. 또한 보조된 서비스의 상대가격을 낮추기 때문에 주어진 예산 하에서 더 많은 서비스를 확보할 수 있다(Shah, 1994).

개방형 대응보조금의 효과를 보여주고 있는 〈그림 4-16〉을 보면 원래 예산선 AB에서 특정 공공재에 대한 보조금이 25% 주어지면 공공재의 단위가격이 하락하여 예산선이 AC로 이동한다. 이렇게 되면 지역 주민들은 어떤 선택에서도 1/3 늘어난 보조된 공공재를 확보하게 된다. 이 수단은 특정 지방정부의 재정으로 공급된 서비스의 편익이 재정 부담을 하지 않은 지역으로 넘치게 되는 이른바 공공재의 긍정적 외부효과로 발생하는 비효율을 교정하는 데 적합하다. 그러나 지방정부 간 불균등한 재정 능력에는 대처하지 못한다.

(4) 폐쇄형 대응보조금(closed-ended matching grant)

폐쇄형 대응보조금은 지방부담액이 일정 규모 이하인 경우에는 지정된 보조율을 지급하지만 상한규모를 초과하는 경우에는 고정된 상한액만을 지원하는 방식이다(김종순, 1997). 이러한 보조금의 경우 보조금의 가격효과는 사라지고 소득효과만 나타날 가능성이 크다.

폐쇄형 대응보조금(close-end matching grant)의 경제적 효과를 나타내고 있는 〈그림 4-17〉을 보면 중앙정부가 CG까지 매 3$의 지방자금에 1$를 보조하여 1/3 : 2/3 비율로 비용이 분담되고, OF 이후 보조금 지급을 중단하여 원래의 예산선 AB가 ACD로 변화한다. 실제 보조금 대상 활동에 대한 지출이 개방형 대응보조금에 비해 늘어나게 된다. 이 보조금 수단은 비효율성의 교정이 최우선의 목적이 아니라,

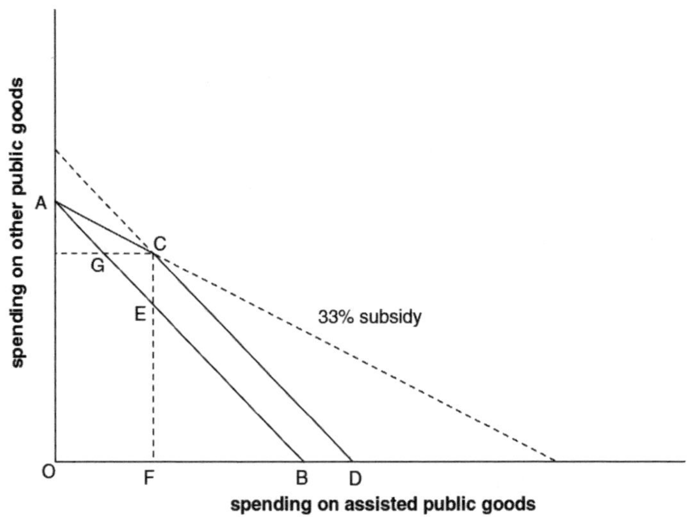

자료: Shah, Anwar(1994). The Reform of Intergovernmental Fiscal Relations in Developing and Emerging Market Economies. Washington, DC: World Bank.

〈그림 4-17〉 폐쇄형 대응보조금(close-end matching grant)

교부자가 우선순위를 설정한 활동에 재정보조함으로써 지방정부의 지출활동이 촉진되도록 지원하기 위한 것이다.

(5) **조세특전**(tax break)

조세특전은 조세감면(tax exemption), 소득공제(tax deduction), 세액공제(tax credit) 등을 포함하여 일컫는 용어이다. 저소득층에게 사회서비스 자기부담금의 면제, 사회복지시설 기부금에 대한 소득공제, 사회복지사업에 대한 조세감면 등이 여기에 해당한다. 예를 들면 노인복지법'에 의한 노인복지시설을 설치하기 위해 취득한 부동산에 대해서는 취·등록세를 면제하는 것 등이다. 또한 조세특례제한법에는 "「사회복지사업법」에 따른 사회복지법인이 2009년 12월 31일 이전에 끝나는 사업년도까지 「법인세법」 제29조를 적용하는 경우 같은 조 제1항 제4호에도 불구하고 해당 법인의 수익사업(이 항 제4호 및 제5호의 경우에는 해당 사업과 해당 사업 시설에서 그 시설을 이용하는 자를 대상으로 영위하는 수익사업만 해당한다)에서 발생한 소득을 고유목적사업 준비금으로 손금에 산입할 수 있다."고 규정하고 있다. 그리고 사회적 기업에 대한 법인세 등의 감면도 여기에 해당한다고 할 수 있다.

5. 공동생산(coproduction)

1) 개념

(1) 정의

오스트롬(E. Ostrom)은 공동생산이란 재화와 서비스를 생산하는 데 동일한 조직 내에 있지 않은 사람들이 투입에 기여하는 과정을 의미한다고 하였다. 그에 따르면 교육, 보건, 또는 인프라 서비스들은 대부분 정부기관이 정규생산자(regular producer)이다. 정규생산자가 이러한 서비스의 유일한 생산자인지 아닌지는 재화와 서비스의 내용과 다른 주체들의 적극적 참여를 촉진하는 인센티브에 따라 달라진다고 한다. 모든 공공재는 잠재적으로 정규생산자와 클라이언트라고 일컬어지는 사람들에 의해 생산된다. 여기서 "클라이언트"라는 용어는 수동적인 용어이므로 이들은 종속적이다. 그런데 공동생산은 시민들이 그들에 대한 공공재와 서비스를 생산하는 데 적극적인 역할을 하는 것으로 정의된다(Ostrom, 1996:1073).

보다 정밀하고 가시적인 용어로서 제도화된 공동생산(institutionalized co-production)은 공공서비스를 제공하는 데 있어서 국가기관과 시민-클라이언트의 복잡하고 비공식적인 상호작용인 관여에 초점을 둔 오스트롬의 견해와 입장을 같이 하되, 클라이언트가 지속성, 정규적 기반위에서 효과적 서비스 전달에 참여하는 조직적 장치를 말한다.[22] 국가기관과 조직화된 시민집단 간 정기적, 장기적 관계를 통해 양측 모두 실질적인 자원을 기여하도록 하여 공공서비스를 제공하는 것이다. 제도화된 공동생산의 특징은 다음과 같다. 첫째, 일시적인 공동생산장치는 배제한다. 둘째, 국가기관과 비국가행위자 간 계약 또는 유사계약장치를 필요로 하지 않고 공공-민간 파트너십의 용어로 사용된다. 즉 참여기관 간 실질적인 관계는 정해진 것 없는 비공식적이며 지속적으로 재협상되는 관계를 의미한다. 셋째, 공공관리의 문제에 평등주의적 접근(egalitarian approach)을 결부시키는 것은 아니다. 넷째, 공공, 민간 간 경계의 모호성과 융합성을 의미한다(Joshi and Moore,

22) 특히 제도화된 공동생산은 국가의 권위가 약한 국가에서 서비스 전달 수단으로 유용하다.

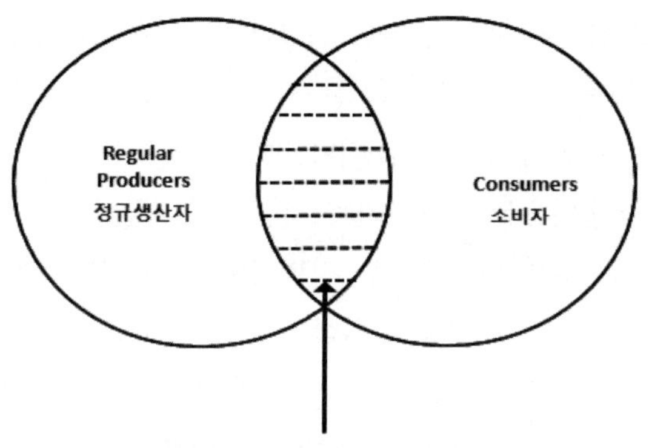

〈그림 4-18〉 서비스 전달에서 공동생산모델

2004:39-40).

공동생산모델은 소비자생산자가 적극적이고 참여적이라는 것을 전제로 두 영역이 구분된 실체가 아니라 중첩되어야 한다는 것이다. 실제로 서비스 환경에서 볼 때 시민의 지지와 협력을 제도화하는 것이 필요하고, 그리하여 소비자 영역의 일부가 정규생산자의 영역과 중첩됨으로써 공동생산에 이르게 된다고 한다. 이 중첩된 영역은 두 집단에 의한 서비스의 공동생산(coproduction, joint production)을 나타낸다. 공동생산은 서비스 전달에 시민의 관여 또는 참여로 구성되며 그 결과는 서비스 전달 형태에 긍정적 영향을 주고자 하는 것이다(Brudney and England, 1983:63).

일반적으로 공동생산의 개념은 정치적 차원과 경제적 차원 모두를 가지고 있다. 정치적 차원은 시민—납세자, 특히 서비스 전달에 있어서 직접적 편익을 취하려는 사람들의 적극적 참여를 강조하고, 한편 경제적 차원은 공동생산 행태의 동기를 설명하려는 시도이다(Mattson, 1986:52). 이와 같이 공동생산 내에서는 두 종류의 생산자들이 있으며, 첫 번째 집단은 돈을 벌기 위해서나 다른 형태의 교환을 위해 서비스를 생산하는 사람들로, 이러한 집단의 멤버들은 정규생산자로 알려져 있다. 두 번째 집단은 소비자 생산자이다. 이들은 줄어든 세금의 형태로 직접비용을 절약하려는 시민-납세자들이다. 하지만 공동생산에 참여하는 시민-납세자들은 정부 운영에 자신들을 연계시키려는 정치적 동기를 가진 것처럼 경제적 동기도 가지고 있다. 이처럼 공동생산은 전통적 모델이 강조하는 생산자와 소비자 사이의 엄격한 구분을 더 이상 받아들일 수 없다는 것을 의미한다.

영국에서 공동생산의 개념은 시간을 거치면서 출현해 온 일련의 가치와 원칙들을 내포하고 있다. 개념요소로는 관계성(engagement), 참여(participation), 선택과 통제(choice and control), 그리고 관련성(involvement) 등이 있다.[23] 이에 따라 DH는 "공동생산은 개인으로서 자신이 받는 지원과 서비스에 영향을 줄 때, 또는 집단이 서비스설계, 커미셔닝 그리고 전달방식에 영향을 줄려고 함께할 때이다."라고 한다.

관련된 다른 정의들을 보면, 내각수반실(Cabinet Office)은 시민들이 그들의 자원(시간, 의지, 힘, 전문성과 노력)을 기여할 수 있고 가치 있는 결과를 달성하기 위해 공공자원을 더 많이 통제할 수 있는 것으로, The Office for Disability Issues에서는 장애인 정책을 형성하고 서비스를 전달하는 데 장애인들이 모든 수준에서 참여하는 것으로 본다.

또한 Morgan & England(1988)는 공동공급(coprovision)—공동생산(coproduction)의 개념을 〈그림 4-19〉의 모형에 나타나 있는 서비스

23) 관계성(engagement), 참여(participation), 그리고 관련성(involvement) 등은 그 정도에 따라 의미의 차이를 구별할 수 있다. 관계성은 다른 구성원과 통합적, 주도적 역할관계를 강조하는 데 반해 관련성은 소극적, 수동적 역할관계에 초점을 둔다는 점에서 상대적 차이를 둘 수 있다(Social Care Policy, DH, 2010:8-9).

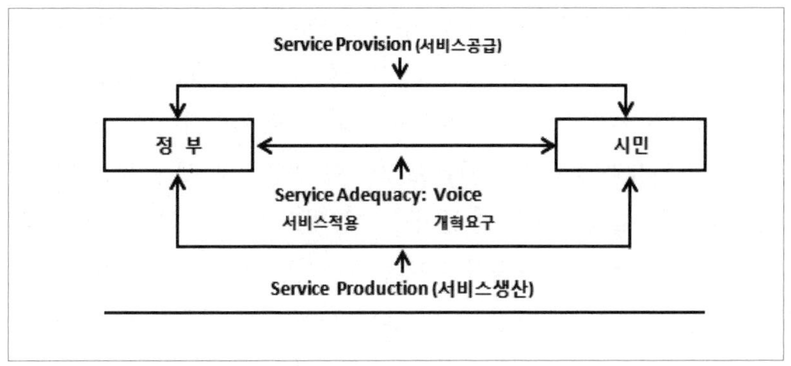

자료: Morgan, D., England, R. (1988). The Two Face of Privatization.

〈그림 4-19〉 공동생산의 개념도

전달체계 내에서 시민의 역할로 밝히고자 하였다.

Morgan & England(1988)의 공동생산모형은 시민들이 도시정부에 금전이나 시간기부를 통해 서비스 전달에 대한 재정이나 기획을 돕는다(공동공급: coprovision). 그런 다음 시민들은 자조나 적극적 참여노력으로 전문 도시관료와 함께 서비스를 공동 생산한다(coproduce). 예를 들면 지역범죄예방모임, 분양공원가꾸기 자원봉사프로그램(Adopt A Park), 도시 숲다시만들기 프로젝트, 쓰레기 길가로 치우기 등이다. 시민들이 서비스 전달의 생산과 공급단계에 실제로 관여되므로 개혁요구(voice)는 직접적이다. 회피(exit)기회는 서비스 전달체계의 종료나 비참여를 포함하는 것이다.

요컨대, 공동생산의 개념적 범위는 정부 및 공공기관과 주민이 함께 공공서비스를 생산하는 부문으로서 주민이 생산자로서 활동하는 역할을 강조하는 영역이라고 할 수 있다. 이것의 구체적 방법으로는 집행과 실행과정에서 주민참여의 한 형태로 이루어지는 주민들의 자원봉사, 자조활동 등을 들 수 있다. 이는 특히 휴먼서비스와 연성서비스

(soft service: 교육, 건강, 복지 등에 관련된 공공서비스) 등에 많이 요청되며, 경성 서비스(hard service)에서도 중요성이 증가하고 있다(Whitaker, 1980).

공동생산은 주로 주민이 행정서비스의 시행(집행)과정에 참여하는 것이며, 책임감과 능동성을 가지고 정부와 공동으로 생산자의 역할을 하는 것이다. 주민에 의해 생산되는 부문이므로 일반 민간(기업) 부문과 구별되며 공익성과 형평성이 보다 강조되는 부문이지만 서비스 결과에 대한 신뢰성은 높아질 수 있으나 책임까지도 공유한다고 보기는 어렵다.

(2) 유형

공동생산 개념은 세 가지 유형으로 나누어 볼 수 있는데 공동생산(co-production), 공동관리(co-management), 공동거버넌스(co-governance) 등이다.

공동생산은 협의의 의미로 시민들이 그들 자신의 서비스를 최소한 일부 생산하는 장치에 관한 것이며 사용자 관여를 말하는 구체적 표현이며, 공동관리는 제3부문 조직이 국가와 협력하여 서비스를 생산하는 장치에 관한 것이다. 공동거버넌스는 제3부문이 공공서비스의 전달과 기획에 참여하는 장치에 관한 것이다(Brandsen & Pestoff, 2008, 2009).

〈표 4-20〉에서 설명하는 Löffler 공동생산의 유형은 공공서비스에 관련된 비용과 인적 구성에 중요한 함의가 있다.

Löffler(2009)의 공동생산의 유형은 공공서비스에서 공동생산이 대부분의 경우에 비용절감과 인원축소 효과가 있다. 하지만 지방정부에 많은 이해당사자들(일선직원)은 공동생산이 현행의 자조활동에 대해 다양한 전문적 지원을 할 수 있다는 것을 인지하지 못한다. 예를 들

〈표 4-20〉 Löffler 공동생산 유형

공동생산 유형		전문가와 사용자/지역사회의 자원	
		부가적	대체적
상호작용 특성	관계적	전문가와 사용자가 사용자 욕구의 평가와 서비스기획을 공동수행	전문적 부모들의 동료지원 네트워크
	거래적	on-line상 시민제안에 참여예산	전문가가 지원하는 웹사이트로부터 초기질병진단

자료: Löffler (2009). A Future Research Agenda for Co-Production Overview Paper. Co-Production: A Series of Commissioned Reports. LARCI.

면 전통적으로 공공 부문의 노인보호는 고위험 사례에 초점이 맞추어져 있다. 그렇기 때문에 공공 부문 보호에서 제외된 노인들은 일반 시민들이 자발적으로 돌보아 왔다. 하지만 시민들의 노력으로 공공 부문에서 막대한 비용 절감이 있었음에도 불구하고 전문적 지원이나 재정적 보상은 받지 못하였다. 이로써 공공 부문은 막대한 비용을 절감하였던 것이다.

공동생산이 부가적인 경우에는 더 나은 시민 산출(outcome)을 달성하기 위해 더 많은 자원을 부가하는 것이다. 만약 사용자와 전문가가 욕구사정을 공동으로 한다면, 이러한 접근은 사용자가 하는 더 많은 투입으로서 관계적이고 부가적인 성격으로 볼 수 있다. 그러나 지역사회 안에서 활용가능한 부가자원은 직접(personal) 서비스 관계보다는 접근이 쉬운 정보통신기술(ICT: Information and Communications Technology)을 사용하는 것이 최선이다. 대표적인 방식으로 온라인 제안과 참여예산(participative budget)에 대한 투표제도가 있다.

공동생산의 거래적 형태는 대체적인 경우이다. 예를 들면 시민들이 의료기관이 지원하는 웹서비스를 특정 질환을 진단하기 위해 사용할 때 의료인이 할 일을 사전에 수행하게 된다. 또한 훈련된 전문적 환자가 동료에게 조언하는 것도 전문 의료인이나 간호사가 하였던 일을

〈표 4-21〉 Bovaird 공동생산 유형

		서비스 설계책임		
		전문가 단독기획	전문가와사용자/ 지역사회 공동기획	서비스기획에 전문적 투입 없음
서비스 전달 책임	전문가 단독전달	전통적 전문가 서비스 제공	전문적 서비스제공, 사용자/지역사회 기획, 설계참여	전문가 단독전달
	전문가와 사용자/ 지역사회 공동전달	전문적설계 사용자 공동전달	공동생산	사용자/ 지역사회 전달
	사용자/ 지역사회 단독전달	전문적 기획 사용자/지역사회 전달	공동기획, 공동설계사용자/ 지역사회 전달	지역사회 자조조직전달

자료: Bovaird (2007). Beyond Engagement and Participation: User and Community Coproduction of Public Services. PAR. Sep/Oct.

대체하는 것이므로 동일한 효과가 나타난다. 이 경우 공동생산은 관계적이기는 하지만 대체적인 의미를 가지고 있다(Loffler, 2009:6-7).

〈표 4-21〉의 Bovaird 유형은 서비스전문가들이 서비스를 기획하고 전달하는 데 단독으로 행동하는가? 아니면 사용자-지역사회와 함께 행동 하는가?에 따른 일련의 시나리오를 보여주고 있다. 전통적 전문가에 의한 서비스 제공만이 외부 행위자의 관여가 없고 나머지 유형들은 공동 행위자와 관련되어 있으며 공동생산 유형들의 범위임을 알 수 있다.

가. 전통적 전문가 서비스 제공: 기획과 설계는 사용자—지역사회와 협의

서비스는 전문가에 의해 전달되지만 사용자와 지역사회가 기획과 설계 단계에 밀접하게 관련된 사례이다.

- 시범사업기획의 시뮬레이션에 지역사회가 참여하여 서비스에 주

요 변화를 주기 위한 우선순위를 제안할 수 있다.

- 사용자 자문위원회에서는 사용자에게 서비스에 대한 피드백을 주고, 서비스 변화에 영향을 미치는 제안을 할 수 있다.
- 전략에 대한 권한을 가진 학교 학부모 운영위원을 둘 수 있다.
- 지역 주민에 의한 참여예산 실행은 공공서비스와 기관의 연간 예산안 편성에 영향을 줄 수 있다.
- 분배된 커미셔닝(distributed commissioning)으로 공공 부문 구매자가 다른 소규모 커미셔닝(지역사회수준)들이 구매자의 예산으로 그들의 선호에 따라 공공서비스를 선택할 수 있도록 한다.

나. 전문적으로 설계된 서비스를 사용자 공동전달

전문가들이 서비스의 설계와 기획을 전담하지만 사용자와 지역사회 구성원들이 서비스를 전달한 사례이다.

- 현재 또는 이전 서비스 사용자인 전문적인 환자들
- 지역사회가 건강증진을 위해 생활습관 변화와 만성질환 관리에 주도적일 수 있도록 하는 건강증진병원
- 전문 인력 서비스를 보충하는 자원봉사자(가족, 이웃, 친구 포함)들
- 돌봄서비스 사용자에 직접 지불(direct payment: 사용자에 대한 직접 소득보조)을 함으로써 사용자가 전문서비스 구매 가능
- Sure Start: 훈련된 엄마들이 새로운 엄마들을 지원하는 프로그램[24)]
- 시민들이 자료를 모아 주장을 뒷받침하는 관련 기록을 유지할 수 있는 자기 보고, 자기평가조세체계

---

24) Sure Start는 어린이들에게 인생에서 최상의 출발을 제공하자는 목적으로 아동 돌봄의 향상, 조기교육, 건강과 가족지원 등을 주요 수단으로 하는 영국정부의 사업이다. 처음에는 임신부부터 4세 이하 가족을 대상으로 하였으나 나중에 14세까지, 또는 16세 장애아까지 확대되었다.

다. 사용자—전문가 공동생산

사용자와 전문가가 서비스의 기획과 설계에 완전히 업무를 공유하여 전달하는 사례이다.

- 사용자와 전문가가 서비스 기획과 설계를 함께 하고, 자원봉사자를 통해 전달하는 지역사회 연대방식이다.
- 지역사회주거연합, 기업체, 그리고 임차인 협업체 등이 낙후지역의 사회주택을 기획하고 설계한다.
- 신앙에 근거한 사회서비스(faith based social service): 전문가를 동원하지만 지역사회 대표들이 관리하며 때로는 자원봉사자의 도움을 받는다.
- 농촌 환경 개선계획: 중앙, 지방기관이 공동으로 출연하고 전문인력이 자문하며, 지역집단이 전달한다.
- 마을방범계획: 지역거주민과 경찰, 행정기관이 범죄를 감시하며 반사회적 행태를 제재한다.

라. 사용자—지역사회, 전문가 공동전달: 공식적 기획과 설계과정은 없다

사용자와 지역사회집단이 주로 활동에 책임을 지며 필요한 경우 서비스 전문가의 도움을 받는다.

- 지역사회자원센터: 지역 주민을 위해 일련의 활동을 하지만 당해 지역에서구할 수 없는 전문성은 전문 인력에 요청한다.
- 지방연합이 음악, 스포츠, 문화여행 등 특별 이벤트를 마련할 때 전문가에게 도움을 요청한다.

마. 전문적 기획서비스의 사용자—지역사회 단독 전달

전문가들이 기획한 서비스를 사용자—지역사회 구성원들이 전달 책임을 맡는 사례이다.

- Villa family 프로젝트: 결연가족이 장애노인과 함께 살면서 가정 돌봄서비스를 전달한다.
- Smart house: 기술적 도움으로 거주자들이 다른 숙련된 지원이나 홈케어 없이도 많은 기능을 할 수 있다.
- Samaritans: 잠재적 자살자들에게 전문적 상담서비스를 전달하는 자원봉사자들이다.
- 지역사회 재활용사업: 마을에 구역지도자를 임명하여 쓰레기 재활용을 배가시키도록 한다.
- 지역신용조합: 자원봉사자가 직원이지만 국가시행령의 표준 지침에 따라 운영한다.
- 청소년 스포츠 리그: 전국적 공식규칙에 따라 자원봉사자가 운영한다.

바. 공동기획 또는 공동설계서비스의 사용자/지역사회 단독 전달

사용자나 지역사회 구성원들이 부분적으로 기획하고 설계한 서비스를 사용자와 지역사회가 전달하는 사례이다.

- Time dollar 소년법정: 초범은 소년배심원들에게 지역공동체근로를 하도록 선고를 받고, 이 활동으로 time dollar를 벌게 된다.
- 지역사회집단에 의해 전달되는 공공기관과의 계약서비스

사. 전통적인 지역사회 자조조직이 제공

전통적으로 지역사회 자율조직이 서비스를 제공하는 사례이며, 전문 인력이 직접 관여되지 않는다. 이러한 유형은 제공자가 전문가가 아니지만 제공자와 사용자 간 공동생산의 기준을 갖추고 있으며, 지역사회자원을 성공적으로 동원할 수 있다.

2) 정책맥락(원리)

(1) 사회서비스에서 공동생산의 등장요인

거버넌스 방식에서는 사회서비스 제공에 시민과 제3섹터를 참여시키는 새로운 방법을 모색하고 있다. 유럽에서 이러한 경향이 나타나는 이유는 대체로 첫째, 인구 고령화의 압박 둘째, 지방, 지역, 국가, 유럽 등 모든 수준에서 민주주의의 결핍이 증가한다는 것 셋째, 공공재정의 장기적 궁핍(Pestoff, 2009:201)에 있다.

공공서비스를 제공함에 있어, 공동생산 또는 시민 관여는 인디애나 대학의 정치이론과 정책분석 워크숍에서 유래되어, 1970~1980년대 미국 행정학자들의 주된 관심을 촉발시켰다.

사실 1970년대 학자들은 대규모 집중화에 대한 정책 권고 위주로 도시 관리이론을 논쟁하였고, 대부분의 학자와 관료들은 관료기관이 채용한 전문 인력이 제공하는 대규모의 서비스가 더 효과적이고 효율적이라고 주장하였다. 하지만 이러한 주장을 뒷받침하는 근거는 찾기 어려웠다.

이러한 상황에서 그들은 공적 생산에 대한 몇 가지 신화를 발견하였는데, 그중 하나는 각 행정구역 내에서 단일 생산자가 도시서비스에 대해 책임을 맡는다는 개념이었다. 또한 그들은 다른 서비스를 생산하는 민간 기업을 포함한 몇 개의 기관을 통해 재화와 달리, 서비스 생산은 서비스를 받는 사람들의 참여 없이는 어렵다는 점을 인식하게 되었다. 그리하여 정규생산자(일선 경찰관, 학교교사, 보건종사자)와 클라이언트 사이에 존재하는 '공동생산'이라는 용어가 개발되었다(Pestoff, 2009).

이후 공동생산은 공공서비스 영역에서 실행이 가속화되었으며, 이것의 직접적인 원인은 정보기술혁신, 가치의 변화, 인구구조 변화, 재정적 제약 등에서 찾을 수 있다.

첫째, 정보기술혁신은 시민들이 서비스 제공자들과의 관계에서 통제, 선택, 유연성을 더 많이 행사할 수 있도록 하였다. 보건 사회서비스에서도 이러한 기술이 적용되어 환자가 굳이 병원에 갈 필요 없이 자가 치료를 할 수 있게 되었다. 물론 이것에 대한 책임은 환자에게 있다.

둘째, 현대사회의 급속하고 막대한 가치 변화는 시민들의 태도와 행동에 지대한 영향을 주었다. 시민들은 소극적 서비스 사용자가 아니라, 제공받는 서비스에 대해 말하고 싶어 하는 적극적 시민으로 부상하였다.

셋째, 인구구조의 변화이다. OECD 국가 통계자료에 의하면 "고령화가 지속될수록 사회 서비스에 대한 수요도 증가하지만 공동생산도 증가하는 현상이 나타난다"고 한다.

넷째, 공공 부문에 대한 재정적 제약이 심해짐에 따라 공공서비스 생산에 모든 잠재적 자원을 최대한 활용하려는 것이다. 여기에는 지역사회에 대한 사용자 기여도도 자원으로 포함되는데, 이는 사용자의 기여도가 지역사회 서비스의 산출물, 질, 결과에 영향을 줄 수 있기 때문이다. 특히 공공기관에 대한 평가가 결과지향 방식으로 전환되면서, 서비스 사용자의 기여 없이는 성과를 달성하기 어렵다는 인식이 높아졌다(Löffler, 2009:4-5).

(2) 사용자 관여(user involvement)의 접근방법과 원칙

복지서비스에 있어서 사용자 관여에 대한 접근법에는 복지주의(welfarism), 전문가주의(professionalism), 소비자주의(consumerism), 관리주의(managerialism), 참여주의(participationalism)가 있다. 이러한 접근법들은 상호 중복적이고 상충되는 측면이 있지만, 각각 다른 가치들에 기반하여 서로 다른 정도의 사용자 관여를 증진시킨다(Evers, 2006).

복지주의는 경직적이고 비유연적인 국가통제의 복지관료제이다. 서비스 사용자의 관여 기회가 거의 허락되지 않는 낡은 접근법이라 할 수 있다. 극단적인 예로 사용자가 아무 얘기도 하지 않는 공산주의 정권을 들 수 있다. 서유럽국가들의 경우, 사회서비스는 권리로서 제공되지만 사용자 관여는 대체로 노조나 중간 NGO를 통한 대표 수준에 한정된다. 실제적으로 사용자 자신들에게는 한계가 있다. 이러한 이유로 장애인들은 다른 사람이 자신을 대신하는 것보다 스스로 말할 수 있는 권리를 요구하는 차원에서 복지주의 접근법을 비난한다.

전문가주의는 복지전문가들의 업무 실태와 태도에 강한 온정주의적 요소, 즉 클라이언트와 '함께'보다는 클라이언트를 '위해' 일하는, 제공되는 서비스에 대한 '협의'보다는 순응을 요구하는 사회사업가와 관련된다. 'daddy knows best' 강한 온정주의는 클라이언트의 의견과 선호에 관심을 두지 않는다.

반면 약한(mild) 온정주의 요소를 잇는 현대의 전문적 복지실천가들은(The modern professional welfare practitioner) 클라이언트/사용자들을 위해 일해야 한다는 전문가 규칙에 사로잡혀 있으며, 클라이언트 중심 실천 방법으로 훈련되었다. 또한 이들은 전문 직업주의나 사용자 관여에 대한 사회적 태도 변화에 영향을 받아 왔다. 이들은 온정적 전문가들에 의해 결정되는 수동적 서비스 수혜자보다 최신의 전문직업주의 개념이 강조하는 개방성, 서비스의 공동생산자로서 사용자와의 협의와 협력을 보여주고자 한다.

소비자주의(consumerism)는 제공자 간 경쟁을 설정하고 사용자 선택과 회피선택권(exit options)을 제공함으로써 이런 종류의 소비자 파워가 다른 어떤 정책 정향보다 사용자 중심의 서비스를 형성하는 데 효과적일 것이라는 전제를 가지고 있다. 이 접근법은 1980년대 우익의 공공 부문 개혁에 근거하고 있다. 사회서비스의 사용자가 시장에서 소비자가 갖는 혜택을 동일하게 갖자는 이 접근법은 현실적으로 사회서비스 사용자가 서비스에 대해 거의 직접적으로 지불하지 않는다는 데 허점이 있다. 바우처 시스템이 이러한 장애를 극복하려는 시도이며 직접지불 방식, 클라이언트 예산 등이 여기에 대한 또 다른 대안으로 거론된다. 또한 사회서비스 거래에서 일부 사용자들은 특정 서비스만 사용하도록 제한되어 있고, 장기요양에 있는 노인들처럼 회피선택을 사용할 수 있는 가능성이 거의 없는 경우, 그리고 교육적, 경제사회적으로 불리한 사용자들은 서비스제공자와의 거래에서 약한 위치에 있게 된다는 점 등 소비자주의의 적용에는 현실적 한계가 있다.

관리주의(managerialism)는 '소비자(consumer)'가 아닌 '고객(customer)'에 관한 실용기술적 접근이다. 서비스제공자와 고객 간 현존하는 권력관계를 보존하는 접근법으로서 시장조사, 사용자만족도조사, 고객보호프로그램 등을 통해 제공자가 고객에게 더 가까이 다가갈려는 것이다. 이때문에 고객보다는 제공자의 이익에 초점이 있다는 지적도 있다. 관리주의는 사용자의 이익을 대표하고 복잡한 서비스체계에 그들의 참여를 촉진하는 조직의 역할을 더욱 중요하게 한다.

참여주의는 사람들이 서비스를 구성하는 데 직접 관여해야 한다는 신념이다. 사회서비스에 있어 사용자 관여에 대해 이 접근법은 전문가와 기관과 서비스를 기획하고 제공, 평가하는 데 충분히 협력하는 서비스의 공동생산자로서의 사용자를 강조한다. 여기에는 시민사용자들에게 개인의 시간과 에너지를 시민행동에 실질적으로 헌신하는 것이 요구된다. 하지만 국가기관이 불충분한 재원으로 더 많은 책임을 시민사회에 전가하는 위험이 있다(Munday, 2007:13-16).

복지주의와 전문가주의는 서로 밀접하게 연관되어 있지만 어느 쪽도 소비자관여에 대해 여지를 두지 않는다. 단지 클라이언트를 스스로 능력이 부족한 사람으로 간주하여 전문가의 도움과 지도가 필요하다고 본다. 소비자주의와 관리주의는 사용자에게 보다 많은 회피선택(exit choice)을 통해 상당한 선택을 부여하도록 요구하며 공공 부문이 민간 부문으로부터 배워야 할 필요가 있다고 주장한다. 그러나 이들 접근법도 주장(voice)이나 참여(participation)에 대해 별로 여지를 두지 않는다.

참여주의는 시민들은 그들이 요구하는 복지서비스를 형성하는 데 있어서 직접 참여해야 한다는 신념에 기초하여, 복지서비스 사용자들의 현장참여를 장려한다. 다중 이해당사자 조직을 강조하며 사용자는 공동생산자가 될 것을 요구한다.

복지주의와 전문가주의는 보통 사회민주정부에서, 소비자주의와 관리주의는 주로 우파정부에 의해 옹호된다. 그러나 참여주의 혹은 보다 단순히 공동생산은 대부분의 유럽국가에서 명확한 정치적 요소가 부족하다. 사회민주주의 또는 우파의 서비스민주주의에서 시민들은 기초자치단체, 광역자치단체 그리고 민간 회사에서 제공하는 공공재정의 사회서비스 소비자이다. 이러한 점은 시민들이 그들 자신의 사회서비스 공급에 관여되는 참여민주주의와 대비된다(Brandsen & Pestoff, 2009:9).

Löffler(2009)는 공동생산에 대한 사용자 관여의 기본 원리를 4가지 차원으로 구분하여 설명하고 있다.

첫째, 공동생산은 서비스 사용자를 수동적인 소비자이기보다는 적극적 자산보유자로 인식한다. 공동생산 방식에서는 시민들에게 공공서비스에 대한 자원 통제와 의사결정에 더 많은 권한을 부여한다. 이는 시민들이 정치가, 관리자, 제공자가 결정한 서비스를 받는 사람이 아니라는 것을 의미한다. 다만 이것에 대한 책임과 위험은 시민들이 감수해야 한다.

둘째, 공동생산은 직원과 사용자 간 관계에서 온정적이기보다는 협력적이다. 공동생산은 거래적(transactional)인 것보다는 관계적(relational)인 활동이고, 서비스를 이용하는 사람들의 활동적인 관여와 의사결정은 협력적인 관계에서 용이하기 때문이다.

셋째, 단순 '서비스'보다 결과를 전달하는 데 초점을 둔다.

넷째, 대체적(지방정부의 투입을 사용자/지역사회로부터의 투입으로 대체) 또는 부가적(사용자/지역사회의 투입을 전문적 투입에 부가하거나 전문적 자원을 개인적 자조 또는 지역사회 자발적 조직에 도입)일 수 있다(Löffler, 2009:5-6).

한편 유럽평의회(Council of Europe)는 사용자 관여의 기본원리(Meinema, 2005:4-5)를 7가지 측면으로 제시하였다.

첫째, 권리와 책임으로서의 관여이다. 민주주의에서 사용자들은 사회서비스에 관여할 기본적인 권리를 가져야 하며, 이 권리는 실행가능하고, 접근가능하여야 하며, 서비스의 적합성·효과성이 담보되어야 한다.

둘째, 사용자 관여의 문화이다. 사회서비스에서 최적의 사용자 관여가 되기 위해서는 국가적 차원으로 사용자 관여 문화를 확대시킬 수 있는 정책이 필요하다. 여기에서 무엇보다 중요한 것은 사회 각 분야의 지속적 헌신이다. 이것은 쉽게 이루어질 수 없으며 전체 체계를 구성하는 부문들의 원인이면서 효과이기도 하다.

셋째, 사용자는 수혜자이면서 행위자이다. 사용자는 단순히 타인이 제공하는 서비스의 수동적 수혜자는 아니므로 사회서비스 생산에 참여할 권리와 책임이 있다는 것을 인식해야 한다.

넷째, 사용자 관여는 사용자에게 중요한 비공식적 보호자를 고려해야 한다. 이것은 서비스 형태에 대한 함의를 주는 것으로 예를 들면, 아동 보호·교육 서비스에 대해서는 부모 및 가족보호자의 역할을 인식해야 한다.

다섯째, 사용자 관여는 기관이 지향하는 사명과 과업에서 가장 중심적이어야 한다. 조직에는 임무 설정이 있고 핵심 과업들을 수행하기 위한 소통 수단들이 있는데, 사용자에 대한 반응성은 이러한 경향에서 중심적이어야 한다.

여섯째, 사회서비스에 대한 접근이다. 사회서비스가 사용자들에게 접근가능하지 않다면 사용자 관여는 가치가 없으며, 잠재적·실제적 사용자들에게 충분한 양과 질 높은 서비스를 제공하는 것은 중요하다.

일곱째, 근거의 중요성이다. 사용자 관여의 발전을 위해서는 여론, 전통, 우수실천 사례 등에 대한 근거가 제시되어야 한다.

(3) 공동생산 가치

공동생산의 중요한 가치는 크게 세 가지로 요약할 수 있다.

첫째, 순응(compliance)이다. 순응은 가장 기본적인 수준으로서 사람들이 서비스의 요건에 단순히 순응하여 사용자들이 생산적인 투입을 하게 하는 일종의 공동생산을 경험하는 것이다. 간단한 예로, 처방된 약을 복용하는 것이나 지원을 위한 계획회의에 참석하는 것이 여기에 해당한다.

사회서비스에 있어서 이러한 최저한 공동생산수준이 의미하는 것은 다른 사람들이 결정한 서비스에 단순히 순응하는 것을 의미한다고 할지라도, 서비스는 그것을 사용하는 사람들의 투입(input) 없이는 생산될 수 없다는 점을 인식하는 것이다. 이런 종류의 공동생산은 서비스 사용자들에 의한 통제와 변화의 기회를 거의 제공하지 않는다.

둘째, 인식(recognition)과 지원(support)이다. 공동생산은 제공자들이 서비스 사용자들을 인식하고 지원하는 통로가 될 수 있다. 이것은 사용자들의 투입, 가치부여, 지원의 중요성을 인지하고, 기존의 비공식적 지원네트워크의 힘을 활용하여 이들을 위한 서비스를 형성하는 데 보다 좋은 방법을 창안함으로써 이루어진다.

이러한 종류의 공동생산은 보다 많이 참여하고 책임 있는 사용자들의 도움으로 기존의 서비스를 향상시키는 데 초점이 있다. 예로는 실무자와 관리자들의 충원과 훈련에 서비스 사용자 집단의 역할을 많이 확대하는 것을 의미한다. 그러나 여기서 강조하는 것은 기존 사회서비스 시스템과 문화 내에서 지원메커니즘을 설계하는 것에 있지 기존 체계에 도전하거나 개혁하는 것은 아니다. 그래서 이 모형 내에서 사람들은 서비스의 창안자가 아니라 비판자의 위치에 있는 것이다.

셋째, 변형(transformation)이다. 이것은 사회서비스시스템의 급진적 개혁을 의미한다. 권력과 통제를 서비스를 사용하는 사람에게 이전시키는 것인데 이는 실천가와의 파트너십에서 사용자 주도의 서비스 기획, 전달, 관리라는 새로운 방식으로 이루어진다. 또한 이는 기존 문화에 도전하고, 간헐적인 협의나 근본적 변화에 별로 필요하지 않은 관여보다는 공동생산을 내장하는 새로운 전달구조를 형성하는 것이다.(Social Care Policy; DH, 2010:9-10).

(4) 공동생산의 효과와 한계

공공서비스의 생산 주체가 다양화되고 있는 것은 정부가 주도적으로 생산하고 공급하는 방식의 변화를 의미한다. 이런 의미에서 공동생산은 공공서비스에 대한 정부의 역할을 시민이 수행하도록 하는 것으로서, 이것에 대한 효과는 다양하게 나타난다. 공동생산은 사회서비스 생산과정에 지역 주민과 근린조직이 참여하는 분권화된 시스템으로 정부가 지역의 자원봉사자를 활용함으로써 생산비용을 절감할 수 있다.

또한 공동생산 서비스는 정부 독점 생산 서비스보다 신뢰도가 높다. 이는 공공서비스 전달에 있어서 정부 주도적 생산이나 주민에 대한 반응성보다는 시민의 자발적 협력에 기초한 관여와 참여가 중요하다는 의미이다.

Munday(2007)는 사회서비스에서 공동생산의 6가지 효과를 다음과 같이 제시하였다.

첫째, 반응적인 조직이 더 좋은 질의 서비스를 제공한다.
둘째, 서비스 효율성이 향상된다.
셋째, 사용자와 행정 간의 불균형이 변화한다(권한부여).
넷째, 서비스 시스템은 더 큰 정당성을 획득한다.
다섯째, 사용자는 자신감과 자립심을 얻게 된다.
여섯째, 관여는 민주주의에서 교육이다.

공동생산은 다양한 효과를 나타내는 반면 한계점 또한 존재하고 있다. 공동생산의 한계점은 다음과 같다(Mattson, 1986:53-54).

첫째, 공동생산에 대한 비판에 따르면 공동생산은 재정적으로 곤란한 도시가 이른바 비필수적 도시서비스에 대한 부담 이전전략을 채택하는 술책으로 여겨진다는 것이다. 다시 말하면 공동생산은 도시가 시민-납세자에게 비필수적 서비스의 부담을 이전할 수 있는 예산관리 수단인 것이다.

둘째, 또 다른 비판은 공동생산이 전반적인 도시 관리에 하나의 잠재적인 방해요소라는 것이다. 이러한 평가는 일선 직원들이 가끔 공동생산을 어떤 도시서비스를 비전문화하기 위한 전략으로 본다고 설명한다.

셋째, 공동생산 주창자들은 모든 시민들이 참여할 수 있고, 참여하려 한다고 상정한다. 그러나 자발적 활동을 통한 시간의 투자는 기회비용을 나타낸다. 결론적으로 어떤 도시 거주자들은 다른 사람들보다 시간, 돈, 그리고 에너지를 서비스 생산에 더 바쳐서 공동생산의 편익은 편향되는 경향이 있다. 다시 말하면 공동생산의 편익은 도시의 보다 부유층에 더 축적될 수 있어서 형평성의 문제를 야기한다.

3) 설계(Roger, Parks et al., 1981:1006-1009)

(1) 제도적 장치

공동생산이 기술적으로 실행 가능하고 경제적으로 바람직하더라도 제도적 고려사항으로(Institutional Considerations)로 인해 한계가 있을 수 있다. 공동생산(coproduction)에 부정적인 영향을 미치는 제도적 장치(Institutional arrangements)에는 특정 투입(input)을 활용하는 데 한계가 있는 것, 특정 투입을 확보하는 데 충분한 인센티브(incentives)를 제공하지 못하는 것, 혹은 특정 투입을 확보하도록 강제(mandate)하는 것 등이 포함된다.

다른 한편으로는 제도적 장치가 경제적으로 바람직하지 않은 곳에 공동 생산적 행태(coproductive behavior)를 불러일으킬 수도 있다. 특정 투입의 확보 또는 생산과정에 대한 강제가 그 예가 된다.

제도적 장치는 공동생산 활동을 효율적인 생산기회가 있는 분야에는 대응시키고, 비효율적인 분야는 피한다는 것이 핵심이다. 어떤 생산기회에서는 효율적 생산을 위해 정규생산자(regular producers)와 소비생산자(consumer producers)의 활동을 필요한 수준으로 이끌어 내기 위해 시장장치에 의존할 수도 있다. 다른 생산기회에서는 대안적 제도적 장치가 편익과 비용을 정확하게 배분하기 위해서 필요할 것이다. 따라서 이러한 장치들은 정규생산자와 소비생산자의 투입을 정확히 배합(correct mixes)하기 위해 각각의 투입을 제한한다.

공동생산을 촉진 혹은 억제할 수도 있는 제도적 장치의 방법을 이해하는 것은 효율적인 서비스 생산 시스템 디자인을 위해 중요하다.

(2) 시장장치(market arrangement)

정규생산자와 소비생산자 투입의 생산관계가 일정 부분 대체될 수 있는 영역에서는 활동의 효율적 배합을 유도하기 위해, 또는 비효율적일 때 이러한 배합을 피하기 위해 가격기제가 활용될 수 있다. 예를 들면, 쓰레기 수거 서비스는 가격기제가 활용되는 공공서비스의 대표 사례이다. 정규생산자 간 충분한 경쟁이 있다면, 소비자들은 가격과 선호하는 서비스의 특징 간 일정한 배합을 성취하기 위해 협상할 수 있다. 여기서 선호서비스의 특징이란 수거 빈도, 수거 위치, 또는 소비자의 쓰레기 분리에 대한 할인이 기대되기도 한다. 위생과 보건 기준을 충족하도록 공적 규제가 필요하기도 하지만 서비스에 대한 구체적 사항은 정규생산자와 소비자 간 협상으로 정한다.

시장장치에서 효율성의 핵심은 선호하는 가격과 서비스의 배합을 선택하는 소비자의 역량이다. 만약 보건과 위생 목적에 필요 이상의 규제—모든 소비자들은 도로변으로 쓰레기를 옮긴다는 사항—가 있다면 비효율성이 발생하게 된다. 만약 집 앞 수거에 대한 추가비용 지불의사가 있는 소비자가 있다면, 쓰레기 수거에 대한 불필요한 기회비용(opportunity cost)을 발생시킬 수 있기 때문이다.

시장장치의 난점은 상호의존적 생산관계(interdependent production relationship)를 보이는 서비스공급에 대한 조정이 어렵다는 것이다. 상호의존성으로 인해 시장장치에서는 각 생산자에게 생산적 노력을 유도하는 데 필요한 편익과 비용의 배분을 결정하기가 불가능하다. 만일 정규생산자와 소비생산자가 생산모니터링이 실행되지 못할 것을 예상한다면 생산 활동을 회피할 수도 있다. 또한 회피 가능성이 있는 곳에서는 각 편의 생산자들은 상대방이 그들 측 협상에 수긍하리라는 확신이 없으므로 시장교환(market exchange)은 실패할 수도 있다. 그러므로 상호의존적 생산관계는 소비생산자 활동이 집합적인(collective) 성격일 때 회피의 위협이 두 배로 증가한다. 이것은 소비생산자들은 정규생산자와의 관계에서 뿐만 아니라 그들 상호 간에도 회피할 수 있기 때문이다.

(3) 비시장장치(Nonmarket Arrangements)

상호의존의 문제를 해결하는 수단으로서 '조직(firm)'[25]을 들 수 있다. 회피를 최소화하기 위해 각 기여자들의 활동을 관찰하는 모니터링과 함께 투입공급자들이 조직 내로 합류한다면, 시장관계에 대한 위계의 대체로 공동 기여자들은 상호의존적 생산관계를 활용함으로써 추가적인 산출 획득이 가능하게 된다.

이러한 조직적 장치와 유사한 공공분야 서비스 공급자(service provider)는 지방정부이다. 지방정부인 공급자는 집합적 소비단위를 통해 서비스 재원을 조달하고, 정부 관료나 다른 공공 또는 민간공급자로부터 서비스를 구매하여, 정규생산자와 소비생산자의 행태를 모니터할 수 있다. 따라서 공공분야 공급자에 의해 모니터가 잘 이루어진다면 정규생산자와 소비생산자의 효율적인 투입배합을 기대할 수 있다.

비시장장치의 난점은 '조직'에서 모니터링이 생산적 장치의 핵심적 위치를 차지한다는 것이다. 이는 회피하려는 투입 기여자들을 교체할 수도 있고, 동시에 팀이 운영되도록 할 수도 있다는 것으로, 여기에는 두 가지 본질적인 요소가 있다. 하나는 회피하려는 팀 구성원을 교체하는 권한이고, 다른 하나는 신속한 대체자의 활용가능성이다. 하지만 공공서비스 공급에서는 이 두 가지 요소가 모두 결여되어 있다. 이는 회피하는 소비생산자를 교체하기가 쉽지 않으며, 지역사회에서 추방도 흔히 있는 일이 아니라는 것이다.

이러한 어려움에도 불구하고 공공서비스 전달에서 공동생산 장치를 주목하고 의존하는 일은 증가할 것으로 예견된다. 예산의 제약으로, 공동생산 활동에서 소비자 노력이 무엇보다 중요하다는 인식이 증가하였고, 투입 배합에 있어 소비생산자를 향한 이동이 불가피하기 때문이다.

---

25) 일종의 팀 조직(team organization)을 의미한다. 팀 조직이 성공적일 때 팀 구성원들은 조정되지 않은 개인별 활동을 할 때보다 더 많은 것을 얻게 된다는 것이다.

4) 사례와 쟁점

공동생산(Co-production)은 기존의 복지국가에서 사회복지서비스 공급이 공공기관 중심으로 전문가들이 제공하는 모형에서 공공기관의 재정적 뒷받침 아래 다양한 형태의 시민들의 참여로 사회서비스가 공급되는 모형을 말한다. 시민들의 참여는 서비스 계획부터 디자인, 커미셔닝, 관리, 전달, 모니터링, 평가 활동에 이르기까지 다양한 수준에서 이루어지고, 국가에 따라 이런 시민참여의 공동생산 방식은 다양한 형태로 나타난다.

(1) 스웨덴의 보육서비스 공동생산

Vamstad(2007)의 연구에 따르면 스웨덴에서 보육서비스 생산은 시민들의 참여로 공동으로 이루어지고 있다고 한다. 스웨덴의 보육서비스 공급은 부모협동조합(parent cooperatives), 노동자 협동조합(worker cooperatives), 지방정부(municipal), 소규모영리기업(small for-profit firms)이 보육서비스를 제공하는 네 가지 형태로 구분되지만 실제 보육서비스의 공급에서는 생산에서 공급에 이르는 모든 단계들에 부모들의 참여가 이루어지는 공동생산의 형태를 보인다고 한다.

보육서비스 공급을 위한 부모들의 참여는 보육서비스 제공 시설을 부모들이 소유하고 있는 것에서부터 재정 지원, 필요한 장난감 기부, 시설의 보수, 수선, 유지, 청소 등과 같은 노동을 제공하는 것에 이르는 경제적 참여, 보육 시설의 관리 운영에 대한 세부적인 의사결정에 참여하는 정치적 참여, 보육 및 교육 서비스를 제공하는 직원들의 활동을 보조하거나 대신하는 활동을 통한 직접서비스 제공의 참여, 마지막으로 크리스마스 파티, 스프링 파티, 정보제공 및 공유 미팅, 오픈 하우스 등과 같은 보육 시설의 사회적 활동들에 참여하는 형태로 이루어진다.

공동으로 보육서비스를 생산·공급하는 데 있어 부모들의 참여 수준은 앞의 네 가지 보육 유형-부모협동조합운영 유형, 노동조합운영 유형, 지방정부의 보육서비스 제공 유형, 소규모 비영리조직의 운영 유형-에 따라 다른 것으로 보고된다. 부모의 경제적 참여에 대한 조사 결과 부모협동조합(parents co-ops) 형태가 나머지 3개의 보육 형태보다 경제적 참여수준이 높은 것으로 조사되었다. 특히 더 좋은 품질을 구매하기 위해 돈을 지불할 의지(willingness to pay more for better quality), 건물 청소와 수리에 참여할 의지(cleaning and repairs), 재료와 용품을 제공할 의지(materials and supplies), 보육 시설에서 직접 노동을 할 의지(working at the childcare centre) 등이 높은 것으로 나타났다. 예를 들면, 부모협동조합의 부모들은 자녀의 보육 시설 장난감이 고장났거나 낡았을 경우 새로운 장난감이나 혹은 사용하였던 장난감을 기부하거나, 수리에 필요한 페인트, 공구, 나사, 못 등을 기부하기도 하며, 시설에서 직접적인 일을 통해 시간과 노력을 기부하기도 한다.

정치적 참여를 조사한 결과 부모협동조합의 보육서비스 공급의 경우가 다른 공급자 형태보다 보육서비스 제공과 관련한 요구나 품질의 결정에 높은 의사결정권이 있는 것으로 나타났다. 실제로 부모협동조합은 부모들의 의사 결정으로 보육 시설이 관리·운영되고 있으며, 이에 대한 성공 혹은 실패에 대한 책임도 부모들이 지고 있었다. 그렇기 때문에 부모들은 민주주의식 소유의식(democraticownership)을 가지고 공동보육에 참여한다. 또한 보육서비스 공급에 있어 정치적 영향력을 요구하는 부모들의 정도는 노동조합운영 형태가 부모협동조합보다 조금 낮았고, 그 다음이 지방정부가 보육서비스를 제공하는 경우, 가장 낮은 요구를 보여주는 형태가 소규모 영리기업이 운영하는 형태였다.

사회적 활동들의 참여에 있어서는 부모협동조합이 다른 나머지 형태들보다 참여도가 더욱 높은 것으로 나타났다. 크리스마스 파티나 스프링 파티 등과 같은 사회적 활동에 대한 부모들의 참여 형태에서 실제로 노동자협동조합은 부모협동조합과 큰 차이를 보이지 않았지만 정보교환모임이나 오픈하우스와 같은 사회적 활동에 있어서는 소규모 영리기업이 운영하는 경우 부모들의 참여가 현저하게 떨어지는 것으로 조사되었다.

보육 및 교육서비스의 직접 활동에 대한 부모들의 참여가 가장 높은 것도 부모협동조합의 형태이었다. 하지만 이러한 참여는 보완적 참여이다. 예를 들면 직원의 병가, 특별교육 참석, 예외적인 상황 등으로 인한 직원과 교사의 부재 시에는 그들의 자녀와 다른 아동을 위해 핵심 교육활동에 참여하는 것이다. 이를 위해서 부모협동조합 운영 형태에서는 대부분 부모들의 교대일정(rotating schedules)이 있다.

이와 같은 보육서비스 공동생산의 스웨덴의 사례는 사회서비스 공급자 모형의 선택에 있어 국가와 시장 외에 다른 제 3의 대안이 있을 수 있다는 점과 부모들의 자발적 참여를 통해 공동생산 조직을 만들어 보육서비스 질을 높일 수 있다는 것을 보여준다. 또한 보육서비스 공급처럼 다른 사회서비스 분야에도 시민의 높은 참여 수준이 서비스 품질을 향상시킬 수 있다는 것을 보여준다.

(2) 브라질 Pôrto Alegre 지역의 참여예산제 사례

브라질 Pôrto Alegre 지역의 참여예산제는 사회서비스 공급 계획에 지역 주민들이 참여하고 서비스 전달은 전문가들로 이루어지는 대표적인 공동생산 형태이다. 이는 1989년 참여예산과정에서 시작되어 Orcamento Participativo(OP)라 명명되어 매년 시의회의 예산 결정에 대규모의 시민들이 핵심적인 영향력을 발휘하는 제도이다. 서비스를 전달하는 것은 전통적으로 해왔던 전문가들이 전달하지만 전달할 서비스를 계획하고 디자인하는 데 시민들이 참여한다.

1989년 이 지역에 노동당(Parrido dos Trabalhadores)이 집권하면서 단순하게 시민들의 의견을 듣는 형태에서 벗어나 의사결정과정에 참여시키는 것을 추구하게 되었다. 특히 첫 우선순위를 대중교통, 깨끗한 물, 하수 처리 등에 관한 인프라를 향상시키는 데 두었고, 시민들의 강한 지지와 더불어 중앙정부, 주정부로부터 예산을 가져오고 지방세를 통하여 재원이 모금되었다. 시간이 지나면서 시민들의 우선순위가 자연스럽게 교육, 보건, 사회서비스의 개선으로 옮겨졌다. 그러한 과정을 거치면서 OP가 시민의사결정의 필수불가결한 부분이 되었고, 시의회 행정은 항상 OP의 제안을 받아들이고 이들과 함께 세부적인 행동 계획을 작성하는 적극적 지지자가 되었다. 물론 간혹 시의회가 특별한 제안서들에 투표를 진행하였지만, 그것도 모든 것은 OP가 결정한 선상에서 수행되었다. 게다가 시정부는 OP를 의사결정(decision making)의 '둔화'(slowing down)로 보기보다는 '가속화된 협의과정'(consultation process)으로 생각하였다.

결론적으로 시민들은 시민활동을 통해 '관여'에 대한 진가를 알게 되었고, 그들이 사는 지역에서 그들 스스로 사회서비스 디자인(design)을 변화시킬 수 있다는 자신감을 얻게 되었다.

(3) 영국의 Gateshead의 Sure Start initiative 사례

Sure Start는 교육 · 보육 · 건강 · 가족지원 등의 서비스로 아동, 가족, 지역사회를 지원하는 영국정부의 제도로서, 전문가가 설계한 서비스를 지역의 부모들이 공동으로 전달하는 형태의 공동생산 사례이다.

Sure Start 지역 프로그램은 낙후된 지역의 4살 이하의 아동과 이들 가족들의 건강과 복지를 개선하여 이 아이들이 학교 교육을 더욱 잘 시작할 수 있도록 하는 데 목적을 두었다. 공동생산의 측면에서 대부분의 서비스 디자인은 전문가들에 의해서 이루어지지만 서비스 전달은 전문가와 더불어 보모들이 함께 참여하여 이루어지는 형태이다.

Gateshead의 Sure Start program은 5개 빈곤자치 구역을 대상으로 2001년 시작되었고, 시작부터 부모들이 지역 내 전달 계획에서 목표 대상을 선정하는 데 높은 주도력을 보여주었다. 그리고 그 결과 매우 성공적이었다. 예를 들면, 50개 지역 어머니들은 모유수유에 대한 상담을 해주기 위해 교육을 받았고, 상담을 받은 어머니들은 산부인과 병원을 방문하여 산모들과 최초 관계를 맺고, 모유수유의 이점을 상담해 주었다. 또한 프로그램에 대한 공공의 인식을 높이기 위해 공익캠페인도 시행하였다.

Gateshead 지역에서는 4개의 지원 그룹이 있는데, 새로운 산모들은 한달에 최소한 한번 혹은 그 이상 그들과 접촉을 한다. 그리고 모두가 새롭게 산모가 되고난 20주 후에 실제적이고 잠재적인 문제들을 논의하기 위하여 이들 지원 그룹의 방문을 받는다. 게다가 항상 전화로 상담이 가능한 또래 상담가가 대기 중이다. 최근 이 프로그램은 지역 내에서 더 많은 교육들을 제공하도록 또래 상담가들에게 교육과정을 제공하고 있다. 특히 산모들이 조산원(professional midwives)이나 보건소방문자(health visitors)보다 비슷한 문제를 가지고 있는 또래 상담사와 대화를 나누는 것을 더 선호하였기 때문에 이러한 또래 집단 접근이 상당한 이점이 있었다.

이와 같이 어머니가 된 초기에 상담사와의 정기적 관계는 어머니들에게 Sure Start 프로그램을 이용하면 더 좋은 양육을 할 수 있다는 확신을 주었고, 실제로 Sure Start의 국가 평가에서 프로그램 시행 지역은 부모 참여 수준이 높은 것으로 나타났다. 이것은 Sure Start 프로그램의 계획, 관리, 서비스 전달, 평가 등을 포함한 과업(tast)에 부모(처음 어머니된 사람, 아버지, 조부)가 함께 참여하였다는 것을 의미하는 것이다. 물론 이 참여에는 전문가와 비전문가의 접점에서 나타날 수 있는 도전적인 문제들을 직원들이 어떻게 다루어야 할 것인가, 특히 전문가의 투입을 적절히 잘 배치하면서 부모들의 신뢰를 얻고 직원들이 지역 주민들과 함께 일할 수 있도록 지원 기술을 받아들이는데 가장 좋은 방법을 알아내는 것을 포함한다.

Sure Start 프로그램의 효과성에 대한 전국적 평가를 보면, Sure Start 프로그램을 시행한 지역의 부모들은 비시행 지역 부모들보다 아이들을 따뜻하고 수용적인 방식으로 다룰 가능성이 높은 것으로 나타났고, 이것은 아동 발달에 부모와 가족들이 더 나은 영향을 미치도록 행동하게 만들려는 Sure Start의 중요한 원칙과 일치하는 것이다.

(4) 영국의 Caterham Barracks Community Trust 사례

Caterham Barracks Community Trust는 지역 주민들이 하나의 프로젝트를 전문가들과 더불어 공동 계획(coplanning)하고 공동전달(codelivering)하는 사례를 보여준다. 1990년에 영국 군대는 Caterham 지역의 매력적이고 잘 지어진 건물들이 크게 자리하고 있는 중간 지역을 두고 런던에서 통근 거리 내에 있는 시골의 버려진 지역에 병영을 짓겠다고 선언하였다. 그 지역은 지역 주민들의 적극적인 로비 활동 이후 1995년에 보호지역으로 지정되어 가장 이익을 창출할 수 있는 상업지구로의 사용, 즉 고가 주택들이 표준적인 부동산 빌딩의 형태로 자리 잡는 것이 금지되었다. 400개의 주택을 포함하여, 공공주택, 사무실 등 다양한 지역사회 시설들이 연이어서 건설되면서 하나의 'urban village'가 건설되었다(Allen, 2002).

물론 지역 정치인들과 지역 주민들의 압력이 있었지만, 이상하게도 그 지역 개발업자들이 그 지역을 지역 주민들과 함께 재개발하는 것에 적극적이었다(Moran, 2002). 계획이 1998년에 승인되었고, 이 계획에 개발업자들이 시설을 건설하고 유지하기 위해 지역 'community trust'에게 £2.5million을 양도하는 것에 동의(일반적으로 지역 당국에 돈을 지불하거나 그것들을 공공시설에 직접 사용하는 것보다 훨씬 나은)하는 106항이 포함되어 있었다.

1999년에 지역사회 한 명의 정치인을 포함한 12명의 지역 주민을 구성원으로 한 Caterham Barracks Community Trust가 설립되었다. 이 신탁은 개발의 측면에서 새로 유입되는 거주자들뿐만 아니라 이 마을에 원래 거주하고 있던 지역 주민들의 편에 서서 활동하였다. 또한 개발업자들의 제안서들이 그 지역의 특성을 보존하면서 적정한 가격의 주택 제공, 크리켓 구장 설계, 거주하는 주민들을 위한 대안적 주차장을 제공하는 내용들이 포함되도록 감독하는 이사회 역할을 하였다. 이 신탁은 그 지역 내에 일련의 경제적, 사회적, 교육적, 문화적, 체육 시설들에 자금을 지원하고, 이들 시설들이 좀 광범위한 지역 주민들의 욕구를 수용하는 선에서 운영되었다. 예를 들면 Caterham Barracks Community Trust에는 5,000명의 회원을 가진 높은 품질의 실내 롤러스케이트 공원이 건설되었고, 매주 최대 570명이 사용하여, 연간 매출 £100,000을 넘겼다(Moran, 2002). 이보다 더 중요한 측면은 이 시설들이 이전에는 없었던 젊은이들의 안전한 만남의 장소를 제공하였다는 것이다. 비슷하게 이 신탁이 지역 주민들이 많은 연극단, 공예가게, 스포츠 팀, 그리고 이사회의 구성원이 필요하다고 말하는 다른 많은 활동들을 지원하였다. 현재 이 신탁은 지역 주민들뿐 아니라 인근 지역 주민들의 삶의 수준을 높이는 것들을 공동 생산하는 데 핵심적 역할을 하고 있다. 이 신탁은 지역 주민들이 필요로 하는 서비스를 직접 제공하는 위원으로, 그리고 개발업자들과 시의회에 영향을 미치는 위원으로, 지역 거주자들에게 영향을 미치는 의사결정에서 중요한 영향력을 가지고 있다. 비록 위원으로 선출되어 직접적으로 영향력을 행사하지 않는다 하더라도, 지역의 요구들이 좀 더 명확하게 이해될 수 있도록 요구하고, Caterham과 같은 작은 시골 마을에서는 가능성이 희박한 것처럼 보이는 일들을 지역의회보다는 시스템을 통해 더 잘 추진될 수 있도록 요구하고 있다. 여기에 추가하여 Community Trust의 일하는 방식에서 파트너십으로 작업하는 방식이 강조되었다. 개발자, 계획자, 공공서비스 제공자, 그리고 무엇보다도 지역 주민들이 모두 함께하는 Trust 프로젝트의 모든 계획이 top down 방식보다는 서로의 대화를 통해 수립된다. 이 모델의 핵심은 공동생산이다. 투자결정이 지역사회 내에서 계획될 뿐만 아니라 신탁이 재정지원한 모든 시설들도 지역 주민 집단들이 관리한다.

(5) 영국의 Beacon Community Regeneration Partnership in Falmouth 사례

Beacon Community Regeneration Partnership in Falmouth는 공식 기획과 설계과정 없이 전문가와 함께 서비스의 사용자 및 지역사회가 공동전달하는 사례이다. 원래 영국의 남서쪽에 위치한 Falmouth 지역 내의 Beacon 주택 단지(housing estate)는 여러 가지 차원에서 심각한 박탈로 고통당하던 곳이었고, 주택 파손을 포함한 사회・경제적인 문제가 집중적으로 밀집된 지역이었다. 공동생산(coproduction)의 측면에서 이 프로젝트는 다양한 방식으로 실행되었다. 구체적으로 전통적인 위로부터 아래로의 계획과정, 그리고 시작단계에서는 전문가의 서비스 전달, 중간단계(intermediate stage)에서는 지역사회 그룹과 전문가 직원(professional staff)이 공동계획(coplanning)하고 공동전달(codelivery)하는 방식이 사용되었으며, 현재에는 종종 비공식 메커니즘을 통해서이긴 하지만 지역 주민들이 서비스 전문가와 함께 사업 생성과 이를 공동으로 전달하는 데 중요한 역할을 하고 있다.

실제로 프로젝트는 부동산들을 위하여 에너지 효율(energy-efficiency)을 측정하는 중요 프로그램들에 재정을 지원하는 법안이 지역의회에서 통과되면서 시작되었다. 이는 가족복지, 보건, 학교출석 등에 있어 빠른 개선을 가져왔다. 지방의회와 보건서비스영역의 소수의 핵심직원들이 이러한 변화들을 촉진하는 데 핵심적인 역할을 하였고, 효과적인 지역사회 리더십을 제공하였다. 그렇지만 한 지역 주민의 말처럼, 열쇠는 고립과 절망의 지배적인 분위기를 변화시키도록 지역사회 내에 있는 잠재성을 풀어내는 것이었다.

Beacon Community Regeneration Partnership은 지역 주민 집단들과 함께 모든 법정기관과 다른 기관들이 서로 잘 어울려 운영되도록 돕고자 형성되었다. 그것의 정관에 "지역 주민들이 그들이 살고 있는 지역 내에서의 모든 결정의 중심에 있을 것이다"라고 규정하고 있다. 이를 달성하기 위하여, 지역 주민들의 고립감과 무력감을 없애기 위하여 지역 주민들 간에 의사소통 통로를 마련하였다. 세입자들, 주민들, 그리고 법적 단체들 간에 대화를 형성해내었고, 그리하여 무관심과 불신의 감정이 자라나는 것을 없앴다. 또한 분노와 좌절감을 효과적이면서 적절한 에너지 흐름으로 전환하여 긍정적인 활동으로 바꾸려고 노력하였고, 한 참여 관찰자의 말처럼 초기의 '무척 열심히 움직이지만 결과는 없는 증상, 혹은 생각 없이 뛰기만 하는 증상(headless chicken syndrom)'을 끝낼 수 있었다. 거주자들이 항상 프로젝트 운영위원회의 대다수를 차지하였고, 심지어 그 위원회 활동으로 다른 거주자들로부터 때때로 앙갚음을 당한다 해도 열심히 활동하는 구성원들을 언제나 찾아낼 수 있었다.

이 파트너십은 주택단지 내 사무실을 열고 가능한 사람들이 자주 모이고, 가능한 많은 이유로 대화에 참여하도록 노력하였다. 2001년에는 더욱 넓은 사무실과 풀타임의 프로젝트 코디네이터(이전에는 활동적인 세입자들이 주로 이 일을 하여 왔지만)가 필요하게 되었다. 그 사무실에는 (주로 파트타임의) 몇몇의 파트너십 직원과 다양한 범위의 주제들에 조언을 주는 객원전문가들이 있었다. 거주민들은 주택 수리, 범죄감시, 청소년 교육제도, 스케이트보드 공원, 가로시설물 계획, 나무심기 계획, 인터넷 카페 등 시행 초기보다 더 많은 일에 주도력을 발휘하였고, 더 점점 크고 많은 일들을 거주민들이 관리 운영하게 되었다. 거주민들이 참여가 점차 확대되면서, 이들 중 일부는 정치적인 의원으로 활동하게 되었다. 파트너십 위원단이 프로젝트 기획과 예산에 대한 훈련을 받고, 협회를 운영하고 있는 모든 거주민에게 교육들을 제공하였다. 예를 들면 이전에 칙칙한 아파트에 밝은 색의 페인트를 칠하는 것과 같은 종류의 일들은 개선이 쉬웠지만, 이웃에 폐가 되는 행위, 반사회적 행위 등과 같이 비공식적인 행위, 임대의 새로운 조건, 부동산 관리 정책 등과 같은 지역 협력이 필요한 "wicked issues"들은 장애도 있었다. 물론 이후에 협의에 이르렀지만, 무엇보다도 인상적인 것은 이 프로젝트로 건강(산후 우울증 88%감소, 의사방문 횟수 크게 감소, 그리고 아동사고 50% 감소), 교육(출석률과 성적 향상), 생활비(연간 £180,000 거주자 에너지 절약), 사회보호(아동보호 명령에 적용되는 아동 60% 감소), 범죄(지역 주민의 87%가 안전하다는 느낌을 가지고 있다고 보고) 등의 영역에서 지역 주민들의 삶의 질이 향상되었다는 것이다. 결국 이 지역 밖에 다시 집을 짓겠다는 요청들이 현저하게 떨어졌다.

(6) 프랑스의 Villa Family 사례

Villa Family는 전문가가 서비스 계획을 세우고 사용자 및 지역 주민들이 이 서비스를 전달하는 데 참여하는 사례이다.

프랑스에서는 장애가 있는 노인들은 집에서 거주하지 못하고 종종 멀리 떨어진 요양원에 들어가야만 한다. Villa Family는 그와 같은 노인들이 자신들이 살던 마을에서 친척이나 친구들을 가까운 곳에 두고, 가족적인 분위기를 느끼며 살 수 있도록 발전된 프로젝트이다 (Perrette, 2005). 1990년에 첫 프로젝트가 시작되었고, 현재 20개가 프랑스 내에 있으며, 다른 60개는 계획 중에 있다. 공동생산의 측면에서 이 프로젝트는 전문가가 디자인한 서비스가 서비스이용자나 지역사회 주민들에 의해 거의 전적으로 전달될 수 있다는 것을 보여준다.

Villa Family는 각각 80세 이상의 노인 세 명을 모시고 있는 두 가족에게 독립된 공간을 보장하는 커다란 집 한 채를 제공한다. 호스트 가족의 개념은 프랑스에서 이미 오랜 역사를 지닌 개념이지만 Villa Family의 건축은 이와 같은 장치가 운영될 수 있도록 하는 데 나타나는 전형적인 문제들을 극복하고 그 일을 전문적으로 수행할 수 있도록 돕고자 디자인된 것이다. 이 집의 1층에는 큰 거실이 있어, 모두 함께 모여 식사를 하고, 레저 활동도 공유한다. 그리고 노인들의 개인 침실은 1층 거실 옆에 위치해 있고, 이들을 돌보는 호스트 가족은 넓은 2층 공간을 사용하도록 하여, 공동생활과 개인 프라이버시 보장이 모두 가능하도록 하였다. 노인들과 젊은이들 모두가 서로 접촉하면서 혜택을 받는 것이다. 같은 지붕 아래 두 호스트 가족들이 있지만 이들은 휴일과 같은 아주 짧은 시간을 서로 잠깐 만날 뿐이다.

Villa Family 개념에서는 노인들이 호스트를 고용하고 만일 그들의 서비스에 만족하지 않는다면 해고할 수 있다. 이런 방식으로 노인들은 나이나 장애에도 불구하고 자신의 삶을 통제한다. 국가가 노인에게 장애수당을 제공하는데 이 수당은 호스트 대다수의 급여로 사용되고, 소득이 낮은 사람들에게는 추가적으로 조금 더 지급된다. 또한 국가(state)는 호스트들의 급여를 책정하고, 음식 및 주거 비용의 한도를 정한다. 이는 노인들이 그들 가족에게 재정적으로 의존하지 않고 Villa Family에서 살지 말지를 자유롭게 선택할 수 있도록 만드는 것을 의미한다.

호스트(보통 여성)의 일은 노인 돌봄의 자격을 갖추고 그들의 시간이 24시간 돌봄에 이용 가능할 것을 요구한다. 초기에 호스트들은 Villa Family 내에 살면서 3개월 동안 훈련을 받는다. 지방의회가 호스트의 자격과 호스트 가족의 적격성을 등록하고 프로젝트를 모니터링한다. 일의 제일 중요한 부분은 노인들의 말을 들어주고, 대화하며, 가족 규칙(여기서 가족규칙은 노인들도 지켜야 한다)을 지키는 것이다. 그럼에도 불구하고 이 직업이 매우 매력적인 것으로 증명되었는데, 이는 본인의 자녀를 양육하면서 책임 있는 일을 할 수 있는 가능성을 제공하고 급여도 적절하기 때문이다.

Villa Family 제도의 핵심은 공공과 민간의 파트너십(public-private partnership)이다. 본질적으로 이 개념을 설립한 회사인 Ages & Vie는 그 집을 짓기 위한 재정을 마련하기 위하여 사적 투자자를 찾았다(프랑스에서 작은 자치단체는 이런 프로젝트 자금을 갖고 있지 않아서, 사적 재원을 사용하는 것은 프로젝트 리더로서는 오히려 더디다. 그리고 한 개의 Villa Family는 일 년 안에 지어질 수 있다). 투자자는 임대수익을 받는다. 그러나 이들은 그렇지 않았더라도 프로젝트에 참여하였을 것이다. Ages & Vie는 지방자치단체가 Villa Family를 지을 수 있는 일구획의 토지 임대료를 기부하여 줄 것을 기대한다. 그에 대한 반대 급부로 지방자치단체로부터 지정된 노인들이 우선적으로 그 집에 할당된다. 토지의 무료사용이 공동지원주택의 선상에서 임대료를 지급 가능한 범위 내에서 정해지도록 만든다. 또한 지방자치단체는 중재기관으로 활동한다. 일단 하나의 Villa Family가 탄생하면, 시장, 지역의사, 호스트 가족, 노인 그리고 그들 가족들을 포함하는 한 개의 신탁이 만들어진다. 이는 일상생활에는 개입하지 않고 갈등이 발생하는 경우에만 개입한다. 만약 노인이 Villa Family에 남아 있을 수 없을 정도로 심각하게 아프게 되면, 이 신탁이 노인들을 스페셜 케어를 받을 수 있는 곳으로 이전하는 것에 동의한다. 물론 또한 신탁은 노인과 가족들을 지역 서비스와 지역민과 접촉할 수 있는 범위 내에 있을 수 있게 하는 역할도 한다.

(7) 영국의 Tackly Village shop 사례

이 사례는 지역 주민들에 의해서 시작・수행되었지만 서비스 계획을 다양한 공공서비스 기관의 직원과 함께 하는 사례를 보여준다. Tackley는 옥스퍼드에서 조금 떨어져 있는 곳으로 사회적으로나 인구적으로 인구 1천 명이 겨우 넘는 작은 마을로, 기차나 버스가 자주 다니지 않는 곳이다. 몇 년 전, 우체국과 술집이 연달아 문을 닫으면서, 마을 사람들은 “마을의 중심(heart of the village)”을 잃을 지도 모른다는 위험을 피하기 위하여 함께 모이기 시작하였다. 이 경우 시장조사운동(market research exercise)이 가장 필요하지만 마을에 전례가 없는 새로운 서비스를 설립하였다. 이는 "Tackley Top Ten"으로 불렸는데 여기에는 우편서비스, 기본식료품, 신문과 잡지, 자가생산한 과일과 야채, 약국, 복권, 세탁소, 그리고 허가를 받은 주류 판매점(off licence)[26]이 포함되었다. 이 모든 것들이 곧바로 현실화되지는 않았다. 4년이 넘는 기간 동안 광범위한 논의와 협의 후에, 최종 제안서에는 마을 회관을 우체국, 카페, 회의실, IT access, 택배를 받을 수 있는 지점, 이전보다 편리한 스포츠 및 레저 시설 등을 포함하는 형태로 확장하고 업그레이드 하는 내용을 담았다.

이 시설은 2004년에 오픈하였는데, 총 비용 £415,000이 들었고, 이들 중 20%는 마을에서 모금으로 동원하였고, 80%는 14개의 외부기관(external organizations)들로부터 채워졌다. 새로운 시설은 처음부터 인기가 있어, 첫해 상점 매출이 £160,000을 넘겼다. 이 시설은 또한 광범위한 서비스를 제공할 뿐만 아니라 광범위한 활동의 새로운 거점 역할을 제공하고 새로운 집단과 활동이 빠르게 돌아갈 수 있도록 함으로써 마을에 중요한 영향력을 끼쳤다. 활동들로부터 오는 모든 이익이 지역사회로 갔기 때문에 프로젝트는 더 오래 유지될 수 있었다. 마을의 한 주민의 말처럼 "나는 그것이 가능할 것이라고 믿지 않았었다. 그러나 지금 나는 매일 그 가게들을 이용하고 일주일에 한번 그곳에서 자원봉사를 한다. 처음에 의심하였던 것이 미안하다."

이러한 성공이 가능하였던 것은 마을에서 자기 조직화가 크게 이루어질 수 있었기 때문이다. 현재 50명이 넘는 자원봉사자들이 다양

---

26) 술만을 파는 매장, 매장 내에서 음주는 허가되지 않음.

한 방식으로 그 시설들을 운영하고 있고, 훨씬 많은 마을 사람들이 어떤 형태로든 무료로 자신의 전문성을 제공하고 있다. 프로젝트의 발달 전반에 걸쳐 많은 마을 사람들이 그것을 디자인하고 지역 재정을 모금하는 데 도움을 제공하였다. 더 나아가 마을 주민들은 "사용하라, 그렇지 않으면 잃을 것이다"라는 원칙하에 그 가게에서 물건을 사고, 그 시설에 있는 다른 활동들에 참여하고 있다. 비록 초기에는 두 사람이 핵심 동력이었지만 현재는 그 프로젝트의 주인 의식이 마을 전반으로 넓게 퍼져있다.

시작은 본질적으로 마을 주민들 스스로 추진되었는데, 그들이 가장 원하는 서비스들을 커미셔닝하는 측면에서 뿐만 아니라 그것을 디자인하고 전달하는 것을 관련 기관들과 함께 협상하고, 그러한 서비스 대부분의 전달에 대한 책임을 맡는 형태로 모든 측면에서 주민들이 주도력을 발휘하였다. 그럼에도 불구하고, 요구된 서비스들을 계획하고 재정을 마련하는 데 있어 다른 외부 단체들의 지원을 받는 것을 인정한 것도 중요하였다. 이러한 기관들에는 교구(parish), 지구(district), 자치 단체 의회(county councils), 지방 지역사회 위원회(Rural Community Council), 우체국(Post Office); 지역 경제 개발청(Regional Economic Development Agency), EU 지도자 플러스 프로그램(EU Leader Plus Programme), 소비자 안전 정책과 농촌청(Department for Environment, Food and Rural Affairs), 영국 카네기 재단(Carnegie U.K) 그리고 몇몇 다른 재단 등이 포함되었다.

6. 지역공동체(community)

1) 개념

지역공동체란 용어에는 지리적 위치, 심리적 유대, 공동 목표를 위한 협력 등의 개념이 포함되어 있다. 따라서 지역공동체는 "지리적으로 정의된 지역 내에 사는 주민들이 서로 사회적·심리적 유대를 가지며, 그들이 사는 장소와도 연착되어 있는 것"으로 정의할 수 있다 (Mattessich & Monsey, 2004).

사회적 유대(social tie)는 지리적 영역 내에서 사람들과의 친밀감, 우정, 혈연관계 등에 기초한 상호작용을 통해 지역공동체 활동에 공동으로 참여하는 것을 의미하며, 여기에는 경제적 교환관계 형태도 포함된다. 그리고 심리적 유대(psychological tie)는 특정 장소에서 함께 살아가는 사람들과의 애착과 정체성, 소속감과 의무, 그리고 헌신과 존경 등을 의미한다.

이러한 이유를 근거로 지역공동체 3요소를 다음과 같이 정의할 수 있다. 첫째, 영역(territory) 또는 장소(place) 둘째, 주민 간 정기적 상호작용을 제공하는 사회적 조직이나 기관의 존재 셋째, 공동 이익에 관련된 문제들에 대한 사회적 상호작용이다.[27] 이것은 지역공동체가 근린(neighborhood)과 구별되는 가장 중요한 특징이기도 하다. 그러므로

---

27) 장소로서의 공동체는 규모와 밀도에 따라 다양하다. 지역의 인구밀도가 낮다는 것은 상호작용의 기회를 감소시키므로 공동체 발전을 어렵게 한다. 주민 간 정기적 상호작용을 제공하는 사회적 조직이나 기관들을 통해 상호작용의 기회가 많아지며, 공동체 의식이 촉진된다. 공동체라는 것은 상호이익을 추구하는 사회적 상호작용을 달성하기 위한 여러 가지 조건들에 의존하는 부수적 현상이다. 공동의 이익을 증진하는 활동은 객관적 조건의 결과인 것만이 아니라 참여와 개인적 복리의 실현과도 관련된다.

지역공동체는 “배타적인 지리적 경계를 말하는 것이 아니라 공동의 이익에 관한 문제들을 놓고 상호작용하는 것”(Green and Haines, 2002)이라고 할 수 있으며, 지역공동체 발전(community development)은 주민들의 삶의 질 향상을 위하여 그들 자신의 역량을 증대시킬 수 있는 자산(assets)을 형성하는 계획된 노력이라 할 수 있다. 지역공동체가 발전하면 자원의 효율적 활용, 외부 자원이나 의사결정에 대한 의존도 감소, 그리고 지역사회 니드(need)를 충족시킬 수 있는 시장체계의 조성이 가능하게 된다. 지역공동체 발전을 위해서는 우선 지역공동체 자본(capital)이 형성되어야 한다. 지역공동체 자본의 형태로는 인적 자본(human capital), 사회적 자본(social capital), 물리적 자본(physical capital), 재정적 자본(financial capital), 환경적 자본(environmental capital) 등을 들 수 있다(Green, and Haines, 2002). 이 중에 인적 자본은 근로자들이 소유한 능력과 기술로서 생산성에 영향을 미치는 것을 말하며, 사회적 자본은 사회적 관계와 유대가 하나의 자본 형태로서 지역공동체의 집단적 행동을 촉진하는 것을 말한다.

그러므로 정책수단으로서 지역사회공동체가 지향하는 가치는 장기적 관점에서 지역 주민들의 관계 형성을 통한 참여 환경을 조성하여 문제해결 기제를 마련하는 데 있다.

2) 정책맥락(원리)

(1) 사회적, 생태적 환경을 고려한 거시적 실천 방법

생태적 접근은 지역사회의 인구학적 특성, 물리적 환경, 사회구조와 조직 등에 초점을 두고, 사회계층, 인종적 구성, 연령구조, 가족구성, 노동분업 등과 같은 지리적 영역 내 거주하는 인구 집단의 특성을 설

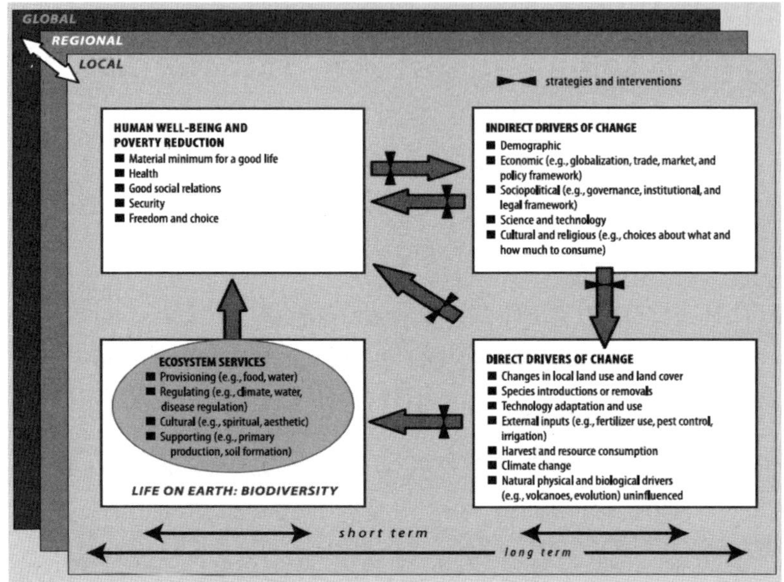

자료: Millenium Ecosystem Assessment (2005).

〈그림 4-20〉 Millenium Assessment의 개념 틀

명한다. 그러므로 생태체계론적 관점은 사람의 물리적 환경, 사회적 환경과의 상호작용을 강조하며 다층적 영향수준(multiplelevels of influence), 개인 행태와 사회 환경과의 호혜적 인과관계(reciprocal causation)를 핵심 개념으로 하고 있다(National Institutes of Health, 2005). 이 개념은 인류가 결국 문명과 기술에 의해 일시적으로 조절되는 환경이라 하더라도 전적으로 생태계 서비스에 의존하고 있다고 보는 데서 출발하는 것이다.

〈그림 4-20〉에서 알 수 있듯이 생태체계에 '간접적'으로 영향을 주는 요인들의 변화 즉, 인구, 기술, 생활양식 등은 생태체계에 '직접적'으로 영향을 주는 요인들의 변화를 초래한다. 이러한 생태체계의 변화는 인간의 건강한 삶에 영향을 준다. 여기서 중요한 것은 상호작

용은 하나의 범위보다 여러 범위에 걸쳐 발생할 수 있다는 것이다.

MA는 생태계서비스와 인간의 건강한 삶을 연결하는데 특별한 관심을 가지고 있다.[28] 이는 사람과 생태계 사이에 역동적 상호작용이 존재하기 때문이다. 즉, 변화하는 인류의 조건이 직·간접적으로 생태계의 변화를 일으키고, 생태계의 변화는 인간의 건강한 삶(well being)을 변화시킬 수 있다는 것이다.

(2) 지역사회 예방서비스를 위한 지침(Guide to Community Preventive Services)

지역사회 접근으로서 2001년 발간한 지역사회 예방서비스 지침은 지역사회의 건강과 삶의 질을 위협하는 질병, 장애, 조기사망, 환경적 위해 등을 줄이기 위한 공중보건 개입을 권고한다(Truman et al., 2000).

따라서 이것은 개인의 근거 중심 예방을 증진시키는 것을 목적으로 하는 임상적 예방서비스를 위한 지침(Guide to Clinical Preventive Services)과 대비된다. 이 지침에서 말하는 지역사회(community)는 하나 이상의 특성을 공유하는 개인들의 집단을 말하며, 지역사회예방서비스(community preventive service)는 집단 건강을 증진시키거나 손상 및 질병을 예방하는 개입 또는 활동들을 의미한다.

〈그림 4-21〉에 나타난 것처럼, 지역사회예방을 위한 지침은 지역의 어떤 요인이 어떻게 건강결과에 영향을 미치는지에 대한 논리적 과정을 보여주고 있다. 보건서비스 비접근성, 질병에 대한 행태, 환경

---

28) 생태체계(ecosystem)는 식물, 동물, 미생물 그리고 기능적 단위로 상호작용하는 비활성환경 등의 역동적 복합체이다. 생태체계서비스(ecosystem service)는 인류가 생태체계로부터 얻는 편익을 말한다. 물과 음식 등 제공서비스, 홍수와 가뭄, 질병을 억제하는 규제서비스, 오락과 정신 등 비물질적 편익인 문화적 서비스 등이 해당된다.

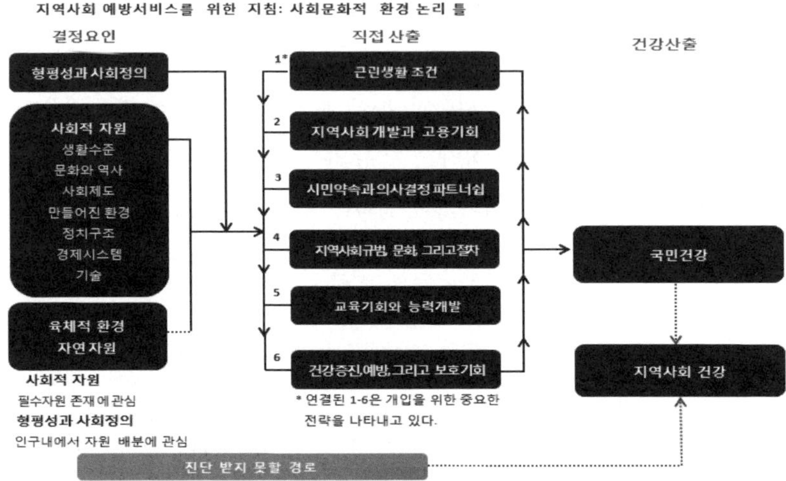

자료: Institution of Medicine (2002). Speaking of Health: Assessing Health Communications Strategies for Diverse Population.

〈그림 4-21〉 지역사회 예방서비스를 위한 지침

과 직업적 위험에 대한 노출, 건강증진과 질병예방 행태, 스트레스 경험, 사회적 지지, 사회적 응집력 등 모두가 건강의 격차에 작용한다. 그러므로 지역수준의 개입, 즉 근린 환경, 행태적 규범, 고용기회, 교육과 훈련의 기회, 건강증진의 접근성, 예방과 치료 등이 건강 격차와 관련한 주요한 열쇠라고 보는 것이다.

(3) Rothman의 지역사회복지 실천모형

Rothman(1995)은 지역사회복지 실천모형을 지역사회개발(locality development), 사회계획 및 정책(social planning/policy), 사회행동(social action)으로 구분하였다.

이러한 세 가지 모형들은 실천단계에서 상호 혼합적으로 적용될 경우가 있어, 계획 · 개발, 개발 · 행동, 행동 · 계획 등으로 중복되게 나

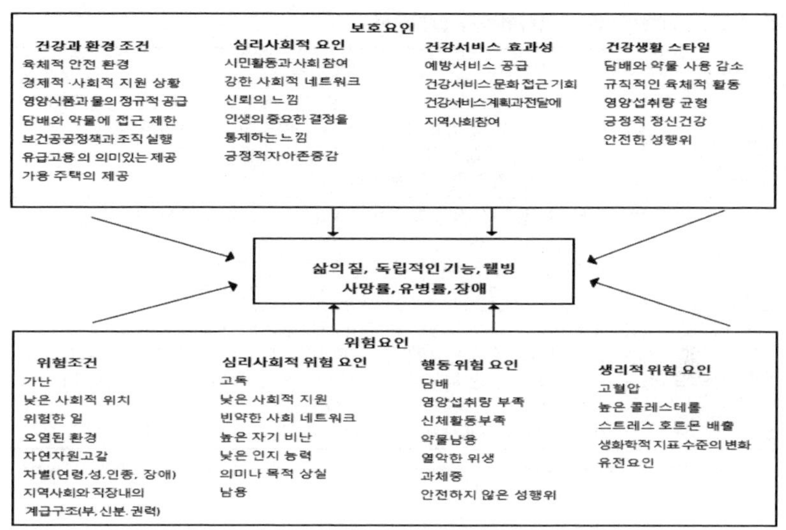

〈그림 4-22〉 건강(Health)과 웰빙(wellbeing)의 영향 요인

타날 수도 있다.

계획·개발 모형은 지역복지 사업이나 지역건강증진 사업에 있어 가장 일반적인 실천모형으로, 지역사회복지 요구조사, 지역사회 건강 조사 등을 활용하여 지역사회를 정확히 진단한다. 이러한 진단결과를 기반으로 지역복지 계획과 지역보건 계획을 수립하여 지역 주민의 참여를 통한 실천을 유도한다. 예를 들면, 건강도시와 안전도시 사업의 경우, 지역 진단조사 결과를 기반으로 실천계획을 수립하고, 지역 주민의 참여를 유도한다는 점에서 이 유형에 가깝다고 할 수 있다.

개발·행동 모형은 특정한 이슈를 해결하기 위한 역량을 주민참여를 통해 형성하여, 사회구조적 변화를 꾀하는 행동을 실천해 나간다. 예를 들면, 개발행위에 반대하는 환경보호단체의 갈등 전술이 여기에 해당된다. 이 전술에서는 지역 환경보호를 위해 주민트러스트와 공존

〈표 4-22〉 Rothman의 지역사회복지 실천모형

구 분	특 징
지역사회개발모델	-지역사회의 변화를 가장 효과적으로 이룩하기 위해서는 광범위한 주민들을 변화의 목표설정과 실천행동에 참여시켜야 한다. -자조정신, 민주절차 강조, 토착 지도자 개발 -기법: 합의, 의견교환과 토의강조
사회계획모델	-범죄, 주택, 정신건강과 같은 사회문제를 해결하고자 하는 기술적 과정을 강조한다. -문제해결위한 합리적 계획수립과 통제된 변화 -기법: 문제확인, 사정, 목표개발, 실행, 평가의 요소, 사실발견과 분석
사회행동모델	-지역사회의 불우계층 주민들이 사회정의와 민주주의에 입각, 보다 많은 자원과 향상된 처우를 그 지역사회에 요구하는 행동을 말한다. -지역사회의 기존 제도와 현실에 대한 근본적인 변화를 추구한다. -권력 · 자원 · 정책결정의 역할 재분배 -기법 : 갈등이나 대결: 정면대결, 직접적인 실력행사, 항의, 시위 등

자료: Rothman, J. (1995). Strategies of community intervention: Macro practice. FE Peacock Publishers, Inc.

하여 지역운동으로 발전시켜 나간다. 또한 건강불평등이나 건강위해요인에 대한 시민사회단체의 감시와 문제제기에 주민들이 동참하는 경우도 여기에 해당된다고 볼 수 있다.

행동 · 계획 모형은 건강 위해요인에 이미 노출되었거나, 아니면 노출 가능성 있는 지역계획에 대하여 과학적 실증적 조사를 시행하고, 그 결과를 기반으로 변화 요구를 행동으로 표출하는 것이다. 그 외에도 건강한 지역환경이나 안전한 먹거리를 위해 지역을 진단하고, 조직적으로 대안을 요구하는 사회운동이 여기에 해당된다.

3) 설계

(1) 지역공동체적 접근법의 유형

가. 정책수단으로서의 지역공동체

공동체를 정책수단으로 활용하는 연구와 사례는 비교적 드물었다고 할 수 있다(Rochefort, Rosenburg and White, 1998:549).

정책수단으로서 공동체(community)는 Howlett과 Rayner(1995)이 서비스를 제공하는 것과 관련된 국가의 관여 정도에 따라 구분한 정책수단(자발적 수단, 강제수단, 혼합적 수단)과 비교해도 가장 약한 형태라 할 수 있다. 따라서 정부가 정책효과를 단기적으로 획득하기 위해 공동체를 활용하는 것은 적합하지 않으며, 장기적 관점에서 조장적 접근이 필요할 경우 활용해야 한다.

이러한 공동체적 방식이 정책수단으로서 선호되는 이유는 첫째, 비용 효율적이라는 것 둘째, 개인의 자유와 같은 문화적 규범과의 일치성이 있다는 것 셋째, 가족과 지역유대(community tie)를 위한 지원이라는 데 있다.

그렇기 때문에 정책수단으로서 공동체전략은 강한 국가주의 전통이 없거나, 비교적 잘 통합된 동질적인 사회, 그리고 국가계획 역량이 낮거나 하위 시스템이 매우 복잡한 경우에 적용될 수 있다.

나. 사회적 자본으로서의 지역공동체

지역공동체(community)와 사회적 자본(social capital)은 최근 많이 사용되는 개념이지만 양자가 매우 밀접하게 관련되어 있기 때문에 흔히 개념적으로 혼용되기도 한다. 그러나 공동체(community)는 공통의 경험으로부터 오는 사회적 관계로 구성된 것으로 규정되는 반면, 사회적 자본은 보다 수단적·목적적 차원을 표현하는 것이라고 할 수 있다(Colclough & Sitaraman, 2005).[29)]

---

29) Colclough, Sitaraman은 공동체와 사회적 자본과의 관계를 설명하면서 첫째, 공동체가 사회적 자본에 이른 경우, 둘째, 사회적 자본이 공동체에 이른 경우, 셋째, 사회적 자본 없는 공동체, 넷째, 사회적 자본과 불평등의 재생산, 다섯째, 공동체

사회적 자본(social capital)의 경우 흔히 지역수준의 속성으로 다루어지기 때문에 Jacob(1961)은 사회적 자본을 "근린 네트워크(neighborhood networks)"라고 정의한다. Putnam(1995)은 "사회적 자본이 참여자가 공유된 목표를 추구하기 위해 보다 효과적으로 함께 일할 수 있는 사회생활의 특징—네트워크, 규범, 신뢰—을 나타낸다고 하였다. 그러나 집단수준의 사회적 자본은 개인적 수준의 행동과 속성의 '함수'임에 틀림없다"고 설명하고 있다. 그의 설명에 따르면, 네트워크는 단지 역사적 사건의 결과가 아니라 개인이 다른 사람과 연결하기 위해 보낸 시간과 에너지로부터 나오고, 개인의 사회적 자본은 카리스마, 지위, 그리고 네트워크 접근성을 포함하는 사회적 특징으로부터 나온다. 또한 신뢰(trust)는 그 결과가 "타인의 협력적 행동에 의존하는 어떤 활동에 대한 자원의 투하"라고 할 수 있고, 신뢰성(trustworthiness)은 "신뢰하는 사람에게 급부를 증가"시키는 행태이다. 그러므로 신뢰는 협력을 유도하는 영향요인으로서, 사회적 자본이론의 중심 개념이 된다.

이러한 신뢰는 일반적으로 세 단계를 거치면서 발전한다고 보았는데, 첫 번째는 신뢰를 어길 경우 발생하는 불이익이 신뢰를 유지함으로써 얻는 이익을 초과하므로 신뢰를 지키는 '타산적 신뢰(calculus-based trust) 단계'이고, 두 번째는 상호교류가 증가하면서 상대방에 대한 경험과 자료가 축적되고, 상대방의 행동에 대한 예측 가능성이 높아져서 상대방을 믿게 되는 '지식의 신뢰(knowledge-based trust) 단계'이며, 마지막 세 번째는 쌍방의 목표, 가치, 규범 등이 일치하는 것이 확인되면 '서로가 서로를 대신'할 수 있고, 상대방이 '나'를 대변

없는 사회적 자본으로 구분하였다.

해 줄 것으로 믿는 '동일화의 신뢰' 단계로 발전하게 된다는 것이다(Lewicki & Bunker, 1996).

Glaeser et al(1999: 3-6)에 의하면 "행위자 간 관계의 밀도가 높은 사회적 네트워크에서는 반복행위의 가능성이 높을수록 신뢰가 촉진되고, 개인 간 이타주의가 신뢰를 지지한다"고 한다. 이는 사회적 자본을 형성하기 위해 공동 집단에 소속되는 것이 중요하다는 것을 시사한다. 그렇기 때문에 Green & Haines는 "타인의 신뢰성에 대한 믿음, 타인에 대한 선호, 그리고 타인으로부터 신뢰행동을 유도하는 능력"을 신뢰의 결정요인라고 주장한다.

이상의 관점에서 지역사회 역량을 형성한다는 것은 사회적 자본을 축적하는 것이며, 사회적 자본을 축적한다는 것은 관계의 신뢰성을 도모하는 것이라 할 수 있다. 만일 갈등적이고 불신의 관계가 구성원들 간에 심화되어 있다면, 사회자본의 수준은 매우 낮을 것이고, 반면에 구성원 간에 신뢰를 바탕으로 한 협력 체계가 만들어져 있다면 사회자본의 수준이 높을 것이다(정민수 & 조병희, 2007).

다. 삶의 양식으로서의 지역공동체

세계화 진전과 국민 국가 역할의 축소, 그리고 다원화 · 분권화의 현상은 국가 권위와 역할에 대한 새로운 인식의 지평을 열었다. 만일 국가가 이러한 시대적 변화 속에서 제 기능을 다하지 못하거나 국가를 대신할 공적 권위체가 존재할 경우, 시민들의 정체성과 충성심은 국가가 아닌 다른 곳으로 옮겨 갈 것이다(최협 외, 2001:277-278). 또한 국가의 인위적 질서가 사회의 자연적 질서를 대체하면서, 인간의 자발성, 자율성, 주체성, 상호연대성 등이 파괴되거나 왜곡되고 있어, 국가중심주의의 한계와 이로 인한 쇠퇴가 전망된다.

이와 같은 변화는 국가권력의 수동적 예속화에 대한 저항과 시장 경쟁에서 탈락하는 것에 대한 불안 탈피 현상 등으로 나타나면서 사회문제를 해결하는 데 있어, 국가주도의 권위주의적, 시장주도의 개인주의적 시도로부터 공동체라는 제3의 대안을 모색하는 계기가 되었다.

공동체라는 새로운 삶의 방식에 대한 시도는 원자화된 개인을 기초로 한 자유보다 사회적 소속과 관계 속에서 자아정체성 형성, 즉 자기존중을 토대로 한 개별성과 연대 및 협력에 의한 공동선을 추구하여 공동체의 조화를 꾀하려는 것이다. 농촌 지역의 생활공동체, 의례(제사)공동체, 놀이공동체, 일 공동체, 그리고 도시 지역의 주거공동체(아파트 공동체), 생태트러스트, 생협 공동체 등이 하나의 대안적 생활방식으로서 생겨나고 있음에 주목할 필요가 있다.

(2) 지역공동체 형성의 요소

가. 지역공동체 분석(community analysis)

성공적인 지역공동체 형성을 위해 지역사회를 이해하는 데 고려할 요소는 다음과 같이 정리할 수 있다.

첫째, 문화이다. 문화는 신념체계, 사회적 규범, 그리고 종교와 같이 일상생활과 의사결정에 영향을 미치는 주민들의 중요한 전통 등을 말한다.

둘째, 사회적 구조이다. 이것은 주민 간 사회적 네트워크를 의미하는 것으로, 여기에는 일상적 접촉 네트워크나 이슈 네트워크의 구조 속에서 주민들이 인지하는 역할관계를 말한다.

셋째, 인구구조이다. 연령 집단, 인종, 주거 패턴 등과 같은 공동체의 특징을 말한다.

넷째, 정치적 구조이다. 공동체 내의 공식적·비공식적 권력 관계를 말한다.

다섯째, 이슈이다. 주민들의 마음속에 있는 주요한 관심사를 말한다.

공동체 분석을 위한 접근 방법은 크게 욕구 중심적 방법과 역량 중심적 방법으로 분류하여 볼 수 있다(Kretzman & Mcknight, 1993:2-10).

① 욕구 중심 분석: 결핍모델

공동체를 욕구 중심으로 분석하면, 공동체 전체를 부정적 이미지로 형상화할 가능성이 크다. 대부분 범죄와 폭력, 실업과 복지의존, 약물과 노숙 등에 관련된 분야로, 결핍된 환경이 지역사회의 '부분'이 아니라 전체적인 모습인 것처럼 욕구지도(needy map)가 그려질 수 있다. 그렇게 되면 근린환경이 문제가 있는 결핍된 환경으로만 받아들여질 것이다. 이러한 현상은 정부기관들이 욕구조사(need survey)에 문제 지향적인 자료를 활용하기 때문에 과장되는 면이 있다. 특히 저소득층 주민들을 타깃으로 하는 결핍지향적 모델은 그들의 삶과 공동체 미래에 대한 비관적 인식을 심어주는 기능을 할 수 있다.

② 역량 중심 분석

역량 중심 분석은 지역공동체가 외부 도움이 언젠가 중단된다는 현실을 자각하여, 주민들의 헌신과 노력, 그리고 내생적 자원을 활용하면서 아래로부터 발전하였음에 주목한다. 따라서 공동체를 역량 중심 방법으로 분석한다는 것은 지역사회의 강점을 새로운 조합, 새로운 기회구조, 새로운 소득과 통제의 원천, 새로운 생산 가능성 등으로 결집한다는 것을 의미한다.

역량 중심 분석의 구체적인 특징은 첫째, 과정이 자산중심전략(assetbased)으로 이루어진다. 그러므로 이 전략은 지역 주민들의 기술, 재능 그리고 역량에 대한 목록을 작성하는 것으로 시작한다. 그런 다음 지역발전에 과소평가되었던 주민들의 협의체와 같은 비공식적 기관과 지역사회 내의 학교, 병원, 경찰서 등과 같은 공식 기관의 역량을 차례로 분석한다.

둘째, 내부에 초점을 둔다(internally focused). 이것은 외부 지원자의 도움을 최소화한다는 의미가 아니라, 지역 주민에 의한 의제설정과 주민협의체와 공식 기관의 협의를 통한 문제해결 능력을 강조하는 것이다.

셋째, 관계지향적이다(relation driven). 주민, 협의체, 그리고 공식기관 상호 간 끊임없는 관계의 형성과 재형성을 강조하는 것이다.

나. 공동체 형성 절차

① 1단계: 자산지도 그리기(mapping asset)

개인별, 시민사회조직별, 그리고 지역기관별 자질과 역량 목록을 작성하는 것이다. 개인별 역량 목록에는 개인이 가진 기술정보(skill information), 공동체 기술(community skill), 관심사업과 경험(enterprising interests and experience), 그리고 개인정보(personal information) 등이 포함된다.

시민사회조직(association)은 개인에게 권한을 부여하고, 강한 공동체를 형성하고, 능력 있는 시민을 양성하고, 그리고 민주주의를 작동하게 하는 수단이다. 이러한 시민사회조직 역량 목록은 신문이나 홍보물, 전화조사, 지역기관을 통한 조사 등의 방법을 이용하여 작성한다.

지역기관(공공, 민간, 비영리기관 등)은 중요한 자원이 집중된 곳이므로 공동체를 형성함에 있어, 반드시 포착되어야 한다. 예를 들면, 학교는 시설, 물자와 장비, 구매력, 고용, 교육 프로그램, 교사, 재정능

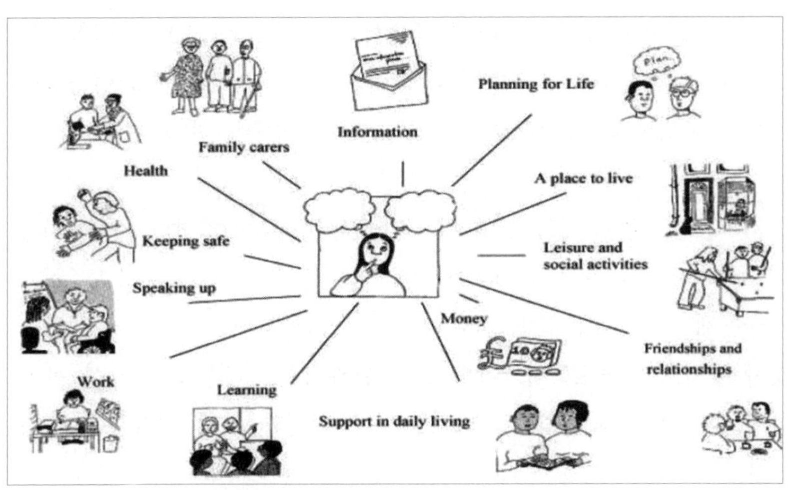

〈그림 4-23〉 삶을 위한 아이디어와 바라는 것

력, 젊은이 등 중요한 역량 요소들을 보유하고 있다.

② 2단계: 관계형성하기(building relationships)

역량 목록이 완성되면 다음은 이들 상호 간을 연결하는 것이다. 공동의 문제를 해결하기 위해 지역 주민들이 서로 연결되면 공동체는 점차 강해진다. 여기에는 다자간 협력을 유인하기 위한 다양한 수단들이 적용될 수 있다.

③ 3단계: 동원과 정보공유(mobilizing and information sharing)

지역의 모든 자원은 지역경제와 정보교환 흐름을 통해 확인된다. 조직과 활동들을 연결함으로써 어떤 시장들이 형성되었는지, 어떤 서비스와 재화들이 지역 외부로 수출되는지를 확인해야 한다. 그리고 공동체 형성에 있어서 모든 정보가 집합・교환되는 장소를 통제해야 한다. 예를 들면, 고대 마을공동체에서 우물은 모든 정보가 집합되고 교환되는 장소인데, 이러한 우물 역할을 하는 곳이 공동체 형성과정에서도 존재한다. 그러므로 이곳을 찾아 통제해야 한다.

④ 4단계: 비전과 계획개발을 위한 지역결집(convening the community to develop avision and plan)

공동체 기획 과정에서는 지속가능한 발전을 위한 '합'을 형성하는 것이 무엇보다 중요하다. 이를 위한 효과적인 방법들로는 자산 목록 작성하기, 참여 확대하기, 그리고 문제 해결과 기획 결합하기 등이 있다.

⑤ 5단계: 외부자원의 효과적 활용(leveraging outside resources to support locally driven development)

외부자원은 다음의 몇 가지 조건이 갖추어 졌을 경우 효과적으로 활용될 수 있다.

모든 자원 역량들이 목록화된 경우, 문제해결을 위해 이들 자원들 간 관계가 검토된 경우, 광범위한 시민집단 대표들이 함께 문제해결을 시작하고 비전과 전략을 공유하기 시작한 경우, 외부로부터의 촉진자금을 검토할 수 있을 경우 등이다.

다. 공동체 형성전략: 공동체 회복의 차원들(Gittel & Vidal, 1998)

① 조직 및 프로그램 설계와 집행 속성

조직 및 프로그램은 지리적·인구적 목표를 대상으로 하여 임무, 목표, 전략에 초점을 두고 설계되어야 한다. 위원회, 인적자원, 주민 영향력 등을 반영하여 거버넌스를 갖추고, 공공·비영리·민간 자원들, 주기적 · 비주기적 헌납(비자본화), 조건부 · 무조건부 자원 등을 확보해야 한다. 그리고 전문적 훈련과 경력 관리를 통해 직원역량을 향상시켜야 한다.

② 중간산출

중간산출물로는 주민 기여, 주민 역량, 조직 역량, 네트워크 역량 등이 주요 항목으로 제시된다.

주민 기여에는 지역에 대한 관심과 순응, 주민 간 상호관계, 지역의 비전 등이 있고, 주민 역량에는 리더십, 재정적 · 기술적 · 정치적 노하우 등이 포함된다. 또한 조직 역량에는 위원회 개발과 방향, 계획의 집행과 기술적 노하우 등이 있고, 네트워크 역량에는 공공 · 비영리 · 민간 영역의 재정적 · 기술적 · 멘토십 관계, 상호 이익의 실현, 주민과 근린통제, 발전과정과 산출의 영향, 공동체 지지권력 등이 주요 항목으로 제시되고 있다.

③ 장기산출

장기산출물은 주거환경 등의 물리적 발전 여부, 경제발전과 고용기회 변화, 교육과 훈련, 휴먼서비스 제공을 통한 주민 인적자본의 향상 등이다.

④ 지역맥락

지역적 맥락은 사회경제적 조건, 주민 간 신뢰와 협력, 자치단체 정책, 지역의 정치적 분위기, 공동체 발전의 활동 수준과 질, 비영리 민간 부문의 역할, 민간 부문의 지지 등으로 요약할 수 있다.

4) 사례와 쟁점

(1) 뉴질랜드 AIDS Regime

보건복지레짐[30]의 사례로서 뉴질랜드 크라이스처치의 공중보건서비스 전달네트워크 특징은 보건과 안전을 유지할 '공공'과 서비스를 생산하는 '민간' 간 역할분담이다. 이 지역의 에이즈 정책의 경우 지역중심기관은 각각 역할 분담되어 있는 다수의 민간기관으로부터 예방, 치료, 교육, 상담, 홍보 등의 필요한 서비스를 구매하고 있다(Brown, 1999:78-79). 이 레짐하에 보건서비스 전달은 수요 독점 체제로 주로 공적 재원에 의한 사적 전달방식을 취하고 있다.

국가는 RHA(Regional Health Authority)와 계약하는데 RHA는 가장 비용효과적인 수단으로 지역보건서비스를 구매할 책임이 있다. 시장 모델에 따라 지역 RHA는 국가기관(CHE: Crown Health Enterprise)과 민간비영리기관을 포함해 경쟁 입찰을 도모하고 에이즈 서비스에 대한 시장을 형성한다. 국가를 대신해 특정서비스를 전달할 기관은 1년 단위의 계약으로 이루어지고, 지역 RHA(southern RHA)는 5개 기관으로부터 에이즈 서비스를 구매하고 있다.[31] 이들 조직들은 유급직원을

---

30) 레짐(regime) 이론은 주로 도시 또는 지방정부 단위에서의 정치권력(정책) 구조와 관련하여 도시정치에서의 공사 간 협력관계(public-private partnership)를 근간으로 하고 있다. 도시레짐 이론은 지방정부의 효과성은 비정부 행위자와의 협력, 그리고 국가 능력과 비정부적 자원과의 조합에 의존한다는 가정에서 출발한다.

31) ① SHC(Sexual Health Center): 성적으로 전염되는 질환을 검사, 교육, 치료하는 표준공중 보건기능을 수행. Canterbury Health(local CHE)에서 소유. SHC는 두 개의 차원에서 통제되고 있다. 하나는 Canterbury Health에서 운영되는 RHA관리체제이며, 다른 하나는 서비스 전달비용을 낮추어야 하는 입찰계약과정이다.

② ERC(Ettie Rout Centre): 게이 공동체의 에이즈 지원을 목적으로 한 민간조직. RHA와 계약으로 게이들에게 상담과 지원활동을 제공. NZAF(New Zealand

최소화하고 대부분 자원봉사에 의해 과업활동이 수행된다. 이처럼 복잡한 재원조달체제가 의미하는 것은 공사조직들의 혼재망을 통해 에이즈 정치가 발생한다는 것이다.

풀뿌리적 속성으로 5개 기관의 직원, 자원봉사자, 지방정치가, 성매매업자, 클라이언트, 학자 등이 자주 회합하고, 빈번한 토의를 통해 네트워크를 형성하고, 활동을 위한 구체적 전략을 수립한다. 또한 의견과 정보, 통찰과 뒷얘기도 교환된다. 그런데 가장 특징적인 것은 이러한 모임이 비공식적이라는 것이다. 비록 공식적인 모임은 아니지만 사회적 틀 속에 개인적 관계가 발전되고 있다. 그래서 크라이스처치의 보건복지레짐의 역동적 특징을 다음과 같이 표현된다. "공식적 네트워크는 없다. 헌신적인 사람들로 이루어진 비공식적 네트워크이다. 계약이 없고, 우리가 하는 일을 수행해야만 하는 의무도 없다 (Brown, 1999: 80)."

이러한 의미에서 '크라이스처치'의 에이즈 정책은 단순히 정책 입안만으로 실행되는 것이 아니라 활동가들이 공동체의 일원으로서 기여하기 때문에 효과적이라는 것을 보여주는 사례이다. 여기에서 활동가들의 연계는 보건복지의 위기로부터 서로를 배려한다는 공유 감각에서 생겨났고, 공유감각은 공동체라는 사적 영역에서 배양된 것이다.

결론적으로 크라이스처치는 비공식적 레짐을 통해 지역복지와 보건문제를 해결해 나가고 있다. 이것은 제도화된 협력구조가 아니다.

AIDS Foundation)의 지부.

③ YHC(Youth Health Centre): 비영리조직으로서 21세 이하의 부랑아를 대상으로 함.

④ RWC(Roger Wright Center): 도심에서 바늘교환 프로그램을 진행.

⑤ NZPC(New Zealand Prostitute's Collective): 매춘부 원조(지지)그룹으로서 에이즈 교육과 예방활동이 주 임무.

그리고 여기에서는 강제된 무엇도 발견되지 않는다. 다만 지역 내 다수 행위자들의 역할을 설정하고 관계를 형성할 수 있도록 헌신적 리더들이 소그룹활동을 장려하여 왔을 뿐이다.

(2) 퀘백 이민자 통합

퀘백은 미국과 캐나다의 다른 지방보다 정부의 역할을 중요시하는 국가 중심적 사회로 특징된다.

하지만 퀘백의 이민 정책은 미국의 공동체 행동과 공동체조직, 그리고 공동체 참여 촉진 정책으로부터 영향을 받아 왔다. 그래서 이민자들의 자발적 부문을 촉진하고 있다. 또한 퀘백의 이민 정책은 국민형성(nation building)의 맥락에서 이루어져 왔다. 인구가 감소하자 퀘백을 프랑스 언어사회로 보존하기 위한 기본적 방안으로서 이민이 고려되었다. 이것은 이민자들이 퀘백의 프랑스 언어사회 환경으로 통합되어야 한다는 것을 의미한다. 이러한 이유로 영어를 배우고, 자신의 정체성을 북미 앵글로색슨 공동체로 간주하는 경향이 있는 이민자들을 프랑스 언어사회로 통합시키는 국가 정책을 지향하였다.

통합(integration)은 동화(assimilation)일 필요는 없기 때문에 퀘백의 이민정책은 두 가지 요소를 강조하였다. 첫째, 직장과 공공장소에서 프랑스어를 사용하는 것 둘째, 퀘백의 정치 · 경제 · 사회적 생활에 참여하고 기여하는 것이다.

그러므로 이민자들은 서로의 관계에서 자국의 언어와 문화, 그리고 전통을 유지할 수 있어, 사실상 정책개발을 위해서는 이민자들이 독특한 공동체 일원으로 이해될 필요가 있었다. 따라서 퀘백의 정책에서는 이민자 공동체를 독특한 문화로서, 이민자 스스로 그리고 다른 이들에 의해 인정된 사람의 집합으로 간주하여, 관할 영역이 분명하고, 집단을 대표하여 정당하게 요구할 수 있는 지도력을 가진 독립적 조직들로 대하였다. 다시 말해, 인종공동체의 자치적 구조를 합법적으로 인정하였다는 것이다. 이로 인해 인종집단의 자치조직이 급증하였고, 급증한 인종공동체는 자신들의 공동이익에 관한 공식적 협의를 위해 퀘백 정부와 주류사회가 주도하는 제도적 공적 생활에 참여하게 되었다.

이러한 결과로 1990년 문화공동체 부서는 다양한 인종공동체를 돕기 위해 '새로운 이민자를 위한 통합 보장제도'를 만들었다.[32] 이것의 주요 내용은 국가와 문화공동체 간의 사회계약 또는 파트너십에 관한 것이다. 첫째, 사회계약을 체결한다는 의미는 인종문화공동체의 일원인 동시에 사회의 일원으로서 상호 책임과 의무가 있다는 것이고 둘째, 파트너십이 의미하는 것은 이민자를 새로운 나라에 온 개인으로 보는 것이 아니라 인종공동체의 일원으로 본다는 것이다. 이러한 접근은 인종공동체를 통합의 장애물이 아니라 공동체에 참여하고 기여하는 하나의 '통합 형태'로 보는 것이다. 이렇게 하여 인종공동체는 정책에 자원을 교환하고 투입하는 통합 임무를 맡은 중재구조가 될 수 있었다. 그러나 캐나다 연방정부의 다문화 정책과는 다르게 퀘백의 정책은 1994년 이후 공동의 문화를 지향하는 것으로 변화하였다 (Rochefort, Rosenburg & White, 1998:554-557).

(3) 미국 CWLA(Child Welfare League of America)의 공동체 형성 원칙

CWLA는 아동복지문제를 해결하기 위해 다양한 기관의 협력을

32) 지원은 재정적 지원, 공동체의 구성원을 정책결정기구나 자문조직에 임명하는 것, 공공 부문에 그들의 대표성을 높이는 것 등이다.

위한 공동체 형성이 중요하다고 인식하였다. 여기서 공동체 형성(community building)이란 지역 내 가족 원조를 향상시키기 위해 가족, 지역, 기관들이 협력하는 기회로 정의된다(Austin, 2005:106). 따라서 공동체형성은 가족들의 정서적 · 사회적 · 경제적 욕구를 지원하기 위한 사회네트워크를 개발하고 강화하는 것에 초점을 둔다. CWLA는 가족이 사회적으로 덜 소외되고, 이웃 · 지역사회와의 좋은 관계가 형성한다면 아동복지 개입이 줄어들 수 있다고 본다.

CWLA는 공동체 형성을 위해 아동 · 가족복지 분야 전문가 그룹을 활용하여 10가지 원칙을 개발하였다.

- 제 1원칙 다체계 간 협력
- 제 2원칙 포괄적이면서 총체적인 서비스
- 제 3원칙 통합서비스
- 제 4원칙 강점기준 서비스
- 제 5원칙 가족 및 아동 중심 실천
- 제 6원칙 가족들을 통한 지역사회서비스
- 제 7원칙 권력의 소재 인정
- 제 8원칙 지방통제
- 제 9원칙 사회적 자본의 개발
- 제 10원칙 주요 기관들과의 강한 파트너십 개발

이상의 10개의 원칙은 첫째, 포괄적 · 총체적 · 통합적 체계 간 협력 둘째, 지역사회 기반, 가족 초점, 아동 중심 실천을 통한 강점지향 셋째, 강한 제도적 파트너십으로 사회적 자본개발을 통한 지방권력의 형성과 중재로 집약할 수 있다.

(4) HAZ(Health Action Zone)

HAZ는 지역기반계획(Area based initiative)으로서 1997년 영국 노동당 정부가 창안한 사업이다. 이 사업의 목적은 건강불평등에 대응하기 위해 현존하는 조직 간 장벽을 해소하는 메커니즘을 탐색하는 것, 양질의 사회적 서비스와 의료서비스를 제공하는 것, 그리고 NHS 간 협력을 촉진하는 것이다.

이러한 목적 달성 위해 중앙정부는 3가지 중요한 전략적 목표와 7가지 기본 원칙을 수립하였다.

가. HAZ의 3가지 전략적 목표

첫째, 지방의 공중보건 욕구를 규명하고 천명하는 것.

둘째, 서비스의 책임성, 효과성, 효율성 제고하는 것.

셋째, 건강증진 및 관련서비스의 향상을 위해 파트너십을 발전시키는 것(Judge and Bauld, 2006).

나. HAZ의 7가지 기본 원칙

제 1원칙: 형평성 달성(Achieving equity)

제 2원칙: 지역사회의 참여(engaging community)

제 3원칙: 파트너십에 의한 사업추진(working in partnership)

제 4원칙: 일선 담당자의 참여(engaging front-line staff)

제 5원칙: 근거 중심 접근의 채택활용(taking an evidence based approach)

제 6원칙: 서비스 전달에 있어 사람 중심의 접근 개발(developing a person-centered approach to service delivery)

제 7원칙: 전체계적 접근 채택활용(taking a whole system approach)

HAZ(Health Action Zone)의 전략은 빈곤과 무지의 세습으로 피폐해지는 생활터(neighborhoods)에 대한 영속적 불이익을 줄이는 것이다. 이를 위해 NHS, 지방공공기관, 지역사회 간의 협력체를 구성하였고, 영국의 가장 낙후된 일부 지역의 건강불평등을 해소하기 위한 새로운 접근 방법(한동운, 2004)을 시도하였다.

HAZ 사업은 보건 수준이 아주 열악하며 낙후된 26개 지역이 선정되어 7년 이상 진행되었다. 정부는 초기 3년 동안 £320백만을 배정하였으며 7년까지 재정투입을 보장하였다. 사업영역에는 건강결정요인들 즉, 건강한 생활양식 촉진, 고용증대, 교육, 약물남용 억제 등과 관련된 것과 특정한 인구집단의 건강문제에 초점을 둔 활동들도 포함되어 있었다.

하지만 HAZ 평가는 사업을 바라보는 측면에 따라 달라질 수 있다. 〈표 4-23〉을 보면 1997년부터 2002까지 사망률은 모든 지역 주민을 대상으로 줄었다. 15세 이하 집단은 비HAZ 낙후지역을 제외하고 각 지역에서 사망률은 감소하였다. 아동사망률이 가장 많이 감

〈표 4-23〉 HAZ 지역과 비HAZ 지역 사망률 변화 비교

Variable	% Change 1997-2001				% Change for England
	First wave HAZs	Second wave HAZs	Deprived non-HAZ LA	Non-deprived LA	
All mortality all ages	-8.27	-8.07	-7.72	-8.88	-8.54
All mortality <15	-6.55	-7.09	1.77	-11.63	-7.05
All mortality 15-64	-7.10	-7.12	-4.56	-7.17	-6.71
All moratality 65-74	-13.40	-14.79	-13.46	-15.43	-14.82

자료: Bauld et al. (2005). Health ActionZones: Partnerships for health equity.

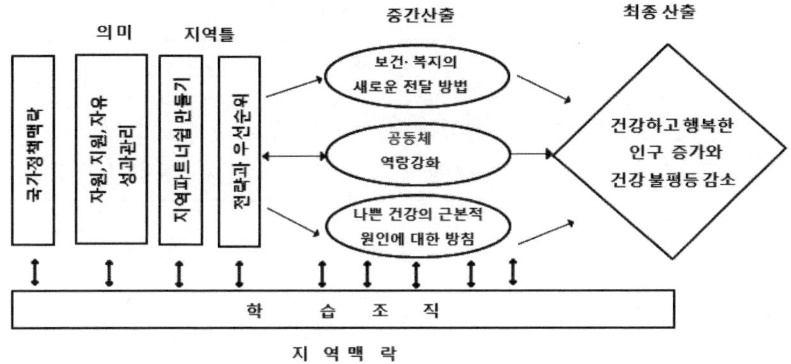

자료: Judge et al. (1999). Health Action Zones: Learning to make a difference.

〈그림 4-24〉 HAZ 모델

소한 지역은 비낙후, 비HAZ 지역임을 보이고 있다. 15-64세 집단은 모든 지역에서 사망률이 감소하였는데 다만 비HAZ 낙후 지역이 다른 지역에 비해 조금 감소하였다. 노인층(65-74세) 사망률은 모든 지역에서 감소하였으며, 특히 2회차 HAZ 지역과 비낙후 지역의 감소폭이 크다. 또한 잉글랜드 전체 사망률과 비교해 볼 때 HAZ 지역의 뚜렷한 차이를 발견하기는 어렵다.

관상동맥성심장병 사망률은 1997-2001년 사이 전반적으로 줄어들었다. 15-64세 집단에서는 2회차 HAZ 지역에서, 65-74세 집단은 비낙후 지역에서 상대적으로 큰 감소율을 보였다. 자살 사망률은 1회차 HAZ 지역에서 가장 큰 감소율을 보였으며 낙상사고 사망률은 오히려 1회차 HAZ 지역에서 가장 많이 증가하였다. 사고 사망률은 2회차 HAZ 지역에서 가장 많이 감소하였다.

HAZ에 대한 국가의 평가는 기관 간, 그리고 지역사회와의 협력역량을 형성하였는가?, 체계 전체의 변화를 위한 역량을 발전시켰는가?, 건강불평등 문제를 다루었는가?라는 관점에서 진행된다. HAZ에 대

〈표 4-24〉 HAZ 지역과 비HAZ 지역 건강지표 변화 비교

Variable	% Change 1997-2001				% Change for England
	First wave HAZs	Second wave HAZs	Deprived non-HAZ LA	Non-deprived LA	
CHD mortality 15-64	-20.38	-22.00	-18.30	-21.49	-20.95
CHD mortality 65-74	-21.87	-20.75	-21.47	-24.84	-23.18
Suicide mortality	-5.50	0.09	5.32	-3.34	-1.09
Mortality from accidental falls	31.34	14.53	17.05	9.06	14.53
Mortality from accidents	0.69	-2.69	-1.38	3.24	0.85

자료: Bauld et al. (2005). Health ActionZones: Partnerships for health equity.

한 문제점으로 영국 재무성이 제기한 것은 이러한 공중보건과 예방 정책에 비용효과적인 증거가 부족하다는 것이다. 특히 단기간에 달라진 변화를 보여야 한다는 압박으로 조급한 데이터 수집과 분석, 빈번한 문서작업 등으로 선언 이상의 실질적인 의미를 구현하지 못하였으며, 깊은 성찰과 고민을 하지 못하였다는 것이다(Judge and Bauld, 2006).

그러므로 HAZ에 대한 평가는, 건강불평등을 감소시키고 건강을 증진시켰는가?, 나쁜 건강의 근원적 원인에 대응하였는가? 지역사회에 권한을 위임하였는가?, 보건과 사회서비스를 재설계하였는가?, 학습조직이 결성되었는가?, 효과적인 파트너십을 발전시켰는가? 등에 대해 보다 세부 항목에서 검토되어야 할 것이다.

한편 지역사회형성법에 의한 접근을 HAZ의 사례에서 볼 때 다른 지역 단위사업들과 병행되어 추진되는 경우가 많고 이때 특정 사업의 효과를 진단하기가 어렵다. HAZ의 사업 기간과 겹치는 영국의 지역 단위사업(Area Based Initiative)을 〈표 4-25〉를 통해 살펴보면 7개의

〈표 4-25〉 영국의 지역기반국가사업(ABI)

지역단위사업	주요내용
Urban Development Corporation(UDC) 1981-1998	투자유치를 위한 자산 및 경제재활사업
New Life for Urban Scotland (New Life) 1988-1998	지역 주민을 위한 주거, 환경, 서비스제공, 훈련과 고용을 위한 포괄적 다기관 재활사업
Small Urban Renewal Initiative(SURI) 1990-2003	주거선택의 폭을 넓히고, 수준을 증진시키며, 환경개선과 경제 전망을 개선하여 공공, 민간자금 유치하는 재활사업
City Challenge 1992-1998	낙후지역 주민들의 삶의 질을 증진하기 위한 포괄적 다기관 재활사업
Single Regeneration Budget(SRB) 1995-2001	고용, 훈련, 경제성장, 주거, 범죄, 환경, 소수인종, 삶의질에 대한 계획을 통한 포괄적 다기관 재활사업
Regeneration Partnerships 1996-	사회적 배제의 예방과 혁신적 실천에 대한 조정된 접근. 교육과 훈련, 빈곤/범죄의 감소, 고용 및 기업의 증대에 초점
New Deal for Communities(NDC) 1998-2008	범죄, 일자리, 교육, 주거, 건강 등의 불평등에 관한 다기관 파트너십 접근

자료: Thomson, H. (2008). A dose of realism for healthy urban policy: lessons from area-based initiatives in the UK. Journal of epidemiology and community health, 62(10), 932-936.

사업이 비슷한 내용으로 시행되고 있음을 알 수 있다.

(5) 정신건강과 공동체

다음의 칼럼은 지역사회 공동체의 여건이 인간의 건강에 얼마나 영향을 미치는가를 비교 사례를 통해 잘 보여주고 있다.

지금은 속초에서 은거 생활을 하는 안병영 전 교육부총리가 작년 이맘때 오스트리아 빈을 여행하였다. 40여 년 전 유학 생활을 하였던 곳이다. 빈에 도착하자마자 옛날 살던 곳을 찾아 나섰다. 그런데 대학 시절 탔던 49번 전차 노선이 그대로 다니고 있었다. 거리 모습도 거의 변화가 없었다. 전차 종점에서 갈아탄 마을버스도 149번 그대로였다. 정류장

[만물상] 정신 건강 후진국 한삼희 논설위원 shhan@chosun.com 입력: 조선일보 2012.06.25 23:14

시간표를 보니 한 시간에 네 번씩 다니던 40년 전 시간표와 똑같았다.

옛집 앞에 내렸는데 작은 2층 집의 그 모습이 고스란히 남아있었다. 집 앞 성당도 마찬가지였다. 시계를 보니 빈 대학에서 출발해 1시간 20분이 지나있었다. 1960년대 통학할 때 걸리던 시간과 같았다. 빈이란 도시 자체가 지하철 노선이 몇 개 생긴 걸 빼고는 거의 옛 모습을 갖고 있었다. 집 근처 빵집, 세탁소, 구멍가게도 예전 그 자리에 있었다. 안 전부총리는 "시간이 멈춰 서 있는 도시 같았다"고 하였다. 그가 느꼈을 편안함이 짐작이 간다.

내 고향 수원시는 40년 전 중학교 다닐 때 인구가 23만 명이었다. 지금은 110만 명까지 늘어났다. 이따금 가보지만 천지개벽을 하였다고 할까, 어렸을 적 모습이 남아 있는 것이 거의 없다. 고향인데도 내비게이션 없이는 어느 길이 어느 길인지 분간할 수 없다. 그만큼 발전하였다는 뜻도 될 것이다. 하지만 익숙하였던 골목길, 익숙하였던 건물 모습을 찾아볼 수 없는 것이 섭섭하고 당황스럽기도 하다.

정부가 전 국민을 상대로 정신 건강검진을 하겠다고 발표하였다. 설문 조사를 통해 스트레스, 우울증, 공황장애 같은 걸로 고통받고 있지 않은지 확인한 후 문제가 있으면 전문 상담을 받도록 안내하겠다는 것이다. 한국인 성인 7명 가운데 1명꼴로 평생 한 번 이상 정신 질환을 겪는다. 오스트리아는 10만 명당 자살률이 12명인데 우린 28명으로 OECD 가운데 제일 높다. 스스로를 파괴해서라도 고통에서 벗어나려 할 만큼 절박한 스트레스를 겪는 한국인이 많다.

세상이 너무 확확 변하는 것이 대한민국에 사는 스트레스의 한 원인은 아닐까. 우리 세대만 해도 원조받은 밀가루로 만든 빵을 얻어먹던 시절을 살았지만 한국은 이제 원조를 주는 나라로 바뀌었다. 그 많은 변화를 단기간 온몸으로 받아내야 하였으니 거기에 적응하느라 스트레스가 보통 아니었을 수밖에 없다. 남보다 더 늦게까지 일하고, 더 실적을 내야 하고, 더 지위를 올리려고 기를 쓰다 보니 하루하루 삶이 전쟁터가 되었다. 국가가 정신 건강 대책을 내놓겠다고 할 만하다. 몇 십 년이 지나도 바뀌는 게 별로 없는 세상에서 좀 살아보고 싶다 (http://senior.chosun.com/site/data/html_dir/2012/06/25/2012062565030.html).

7. 지역통화(LETS: Local Exchange Trading System)

1) 개념

지역통화(community currency)는 주민상호 간 자발적 교환관계를 촉진하여 지역복지 공동체를 형성할 수 있는 수단이다. 공식화폐와 달리 지역통화는 특정 공동체나 집단 내에서 통용되며 사람에 따라 그 의미가 다르다. 예를 들면 지역공동체가 지리적 영역 또는 살아가는 네트워크로 정의될 수 있듯이, 여기서의 통화는 일반적인 화폐 개념과는 다르다. 그렇기 때문에 지역통화를 한마디로 정의하기는 매우 어렵지만 공동체 내에서 재화와 서비스를 교환하기 위한 수단으로 간단하게 정의할 수 있다. 여기서 공동체는 지리적으로 한정된 용어가 아니며, 동시에 정부 수준과 관련되지도 않는다(Akio Doteuchi, 2002:1).

이와 같은 지역통화의 필요성은 다양하지만 특히 지방정부의 경제발전과 매우 밀접한 관련이 있다. 지방정부는 두 가지 이유로 경제발전을 촉진하려고 노력한다. 첫째는 거주민들이 더 나은 직업을 갖게 하는 것이며, 둘째, 보다 가치 있는 조세 기반을 만들어 공공서비스를 향상시키고자 하는 것이다. 그러나 이러한 의도가 역으로 종종 공동체의 장기적 경제발전을 저해하기도 한다. 왜냐하면 대규모 외부사업체를 유치하는 데 많은 돈과 시간을 사용하지만 결과는 지역 기업들은 문을 닫게 되고, 대규모 업체에서 발생한 이윤은 지역 외부로 유출되는 경향이 있기 때문이다. 이렇게 되면서 지역의 경제는 더 어려워질 수밖에 없는 상황에 놓이게 된다.

그래서 지역경제는 사람들에게 고용, 교육, 아동보호, 보건, 쓰레기 처리, 소방과 치안, 인프라, 그리고 행정 등의 서비스를 제공하는 데 쓰일 새로운 방법을 필요로 하게 되는데, 이것이 바로 '지역통화'이다.

이러한 상황에 비추어 볼 때, 지역통화의 원리는 '지역사회가 서비스에 대한 미충족된 욕구가 있고, 동시에 이러한 격차를 채우는 데 유용한 미활용된 자원이 있으며, 미충족 욕구와 미활용 자원 사이를 연결하는 데 장벽은 돈의 부족'이라는 것이다. 이 원리에 따르면 지역통화는 해당 지역의 지방경제에 미충족 욕구를 미활용 자원과 연결함으로써 실질적 부를 창출할 뿐만 아니라 멀리 떨어져 있는 기업으로부터 보장받기보다는 지역에서 생산된 부는 그 지역 주민들이 혜택을 볼 수 있는 길을 제공한다는 것이다(Lietaer and Hallsmith, 2006:1-2).

실제로 화폐를 통한 교환은 효율적이기는 하지만 모든 거래는 각기 그 자체로서 완결되기 때문에 상업적 거래는 닫혀진 체계이다. 그와 대조적으로 지역통화는 열린 체계로 금전적 교환이 하지 못하는 어떤 것을 창조해낸다(Bernard Lietaer, 2002).[33] 화폐 중에 호혜성을 내재적인 요건으로 하는 것은 국가 화폐보다 증여경제와 더 잘 어울릴 수 있다. 실천 사례들은 증여경제에서 사용되는 화폐가 공동체를 파괴하는 것이 아니라 건설한다는 것을 증명해주고 있다.

여기서 주의해서 인지해야 할 점은 지역통화가 바우처와 서비스를 매개하는 수단이라는 유사한 성격이 있으나 적용 조건에 차이가 있다는 것이다. 바우처는 일정한 자격을 갖추어야 지급되며, 일정한 범위 내 지정된 재화 및 서비스와 교환할 수 있기 때문에 지역통화와 달리 제3자에게 양도하거나 유통시킬 수 없다(성남문화재단, 2006:74).

이상의 개념을 종합하여 볼 때, 복지공급수단으로서 지역통화의 가치는 새로운 전달체계의 도입이나 새로운 자원의 투입 없이, 욕구와 자원 간 자발적 교환관계를 촉진시킨다는 데 있다.

---

33) 이에 대한 비교로서 두 가지 사례를 들고 있다. 당신이 만약 못 상자가 필요하다면 당신은 철물상으로 가서 그것을 산다. 이러한 거래에서 당신도 철물상 점원도 다음번에 상대방에게 무엇을 주거나 상대방으로부터 무엇을 받을 것이라는 기대가 있을 수 없다. 이 때문에 화폐를 통한 교환은 그토록 효율적이 되는 것이다. 모든 거래는 각기 그 자체로서 완결된다. 그러나, 이렇게 되어서는 어떠한 공동체도 창조되지 않는다.
다른 가정을 해보자. 못 상자가 필요해서 밖으로 나가다가 당신은 이웃집 사람이 자기 집 현관에 앉아있는 것을 본다. 당신이 못 상자 하나를 사러간다고 하자 그가 "오, 지난번에 내가 못 상자를 여섯 개나 샀어요. 여기 하나 드릴 테니 철물상까지 가실 필요 없겠지요." 그러면서 그 사람은 당신이 돈으로 지불하려고 하는 것도 사양한다. 무슨 일이 일어났는가?(Bernard Lietaer, 2002)

2) 정책맥락(원리)

(1) 생성과 발달

지역통화로써 가장 최초의 것은 1832넌 런던에서 오웬(Robert Owen)이 실시한 노동증권으로, 재화를 생산하는 평균적 노동시간이 표시된 노동증권을 매개로 생산물을 거래하였다. 하지만 평균적 노동시간을 자의적으로 산정하여 불평등을 초래한데다가, 여기에 상인이 개입하여 투기가 발생하기도 하여 오래 지속되지 못하였다.

그 이후 지역통화는 1930년대에 독일, 오스트리아, 미국 등에서 상당히 광범위하게 실천되었다. 1930년대에 대표적인 지역통화는 오스트리아의 뵈르글(Worgl)에서 시행되었다. 이 지역통화는 아르헨티나 사업가 실비오 게젤(Silvio Gessel)의 이론에 근거해 형성된 스탬프 화폐이다. 이것은 매월 1%씩, 예를 들어, 10,000엔이라면 100엔의 스탬프[印紙]를 화폐의 뒷면에 붙이지 않으면 사용할 수 없게 고안되었다. 즉 회폐를 사용하는 데 일정한 수수료를 물리는 셈이었다. 거꾸로 말하면, 이것은 화폐가치가 시간의 경과와 더불어 감소되게 하는 것으로, 마이너스의 이자가 붙는 방식이었다. 뵈르글에서는 이러한 화폐가치가 감소하는 화폐를 지역통화로 채택한 것은 지니고 만 있어도 화폐가치가 떨어지기 때문에, 누구라도 가능한 한 빨리 사용하려고 하였기 때문이다. 이러한 이유로 유통속도는 일반 화폐인 오스트리아 실링의 14배에 달하였다고 한다. 그러나 오스트리아 중앙은행이 화폐발행의 독점권을 침해한다고 하여 금지령을 내리면서 이 시도는 결과적으로 붕괴되고 말았다.

한편 미국에서도 1930년대 초에는 많은 지역이나 상공인의 모임에서 지역통화를 발행하였지만 루즈벨트가 뉴딜정책을 제창하여 국가가 대규모 공공사업을 추진하였기 때문에 지역통화는 폐지되고 말았다.

오스트리아나 미국의 사례를 보면 국가에 의한 화폐관리 또는 경제통제로 말미암아 지역통화에 대한 가능성의 싹은 잘려버려진 셈이다(니시베 마코토, 2002).

(2) 이론적 어원

레츠의 도입은 지역경제 침체로 발생한 지역 주민들의 실업 문제를 해결하기 위해서이지만 단지 경제적인 이유가 주된 요인이라고 볼 수 없다.

영국의 7개 지역에서 지역통화 운동이 도입된 요인을 조사한 결과에 의하면, 경기 침체가 중요한 계기가 된 것은 사실이지만 지역사회 주민들 간의 네트워크, 지역사회 건설, 소유관계 · 사회관계 등에 대한 재인식도 강력한 요인으로 나타났다(김동배 외, 2001).

지역통화의 이론적 연원은 레츠가 자본주의에 대한 해방적 성격인가, 국가와 시장에 대한 보완적 성격인가에 따라 논지가 달라지므로(오미일, 2010:21-23)[34] 사회 · 경제적 시각에서 찾아보는 것이 적절하다.

전자는 자본주의 시장경제체제가 빈곤과 사회적 배제의 문제를 지속적으로 야기하고 있으므로 사회 · 경제적 시각에서 대안을 찾으려는 입장이다.

가라타니 코진에 따르면 “자본의 축적은 자본가가 노동력을 구매하여 생산하고 이를 다시 노동자에게 판매함으로써 이루어지는데, 노

34) 사회적 경제의 구체적 현상으로서 사회적 기업, 지역통화, 소액신용대출, 생화협동조합, 공정무역, 마을 만들기 등을 들 수 있다. 이 중 레츠는 지역통화의 가장 중요한 형태 중 하나이다.

동자가 이러한 생산점과 소비점에서 저항한다면 자본의 재생산은 어려워진다. 레츠는 이를 실현할 수 있는 공간으로서 자리매김하게 된다"는 것이다.[35] 그러므로 레츠는 자본주의 생산관계로부터 독립된 경제 질서를 가지게 된다.

후자는 고용의 불안정성과 복지후퇴로 야기되는 사회적 배제 문제는 신자유주의 정책으로 인해 축소된 국가의 역할을 대신해야 해결할 수 있다는 것이다. 하지만 민영화 정책을 시행하고 있는 신자유주의 대리인으로 전락된다는 비판도 있다.

요컨대 사회적 경제의 특징을 상호부조의 지역공동체 경제를 중심으로 살펴보면, 첫째, 지역공동체의 규모는 모든 성원이 서로 얼굴을 알 수 있을 정도여야 한다. 둘째, 이윤이 없고 노동은 '바터제' 형식으로 교환된다. 셋째, 지역공동체 경제는 지역의 부존 자원을 최대한 활용하는 자급자족적 지역중심의 경제를 지향하면서, 부족한 부분은

---

35) 가라타니 코진의 구체적 설명을 소개하면 다음과 같다. "자본의 축적운동은 'M-C-M'(화폐-상품-화폐)이라는 과정 속에 있습니다. 그런 경우 산업자본에 있어 상품을 구매하는 것은 결국 그것을 만든 노동자입니다. 즉 잉여가치는 총체적으로 보자면 노동자가 자신들이 만든 것을 다시 살 때 생기는 차액에 있습니다. 그러나 'M-C-M' 운동 안에는 자본이 만나는 두 가지 위기적 계기가 있습니다. 그것은 노동력 상품을 사는 일과 생산물을 노동자에 파는 일입니다. 만약 이 가운데 어느 한쪽에서 실패한다면 자본은 잉여가치를 획득할 수 없습니다. 바꿔 말하면 자본일 수가 없는 거지요. 노동자는 이 두 가지 점에서 자본에 대항할 수 있습니다. 한 가지는 안토니오 네그리가 말한 것처럼 "일하지 말라"는 것입니다. 물론 그것은 "노동력을 팔지 말라"(자본제 아래에서 임금노동을 하지 말라)는 것이 아니면 의미가 없습니다. 또 하나는 마하트마 간디가 말한 것처럼 "자본제 생산품을 사지 말라"는 것입니다. 그것들은 노동자가 '주체'일 수 있는 장소(포지션)에서 행해집니다. 그러나 노동자=소비자들이 '일하지 않는 일'과 '사지 않는 일'을 가능하게 하기 위해서는, 동시에 일하거나 구매할 수 있는 장소가 있어야 합니다. 따라서 비자본제적인 생산과 소비의 형태를 만들어내는 초출(超出)적인 투쟁(생산-소비협동조합이나 LETS)은 자본제 경제에 있어 내재적인 투쟁을 위해 불가결합니다"(가라타니 코진, 박유하, 2002:111)

외부와의 교역으로 보완한다. 넷째, 지역 내 생산과 소비의 효율성을 높여 지역자원의 활용을 최대한 유도하여, 지역 내 고용을 활성화시킨다. 다섯째, 시장 경제체제하에서 노동상품화로 야기되는 배분상의 불합리성을 극복하고 외부자본에 의한 착취의 여지를 줄인다.

따라서 지역공동체의 경제인 레츠 거래에서는 항상 회원 전원의 흑자(+) 계정과 적자(-) 계정이 상쇄되어 0이 되기 때문에 어떠한 착취나 이윤도 발생하지 않고, 나아가 레츠 내에서는 생산자가 공급자이기도 하므로 무한축적을 위한 잉여가치의 생산과 착취관계는 더 이상 존재하지 않는다(강수돌, 2002:135-136). 그러나 모든 회원 간의 흑자 및 적자 계정이 상쇄되는 제로섬 게임이므로 착취나 축적이 발생되지 않는다는 주장에 대한 비판이 존재한다. 이는 하나의 업체가 시장 거래와 레츠 거래에 동시에 참여하는 경우, 지불의 일부만 지역통화에서 이루어질 뿐이며, 시장가격이 그대로 적용되는 것이 일반적이므로, 레츠 거래 자체가 시장원리의 작용으로부터 자유로울 수 없다는 것이다(류동민, 최한주, 2003:89-90).

실제로 지역통화를 사용하는 지역 사례에서 볼 때 레츠에 참여하고 있는 지역 업체는 시장 활동을 기본으로 하고 있으므로 지역공동체경제가 시장경제를 대체한다고 보기는 어렵다.

(3) 지역통화의 유형과 레츠

가. 지폐통화(paper currency)

1991년 도입된 뉴욕의 Ithica HOUR는 지폐통화로 일반화폐처럼 유통되었고, 화폐 단위는 시간(HOUR)이며, 1시간의 노동은 10$의 가치가 있었다. 주민은 Ithica HOUR 위원회에 등록을 하고 그들이 제공할 수 있는 서비스를 등재하며 이에 대한 대가로 2HOUR(20$)

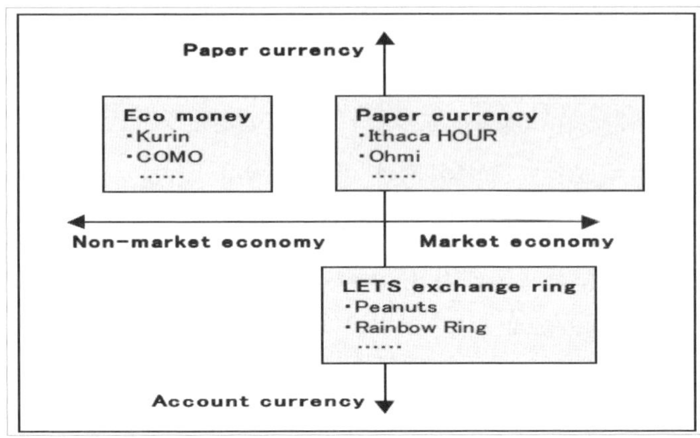

자료: Akio Doteuchi (2002:4). Community Currency and NPOs－A Model for Solving Social Issues in the 21st Century, NLI Research No.163 April.

〈그림 4-25〉 지역통화 유형

를 받을 수 있다.

Ithica HOUR처럼 지폐를 발행하는 지역통화의 이점은 첫째, 실제로 지폐가 물건으로 존재하기 때문에 손에 쥐고 직접 볼 수도 있고, 거기에 지역 독자의 그림이나 표어를 인쇄할 수도 있어, 매우 상징적으로 사람들에게 어필하는 힘도 있다는 것이다. 둘째, 현금처럼 거래가 간편하고, 익명으로 이루어진다는 것이다.

이와 반대로 단점은 첫째, 지폐는 화폐가 물건이라는 착각을 낳게 하고, 위조 문제도 따른다는 것이다. 둘째, 지폐는 소유자의 손을 따라 유통되기 때문에, 실제로 유통 범위가 한정될 수 없다는 것이다. 셋째, 화폐 발행자인 관리위원회가 작은 중앙은행과 같은 권한을 행사하는 존재가 될 수 있다는 것이다. 물론 위원회는 신규가입자 수에 따라서 통화를 발행한다는 규칙이 있기는 하지만, 대출이나 기부 형태로 통화 발행을 어느 정도 할 것인지 명확히 정해진 규칙이 없이

〈그림 4-26〉 1/10 Ithica HOUR

위원회 재량에 따라 결정할 수 있어, 관리위원회에 발행 권한이 집중될 위험이 있다. 다시 말해 대출 혹은 기부 진행 과정의 비공정성, 과잉발행에 따른 인플레의 가능성 등의 문제가 발생할 수 있다는 것이다. 하지만 니시베 마코토(2002)는 이러한 문제에도 불구하고 "현금형은 가지고 있는 많은 이점 때문에 일거에 부정할 수는 없다"고 주장한다.

Ithaca HOURS는 1991년 도입된 이래 $110,000($10.00에 11,000 HOURS)발행되었으며, 500개 사업체가 설립되었고, 수천 명이 참여하여, 수천 종류의 재화와 서비스를 직접 사고판다. HOURS의 11%는 지역사회 조직의 보조금으로 발행되었고, 100개 이상의 비영리조직이 1,500HOURS($15,000) 이상의 보조금 혜택을 받았다. HOURS는 이자 없이 대부도 이루어지며, 법정화폐처럼 구매자는 세금을 내야 하고 이를 위조하면 법에 의한 처벌을 받는다.

나. LETS

주민들 간의 상호부조관계를 지역통화를 통해 매개하고 촉진하는 방식으로 지방교환교역시스템(Local Exchange Trade System: LETS)이 주로 활용된다. 레츠의 근본 원칙은 첫째, 재화나 서비스를 사고팔기 위한 돈이 필요 없다는 것이다. 둘째, 고유의 통화를 발행할 수도 있고 고유의 부를 창출할 수도 있다. 그렇게 함으로써 지역경제를 개선할 뿐만 아니라, 공동체 내의 사회적 네트워크를 강화하는 데에도 일조할 수 있다.[36)]

레츠(LETS)는 현금의 사용 없이도 사람들 간에 상품과 서비스를 사고팔 수 있도록 하는 기제이다. 따라서 레츠는 상호적으로 호혜성이 실현된다는 점에서 자원봉사와 다르며, 호혜성이 기록된다는 점에서 이웃 간의 상부상조와도 다르다. 또한 레츠에 속한 누구에게도 빚을

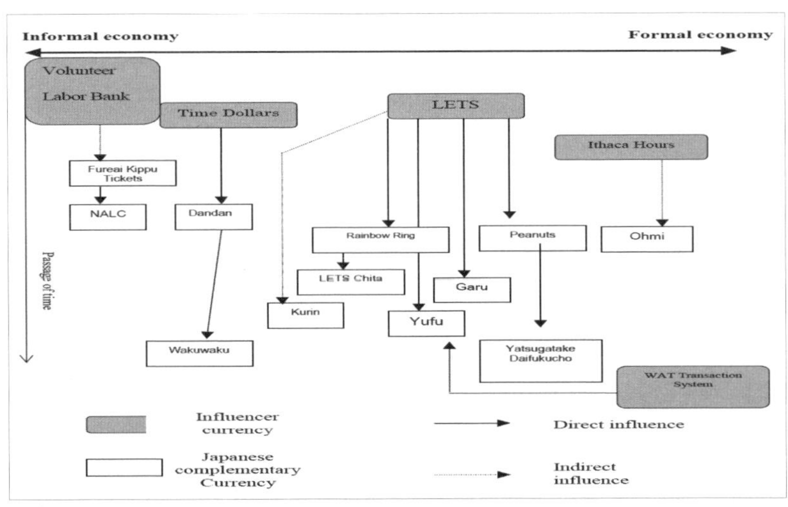

자료: Lietaer and Hall smith (2004:9). Community Currency Guide. Global Community Initiatives.

〈그림 4-27〉 LETS

36) 레츠의 형성 이유로 지역경제의 활성화, 재화와 서비스에 대한 통제력 강화, 교환을 통한 인간적 교류강화, 강력한 공동체의식 고양, 사회적 관계의 개선과 사회적 소외의 억제, 사장될지 모를 기술과 재능의 충분한 활용, 유급노동에서 불가능한 자신감과 자긍심 독려, 즐거운 삶의 영위와 삶의 질 향상 등을 들 수 있다(조너슨 크롤, 2003: 21).

갚을 수 있는 다자간 교환제도라는 점에서 개인 간의 채무변제와도 다르며, 이자가 붙지 않고 모든 회원에게 공개되는 거래라는 점에서 은행 계좌와도 다른 특성을 지니고 있다(Pacione, 1997).

이러한 레츠는 1983년 지역경제의 활성화를 위해 캐나다 밴쿠버에서 도입되어 유럽으로 퍼졌다. 지폐통화 대신, 참여자들은 계좌를 보유하며 교환 목록에 있는 재화와 서비스를 요구하기도 하고 제공하기도 한다. 교환이 이루어지면 제공자의 계좌에는 입금이 되고 수혜자의 계좌에는 출금이 되어, 계좌상의 기록으로 동시에 화폐 발행이 되는 것이다.

예를 들면, 우선 A가 C에게 잔디 깎기 서비스를 제공하고, 다음에 C는 B에게 꽃을 제공하며, 마지막으로 B는 A에게 맥주를 제공한다는 방식이다.

최초의 거래에서는 잔디 깎기 1시간 서비스를 10그린달러(G$)로 하여 A가 C에게 제공한다. 거래의 종료 시점에서 C의 계좌는 마이너스 10그린달러, A의 계좌는 플러스 10그린달러가 된다. 이어서 꽃 10송이를 20그린달러로 하여 C는 B에게 제공하고, 최후에 맥주 1다스를 15그린달러로 하여 B가 A에게 제공하는 것으로 거래가 진행된다. 이상의 3건의 거래 결과, A의 계좌는 마이너스 5그린달러, C의 계좌는 플러스 10그린달러, B의 계좌는 마이너스 5그린달러가 되는 셈이다. 실제로는 다른 순서로 거래가 행해질 수도 있지만, 결과는 같고, 전체적으로는 입금과 출금이 상쇄되어 전체의 수지균형은 항상 제로섬(zero-sum)이다.

이 시스템은 자율적으로 관리되며, 구성원 간 상호신뢰에 기반하고 있어, 새 참여자는 자신의 점수가 없어도 거래를 시작할 수 있다. 또한 시스템 관리자가 있는 것은 아니지만 정확한 기록의 유지는 시스템을 작동시키는 데 필수적이다.

레츠에서는 각자가 갖고 있는 흑자나 적자는 특정 개인이 특정 개인에 대해 갖는 채권이나 채무가 아니라, 참가자 전체로 이루어진 공동체에 대한 신뢰나 관여(커미트먼트)를 나타낸다. 그러므로 적자라는 것도 특정 개인에게 빚진 것이 아니며, 굳이 말한다면, 공동체에 대한 '부채'에 가까운 것이다. 실제로 '부채'는 법률상 변제의무를 갖는 개인이나 법인 등 법적 주체 간의 관계이지만, 레츠의 적자는 그것과 다르게 구별되기 때문에 '커미트먼트'라고 부르는 것이다. 여기서 적자를 너무 많이 만들어서 갚지 못하는 사람이 나올 수 있는 도덕적 문제가 우려되지만, 그에 대해서는, '평판'이라는 것을 사용하는 방법이 있다. 계좌 잔고는 공개되고 있기 때문에, 지나치게 적자를 기록하고 있는 사람에게는 팔지 않으며, 이런 사람에게 파는 사람도 좋은 평판을 듣지 못하므로, 적자를 누적시키는 사람은 자연히 살 수 없게 되는 것이다. 마지막으로 레츠의 문제점은 계좌 기록의 번잡함과 거래의 비익명성이다. 그러나 비익명성은 오히려 장점이라고 할 수도 있고, 계좌 기록의 번잡함은 IC카드나 인터넷 등을 이용하여 기술적 해결이 가능하다(니시베 마코토, 2002).

다. Eco-Money

Eco-Money의 특징은 지폐통화나 레츠와는 달리 오로지 환경, 복지, 교육, 문화 등 비시장 경제에서 유통되는 것이며, 참여자는 거래가 시작될 때 에코머니를 받고, 서비스 목록에 있는 서비스를 제공하며, 거래는 구성원 간 직접 일어날 수 있지만 중간 조정자를 통할 수도 있다. Eco-Money는 유효기간이 있어 기간이 지나면 쓸 수 없게 되며, 화폐 단위는 한 시간 서비스이고, 거래 가격은 협상으로 결정

〈그림 4-28〉 Eco-Money

된다. 또한 현금이나 이자로 전환될 수 없고, 상점이나 시장에서 물건을 사는 데 사용될 수도 없다.

라. 타임달러

타임달러는 1986년에 에드가 칸(Edgar Cahn)이 고안하여, 미국 전역의 200개 단체, 5만 명이 참가하고 있는 시간 예탁제도로써, 참가자 사이에서 서비스 시간을 교환하는 시스템이다. 이것은 지역통화의 한 형태로서 서로 도움으로써 벌고, 도움을 받음으로써 쓰는 것이므로 지역사회의 모든 구성원이 가치 있는 자원이며, 지역사회는 이러한 자원을 사회・경제적 풍요를 위해 사용할 수용 능력을 가지고 있다.

타임달러는 서비스의 종류에 관계없이 1시간의 서비스 제공에 1타임달러를 지불하는 일종의 자원봉사 은행으로, 등록소에 등록하여 자신의 계정을 만들고, 등록소의 주선으로 서비스를 주고받으면, 거래 내역이 자신의 계좌에 기록된다. 서비스를 해주고 번 타임 달러를 가지고 참가자는 자신에게 필요한 서비스를 받을 수 있는데, 예를 들면 대학생이 어린 학생에게 과외 수업을 해주고 110시간을 모으면 재활용 컴퓨터를 공짜로 얻을 수 있다(이창우, 2000:15-16). 이러한 거래가 활발하게 유지되기 위해 타임달러에서 두 가지 방식을 사용하고 있는

데 첫 번째 방식은 근린교환네트워크(neighbour to neighbour exchange network)이다. 이것은 개인이 타임은행에 가입하여 서로 도움으로써 타임달러를 벌기도 하고 쓰기도 할 수 있다. 예를 들면, 개인이 기여한 각 한 시간으로 1타임달러를 벌수 있고, 1타임달러는 다른 구성원의 서비스를 받는 데 사용할 수 있고, 시장에서 물건을 구매하는 데 사용할 수도 있다. 또한 학습프로그램에 참여할 경우에도 사용할 수 있으며, 다른 사람에게 기부할 수도 있다. 두 번째 방식은 표적교환네트워크(targeted or specialized exchange network)이다. 이것은 표적 대상과 사용 범위가 구체적인 경우로, 또래학습지원 프로그램을 예로 들 수 있다. 상급생이 하급생을 개인 교습하고 타임달러를 모아 이것을 학습 교재나 학습 장비를 교환하는 데 사용할 수 있다(Annie. 2004).

지역통화로서 타임달러의 성공적 활용을 위해서 코디네이터의 역할이 중요하다. 이렇게 매우 중요한 이들의 역할과 책임을 규정하면 다음과 같다. 첫째, 지역사회주민의 크고 작은 욕구를 알아내는 것이다. 둘째, 욕구에 대응할 수 있는 주민의 숨은 역량을 찾아내는 것이다. 셋째, 타인에 기여함으로써 타임달러를 벌어 자원을 확보함으로써 다시 타임달러를 쓰도록 교환체계를 확립하는 것이다.

3) 설계

지역통화는 다음과 같은 적용 단계를 가지고 있다.

첫째, 화폐의 목적설정이다. 이것은 지역사회를 평가하여 자원의 과소 활용으로 인한 미충족 욕구에 대응하기 위해 필요한 우선순위를 확인하는 것이고, 이렇게 함으로써 추진하고자 하는 보조통화의 목적을 결정하게 된다.

둘째, 적절한 통화의 선택이다. 이것은 다양한 형태의 보조통화를 검토하여 이 중 필요한 통화형태를 선택하는 것이다.

셋째, 추진팀의 구성이다. 이것은 지역통화시스템에 대한 지역의 지지를 형성하는 것으로 적절한 지도력을 찾아내는 것을 의미하며, 사업의 여러 측면에서 도울 수 있는 사람의 집단을 찾아내는 것이다.

넷째, 정확한 메커니즘의 선택이다. 이것은 지역사회에서 거래를 관리할 시스템을 수립하고, 여기에 지원 매체, 가치 표준, 가치 보관, 절차 발행, 원가 보상 등이 포함되어야 한다는 것이다. 이 시스템은 지역의 이용 가능한 자원, 사업의 규모, 참여자의 유형 등 선택한 통화의 형태에 따라 여러 방식을 취할 수 있다.

다섯째, 지역통화 시스템은 교환과정 및 순환시스템을 설계해야 한다. 이것은 돈이 지역사회 전체를 돌게 하는 시스템을 의미하는 것으로, 사람이나 사업체의 의욕을 떨어뜨리는 방식으로 설계되어서는 안 된다(Lietaer & Hall smith, 2006).

4) 사례와 쟁점

한국에서는 1996년부터 『녹색평론』에서 레츠를 소개하기 시작하였고, 1998년 3월에는 처음으로 신과학운동 조직인 '미래를 내다보는 사람들의 모임'(www.herenow.co.kr)이 '미래화폐(fm)'란 이름으로 지역화폐 운영을 시작하였다. 그 후 미래여성클럽, 불교환경교육원, 인하대학교 내 인천정보센터, 중앙대 부설 종합사회복지관이 운영하는 기술도구은행, 관악 지역화폐 등에서 지역통화 운동을 벌이고 있다.

한편 대전 지역에서는 '한밭레츠'가 실시된 이래 현재까지 400명의 회원을 확보하여 가장 활발하게 움직이고 있는데, 이 단체는 특히 의

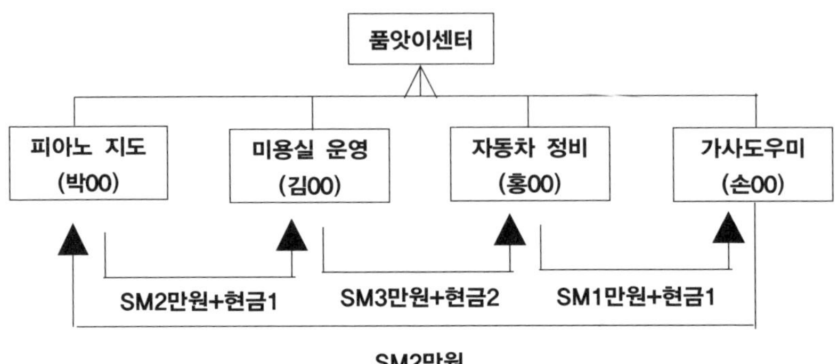

〈그림 4-29〉 송파 품앗이 거래모형도

료생협이 참가하여 지속성과 안정성을 부여하고 있다. 또한 도서출판 '작은 것이 아름답다'의 작아장터, 교육 관련 출판사인 '민들레'(mindle.org)의 민들레 교육통화 등이 지역통화운동을 전개한 적도 있다.

이밖에도 서울시 송파구 자원봉사센터의 '송파품앗이'와 대구 동구청의 '봉사품앗이', 안양시청 자원봉사센터에서 운영하는 지역화폐 등 지방자치단체 차원에서도 다양한 지역통화 운동이 벌어지고 있다.

이와 같이 국내에서 시도되었던 지역통화운동은 약 30개를 넘는 것으로 집계되었으나 각 지역이나 단체의 사정에 따라 시스템 운영의 어려움이 있다. 이 가운데 송파구 자원봉사센터의 '송파품앗이'와 대전의 '한밭레츠'를 비롯한 극소수의 지역과 단체만이 안정적으로 지속되고 있는 것이 현실이다(한국지역통화의 현황).

1999년에 시작된 '송파품앗이'의 경우 SM(송파머니)을 단위로 하는 가상의 화폐를 두고 물건과 서비스를 교환한다. SM의 가치는 국가화폐와 동일하며 현금과 혼합해 사용할 수도 있다. 예를 들어 미용실 김씨가 카센터 홍씨에게 차 수리를 맡기고 현금 2만원과 함께 3만

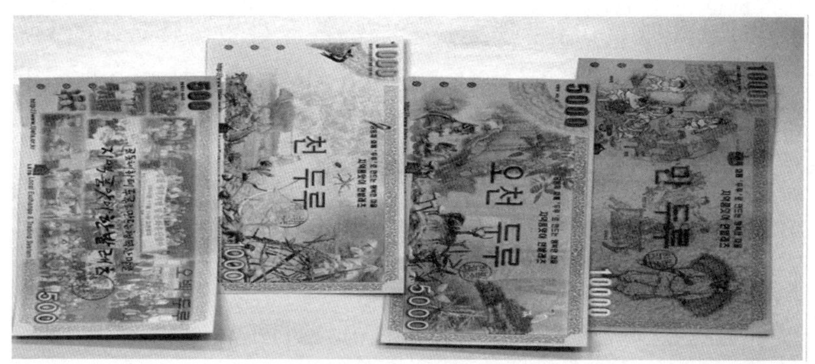

〈그림 4-30〉 대전 한밭두루

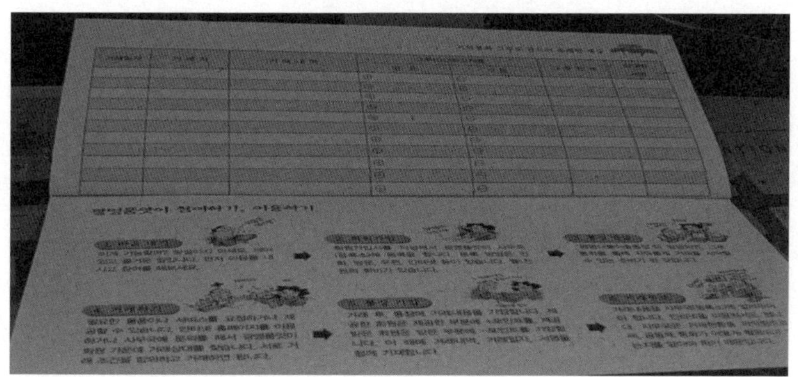

〈그림 4-31〉 광명시 그루

SM을 지급하고, 홍씨는 피아노 지도를 하는 박씨에게 1만원과 2만 SM을 지급하는 방식이다.

거래 내역은 자원봉사센터에 보고하고 거래자들은 각자의 통장에 + 또는 -로 SM 거래액을 기록한다. 서비스나 물건을 제공한 사람은 +로 저축을, 제공받은 사람은 -로 빚을 지게 된다. 센터는 회원들의 거래 내역을 정리하여 소식지와 홈페이지를 통해 공지한다.

2004년 현재 600명이 활동하고 있고, 총 누계거래건수는 1,874건 73,659,030원이며 이 중 지역통화인 송파머니는 47,897,700원을 차지하고 있다.

거래분야는 생활물품, 강의교습, 가사서비스, 집수리, 가전수리, 상담서비스, 컴퓨터, 외국어, 미용, 전문기술서비스, 기타 등 11개 항목에 130품목인데, 이 중 집수리 항목의 거래 품목은 도배/도색/집수리/수도, 싱크대, 보일러, 커튼, 방충망 설치, 전기배선/가구수리 등이다. 이것은 향후 영세 자영업자나 사회취약 계층의 참여가 확대된다고 할 때 자발적 교환관계를 통한 주거복지공동체 형성의 가능성이 있다.

제 5 장

복지공급체계의 설계

제5장 복지공급체계의 설계

제1절 복지공급체계의 설계

1. 전달체계의 기초

1) 서비스 전달 주체 간 관계

복지서비스 공급에 있어 다원적 원천을 고려한다는 것은 전반적으로 서비스 전달체계상의 효율성을 제고하기 위하여 각각의 공급주체가 가지고 있는 특성을 기초로 상보적 협력관계를 구축하는 것에 중요한 의의가 있다.

협력은 협동(cooperation) 및 조정(coordination)과 상호 통용되고 있으나 이는 엄밀한 의미에서 구분하여 사용할 필요가 있다(Mattessich, Murray-Close & Monsey, 2001:61). 협동은 어떠한 공통의 임무나 구조, 혹은 기획의 노력이 없는 비공식적 관계에서 나타나는 특징이 있고, 정보는 필요에 따라 공유되며, 권위는 개별 조직이 가지므로 위험이 없다. 또한 자원과 보상도 개별적으로 분리되어 있다.

〈표 5-1〉 서비스 전달 주체 간 관계 비교

협동(cooperation)→ 조정(coordination)→ 협력(collabolation)			
의사결정	자율적	평행적	통합적
전문가	전문가의 능력과 신뢰	교차된 전문가의 공유	기술의 교차된 이용
팀	역할확인과 역할지향	구별된 역할	팀 응집성
프로그램	프로그램의 주체성	통합되지 않은 활동들의 연결	집단목적에 종속된 프로그램 주체성
기관	기관주체성	통합되지 않은 기관들의 연결	집단목적에 종속된 기관 주체성

조정은 다소 공식적 관계이면서 각 조직의 양립 가능한 임무들에 대한 이해를 특징으로 한다. 어느 정도의 기획과 역할 구분이 필요하고, 의사소통 채널도 있다. 권위는 각 조직들에 있지만 모든 참여자에게 약간의 위험은 있다. 자원은 참여자들 간에 이용가능하고 보상은 상호 인식된다.

협력은 보다 지속적인 관계를 함축하고 있다. 이는 각 독립된 개체들이 공통의 목표로 새로운 구조에 편입되게 한다. 이러한 관계는 포괄적 기획과 여러 수준에서 작동하는 정교한 의사소통 채널을 필요로 한다. 권위는 협력구조에 의해 결정되고 위험은 각 참여자가 모두 자원과 평판을 기여하기 때문에 다소 크다. 자원은 공동으로 확보하고 관리되며 성과는 공유된다.

다양한 주체가 참여하는 서비스 전달 구조는 파트너십의 구조와 정책 거버넌스의 유형으로 가늠할 수 있다. 파트너십의 형태는 목적의 복잡성(정보의 공유, 공동의 문제해결), 연계의 강도(공통의 목표, 결정규칙, 과업분담, 자원의 기여), 협약의 공식성(운영구조, 정책, 절차에 관한 규칙의 공식성)에 따라 다양하다(Cigler, 2001: 74-75). 이는 다음 네 가지의 구체적 형태로 분류되는데 첫째, 조직들이 매우 느슨한 연계로 함께 일할 때 이를 네트워크 파트너십(networking partnership)이라고 한다. 주로 정보교환을 위해 존재하며 가입과 탈퇴가 용이하다. 절차와 구조에 비공식성이 지배하며 각 구성단위는 조직적 자율성을 유지할 수 있다. 자원공유는 아이디어와 뉴스, 보고서의 교환과 관련된다.

둘째, 협동적 파트너십(cooperative partnership)으로서 연계 강도가 상대적으로 낮고 협약의 범위는 비공식적인 것부터 어느 정도 공식적인 것까지 있다. 한두 개의 활동에 협동하며 참여자에 한계 비용이 없다. 주로 중간 또는 낮은 수준의 직원들로 이루어지며 자원 활용을 거의 수반하지 않는다.

셋째, 조직 간 보다 근접한 연계관계는 조정 파트너십(coordinating partnership)이다. 정보공유 이상의 자원의 기여를 요구하며 구체적으로 분담된 공통의 목표를 수반한다. 조정의 과정과 구조는 공식화되어 있고 가입과 탈퇴에 주의가 요망되므로 안정적이다. 각 구성원들이 어느 정도 자율성의 상실에 동의한다. 참여 리스크가 높기 때문에 고위인사가 참여하는 경향이 있다. 자원의 기여는 각 구성원의 자산 즉 시간, 자금, 인력, 시설과 관련된다.

넷째, 협력적 파트너십(collaborative partnership)은 강한 연계관계를 특징으로 한다. 목적은 구체적, 복합적, 장기적이다. 구성원의 가입과 탈퇴는 파트너십에 매우 심각한 영향을 줄 수 있어 안정적이다. 협력의 공식적 과정과 구조는 법적 문서로 표현되며 각 구성원들은 상당한 자율성을 위임한다. 이러한 조직들은 다조직 간, 다부문 간, 다지역 간과 관련되어 매우 복잡할 수 있다.

2) 전달체계 원칙

사회복지서비스의 전달체계에 대한 논의에서, Gilbert와 Specht(1974)는 '전달'을 사회복지정책의 할당과 제공 즉 '누구(who)에게'와 '무엇(what)을'이 결정되고 난 후 적격소비자에게 선택된 사회적 제공이 주어지도록 하는 장치(arrangement)로 정의한다.[1] 따라서 서비스 전달이란 지역공동체의 맥락에서 사회복지편익의 분배자와 소비자 간, 그리고 분배자 간 조직적 배열에 관한 것이다(Gate, 1980:51).

사회복지서비스 전달체계(the service delivery system)는 좁은 의미에서는 서비스 전달자와 서비스를 받는 수혜자(클라이언트)와의 대면적 상호관계를 통하여 일정한 장(setting)에서 서비스(개입)를 전달(실천)하는, 즉 서비스 전달업무를 실제로 "집행"하는 사회적 체계를 말한다.

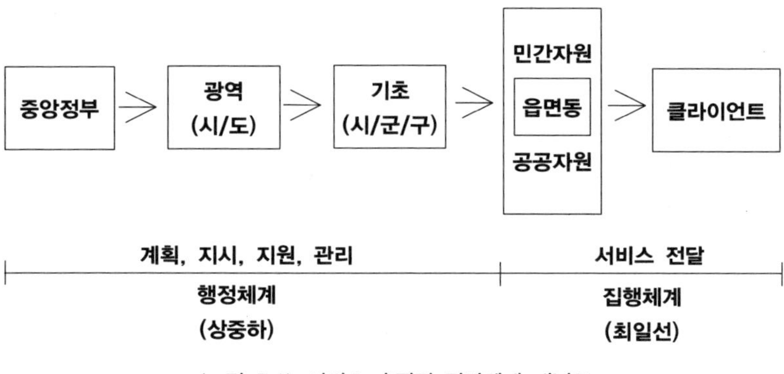

〈그림 5-1〉 서비스 수직적 전달체계 개념도

1) 전달체계는 적격성과 사회적 제공에 관한 정책 지침이 실제로 표현되기 때문에 매우 중요하다. 전달전략은 지역 공동체의 맥락에서 사회복지급여의 분배자 간 또는 분배자와 소비자 간 대안적 조직설계(organizational arrangement)에 관한 것이다(Gilbert & Specht, 1974:31-32).

그러나 보다 넓은 의미에서는 이러한 사회복지 전달집행 체계는 상부의 행정체계로부터 규제, 지원 및 감독을 받으며 서비스를 전달한다. 따라서 서비스 전달체계를 이해하려면 전달자와 고객이 상호관계를 이루면서 서비스를 직접 전달하는 절차는 물론 서비스 전달을 기획, 지원 및 관리하는 행정체계도 동시에 연계해서 이해해야만 한다(성규탁, 1992:74).

이념적 측면에서 볼 때, 효과적 전달체계란 포괄성(comprehensiveness), 접근성(accessibility), 계속성(continuity), 그리고 분절(fragmentation)이 없이 서비스 사용자에 대한 책임성(accountability)이 있는 것을 특징으로 한다(Gate, 1980: 52). 포괄성이란 서비스의 양과 질, 기간에 있어 충분한 편익이 제공된다는 것이다. 접근성은 필요한 사람들이 서비스를 사용하는데 일반적인 장애가 없다는 것이며, 연속성은 지역서비스 네트워크 내 기관들의 전체 프로그램에서의 조직 간 접근관계에 관한 것을 말한다. 단절은 서비스 네트워크의 분절로 인한 결과인데, 이는 이용 가능한 서비스 프로그램 간의 격차와 불확실성으로 발생된다. 책임성은 사용자의 특수한 니드와 문제에 대응한다는 것이다.

2. 전달체계 유형

거래관계의 유형은 공급 주체 간 관계의 질서 또는 배열에 주목하는 것이다.[2] 이는 대체로 크게 관료적 위계 방식(hierarchies mode), 시장 방식(market mode), 네트워크 방식(network mode) 등으로 분류되고

2) 거래(transaction)의 개념은 윌리암슨의 정의를 따라 "재화나 용역이 기술적으로 분리된 접촉면을 가로질러 이전될 때 발생하는 것으로 기계에서의 마찰에 대응하는 개념"으로 정의한다(Williamson, 1981:548).

있다. 이러한 유형화는 다소간 용어에 차이는 있지만 대체로 이 범주에서 논의되고 있다. 즉 시장, 위계, 네트워크(Thompson et al, 1991), 시장, 정치, 결속(Mayntz, 1993a), 시장, 관료제, 족벌(Ouchi, 1991), 가격, 권위, 신뢰(Bradach and Eccles, 1991), 공동체, 시장, 국가(Streek & Schmitter, 1985) 등이 그것이다.

시장은 선택의 폭이 넓고 유연성과 기회를 제공하는 장점이 있지만 매우 단순한 가격기구를 통해서 의사소통을 하기 때문에 이질적이고 복잡한 거래 관계에는 한계가 있다. 위계는 시장기구가 가진 단점을 극복하긴 하지만 유연성이 낮고 관료적이며 특히 규모가 커지게 되면 내부 구성요소들을 통합하는 데 많은 조정비용이 발생하게 된다. 이와 같은 시장이나 위계의 장점을 흡수하고 단점을 보완한 거래 관계의 형태가 네트워크이다. 거래 형태로서 네트워크의 기본적인 특징을 정리하면 다음과 같다

첫째, 호혜성(reciprocity)이다(Powell, 1991:268). 네트워크에서의 거래는 시장이나 행정적 명령을 통하여 일어나지 않고 호혜성이라는 일반적인 맥락 내에서 무한히 지속적인 거래를 수반한다. 둘째, 상호의존성(interdependence)이다. 네트워크는 어느 한 단위가 대규모의 위계 조직하에서 다른 단위에 공식적으로 종속되어 있지 않은 다조직 혹은 다부문 간에 걸친 상호의존적 구조이다(O'Toole, 1997:45). 셋째, 느슨한 연계(loose coupling)이다. 네트워크에서 조직 간 느슨한 연계는 거래 당사자 간의 자율성을 보장하며, 복수의 리더가 존재하면서 구성원의 진입과 퇴출이 자유롭다는 것을 의미한다.

Jessop(1999:351)은 거버넌스를 시장의 무정부 상태(anarchy)와 명령통일의 계층제적 정부(hierarchy) 사이에 이러한 엄격한 양극화를 거부하고 시장, 국가, 시민사회 등 상호의존적 행위자들 간 수평적 자율

〈표 5-2〉 시장, 위계, 네트워크 형태 간 특징 비교

구분	시장(market)	위계(hierarchy)	네트워크(network)
규범적 기초	계약-재산권	고용관계	보충능력
의사소통수단	가격	일상적 절차	관계
갈등해결 방법	흥정, 사법적 강제	행정명령-감독	호혜-명망과 관심
신축성 정도	높음	낮음	중간
집단 간 기여도	낮음	중간	높음
분 위 기	정확 또는 의심	공식적, 관료적	개방적, 상호 이익
행위자 선호	독립적	의존적	상호의존적
혼합적 특징	거래반복, 위계적 문서로서의 계약	비공식 조직, 시장적 특징: 영리센터, 이전가격	지위계층, 복수의 파트너, 공식적 규칙

자료: Powell, W. (1991). Neither Market nor Hierarchy: Network Forms of Organization. In Markets, Hierarchies and Networks:

조직인 복합조직(heterarchy: network)의 개념으로 구체화한다.

이러한 맥락을 배경으로 궁극적으로 "문제"(problem)[3]를 제어할 수 있는 기제로서 Dunsire(1993:30-31)는 균형화 과정에의 참여를 의미하는 "Colliblation"으로 개념화하고, Kickert(1993:191-192)의 경우에는 "Network"로 표현한다. 이러한 개념들이 함의하는 것은 결국 다양하고 복잡한 문제의 역동적 상황에 대한 대응은 문제해결 과정 또한 다양한 행위자의 참여와 연계로 구조화된 복합적 기제로 가능하게 된다는 것이다(Myrtle and Wilber, 1994:250).

Klijn 등(1995:439)은 네트워크를 정책문제나 자원을 놓고 형성되는 상호의존적인 행위자 간 사회적 관계의 안정적 형태로서 일련의 게임에 의해 형성, 유지, 변화된다고 본다. 여기서 게임은 공식적 비공식적 규칙에 따라 행동하는 상이한 행위자 간의 연속적인 일련의 행동

3) 여기서의 "문제(problem)"는 균형 상태의 혼란 또는 어떤 하위체계의 불균형으로 정의된다.

으로서 행위자가 관심을 가지고 있는 이슈나 결정에 따라 야기되는 것을 말한다.

서비스 공급과 관련하여 네트워크는 지역 거버넌스의 실천적, 집행적 메커니즘으로 이해된다. 즉 서비스 공급과정에 있어서 국가, 시장, 시민사회조직 간의 참여를 토대로 한 협조적 상호작용관계가 안정적으로 지속되는 형태로 파악되어야 할 것이다. 이런 맥락에서 서비스의 전달은 역할 분담과 협력으로 생산된 서비스가 소비자에 이르도록 하는 다양한 경로 간 조정과 연계체계를 필요로 한다는 것을 의미한다.[4)]

서비스 전달과정에서의 조정(coordination)은 다음 세 가지 형태의 거래를 관리하는 것으로 구성된다(Fortinsky, 1991). 첫째, 서비스 통합(service integration)으로서 클라이언트 수준의 조정을 말하며 복합적 문제의 욕구가 총체적, 포괄적으로 드러나도록 서비스 전달 지점에서 클라이언트와 전문가 사이의 상호작용을 구조화하는 것이다. 둘째, 시스템 통합(system integration)으로서 이는 복합욕구를 가진 클라이언트가 고도의 다원적 전달체계로부터 계속적이면서 통합된 일련의 서비스를 받을 수 있도록 조직 간 장애와 서비스 불연속을 줄이는 것을 말한다. 조직 수준에서의 거래는 클라이언트, 재원, 정보, 인적자원 그리고 기술의 상호의존성을 말한다. 셋째, 시스템 전개(system development)는 각각의 보호체계 간, 즉 제도보호와 지역보호체계 간, 단기와 장기보호체계 간, 보건과 사회복지서비스체계 간 상호작용과 관계를 합리화하는 것을 말한다. 따라서 체계들과 그 조직들 간 서비

4) 서비스 조정을 증진하는 전략으로서, 복잡한 문제에 대한 해결책은 고도로 합리화된 통합 체계를 형성하는 것보다 조직과 네트워크, 그리고 전달체계를 느슨하게 연결시키는 전략을 고려해야 한다(Mytle and Wilber, 1994:250).

스 합리화를 위한 수직적 통합을 강조함으로써 전체 체계의 성과를 향상시키는 것이다.

대부분의 서비스 전달 활동은 규제, 재원, 그리고 의뢰 형태로 이루어지는데 사회복지서비스 전달에 있어 네트워크 구축이 중요한 이유는 조직간 연계관계 형성을 통해 자원 활용을 극대화함으로써 클라이언트의 복합적 욕구를 보다 효과적으로 충족시키는 데 있다(김인숙, 신은주, 김혜선, 1999). 특히 사회복지서비스의 전달을 생각할 때 클라이언트에게 서비스를 제공하기 위하여 어떤 특정 서비스 기관은 그 클라이언트가 필요로 하는 서비스를 다 제공할 수 없으므로 다른 여러 종류의 기관과 관계를 맺는다. 이때 특정 서비스 기관은 자신을 중심으로 한 여러 기관들과 체계를 형성하게 되는데 이것이 서비스 전달체계(social service delivery system) 또는 서비스 전달 네트워크(social service delivery network)가 된다(정순둘 1997: 225-226).

제2절 공급체계의 설계

1. 통합

통합은 각각의 조직들에 의해서 제공되던 서비스들을 통합하기 위해 이들 조직들을 묶어서 완전하게 새로운 단일 서비스 구조를 만들어 내는 것이다(Morris and Lescohier, 1978; 김영종, 1998에서 재인용). 즉, 부서별로 흩어져 있는 유사한 업무를 하나의 단일화된 조직에서 기능을 수행하도록 한다는 것이다. 새로운 조직을 신설하여 업무를 통합

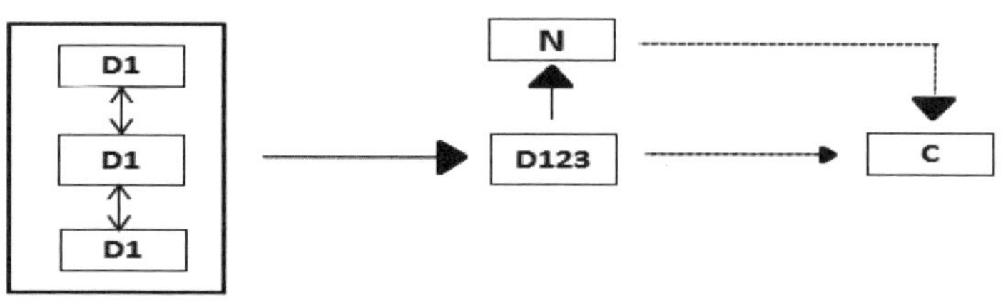

주: 행정부서 및 기능(D, D123은 개별부서의 통합조직), 클라이언트(C), NGO(N).
실선: 서비스 공급조정(생산 주체의 결정). 점선: 서비스 생산.

〈그림 5-2〉 서비스 통합 모형

할 수 도 있고, 기존의 유사한 프로그램을 시행하고 있는 부서 중 한 곳에서 기능을 수행하도록 일원화하는 방법이다.

장점으로는 지방자치단체의 조직편제는 기능별 분류 체계를 따르고 있는 것이 일반적이다. 이는 행정업무 효율성을 도모하기 위함인데, 행정수요가 날로 복잡하고 다양화됨에 따라 기능의 세분화와 전문화에 대한 요구가 증가하고 있다. 따라서 흩어진 기능들을 재분류하여 이를 단일 조직팀의 신설을 통해 효율성과 전문성의 기능을 강화할 수 있다. 특히 전문성은 인력의 전문성을 유인하며 별도의 충원과 교육 훈련, 경력 관리를 통해 전문화된 서비스 생산이 가능하게 된다. 단점으로는 기초자치단체 수준에서 복지업무를 단일화하기에는 업무 배분의 균형과 인력 운용상 현실적으로 어려움이 예상된다. 또한 전문 인력에 의한 서비스란 직렬의 신설을 의미하게 되는 바, 이는 향후 지방자치단체 인력 운용에 또 다른 과제가 될 수 있다. 무엇보다 기능 및 조직 재편에 따른 기존 부서들의 저항이 예상된다.

2. 조정

단순조정의 방법으로 각 서비스 조직들이 자기의 인적·물적 자원과 구조들을 계속적으로 독립성을 유지하면서 서로 간의 관계를 보다 밀접하게 개선하는 것이다. 부서별 각각의 단위에서 수행하던 복지프로그램들을 독립적으로 수행하되 대상자 발굴, 사업 발굴, 서비스 연계, 수혜실적정보 등을 공유함으로써 행정체계 내 복지프로그램 시행에 생산성을 도모하는 것이다. 이러한 서비스 조정은 사업 계획의 수립, 집행, 평가 단계에 걸쳐 지속적으로 이루어져야 한다. 각 부서에서 사업예산의 기초가 상이하므로 사업의 실적을 각각 유지하는 것은 각 부서에서 하되 그 결과는 공유한다. 장점으로는 전형적인 부서 간 할거주의와 비협조로 인한 행정의 저능률을 극복하는 방법이 될 수 있다. 특히 기존의 업무 영역을 그대로 유지함으로써 조직개편비용을 최소화하면서 업무 능률을 향상시킬 수 있다. 나아가 행정기관과 수혜자 간 불필요한 거래비용을 줄일 수 있고, 서비스의 중복과 단절을 극복할 수 있는 대안이 된다.

단점으로는 기본적으로 조직 내 서비스 조정회의는 권한과 책임이 부여되는 계선조직이 아니므로 기관장의 관심 여하에 따라 그 실효성이 달라질 수 있다. 또한 자치단체에서 부서 간 성과 경쟁을 통한 업무 효율화를 기하려고 할 경우 각 부서 간 실적 공유는 형식에 그칠 가능성이 크다.

3. 네트워크

조직 간 서비스의 연계가 필요한 이유는 관련 조직 간의 정보, 경

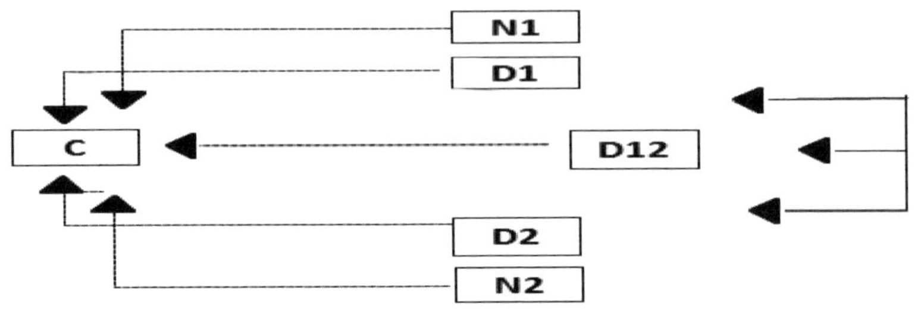

주: 행정부서 및 기능(D), 클라이언트(C), NGO(N).
실선: 서비스 공급조정. 점선: 서비스 생산.

〈그림 5-3〉 서비스 조정 모형

험, 인력 등 자원 공유를 통하여 지역사회 내 전체 조직들의 서비스 제공 능력을 최대화하고, 클라이언트의 서비스 접근성을 높이며, 관련 조직 간 서비스의 중복·상충·갈등·반목을 최소화할 수 있기 때문이다. 즉 자원 활용을 극대화함으로써 클라이언트의 복합적 욕구를 보다 효과적으로 충족시키고자 하는 데 있다(Wimpfheimer et al., 1990).

이는 각 조직 간 업무의 독립성과 개별성을 충분히 인정하되 클라이언트 입장에서 접근성과 충족성을 향상시키기 위한 것이다. 따라서 각각의 부서에서 수행하는 복지프로그램을 독립적으로 수행하되, 클라이언트 접근 창구를 one-stop 시스템으로 일원화할 필요가 있다. 이는 기초자치단체의 전면적인 조직 개편을 수반하여야 하고, NGO 등 지역사회 민간자원과 연계하고 지역 자원을 개발하여 복지공동체를 지향하는 정책 목표를 추구한다면 적극적 대안이 될 수 있다.

장점으로는 지방자치단체의 가장 핵심적인 기능인 서비스의 공급은 정부의 보편적 서비스, 시장의 선별적 서비스, 그리고 시민사회의 부분적 서비스로 보완되는 것이 보편적 행정의 추세이다. 이에 따라 네트워크 접근은 다양하고 복잡한 need에 대해 효과적으로 대응할 수 있다. 또한 지역의 주민과 집단의 참여를 통해 공동체 의식에 기반한 상호부조를 촉진함으로써 고유한 지방성(locality)을 함양할 수 있게 된다. 이는 신뢰(trust)와 같은 사회적 자본(social capital)을 의미한다.

단점으로는 지역 자원이 다양하게 분포되어 있어야 한다는 것이다. 예컨대 시민자원봉사단체의 역량이 부족하다거나 다양한 지역 내 자원의 한계가 있을 경우 네트워크의 의의를 충분히 살릴 수가 없다. 다양한 자원이 존재한다고 하더라도 이들을 효과적으로 연계할 중심 조직의 역할이 중요하다. 중심 역할은 네트워크 내 행위자와 행위자를 클라이언트와 중재하는 역할을 의미하며 네트워크를 유지해 나가는 데 필수적인 요건이 된다. 일반적으로 인위적인 센터를 구성하여 중심성을 확보하기도 하나 이전에 협력과 연계의 경험이 없을 경우 상당한 기간 동안 무위(inaction)에 그치는 경우가 많다.

제3절 한국의 복지공급체계 개편과정

사회복지 전달체계 개편은 1992년 「사회복지 사업법」에 '복지전담기구 설치'에 관한 규정이 신설되며, 전담행정기구 설치를 중심으로 진행되어 왔다.

개편 첫 시도는 공공보건 · 복지 전달체계 개선을 위한 「시범보건복지사무소」 설치였다. 1995년 7월부터 1999년 12월까지 4년간 실시된 보건복지사무소 시범사업은 보건 · 복지서비스를 요구하는 국민들 입장을 고려할 때 매우 시사성이 크다는 평가였지만(강혜규, 1997), 전면적으로 확대 시행되지는 않았다.

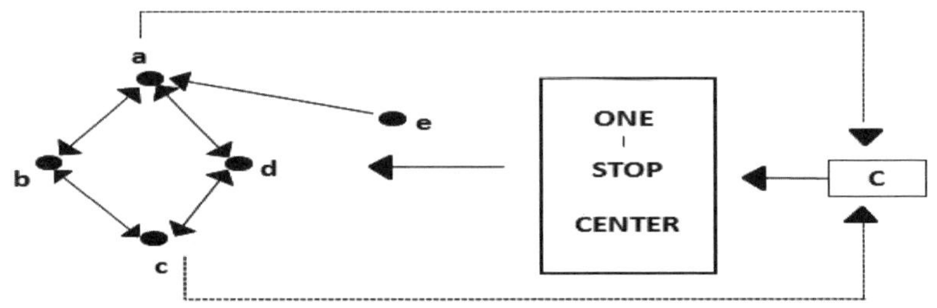

주: 클라이언트(C), a, b, c, d는 NGO를 포함한 지역 내 다양한 자원.
실선: 서비스 공급조정. 점선: 서비스 생산.

〈그림 5-4〉 서비스 네트워크 모형

2003년 참여정부의 국정 과제인 '참여복지와 삶의 질 향상'을 위해 「사회복지사무소」 설치와 「지역사회복지협의체」 구성 등 사회복지 전달체계 개편을 본격 추진하였다. 사회복지사무소는 시·군·구청 소속 복지전담기구로 복지업무의 효율화·전문화 및 공공부조·복지서비스의 내실화를 통한 공공복지 인프라 강화 목적으로 설치 시범 운영되었다. 하지만 시범사업(2004~2005년)을 거쳐 확대(2006년)를 추진하였던 사회복지사무소는 제대로 평가되기도 전에 「희망한국21」 계획에 의해 무의미하게 종결되었다(임태경, 2009). 지역사회복지협의체는 시·군·구내 공공·민간복지 협력기구로 지역사회 복지자원 및 서비스 연계를 통한 공공·민간 복지네트워크 구성을 목적으로 2005년 7월에 구성되어 현재까지 운영되고 있다.

그 후 2005년 「희망한국21」을 발표하면서, 8대 부문(보건복지 고용 주거 교육 문화 체육 관광) 서비스를 수요자 중심으로 통합 제공하는 주민생활지원서비스 전달체계로의 개편이 이루어졌다. 최근에는 수요자 중심의 효율적이고 투명한 복지전달체계를 구축하기 위하여 「희망복지129」 전달체계 개편(2009년 12월)을 추진하였으며, 추진 내용은 사업별 대상자 관리에서 개인별·가구별 통합 관리, 부정 수급 방지 강화, 찾아가는 복지서비스 제공이다.

1. 시범보건복지사무소

1) 개요

보건복지사무소는 4단계(중앙→광역→기초→지역 주민) 복지행정체계를 3단계(중앙→광역→지역 주민)로 정비하여 지역 주민의 복지 욕구에 능동적으로 대처하고, 보건복지 공급조직을 통합하여 포괄적 서비스 제공을 목적으로 1995년 7월부터 1999년 12월까지 시범 운영되었다. 시행 초 계획에는 1997년 6월까지 2년이었으나 시범사업의 충분한 운영을 통해 보다 객관적인 평가를 내리기 위하여 1999년 2월까지 사업기간을 연장한 후 종료하였다.

4년 6개월간 시범사업의 대상 지역은 대도시 저소득층 밀집 지역인 서울 관악구, 대구 달서구, 중소도시인 경기 안산, 농촌인 강원 홍천군, 전북 완주군이었다. 다만 안산과 홍천에서는 1998년 9월 지방정부 조직 개편에 따라 시범사업 종료일보다 앞서 중단되었다.

보건복지사무소의 조직은 사업 수행을 위해 기존 보건소 조직 내에 복지사업과(계)를 설치하여 읍·면·동사무소의 복지업무를 이관하였고, 보건·복지 연계 체계를 강화하기 위하여 복지사업과(계)내에 방문 간호팀을 구성하도록 하였다. 그러나 보건복지업무의 연계를 위해 제안 되었던 방문간호팀의 복지사업과 내 설치가 이행된 지역은 달서구가 유일하며, 이 외 4개 지역에서는 그대로 보건 관련과에 두었다. 〈그림 5-5〉를 통해 보건복지사무소의 대도시형인 관악구의 조

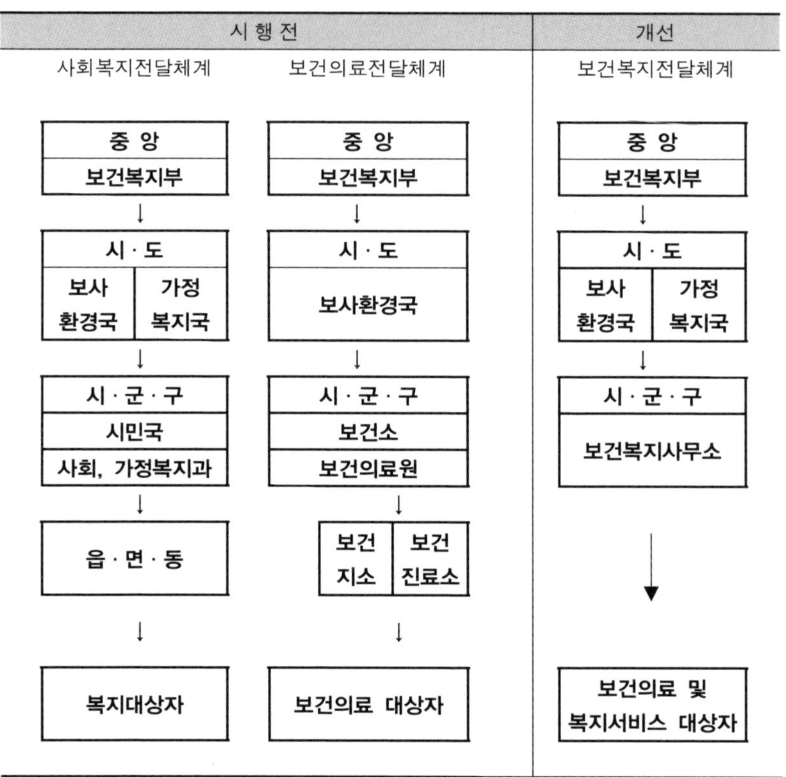

자료: 이성기 외. (1995). 보건복지사무소 모형개발 및 1차년도 운영평가.

〈그림 5-5〉 시범 보건·복지 전달체계 방안

직체계를 살펴보면 보건행정과, 의약과, 지역보건과(방문간호계), 복지사업과(시범사업주관)의 4개의 과를 보건소장 산하에 두고 있으며, 방문보건팀은 지역보건과에서 운영하던 사업으로 복지사업과에 이전시키지 않고 기존 체제를 유지하였으며, 시범사업은 복지사업과가 주관하도록 하였다. 시범사업을 운영하기 위해 복지사업과는 다시 복지 1, 2, 3계로 두고, 각각의 역할이 주어졌다.

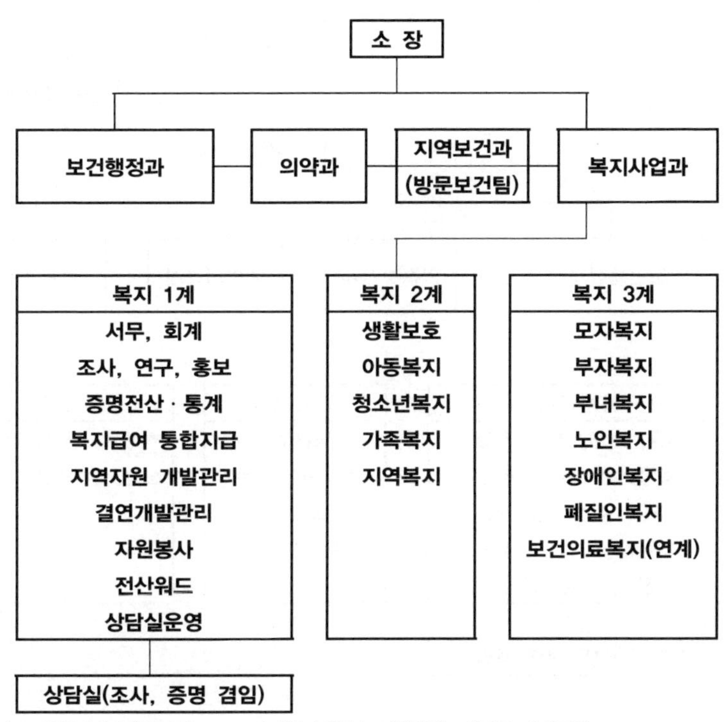

자료: 한국보건사회연구원(1997). 보건복지사무소 시범사업 2차년도 실태조사.

〈그림 5-6〉 시범 보건·복지 전달체계 방안(서울 관악구)

보건복지사무소 시범사업의 수행을 위한 인력은 읍·면·동사무소의 사회복지전문요원과 보건소의 방문보건 간호사를 재배치하는 형식으로 구성되었고, 복지사업과(계)장은 5급(6급)의 일반 행정직으로 배치하였다. 이와 같이 구성된 보건복지사무소는 기존 보건소 조직에 복지전달체계를 접목시키는 시도인 점을 감안하여 운영계획을 3단계로 수립하고, 각 단계별로 사업 범위를 보완·확대해 나갈 수 있도록 하였다. 따라서 시범사업 동안의 목표는 기존 복지업무를 체계화하고, 보건복지 연계 서비스 기능이 확립될 수 있도록 관련 부서 간 협

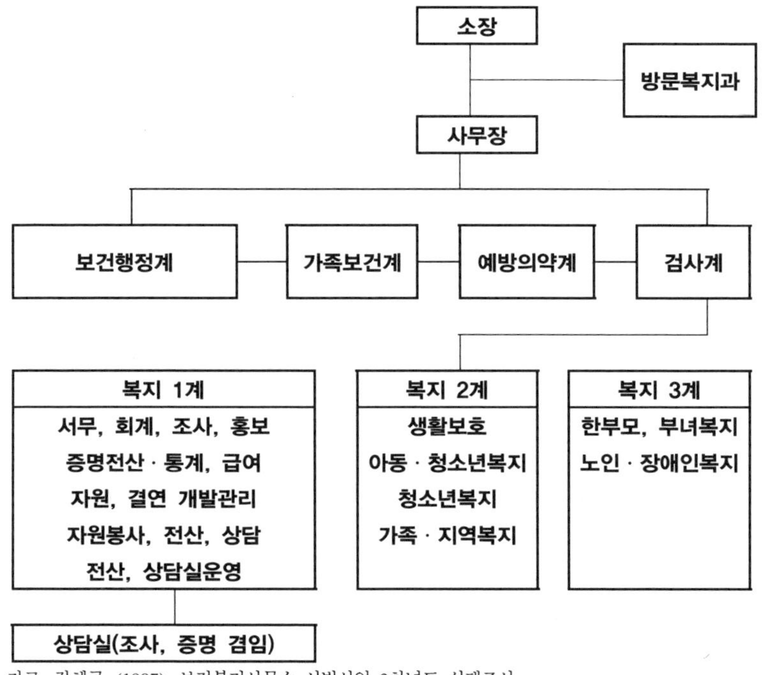

자료: 강혜규. (1997). 보건복지사무소 시범사업 2차년도 실태조사.

〈그림 5-7〉 시범 보건·복지 체계 방안(대구 달서구)

의 및 정보교환 활동을 강화하여(1차년도 운영평가보고서) 사업을 안정적으로 착수시키는 것이다. 그리고 이를 바탕으로 사업을 확충해 나갈 수 있도록 기구, 인력, 사업운영체계 등을 단계적으로 수정 · 보완하도록 하였다.

2) 평가

시범보건복지사무소는 가시적인 효과가 나타나기도 전에 시범사업이 종료되어 객관적인 평가를 내리기에는 어려움이 있었으나, 이 사업의 본래 목적인 '보건·복지서비스 공급조직 통합을 통한 포괄적 서비스 제공'의 측면을 평가해 본다면, 복지사무의 집중화로 인한 복지업무의 효율성은 향상되었고, 보건·복지 서비스의 포괄적 제공에 대한 효과는 미흡(변재관·강혜규, 1999)하였다고 할 수 있다. 다만 보건·복지 서비스 연계 필요성은 제고된 것으로 평가되었다(변재관, 1999). 좀 더 구체적인 평가 내용은 다음과 같다.

우선 일선에서 업무를 수행하였던 사회복지전문요원에 대한 실태조사(시범보건복지 사무소 2차 실태조사)를 통해 복지행정조직의 통합 측면을 살펴보면 복지사무가 집중화되면서 업무 내용에 충실해졌으며, 지역별로 중복되던 업무에 대한 합리적 조정이 이루어짐에 따라 서비스 질과 전문성이 제고되었다는 평가이다. 특히 행정업무 처리에 있어 읍·면·동의 단계가 생략됨으로써 복지대상자의 선정 및 서비스 제공을 위한 업무처리의 속도가 빨라지는 계기가 된 것으로 평가되었다.

반면 보건·복지서비스 연계 측면을 살펴보면, 시범사업 자체가 통합서비스를 위해 단순히 조직통합만을 이루었을 뿐 보건과 복지의 통합 프로그램이 제공되지 못하였기 때문에 효과가 미흡할 수밖에 없었다(심재호, 1999)는 평가이다. 다시 말해 시범사업 동안에 시행되었던 보건과 복지의 연계는 대상별 서비스 욕구에 따른 연계가 아닌 조직을 통한 강제적 연계를 취하였다(이광모·김호식, 2006)는 것이다. 또한 재원과 인력 지원이 미비한 상황에서 사업이 추진되면서, 기존 업무를 수행하는 것만으로도 상당한 어려움이 있었기 때문에 새로운 연계사업을 시행한다는 것 자체가 무리였다고 할 수 있다. 실제로 보건복지사무소 '1차년도 운영평가'와 '2차년도 실태 보고서'에 나타난 것처럼 보건·복지 연계와 관련된 사업은 방문간호 이외 새로운 것이 진행되지 않았고, 이것도 단지 보건·복지 인력 간 정보공유 및 의뢰

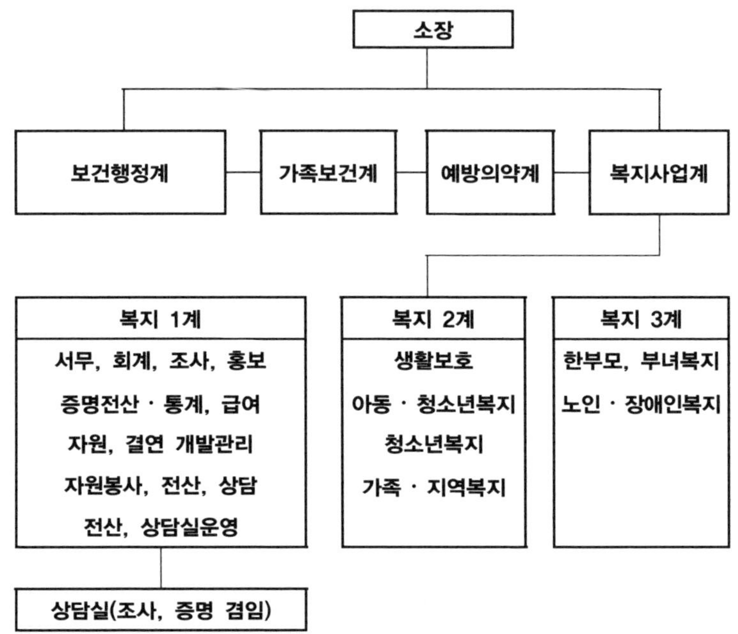

자료: 강혜규. (1997). 보건복지사무소 시범사업 2차년도 실태조사.

〈그림 5-8〉 시범 보건·복지 전달체계 방안(강원도 홍천군)

등의 업무 협조만이 있었다. 시범사업 동안 실무자들은 서로 부딪치는 과정을 겪었고, 이로 인해 사업 진행이 활발할 수 없었을 것이다.

보건복지사무소에 대한 이러한 평가 외에도 크게 부각된 내용들은 부서 간 · 공급자 간 비협조, 비접근성, 과중한 업무 부담 등의 문제이다(강혜규, 1998).

부서 간 · 공급자 간 비협조 원인으로 시 · 군 · 구청과의 일반복지 관련 업무와 보건복지사무소의 공공부조 관련 업무와의 이원화 문제가 지적되었다. 다시 말해 보건복지사무소를 시행함에 따라 업무 분담은 이루어졌으나 복지업무 전반을 기획하는 기능과 집행의 일관성이 결여되는 등 복지업무의 총괄 조정이 미흡하였다는 것이다.

비접근성의 문제는 읍면동사무소에는 보건복지사무소를 배치하지 않아 지역 주민 및 복지대상자의 접근성이 떨어질 수밖에 없는 구조라는 것이다. 특히 농촌지역의 경우 대상자의 접근성은 물론 담당자의 경우도 대상자를 방문하는 데 거리적 문제가 많이 나타났다.

그리고 담당자의 과도한 업무부담의 경우, 시범사업의 인력지침 자체가 별도의 인력 충원 없이 기존 인력 활용을 원칙으로 하고 있어, 사회복지전문요원은 이전에 배치되지 않았던 지역까지 포괄하게 되었고, 여기에 97년 이후 경제사정 악화로 인한 복지수요 증가로 업무가 폭증한 것도 원인이라 할 수 있다. 방문간호 요원의 경우도 인력 확충이 이루어지지 않은 상태에서 방문 간호 사업에 대한 강조로 시범사업에 대한 부담만 가중시키는 결과를 초래하였다는 것이다(변재관 · 강혜규, 1999).

보건과 복지에 대한 다양한 욕구를 가지고 있는 서비스 대상자들에게 포괄적이고 전문화된 서비스를 전달하기 위해서는 두 영역을 효과적으로 연계할 수 있는 행정 기능이 무엇보다 필요하며, 보건복지사무소는 이러한 기능을 수행하기 위한 시도라는 점에서는 바람직한 개편이라 할 수 있다. 물론 결과적으로 효과가 미흡하다는 판정으로 시범사업이 본 사업으로 정착하지 못하였지만 연계 필요성에 대한 인식의 변화가 있었다는 점에 시사점을 둘 수 있다. 왜냐하면 보건복지 인력 간 정보제공 및 의뢰가 활발한 지역에서는 시범사업에 대한 긍정적인 평가(이현주, 1998)가 있었고, 이것은 보건 · 복지 연계 중요성에 대한 실무자들의 인식이 상호 업무 추진에 긍정적인 자극이 되면서 나타난 현상(2차년도 실태조사)이었기 때문이다.

2. 시범사회복지사무소

1) 개요

시범 사회복지사무소는 「사회복지사업법」 제15조 규정에 의한 복지사무전담기구로, 참여정부 12대 국정과제 중 '참여복지와 삶의 질 향상'의 세부과제로 포함된 전달체계 개편 방안이다. 시범사업은 사회복지사무소 효과 검증 및 운영결과 평가를 토대로 전국 확대 설치 기반을 마련하고자 하는 목적을 가지고 2004년 7월~2006년 6월(2년간)까지 실시되었다. 추진 배경은 사회·경제적 여건변화(고령화·핵가족화, 신빈곤층 발생)로 다양한 복지수요에 효과적인 대응체계가 요구되었고, 지방화에 따라 지방의 자율성·책임성이 강화되었다. 이와 더불어 전달체계의 비효율성 및 공공·민간의 연계·협력체계가 구축되어 있지 않아 급변하는 복지수요에 효과적 대처가 미흡하다는 지적이 대두되었다. 이에 복지 전문 인력 운영의 효율성과 업무 수행 절차 단순화 및 업무 내용 전문화를 통한 수요자 위주 복지서비스 제공을 목표로 하는 시·군·구 복지전담기구인 '사회복지 사무소'를 설치하게 되었다. 따라서 사회복지사무소 시범사업의 목적은 첫째, 복지업무를 전담하고, 전문 영역별로 분담할 수 있도록 지자체 복지 담당 부서 조직구조 및 인력 배치를 개선하고 둘째, 공공부조 및 사회복지서비스를 보다 내실화하고, 지역 복지정책 확대 및 민간과의 연계협력을 강화하고 셋째, 지자체에서 복지업무 수행절차 및 단계를 개선하여 전문서비스에 투입 여력을 확보하는 것이었다.

사회복지사무소의 시범 지역은 총 9개 지역으로 대도시(서울 서초구, 부산 부산진구, 사하구, 광주 남구) 4지역, 중소도시(강원 춘천시, 충남 공주

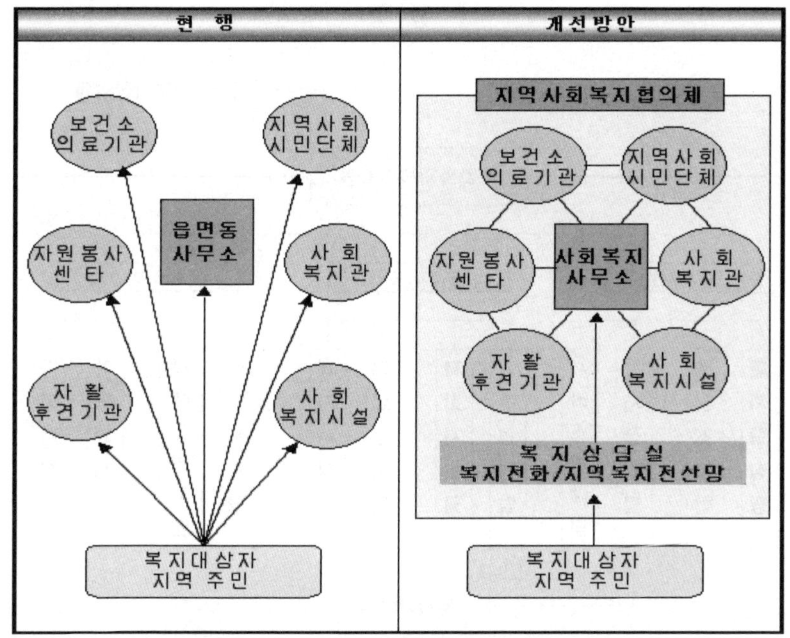

자료: 보건복지부. (2004). 사회복지사무소 시범사업 안내.

〈그림 5-9〉 공공·민간 지역복지 전달체계 개선 방안

시, 경북 안동시) 3개 지역, 농어촌(충북 옥천군, 울산 울주군) 2개 지역으로 지정되었다. 그리고 이 시범사업은 시·군·구 조례를 개정한 한시기구로 기존 시군구청 사무실 개보수 등을 통해 공간을 확보하고, 시군구의 사회복지 담당 부서 소속 공무원 및 읍·면·동 사회복지 담당 공무원을 배치하도록 하여 기존 시·군·구, 읍·면·동에서 수행하고 있는 기존 사회복지업무, 국민 기초생활보장 및 사회복지서비스 제공의 내실화를 위한 사업, 지역복지 활성화를 위하여 민간자원을 개발하고 연계하는 등의 업무를 수행하도록 하였다.

사회복지사무소 조직의 기본 모형은 3개과형(대도시형), 2개과형(일

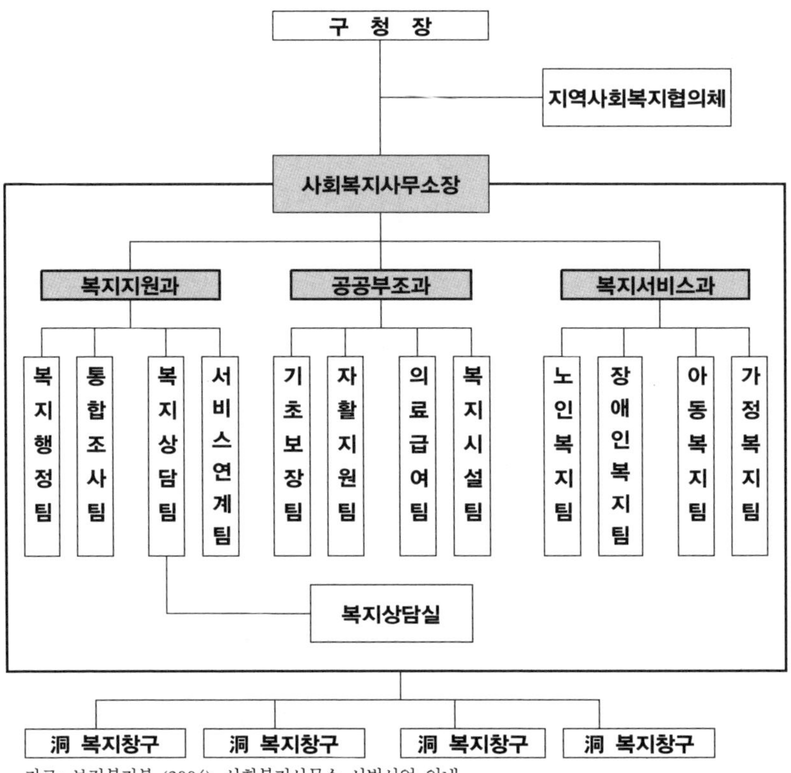

자료: 보건복지부 (2004). 사회복지사무소 시범사업 안내.

〈그림 5-10〉 3개과형(대도시형) 사회복지사무소 기본 모형

반도시형), 1개과형(농어촌형)으로 구분하였다. 3개과형(대도시형)은 특별시·광역시의 자치구 중 현재 시·구에 사회복지 관련 과가 2개 설치된 지역에 적용되었다. 이 지역은 인구가 약 40만 명 이상이고, 민간 복지 자원이 풍부하며, 도시 지역이므로 교통이 편리하여 접근성이 양호한 곳이다. 이 모형의 시범사무소 기구는 소장(4급), 3개 과(5급 과장), 약 12개 팀으로 구성되었다.

2개과형(일반도시형)은 일반적인 중소도시인 도(道)의 시(市) 지역(특

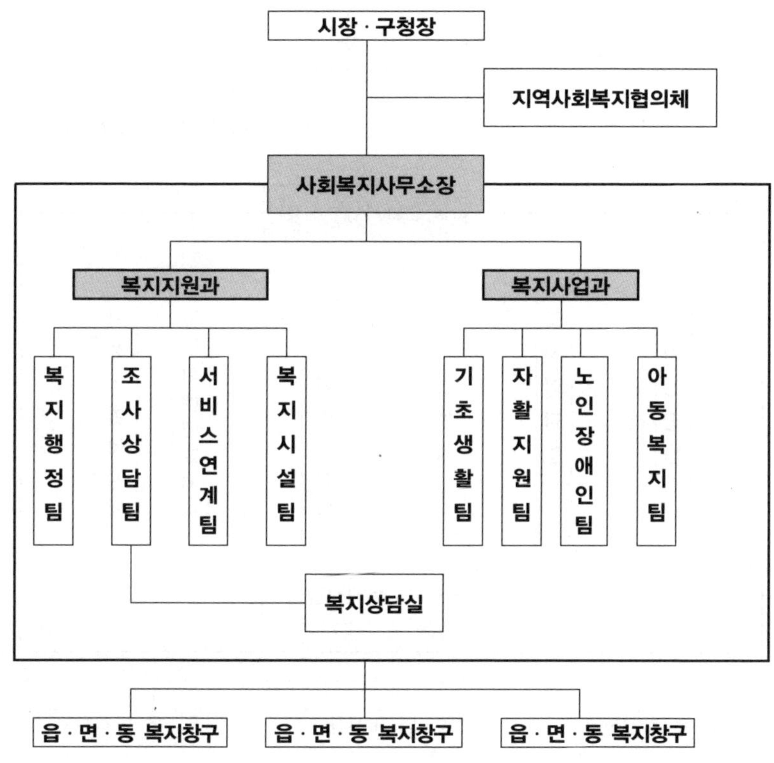

자료: 보건복지부 (2004). 사회복지사무소 시범사업 안내.

〈그림 5-11〉 2개과형(일반도시형) 사회복지사무소 기본 모형

별시, 광역시의 자치구 일부 포함) 중 현재 시 · 구에 사회복지 관련과가 1개 설치된 지역에 적용되었다. 이 지역 특성은 인구가 약 10~40만 명 수준이고 대체로 민간 복지자원의 분포가 양호하며, 도시 지역이므로 접근이 어렵지 않은 곳이다. 이 모형의 시범사무소 기구는 소장(4급), 2개 과(5급 과장), 8~10개 팀으로 구성되었다.

1개과형(농촌형)은 도(道)의 군(郡) 지역 전체와 도의 시(市) 지역 중 국(局) 단위 조직이 없는 소도시 일부를 포함한 지역에 적용되었다.

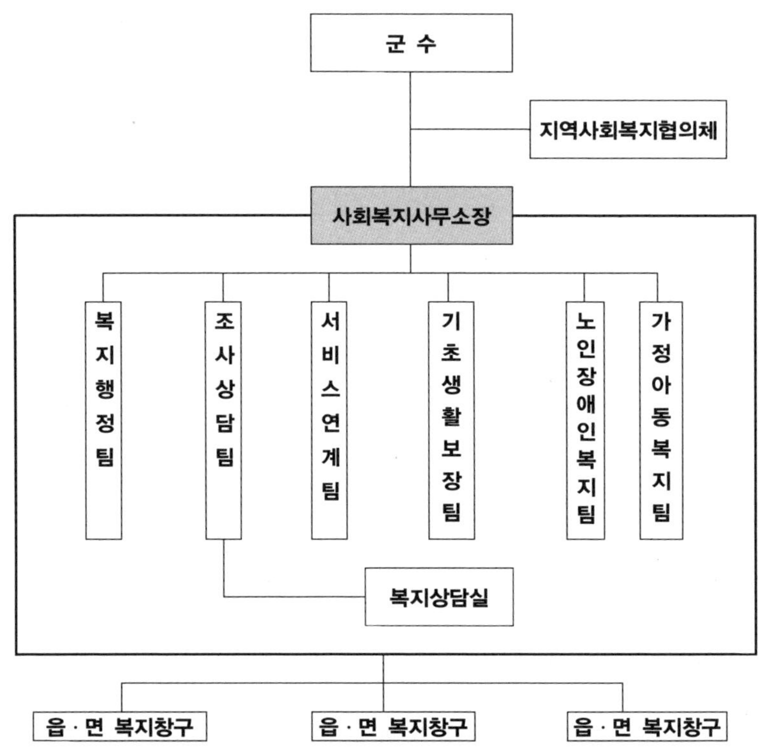

자료: 보건복지부 (2004). 사회복지사무소 시범사업 안내.

〈그림 5-12〉 1개과형(농촌형) 사회복지사무소 기본 모형

이 지역의 특성은 인구가 적고(약 10만 명 이하) 대부분 활용 가능한 복지 자원이 적으며, 교통이 불편하고 사무소까지의 거리가 멀어 접근성이 좋지 않은 곳이다. 이 모형에는 소장(5급), 6~8개 팀으로 구성되었다.

이상과 같이 제시된 사회복지사무소의 기본 모형은 실제로 시범사업을 수행하는 시군구는 지역 특성을 반영한 조직구조를 만들어 시행하였는데, 지역별로 서초구의 경우 3과 12팀으로 구성되었고, 충북

옥천군의 경우 6팀으로 구성되어 평균적으로 2과 9팀을 갖추었다(심재호, 2004).

사회복지사무소의 인력은 기존 사회복지 관련 부서 정원 및 읍·면·동 사회복지담당 공무원을 활용하는 것을 기본 원칙으로 하였고, 인원 증원은 지자체 별로 활용가능한 정원의 범위 내에서 자체 조정하도록 하였다. 사회복지사무소의 소장은 3개과형 및 2개과형의 경우 지방서기관으로, 1개과형의 경우 지방행정사무관 또는 지방사회복지사무관으로 하고, 4급 소장의 경우는 사회복지 담당국장이 겸직하였다. 또한 과장은 지방복지사무관 또한 지방행정사무관으로 배치하였고, 팀장의 경우는 지방사회복지 주사 또는 지방행정 주사가 담당하도록 하였다. 다만 통합조사팀, 서비스연계팀, 기초생활보장팀 등의 사회복지분야의 실무 경험과 전문성이 요구되는 분야의 팀장은 사회복지직이 배치되었고, 보조 인력으로는 공익공무요원, 복지도우미, 업무보조요원이 활용하도록 하였다. 시범사업 시행 초기 당시 사회복지사무소의 인력은 사회복지직과 행정직의 비율은 약 6:4이며, 1개소당 평균 61명이 근무하였고, 전체 인력 중 80%가 사회복지사무소에 근무하고, 20%는 읍·면·동에 배치되었다. 실제로 시범 지역의 162개 읍·면·동에 복지담당 공무원이 배치된 곳은 111개 읍·면·동에 불과하였고(심재호, 2004), 복지 담당 공무원이 배치되지 않은 지역은 대부분 보조 인력을 활용하였다.

이와 같이 전달체계가 개편되면서 사회복지사무소의 업무 절차가 이전 까지 수행해 온 것과 크게 바뀌게 되었다. 〈그림 5-13〉처럼 기존 읍·면·동사무소 업무였던 상담신청 조사, 급여실시대상관리 등의 기초보장 업무가 대부분 사회복지사무소로 이관되었고, 각 팀별로 업무 내용을 분담하도록 하였다. 그러나 1차년도 운영평가에 의하면

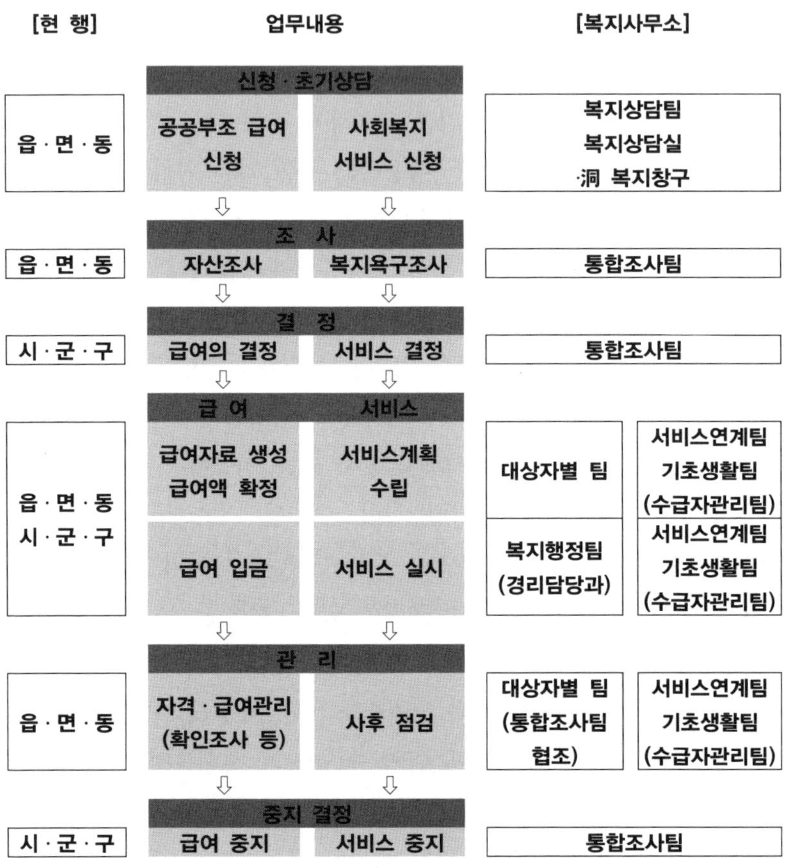

〈그림 5-13〉 사회복지사무소 업무 절차

업무 절차의 변화시도가 안정적으로 정착된 지역과 그렇지 않은 지역 간의 업무 작동에서 차이가 존재한 것으로 나타났다.

이와 같은 구조의 인력배치 상황은 1차년도 사업 평가 결과 업무량의 불균형, 여타 부서와의 협력 관계에서의 인력활용의 적절성의 문제가 제기되었다. 또한 전문성에 따른 업무 배치를 위한 통합조사팀과 서비스연계팀의 복지직 팀장 배치가 미진한 것으로 나타났다.

2) 평가

사회복지사무소 시범사업은 인력과 업무의 재배치를 통한 업무수행 절차의 효율화, 내용의 전문화를 도모하여 전국에 확대·설치하고자 하였다. 하지만 시범사업 평가를 통한 전달체계 개편의 효과성을 분석하기도 전에 국무회의 '빈부격차 차별시정위원회'에서 새로운 전달체계 개편 방안을 모색하였고, 그 결과 사회복지사무소는 설치 당시 내세웠던 본래 목적을 달성하지 못한 채 시범사업을 종료하게 되었다.

사회복지사무소 시범사업 1차년도 평가 결과(보건사회연구원)에 의하면 시범사무소의 모형은 장단점이 공존한 것으로 평가되었다. 장점으로는 분화된 업무들의 명확성과 그로 인한 업무의 책임성, 업무 처리의 통일성, 산출 생산성 향상이었고, 단점으로는 부서들, 담당인력 상호 간 업무 협조와 연계가 더욱 중요해졌으나 이를 위한 협력체계는 미흡한 것으로 나타났다. 전반적으로 기획, 발굴, 상담조사에는 장점이 나타나고 있으나 관리, 지원, 연계·협력에 있어서는 성과가 없었다고 볼 수 있다.

좀 더 구제적인 평가 내용을 살펴보면 사회복지사무소 시범사업의 성과로는 업무 수행 절차 및 단계 축소, 개소 전후 읍면동과 사회복지사무소 간의 업무집행 단계 축소에 따라 업무의 효율성이 증대되었다. 예를 들면 개소 전 읍면동에서 담당하던 국민기초생활보장수급자와 경로 연금, 노인교통 수당, 장애인 관리, 기타 차상위계층 업무가 사회복지사무소로 이관됨에 따라 서비스 대상자, 동사무소, 시청으로 처리되던 3단계 업무 수행 절차가 서비스대상자에서 사회복지사무소의 2단계로 축소되었다. 그 결과 실제로 국민기초 생활보장수급자의 대상자 선정 결정기간이 짧아졌다(이광모 · 김호식, 2006).

반면 시범사회복지사무소의 2차년도 평가에 의하면 읍면동사무소에 배치된 전담 공무원의 경우는 사회복지 대상자 수 증가에 따른 업무량 과다 문제에 직면하였고, 사회복지사무소의 통합 조사팀과 복지상담팀과의 정보교류와 공유가 필요하지만 이 역시 정보관리체계의 미흡으로 협력에서 장애가 발생하였다. 특히 복지전담공무원이 배치되지 않은 동사무소의 경우 공익요원 등의 자원봉사자를 활용한 초기상담과 정보 제공을 하면서 전문성과 책임성의 부족으로 사회복지사무소 팀과의 협력에서 근본적 장애 요인이 발견되었다. 또한 주민들이 체감하는 서비스 만족도는 대체로 부정적이거나 중립적으로 나타났다. 이는 이용자들이 긍정적인 변화를 체감하기에 2년이라는 시범사업기간이 너무 짧았다는 점도 있지만, 긍정적인 눈에 띄는 성과도 없었다는 것이다.

그럼에도 불구하고 사회복지사무소는 복지 기능 향상을 위한 조직설계 방식의 실험을 통해, 지방분권화라는 정책 지향을 반영하여 지방자치단체가 지역 나름의 실정에 따라 사회복지의 살림을 가능하게 하는 지방 중심의 전달체계로서 시의적절한 모형이라는 평가도 있다(강혜규, 2005).

3. 지역사회복지협의체

1) 개요

지역사회복지협의체는 민관의 협의적 참여 기반 마련, 실무자들의 민주적 의사소통 구조 확립, 지역사회 자원정보망을 구축하여 통합적 서비스 제공을 목적으로 2005년 7월 출범되었다. 2005년 복지재정 분권이 실시되면서 복지 관련 예산이 지방이양이나 분권교부 형태로 변경되었다. 이로 인해 기초 자치단체들은 지역 중심 사회복지 기획 기능이 제고되어야 할 필요성이 크게 높아졌다. 또한 기존 민간 중심 지역사회복지 인프라는 지역복지 체계 구축에 취약하여, 공공과 민간의 협력적 파트너십의 중요성이 대두되었다. 이에 2003년 「사회복지사업법」 개정시[5] 지역사회복지협의체 구성과 지역사회복지계획 수립을 동시에 의무화한 근거에 따라 지역사회복지협의체가 출범되었다.

지역사회복지협의체 운영 목적은 첫째, 지역복지증진을 위한 과정에 시민 간의 참여 기반을 통한 민주적 의사 소통구조를 확립하여 지역사회 내 복지 문제를 해결하는 것이다. 둘째, 수요자 중심의 통합적 복지서비스 제공을 위한 지역사회의 보건 · 복지 · 고용 · 교육 · 문화서비스 제공자 간의 연계망(network)을 구성하는 것이다. 셋째, 복지자원의 효율적 활용체계 조성을 위한 서비스 제공기관 간 연계 협력을 통하여 다양한 잠재적 복지자원을 발굴하는 것이다. 이러한 목적을 달성하기 위해 지역사회복지협의체는 지역 밀착형 서비스 제공을 위한 지역성, 사람들의 자발성이 일차적인 동력이 될 수 있는 참여성, 민간협력을 통한 협력성, 지역 내 자원의 유기적인 연계와 협력을 통한 서비스의 통합성, 지역문제 해결을 위한 주민들의 연대성, 지역문제 발생하기 전에 미리 발견할 수 있는 예방성을 기본 원칙으로 하고 있다.

지역사회 복지 협의체의 주요 기능은 정책심의를 위한 거버넌스

5) 사회복지사업법, 제 7조의 2, ①협의체 기능, 제 7조의 2, ②협의체 구조, 제 7조의 2, ④협의체 운영에 대해 명시되어 있음.

〈표 5-3〉 지역사회복지협의체의 기능

주요기능	내 용
거버넌스 (governance)	지역복지의 주요사항을 민간과 공공이 협의하여 의사결정을 심의하고 개선이 필요한 사항을 시장・군수・구청장에게 건의
네트워크 (network)	지역사회 인적・물적 자원의 연계 및 조직화
통합서비스	・ 협의체 내에서 각 분과 간 통합 및 조정의 역할과 효율적 서비스 전달을 위한 지원 ・ 통합서비스 제공을 위해 기존의 보건복지연계 이외 관련 타 영역과의 연계 확대

자료: 보건복지부 (2006). 지역사회복지협의체 운영 매뉴얼.

기능, 계획수립 실행을 위한 네트워크 기능, 기본사업 수행을 위한 통합서비스 지원기능으로 구분할 수 있다. 거버넌스 기능은 중요정책 심의를 위한 기능이고, 네트워크는 지역사회 자원 연계 및 조직화 기능이며, 통합서비스는 협의체 내에서 각 분과 간 통합 및 조정의 역할과 효율적 서비스 전달을 위한 지원 기능이라 할 수 있다.

지역사회복지협의체의 구조는 대표협의체, 실무협의체, 실무분과로 이루어졌다. 대표협의체 위원은 해당 시・군・구 구성 주체들(지방자치단체 대표, 시・군・구 담당국장, 보건소 등 관련 영역 대표, 학계전문가 등)로 구성 되었다. 실무협의체의 위원은 해당 시・군・구의 지역사회복지 구성 주체들(자치단체의 사회복지 및 보건 관련 분야 공무원, 사회복지 관련 이용 및 생활시설 등)로 구성되었다. 실무분과는 실무협의체 내에 별도로 구성되며, 지역 내 서비스 제공자가 모두 참여하고, 대상별, 기능별, 지역별 분과 형태에 따라 지역 복지와 관련된 주민들이 실무분과 위원으로 참여하도록 하였다.

대표협의체의 주요 역할은 지역사회복지계획 및 복지정책을 심의 및 건의하고, 사회복지서비스 및 보건의료서비스의 연계・협력 등의 역할을 수행한다. 실무협의체는 공동사업개발 및 건의, 지역사회서비

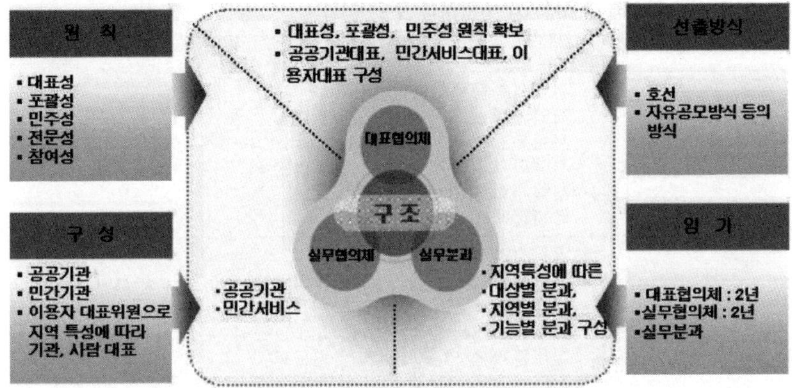

자료: 보건복지부. (2006). 지역사회복지협의체 운영 매뉴얼.

〈그림 5-14〉 지역사회복지협의체 구조체계

스 제공 및 연계 협력에 관한 협의 및 건의 등의 역할을 수행한다. 그리고 실무분과에서는 공동사업을 수행하고, 대상자별 사례 회의를 통한 서비스 제공 및 연계하는 업무를 수행한다.

2) 평가

지역사회복지협의체는 사회복지전달체계 개편을 통한 지역사회 중심의 사회복지서비스를 효율적으로 추진하기 위하여 도입되었고, 이를 위해 2003년 사회복지사업법의 개정으로 지역사회복지협의체의 근거가 마련되었다.[6] 이에 따라 시 · 군 · 구에 설치된 사회복지위원

6) 2003년 개정법에서는 목적에 "사회복지사업에 관한 기본적 사항을 규정하여 사회복지를 필요로 하는 사람의 인간다운 생활을 할 권리를 보장하고 사회복지의 전문성을 높이며, 사회복지사업의 공정 · 투명 · 적정을 기하고, 지역사회복지의 체계를 구축함으로써 사회복지의 증진에 이바지함을 목적으로 한다"고 규정하여 지역사회복지체계구축을 추가하였다.

〈표 5-4〉 대표협의체/실무협의체/실무분과 주요 역할

주체별	역 할
대표협의체	· 지역사회복지계획의 심의 및 건의 · 지역사회 복지시책에 대한 심의 및 건의 · 사회복지서비스 및 보건의료서비스의 연계 · 협력 · 지역의 복지문제에 대한 협의 및 건의 · 지역사회 자원개발 및 관련 협의 · 복지정책에 대한 모니터링
실무협의체	· 공동사업개발 및 건의 · 지역사회서비스 제공 및 연계 협력에 관한 협의 및 건의 · 대표협의체 심의(건의)안건 사전검토 · 실무분과에서 발의된 이슈에 대한 논의 · 실무분과 간 역할조정 및 협력도모 · 지역사회 자원개발 관련 협의 및 건의
실무분과	· 공동사업의 수행 · 대상자별 사례회의 · 서비스 제공 및 연계 · 서비스 제공 관련 건의

회를 폐지하고 이를 시·도에 설치하도록 하였고, 협의체의 시범사업이 2001년 10월부터 2002년 11월까지 전국의 15개 시·군·구에서 시행되었으며, 2005년 7월부터 본 사업이 시행되었다.

지역사회복지협의체는 복지 관련 서비스 제공자를 중심으로 연계·협력을 도모하여 효율적인 복지자원의 활용과 서비스의 양과 질을 제고하는 데 목적이 있으며, 또한 협의체를 통해 공공과 민간은 물론이고 사회복지서비스와 보건의료서비스의 연계와 협력이 강화되도록 시도한 것이다. 따라서 지역사회복지협의체는 행정과 실천에 선행하여 지역의 의제와 갈등이 조정되는 거버넌스 구조로서 이해할 수 있다. 하지만 이것이 제대로 작동되지 않으면 협의체는 단순한 집합체에 지나지 않으며 기존의 위원회나 지역에 산재하는 협의체의 하나에 불과하다.[7] 그러나 지역사회복지협의체에 관련된 연구들에 의하

7) 지방정부에는 개별법에 근거한 각종 위원회 및 협의체 등이 산발적으로 구성되고

면 자원 및 관의 지원 부족 등 협의체의 구성 및 운영 요소의 한계점이 문제로 도출되면서 제대로 작동되지 않은 것으로 나타나고 있다(전병관, 2006; 초의수, 2008, 이강, 2009; 안혜영, 2010; 이재완 · 김승용, 2012). 함철호(2003)의 지역사회복지협의체 시범사업 역할 수행에 있어 협의체 참여자와 수혜자의 인식에 대한 차이를 연구한 결과를 보면 협의체 참여자들은 긍정적으로 평가하는 반면 수혜자들의 경우 자신을 위한 서비스를 위해 기관 간에 연계하고 있는 것을 인식하고 있는 응답자는 적다고 나타났다. 또한 사회복지협의체의 시행 1년 운영 실태를 조사한 경제정의실천시민연합(2008)에 의하면 전반적으로 협의체가 보건복지부와 지자체의 무관심으로 유명무실화한 것으로 평가되었다. 이 평가에 의하면 협의체 구성에 관련한 조사결과 미구성 지역이 4곳이나 있었던 것으로 나타났는데, 이는 실제로 법적의무화임에도 불구하고 이행하지 않은 사례라 할 수 있다. 또한 예산 부분에서도 전체 예산 중 66%가 사회복지욕구조사를 위한 용역비이고 실제 협의체 운영과 관련된 예산은 나머지 34%에 불과할 뿐 아니라, 사회복지욕구조사 용역비의 지역별 편차가 최고 8배에 이르는 것으로 나타났다. 협의체는 구성만 해 두고 예산을 확보조차 못한 미확보 지역이 31곳에 이르며, 기타 운영비 없이 회의 수당만 배정된 곳도 67곳에 이르는 것으로 드러났다. 또한 협의체를 전담할 유급간사를 둔 곳은 17곳에 불과하고, 대표협의체 위원 수당의 지역별 편차가 2배 이상의 차

있어 유사한 기능을 할 가능성이 높고 인적 구성도 중복될 소지가 높다. 예를 들어 지방장애인복지위원회(장애인복지법), 시 · 도 아동복지지도원 및 시 · 군 · 구의 아동위원(아동복지법), 시 · 군 · 구 의료급여심의위원회(의료급여법), 시 · 군 · 구 지방생활보장위원회(국민기초생활보장법), 자활기관협의체(국민기초생활보장법 시행령), 기타 보육위원회, 청소년 위원회 등이 있으나 활발하게 개최, 지역의 안건을 논의하지 못하고 있다(이인재, 2005:233).

이를 보이는 것으로 나타났다.

협의체의 위원구성과 관련해서는 공무원이 대표협의체의 25.72%로 사회복지분야 위원 총수 25.65%보다 많이 차지하고 있었으며 대표협의체의 위원장도 관 단독위원장이 39%에 이르는 것으로 드러났다. 여기에 대표협의체 간사, 실무협의체 위원장의 93.38%를 관에서 담당하여 사실상 협의체의 의사결정을 관이 주도하고 있는 등 민관협치를 이루는 것이 이미 위원 구성에서부터 불가능한 것으로 드러났다.

그러나 중요한 사실은 이러한 조사결과는 시행 7년이 지난 현재에도 지역사회복지협의체가 운영상으로 명목적 형식적 수준에 머물고 있다고 여전히 평가되고 있다(김우중, 2013)는 것이다. 왜냐하면 협의체 위원들을 지방자치단체장이 임명 또는 위촉하도록 함으로써 사실상 관 우위의 계층적 관계에 놓이게 될 가능성이 크므로(이재완 · 김승용, 2012) 실제 운영상으로는 명목적이고 형식적인 수준에 머무를 가능성이 크기 때문이다. 또한 이주헌(2010) 연구에서도 우리나라 지역사회복지협의체는 거버넌스 체계의 미흡, 관의 비협조적 태도, 인력배치의 부족, 예산의 부족 등이 사업의 확장성에 방해요인으로 작용하고 있다고 설명하고 있다. 이재완, 김승용(2012) 연구에서는 지역사회복지협의체 운영을 위한 운영비, 사업비, 간사 인건비 등을 시 · 도에서 지원하는 액수는 매우 미미한 수준이며, 운영비를 시 · 도에서 지원하는 곳도 9곳(3.9%), 사업비를 지원하는 곳은 3곳(1.3%), 간사인건비를 지원하는 시도는 40곳(17.4%)에 불과하여 시 · 도에서 지원하는 지역은 매우 적었다. 협의체 재정의 열악함이 여전히 존재하고 있고, 이로 인해 지역사회복지협의체의 활성화가 어렵다고 보고 있다.

지역사회복지협의체 재정은 시 · 군 · 구 단위의 기초 단위에 전적으로 의존하고 있는 실정이다. 농어촌의 군 단위 자치단체의 재정자립도가 광역 단위나 도시 지역의 재정 자립도보다 열악하기 때문에 나타난 필연적인 귀결이다. 그러나 지역사회복지협의체가 원활하게 운영되기 위해서 지적되어야 할 원칙 중 첫 번째가 예산의 적절성 원칙(지은구, 2006)이다. 특히 군 단위의 경우 전국의 재정자립도 23%에 못 미쳐 중앙정부의 적극적인 개입 없이는 지역사회복지협의체가 권한은 없고 책임만 있으며, 정부의 책임을 민간에 전가시키는 결과를 초래하는 것이다(이재완, 2001).

결론적으로 지역사회복지협의체는 지역복지를 위한 지역 단위의 다자간 참여와 협력기제이다. 협의체 참여조직들은 자기 이익에 기반하여 움직이므로 협의체에 대한 가치, 비전에 대한 공유 및 참여보다는 자조직의 유·불리에 의한 판단이 먼저라고 보아야 한다. 그러므로 지역복지 혁신을 위한 역동적 협의체가 되기 위한 요건으로서 다음의 문제들이 검토되어야 할 것이다.

첫째, 공공, 민간의 협력구조를 위한 전제로 자치단체 부서 간 조정이 시급하다. 자활사업, 보육·여성업무, 주거복지, 교육복지업무 등 해당 기관 간 긴밀한 연계·협력이 요구되는 업무가 증가하고 있으나, 사업의 중복 및 누락, 비효율적 예산 활용의 문제가 발생하고 있다. 예를 들어 조건부 수급자의 선정, 취업대상자 분류, 관리 등의 과정에서 고용안정센터 직업상담원과 사회복지담당공무원의 협력이 필수적이나 현실에서는 거의 적용되지 않고 있다(이인재, 2005).

둘째, 협의체 참여자 상호 간 협의의 진행과정이 정치화될 가능성이 있다. 특히 상호관련된 법인들 간의 담합과 여론 주도가 지역복지를 결정할 수 있으며 지방의회와의 연대 등 전반적으로 지역복지의 정치화가 전개될 소지가 있다. 따라서 균형복지의 차원이 배려되어야 하며 중복 위촉 금지 등 복지를 둘러싼 정치화를 견제할 장치가 마련되어야 한다.

셋째, 객관적 리더십이 필요하다. 협의체는 지역의 부문별 기관들의 집합체이므로 자기 이익 중심으로 말미암아 갈등관계를 형성할 수 있다. 따라서 실질적인 일종의 중개인으로서 부문 상호 간을 연결하는 리더십이 필요하다. 이러한 과정에는 지역복지를 위한 공동의 목표를 제시하고 공유할 준비를 해야 하며 그렇게 함으로써 협력에 참여하게 된다.

넷째, 비공식적 협의와 연계가 활성화되도록 하여야 한다. 복지의 문제는 인간의 문제이므로 협의체와 같은 공식적, 제도적 기제를 통해 문제에 접근하는 데 한계가 있다. 이와 관련하여 뉴질랜드 사례가 우리에게 시사하는 바는 복지공급행위자 간 자율적인 협의의 장을 형성하는 것인데 이른바 소규모 학습그룹을 형성하는 것이다. 흔히 기업의 조직혁신전략으로 사용하는 지식학습그룹은 조직 내 정보의 유통을 원활히 하고 창조적 지식을 생산하며 이것의 공유를 통해 조직 전체를 혁신하는 데 기여한다는 이점이 있다. 지역 내 보건복지공동체는 지역 문제에 대한 공감대를 확산시키고 자원상호 간 자율적 참여적 협력을 가능하게 한다. 따라서 지방정부는 민간의 비공식적이며 자율적인 상호학습의 장을 형성하는 데 제도적, 재정적 관심을 기울여야 하며 이러한 메커니즘을 통해 정책 아이디어 창출, 예산계획의 상시화를 도모할 수 있다.

다섯째, 네트워크 관리 프로그램이 마련되어야 한다. 지역 내, 지역 간 프로그램 정보와 경험, 그리고 방법이 공유되어 확산의 기회가 제공되어야 하고, 중앙정부는 다자간 협력이 작동하도록 촉진할 수 있는 다양한 수단을 개발·보급하여야 한다. 아울러 협의체의 협력

지수(collaboration index)를 개발하여 적용하고 이를 성과지표화할 수 있도록 유도할 필요가 있다.

마지막으로 표준화된 협의체를 통해 지역복지체계를 일률적으로 개편해 나감으로써 지역 단위에서 기존의 다양한 비공식적 연계망과 협력 관행이 경시될 수 있으며, 획일화된 제도 속에서 지역적 다양성(locality)이 저하될 수 있다. 더욱 중요한 것은 협력이론에 근거하여 어떻게 협력하게 할 것인가이다.

4. 주민생활지원서비스

1) 개요

수요자 중심 통합서비스 전달체계 구축이 목표인 주민생활지원서비스는 2005년 9월 「희망한국21」 '사회안전망 추진체계 개편'안이 제시되면서 개념이 도입되었다. 「주민생활지원서비스」는 보건, 복지, 주거, 고용, 문화, 체육, 평생교육 등을 포괄하는 광의의 복지 개념을 바탕으로, 2006년 7월부터 서울시 송파구를 비롯한 전국 53개 시·군·구에 "주민생활지원서비스 전달체계 혁신" 1단계 사업을 시작으로, 2단계는 2007년 1월 전국 131개 시·군·구로, 3단계는 2007년 7월 도·농 복합시군 모든 읍·면 지역으로 확대 시행하였다.

주민생활지원서비스의 추진 배경은 정부의 복지정책 및 예산은 확대[8]되고 있으나, 국민의 복지 체감도는 낮은 수준으로 나타났고, 주민의 복지 수요가 고용·주거·문화·체육 등 주민 삶의 질 향상을

8) 사회복지예산(국가+지방): 2002년 17.9조원에서 2006년 30.9조원으로 확대.

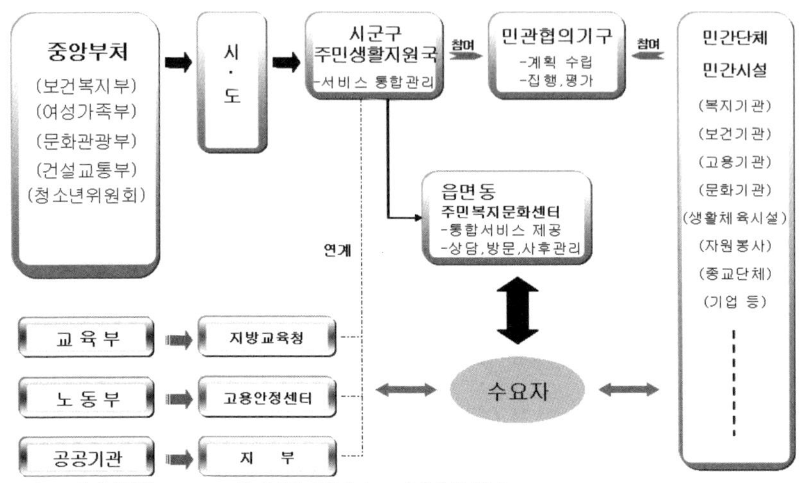

자료: 행정자치부. (2006a). 주민생활지원서비스 전달체계 혁신.

〈그림 5-15〉 통합서비스 제공체계도

위한 수요도 다원화되고 있어, 효과적인 복지전달체계 혁신을 도모할 필요성이 있었다. 기존 전달체계는 대상서비스별로 개별 기관 부서를 일일이 방문해야 하는 공급자 중심 서비스가 제공되고 있었고, 공급자 전달체계 간 연계 미비로 비효율성(중복, 누락)을 야기시키고 있었다(행정부, 2006a). 이에 주민에게 종합적인 서비스가 제공될 수 있는 수요자 중심의 원스톱(one-stop) 통합서비스 전달체계 구축이 목표인 주민생활지원서비스가 시행되었다. 따라서 주민생활지원서비스로의 전달체계 개편의 목적은 첫째, 지방자치단체 단위로 서비스 제공을 위한 기획력을 제고시키는 것, 둘째, 서비스의 전문화, 셋째, 서비스 연계 및 조정이다.

시·군·구 등 지방자치단체 단위에서 복지, 보건, 고용, 주거, 평생교육, 생활체육, 문화, 관광 등 8대 분야별 공급자들을 영유아, 아동-청소년, 중장년, 노인, 여성, 장애인 등 6대 대상별로 연계하여 수요자 중심의 원스톱(one-stop) 맞춤형 통합체계를 구축하는 것이다. 지방행정조직의 개편을 통해 시·군·구에 '주민생활지원국'을 설치하고 읍·면·동사무소를 '주민센터'로 전환하고 민관 협력 네트워크 체계 구축을 주요 내용으로 하고 있다. 시·군·구에 주민생활지원 전담부서 설치 목적은 평생교육, 문화, 복지, 고용, 여성 보육지원, 주거복지, 청소년 등 주민생활 관련 업무를 최대한 통합적으로 운영함으로써 관련 서비스가 연계 제공될 수 있는 기반을 마련하고자 하는 것이다. 더불어 읍·면·동에 설치 운영되는 주민생활지원팀이 일선 창구로 기능을 강화할 수 있도록 지도 감독 및 지원기능을 강화하고, 지역 내 인적·물적 자원 활용 방안을 마련하고 각종 주민생활지원 서비스 기관과의 협력 관계를 형성하며, 정책 형성 및 평가 등에 참여 기회를 확대하는 등 민관 협력 기반을 구축하는 것이다.

읍·면·동 주민생활지원팀 설치는 미래에 읍·면·동이 넓은 의미의 복지업무인 주민생활지원서비스 중심으로 변화해 나가는 것을 의미한다. 주민생활지원팀은 시·군·구 주민생활지원부서와 유기적 관계를 형성함으로써 지역 주민 입장에서 보면 주민생활지원서비스 일선 통합창구 기능을 가지고 있기 때문이다. 그러므로 읍·면·동 주민생활지원팀의 설치는 통합 정보제공, 초기상담, 의뢰, 연계서비스, 찾아가는 서비스를 통한 대민서비스를 확대하여 주민생활지원 기능 향상을 목적으로 두고 있다.

주민생활 지원서비스 전달체계 조직 개편 모형은 지역의 특성을 고려하여 대도시형과 중소도시형, 그리고 '국'제 미운영 시·군·구형으로 구분하여 제시되었다. '국' 중 주민생활지원 기능이 가장 많은 '국'을 주민생활지원국으로 변경하고, 주민생활지원 기능 이외에는 타 '국'으로 조정하였다. 단, 보건소에서 수행하는 기능은 통합에서 제외하였다.

그리고 '국' 아래 주민생활지원국의 주무총괄 기능을 수행하는 주민생활지원과를 설치하고, 업무 지원을 위해 총괄기획팀, 통합조사팀, 서비스연계팀(이상 3개 팀은 의무 설치 권고)을 신설하였고, 그 외 주거복지, 자활, 고용, 교육 문화 영역 중 의료 급여 수요를 감안한 의료급여 담당 설치도 가능하도록 하였다.

중소도시형은 주민생활지원국을 설치하고, 그 산하에 주민생활지원과를 설치하였다. 또한 3~4담당 범위 내에서 기구를 확대하는 등 조직 개편의 전체 골격은 대도시형과 동일하였다. 단 3국 이하 시자치구에서 주민생활지원 기능만으로 단독적인 국을 운영하기에는 '국' 간 형평성의 문제가 야기되므로 중소도시형은 주민생활 지원국 산하에 주민생활지원 기능 이외에 유사기능을 수행하는 과의 설치가 더 많이 허용하였다. '국'제 미운영 지역 모델은 주민생활지원국을 설치하지 않으며, 주민생활지원기능을 수행하는 부서를 가급적 직제에서 순차적으로 배치하는 모델이다. 예를 들면 주민생활지원과, 주민복지과, 문화관광과를 행정기구조례(규칙)에서 순차적으로 배치하는 것이다. 그러나 역시 주민생활지원기능의 주무·총괄 기능을 수행하는 타 과에 대한 총괄 기능을 명시하도록 하였다.

주요 신생팀의 업무를 살펴보면, 총괄기획팀은 주민생활지원부서의 주무담당으로 "국" 업무를 총괄하고, 주민생활서비스 관련 정책 기획을 강화하는 역할을 수행하기 위하여 신설된 부서이다. 주요 업무는 주민생활지원서비스 종합 계획 수립·조정, 지역욕구조사, 전산망의 구축 관리, 홍보 및 교육 계획 수립·실시하는 것이다.

서비스 연계팀은 공공 및 민간 서비스 제공자 간 연계 네트워크 구축, 주민생활지원서비스에 활용할 지역 내 인적·물적 자원개발, 시·

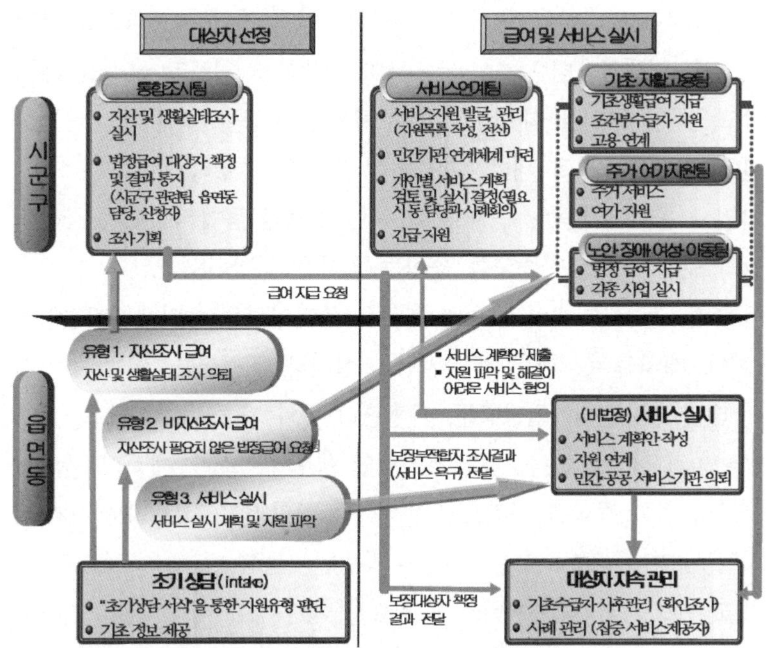

자료: 행정자치부. (2006a). 주민생활지원서비스 전달체계 혁신.

〈그림 5-16〉 주민생활지원서비스 흐름도

군·구에 신청된 사회복지서비스에 관련된 협력 지원 업무를 담당하고, 통합조사팀은 복지급여 실시 대상자 결정을 위한 자산조사 및 생활실태 파악 위한 조사 업무와 법정 급여 제외자 등에 시·군·구차원에서 확보하고 있는 인적·물적 자원을 활용하여 서비스 제공 방안을 고려하고, 발굴해야 할 자원의 정보를 제시하는 역할을 담당하였다.

자활고용팀은 저소득주민에 대한 취업정보를 제공하고, 한시적 일자리 제공 업무인 공공근로 업무를 총괄하고, 일자리 공급 능력 확보를 중심적으로 추진하는 역할을 담당하였다.

주거복지팀은 다양한 주거복지 사업을 연계 지원하는 역할을 담당하였으며, 평생교육팀은 시·군·구의 평생학습 인프라 구축을 체계화하고, 지역 주민을 대상으로 이루어지는 다양한 평생학습 활동을 촉진할 수 있는 시책 개발·추진하는 역할을 수행하였다.

그리고 문화여가팀은 주민 문화 관련 정보를 종합적으로 제공하여 주민의 문화서비스 만족도를 높이는 역할을 담당하였다.

읍·면·동사무 개편 내용의 핵심은 행정인력을 주민생활지원업무로 확대 배치하여, 주민생활지원팀을 설치하는 것이다. 이는 취약계층에 대한 심층상담, 현장방문, 사후관리 등의 기능을 강화하고, 정보제공·의뢰·연계 등을 통한 효과적인 통합서비스가 제공되도록 일선창구의 역할 강화를 목적으로 한다. 즉 종합적인 정보 제공 범위를 복지업무 외에 보건·고용·주거·청소년·문화생활체육 등으로 확대하고, 수요자가 중복서비스가 필요한 경우에도 여러 관련 기관에 대한 방문은 최소화하면서, 필요로 하는 서비스를 통합적으로 받을 수 있도록 하는 것이다. 여기에 지역 주민에 대한 가구 방문을 주기적으로 하여 서비스 만족도와 필요한 추가 서비스도 점검하여, 복지만족도를 높이고자 하는 것이다.

이러한 목표를 달성하기 위해 읍·면·동사무소 경우 수행하는 사무 중 일부를 본청에 이관하여 주민생활지원 관련 업무 기능을 강화하도록 하였다.[9] 사회복지서비스 경우 신청접수 및 생활실태 조사를 토대로 서비스 계획을 수립하고, 시·군·구 서비스 연계팀과 협의하

9) 대표적인 것이 조사 관련 업무이며 이를 비롯한 19건의 이관이 정리되었다. 여유 인력은 본청의 신규 업무로 이동 배치하도록 하였다. 여유 인력은 읍면동 복지직 1인 담당 기초생활보장 150~250가구 기준으로 판단하였다.(영구 임대아파트 등 도시지역 저소득층 밀집 동의 경우 250가구 기준)

여 서비스를 실시 관리하도록 하였다. 이와 더불어 독립적이고 아늑한 분위기의 상담 공간을 마련하여 민원인이 보다 편안한 분위기에서 주민생활지원서비스 신청 등을 상담할 수 있도록 하였다.

주민생활지원서비스 개편 체계 내의 인력은 기존 인력 활용 원칙 하에 사회복지직 및 행정직의 재배치가 이루어졌다. 시・군・구의 경우 증설되는 담당 인력은 5급과 6급으로 직급 간 정원조정과 부서 간 정원 조정을 통하여 부족분을 확보하였으며, 7급 이하는 인력 재배치를 통하여 확보하였다. 복지직은 '통합조사팀', '서비스연계팀'에 집중 배치하도록 하였고, 부족 인력은 읍면동 복지직 이관과 본청에서 쇠퇴하는 기능 부문의 인력을 재배치하였다. 또한 복지기획 능력을 향상시키도록 '총괄기획팀'에도 복지직을 배치하도록 하였다.

읍・면・동 주민생활지원팀은 사회복지 업무와 주민생활지원기능을 전담 수행하는 "주민생활지원 담당"과 일반 행정 민원 기능을 담당하는 "행정민원 담당"으로 기구를 개편하고, 주민생활지원 담당 인력 3명이상 확보 원칙에 따라 행정직 2명을 주민생활지원 업무로 전환 배치하였다. 이에 따라 복지직과 행정직 협업의 주요성이 시사되었다. 복지직은 찾아가는 서비스에 집중할 수 있도록 하고, 행정직은 내부 업무 수행이 원칙이었지만, 협업하여 업무를 처리할 수 있는 탄력적 구조가 요구되었다.

주민생활지원서비스 전달체계 개편은 조직개편과 인력 배치 외에도 업무 및 서비스 여건 개선을 위해 통합정보시스템 구축을 시도하였다.

통합정보시스템은 시・군・구청 및 읍・면・동사무소가 원스톱 서비스 창구가 될 수 있도록 기관 간 서비스 연계를 위하여 구축하고자 하였다. 단기적으로 기운영 중인 『행정정보시스템』 기능 개선을 위해

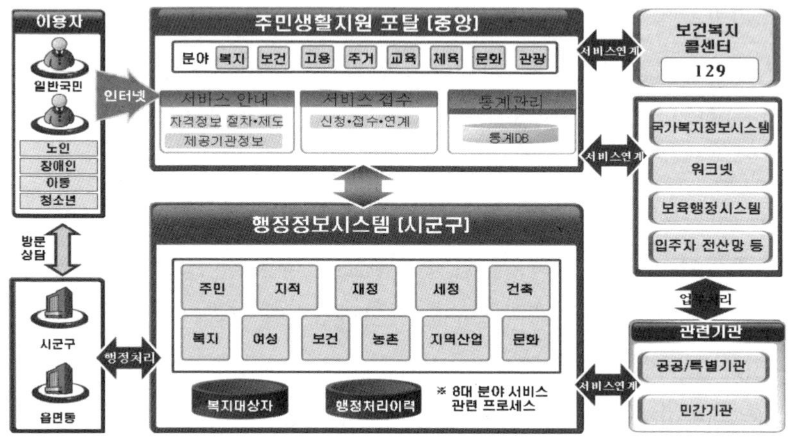

자료: 행정자치부. (2006a). 주민생활지원서비스 전달체계 혁신.

〈그림 5-17〉 통합정보시스템 구성체계도

외부 공공기관 전산망을 시·군·구 전산망과 연결하여, 주민에게 필요한 각종 정보 제공, 온라인 서비스 신청, 자격 조회가 가능한 주민생활지원 포털(가칭, 사이버 종합복지센터)을 실행하였다.

통합정보시스템 개편 초기 전산 프로그램 활용에 대한 실무자들의 교육 부족으로 혼란이 있었으며, 주민전산정보 조회 권한 제한으로 민원 담당 직원의 협조를 구하여 정보를 조회하였기 때문에 시간 소요가 많았다.

민관 협력 네트워크란 시·군·구청, 민간단체·기관 등이 관련 서비스 기획과 집행을 협의하여, 공급할 수 있는 시스템 체계이다. 시·군·구청과 주민협의체가 공동으로 주민서비스의 기획·집행·평가를 수행하는 상시적 협의구조를 마련하고, 시·군·구 및 읍·면·동 조직 개편의 단계적 추진과 연계하고자 하였다. 중앙부처 서비스 조정은 자원 활용의 효율성 도모와 관계 부처에서 제공하는 주민생활지원서비스가 수요자에게 합리적으로 전달되기 위해서 시행하였다. 중앙부처의 모든 주민생활지원서비스를 zero-base에서 분석하여, 유사・중복 서비스는 통・폐합하고 추가 필요 서비스는 확대, 지방에서 수행 가능한 기능은 과감히 이양하는 것을 목표로 하였다.

2) 평가

주민생활지원서비스 전달체계 개편은 추진 당시 사회복지전달체계에 대한 개편 실험으로 '시범보건복지사무소' 설치・운영되고 있었고, 시범사업 과정에서 드러난 문제점들에 대한 분석이 이루어지지 않은 상태에서의 대대적인 행정조직 개편이었기에 우려의 목소리가 끊이지 않았다(경실련, 2008; 윤춘모, 2006; 이현주, 2007; 정문호, 2005). 실제 사회복지사무소 시범사업 실시를 통해 제도의 단점을 보완하고, 장점을 극대화시켜가는 시점에서 또 한번의 제도 개편은 지역 주민 및 실무자들에게 큰 혼란과 상실감을 안겨주었다(이현주, 2007). 이러한 혼란 속에서 시행된 주민생활지원서비스의 전반적인 평가를 살펴보면 다음과 같다.

우선 8대 영역 서비스 통합의 경우는 2007년 보건사회연구원의 개편과 지역 방문조사 결과에서 나타난 것처럼 명칭만 8대 서비스 통합이었고, 현실적으로 8대 서비스 연계・조정은 시도된 바도 없었다. 8대 서비스 중에는 기능별로 연관성이 낮은 영역(관광 & 복지, 주거 & 체육)도 포함되어 있어, 일선 실무자들이 확대된 서비스 연계에 대해 부정적이었고, 필요성과 개편의 취지 등에 충분히 공감하지 못하였다. 이로 인해 8대 영역이 모두 포괄된 종합계획 수립은 형식적인 내용을 포함시키는 수준이었고, 서비스 연계 및 업무 협력은 복지로 한정되는 경향으로 나타났다. 결과적으로 8대 영역을 모두 포괄한 통합 서비스 제공은 재검토가 필요하다는 의견이 도출되었다. 따라서 연관성이 낮은 8대 분야의 서비스를 주민생활지원국에 통합하는 것으로는 서비스 효율성과 효과성을 도모하기에 한계가 있었다고 볼 수 있다(경실련, 2008). 또한 개편 전 사회복지 전달체계인 '보건복지사무소'와 '사회복지사무소' 시범사업에서 '보건과 복지 2개 영역의 서비스 통합'도 어려움이 많아서 실현하지 못한 경험과 비교해도 실효성이 매우 낮은 시도였다고 할 수 있다.

통합서비스의 영역을 확대하는 것은 이상적이나 서비스를 동일한 수준으로 연계를 시도하기에는 무리가 있으므로, 연계의 필요성이 높은 영역(보건/고용)을 중심으로 단계적 접근이 필요하였다고 평가되었다(보건사회연구원, 2006). 이와 더불어 통합서비스 영역과 대상자 관련 부처들 간의 유사한 기능, 법, 제도 및 기구의 연계, 조정, 통합 및 슬림화 작업이 함께 이루어진다면 형식적인 전달체계 개편으로 전락하는 것을 방지할 수 있었을 것이라는 평가 또한 제기되었다(경실련, 2008).

이상과 같이 평가되고 있는 주민생활지원행정체계의 한계점을 제시하자면, 첫째, 8대 영역의 기능이 포괄적으로 통합되어 관광과 복지, 주거와 체육 등 기능별로 업무 연관성이 적고, 또 클라이언트 니드(need) 측면에서 통합전달의 필요성이 적은 기능도 하나의 조직체계 하에 묶음으로써 적실성에 의문이 제기된다. 한국보건사회연구원(2007)의 조사에서는 과거 보건과 복지로 한정하여 통합하려는 시도를 문화, 관광, 여가, 생활체육 등의 영역까지 확대하여 시도하고자 하였던 것이 실제 일선 실무자들은 확대된 영역의 서비스 연계에 대해 소극적이고 부정적인 성향을 보인다고 분석하고 있다. 또한 업무량 증가로 인해 영역 확대를 시도하는 것이 어렵고, 결과적으로 서비스연계

및 업무협력의 경험은 복지로 한정되는 경향이 강하다고 한다.[10)]

둘째, 서비스 연계의 제도화 및 일선관료의 연계조정력이다. 우선 일선관료와 서비스 연계의 제도화에 있어서 행정기능의 문제로서는 행정조직의 통합이 서비스 통합을 담보할 수 있는가의 문제이다. 관료제(Bureaucracy)는 일찍이 Max Weber가 산업사회 조직의 이념형에서 제시된 이후 최근까지 주요 조직의 원리로 생명력을 잃지 않고 있다. 관료조직의 운용원리는 계층제, 분업, 전문화, 규칙과 절차, 몰인간성 등이 조직원리로서 여전히 존중되고 있다. 그러므로 일은 나누어서 하되 재편이 필요할 경우는 직무분석을 토대로 조직의 효율성을 더 높이기 위한 방안을 강구하는 것이 바람직하다. 그러나 주민생활지원행정체계는 각 지역의 실정에 맞도록 조직설계가 되지 않고 표준화된 통합을 지향하는 것이므로 직접적으로 클라이언트들이 필요로 하는 서비스 효율성을 높이기 위한 기제라고 하기에는 한계가 있다.

일선관료의 연계조정력의 문제를 살펴보면, Lipsky(1971)는 업무수행과정에서 시민과 직접적으로 접촉하며 업무 수행상 상당한 재량을 보유하는 공무원을 일선관료라 한다. 여기에는 사회복지요원, 경찰, 교사 등이 포함된다. 일선관료들은 일반적으로 과중한 업무에 시달리는데 이러한 과중한 업무량은 일선관료제의 자원과 밀접한 관련이 있다. 부족한 인력, 부족한 예산 등으로 일선관료들의 업무량은 과중할 수밖에 없다. 이는 필연적으로 서비스의 질적 저하를 초래하게 된다. 동사무소의 전담공무원이 8개 영역을 포괄하여 자원을 연계할 여력이 없고, 동 단위 인력도 실질적으로 6급 행정직이 증원되기는 하였

10) 서재호(2008)는 주민생활지원행정체계로의 개편이 통합성, 접근용이성, 적절성에 있어서 좋은 결과를 가져왔으며 전문성에 있어서 보통의 결과를 가져왔다고 평가하고 있다.

으나 실질적 업무수행에 있어서는 대상자포착, 욕구사정, 연계 등 일선관료성 업무와 거리가 있다는 점을 인식할 필요가 있다. 따라서 일선수준의 인력과 체계를 강화할 필요가 있다. 이러한 문제를 개별 동단위별로 해결하기에는 현실적으로 어려운 점이 있으므로 시·군·구 수준에서는 주민서비스 연계센터를 통해 일괄 처리하는 것이 타당하다.

비록 본청조직에 서비스 조정연계팀이 있다고 하나 이들의 구성은 일반 공무원들이기 때문에 지역의 자원과 서비스의 특징 등 휴먼서비스의 전문적 영역을 파악해 내기가 어렵다. 특히 현행 관행상 1년 남짓 일정 기간이 지나면 배치전환이 되기 때문에 서비스 연계조정네트워크의 지속성을 확보하기도 곤란하다.

셋째, 수요자중심 실천기제의 부재이다. 일반적으로 사회복지서비스 전달체계는 정책이 클라이언트에게 서비스로 전달되기까지 정책단계, 행정단계, 실천단계의 연속적 과정으로 구분된다. 이를 최근 지역복지의 변화와 관련지어 보면 다음과 같다.

정치, 정책단계에서는 복지재정의 분권화로 인해 지역의 정책자율성이 높아져 보건과 복지를 포함한 다양한 지역의 수요가 조정되어야 하는데 지역사회복지협의체가 그 기능을 수행한다고 할 수 있다. 행정단계에서는 예산의 효율적 집행과 조직설계를 통해 설정된 목표를 추구하기 위한 기제로 주민생활지원행정체계가 도입되었다. 여기서 주목되는 것은 서비스가 클라이언트에게 주어지는 실천단계에서의 효과적 기제가 없다는 사실이다. 지역실정은 각기 다른 계통의 여러 서비스센터가 각자의 역할을 하고 있어서 클라이언트에게 복합적 서비스가 효율적으로 전달되지 않는 것이 현실이다. 이는 전달체계의 관점에서 수요자 중심체계라고 하는 실천 영역의 협력기제가 가장 취약하

〈표 5-5〉 서비스 전달의 단계별 기제

단계	주요행위자 및 역할	구조	적용 기제
정치, 정책영역	기능: 이익투입, 가치배분, 정책화 행위자: 의회, 중앙/지방정부, 민간 초점: 의제형성, 이슈와 갈등의 조정	거버넌스, 레짐	지역사회복지 협의체
행정영역	기능: 행정지원, 정책목표의 구현 행위자: 관료, 주요기관 등 조직 초점: 민관협력 등 서비스 생산전략	통합, 조정, 네트워크	주민생활지원 행정체계
실천영역	기능: 서비스의 실천(대상자 접촉) 행위자: 일선관료, 클라이언트, 자원봉사, 초점: 니드의 포착, 연계, 문제해결	One stop, Any stop	없음

거나 부재하다는 것을 의미한다.

조직통합을 통한 사무조정과 인력 재배치 방식으로 개편된 주민생활지원서비스 체계는 복지직과 행정직이 협업하여 업무를 수행하는 구조 정착이 주요 사항이었다(보건사회연구원, 2006). 이러한 시도에 대응하기 위하여 6급 팀장에게 고유 업무를 부여하고 행정직이 개편된 업무를 수행하도록 인력의 재배치가 이루어졌다. 하지만 이러한 시도는 행정직과 복지직 간 부조화 현상을 부각시켰다. 행정직 공무원들의 승진 자리를 만들어 주기 위한 방편으로 조직정비 작업이 진행되면서, 전문성이 요구되는 복지업무 담당을 행정직 위주로 조정하였기 때문이다. 결국 읍·면·동에 승진되어 배치된 행정 6급의 경우는 업무가 사례관리, 현장방문, 상담 등의 일선업무가 대부분이기 때문에 그들의 고유 업무가 되질 못하였다. 이는 사회복지공무원의 업무를 가중시키는 요인이 되었을 뿐이었다. 또한 행정직의 경우 기존 행정 업무에 대한 조정안이 없는 상황이었기에, 이동 전에 담당하였던 업무를 그대로 가지고 배치되는 경우가 발생되어, 행정직으로의 업무분담은 형식적인 수준이었다(보건사회연구원, 2006). 게다가 행정직이 복지업무를 분담하더라도 잦은 순환배치로 행정직이 업무에 적응하기도 전에 담당자가 바뀌어 충분한 업무분담에 어려움이 있었다. '참여복지 5개년 계획에 대한 종합평가 보고서'에 의하면 복지부서 담당 행정직공무원의 근무연속성을 전국을 기준으로 볼 때 12~24개월 미만이 78.02%로 가장 많이 차지하였으며, 그 다음은 6~12개월 미만으로 11.21%이었다. 지역별로는 대도시가 17.19개월, 중소도시는 15.90개월, 농어촌은 15.22개월이었고, 특히 농·어촌지역의 복지부서 담당 행정직공무원의 최저 근무 기간은 3.70개월로 업무파악 및 인수인계에 소요되는 시간을 감안하면 실제로 근무를 담당한 기간은 더욱 축소될 것으로 보고하고 있다.

2007년 보건사회연구원의 개편지역 공무원을 대상으로 실시한 온라인 설문조사 결과를 보면, 전달체계 개선을 위한 가장 필요한 부분으로 복지 전문인력 충원이 24.5%로 가장 높게 나타나, 개편 전달체계 성공을 위한 중요한 과제로 제시되었다.

결과적으로 사회복지직과 행정직의 효율적인 사무분장으로 업무운영 효율성을 극대화(차보현, 2006)하려는 개편의 목적은 실현되지 못하였다고 볼 수 있다.

복지업무를 복지직이 전담하여 처리하던 읍면동의 행정관행을 없애고, 복지직과 행정직이 협업하여 업무를 수행하는 구조의 정착을 시도하였다(보건사회연구원, 2006). 이러한 시도에 대응하기 위하여 6급 팀장에게 고유 업무를 부여하고 행정직이 개편된 업무를 수행하도록 재배치가 이루어졌다. 하지만 복지직의 업무는 줄지 않은 것으로 나타났다. 2007년 보건사회연구원이 주최한 개편 지역 실무자 간담회에서도 가장 어려움을 토론한 부분이 사회복지직의 '과다 업무량'이라는 것으로 이를 증명하고 있다. 결과적으로 주민생활지원서비스 체계로의 전환은 이전 전달체계에서 문제로 지적되어 왔던 조직통합에서 발생된 복지직과 기타 직들과의 협업의 문제, 복지인력의 확충 문제 등이 주민생활지원서비스 체계 내에서도 여전이 문제점으로 지적되었다.

5. 희망복지지원단

1) 개요

복지체감도 향상을 위한 지역단위 수요자 중심의 복지서비스 전달체계 구축 필요성에 기초하여 2012년 4월에 공식적인 운영을 시작한 희망복지지원단은 복합적 욕구를 가진 대상자에게 통합사례관리를 제공하고, 지역 내 자원 및 방문형서비스 사업 등을 총괄 관리함으로써 지역단위 통합서비스 제공의 중추적 역할을 수행하는 전담조직이다(보건복지부, 2013).

희망복지지원단의 업무 수행체계는 읍·면·동 주민센터와 시·군·구 각 부서, 지역 주민 및 관련 기관에서 발굴된 대상자에 대해 읍·면·동 주민센터에서 초기상담을 실시하고, 희망복지지원단을 중심으로 읍·면·동 주민센터, 지역사회복지협의체, 지역 내 서비스제공기관과의 연계 및 협력을 통해 대상자의 다양한 욕구를 충족시키는 맞춤형 서비스를 제공하는 통합사례관리를 실시하도록 되어 있다.

희망복지지원단의 조직은 시·군·구별로 상이한 충원 인력 규모, 기존 독자적 사례관리 모델 운영 등을 고려하여 각 지자체 특성에 맞는 조직을 구성, 추진하는 원칙을 바탕으로 1팀 운영 모형, 2팀 운영 모형, '과' 모형, 일반 구가 있는 시 모형, 동 사례관리 강화 모형 등이 있다. 1개팀 운영의 경우 통합사례관리 강화, 자원총괄관리, 지역

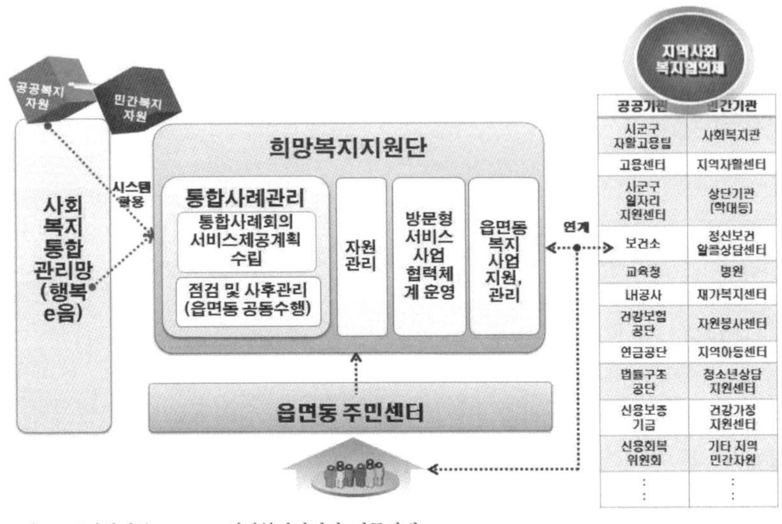

자료: 보건복지부. (2013). 희망복지지원단 업무안내.

〈그림 5-18〉 희망복지지원단 업무 수행체계도

〈표 5-6〉 2개 팀 운영의 희망복지지원단 업무분장

구분	복지자원관리팀	희망복지지원단(희망복지지원팀)
업무내용	지역사회복지협의체 운영, 지역 자원발굴 · 연계 · 관리, 긴급복지 등	통합사례관리
		읍 · 면 · 동 복지사업 지원, 관리
		지역보호체계 운영 등

보호체계 운영 및 읍 · 면 · 동 복지업무 총괄 · 관리 등의 업무를 희망복지지원팀에서 수행한다. 2개 팀 운영의 경우 '희망복지지원팀'은 통합사례관리 사업 중심으로 지역보호체계 운영 등의 업무를 수행하고, '복지자원관리팀'은 자원 총괄관리 업무를 중심으로 수행하고 있다.

'과' 단위 구성은 통합사례관리, 자활고용, 자원봉사 등 통합사례관리 및 자원관리 업무와 연계되는 팀을 한 과로 구성하여 운영하고 있고, 일반 구가 있는 시 지역은 일반 구 조직에서 통합사례관리 운영,

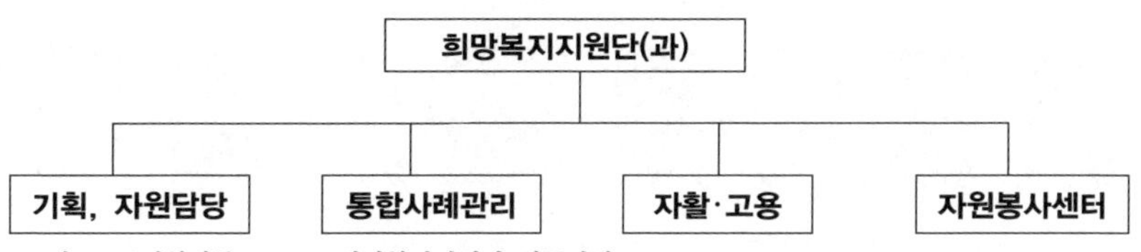

자료: 보건복지부 (2013). 희망복지지원단 업무안내.

〈그림 5-19〉 '과' 업무분장 예시

인력 확충을 통한 '동' 중심의 사례관리 운영 등 지역 특성에 맞는 다양한 형태로 운영한다.

희망복지지원단의 인력의 경우 경력 있는 사회복지직 공무원을 통합사례관리 담당으로 배치하고, 통합사례관리사 모두 희망복지지원단에 배치하여 통합사례관리 업무를 전담하도록 하였다. 주 사례관리자로서 통합사례관리 업무를 수행하는 경우 희망복지지원단 단장(팀장)의 업무 추진 방향에 맞춰 담당 공무원과 통합사례관리 업무 전반을 수행하도록 하고 있다.

이러한 조직과 인력을 구성하고 있는 희망복지지원단의 주요 업무는 첫째, 복합적 욕구를 가진 대상자에게 공공·민간의 급여·서비스·자원 등을 맞춤형으로 연계·제공하는 통합사례관리이다. 통합사례관리는 지역사회 공공·민간자원에 대한 체계적인 관리·지원체계를 토대로 복합적이고 다양한 욕구를 가진 대상자에게 복지·보건·고용·주거·교육·신용·법률 등 필요한 서비스를 통합적으로 연계·제공하고, 이를 지속적으로 상담·모니터링해나가는 것을 의미한다. 따라서 통합사례관리의 목표는 지역 주민의 다양한 욕구에 대한 맞춤형 서비스를 연계·제공함으로써 지역 주민의 삶을 안정적으로 지원·지지하고, 복지제도의 효과성·효율성을 향상시키는 것이다. 절차는 대상자 접수, 욕구조사(위기도 조사 포함), 대상자 구분·

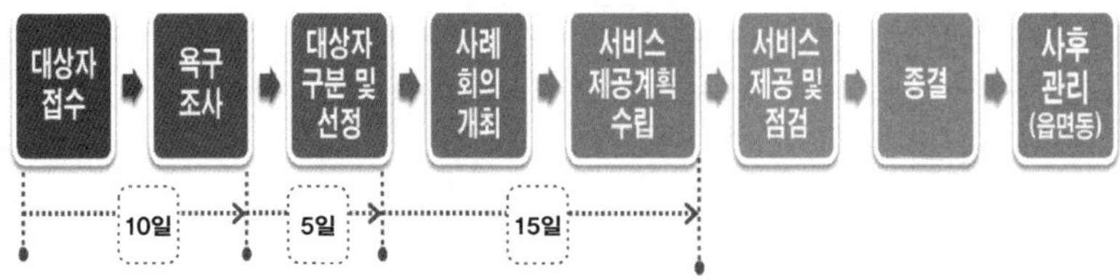

자료: 보건복지부. (2013). 희망복지지원단 업무 안내.

〈그림 5-20〉 통합사례관리 사업의 절차

선정, 사례회의, 서비스제공계획 수립, 서비스제공 및 점검, 종결, 사후관리 총 8단계로 구성되어 있다.

통합사례관리 사업의 운영체계를 살펴보면, 첫째, 희망복지지원단은 통합사례관리 사업을 총괄 수행·관리하고, 읍·면·동의 통합사례관리대상 가구 초기상담, 의뢰 및 종결가구에 대한 사후관리 등을 수행하는 것이다. 또한 자활관련 사업팀은 희망복지지원단 사례회의와 자활사례조정회의 통합운영 등 고용-복지 연계를 중점적으로 수행한다. 통합조사관리팀은 복지대상자에 대한 자산조사 수행 과정에서 인지한 정보를 토대로 통합사례관리사업 필요가구를 읍·면·동에 의뢰하는 역할을 수행한다.

이외 지역사회복지협의체는 공공·민간 간 사례관리 사업에 대한 정보 공유, 역량 강화를 위한 지원활동(교육, 공동 슈퍼비전 등) 수행하고, 보건소는 희망복지지원단 사례회의에 방문건강관리사 또는 간호직 공무원의 정기 참여를 통해 희망복지지원단 통합사례관리 사업의 보건 연계 부문을 지원한다. 교육청(학교)은 교육복지우선지원 사업과 통합사례관리사업 간 연계·협력을 수행하고, 특히 학교에 배치되어 있는 교육복지사, 상담교사들을 사례회의 등에 참여하도록 유도한다. 고용지원센터는 고용지원센터 구직상담과정에서 복지대상자 발굴 및

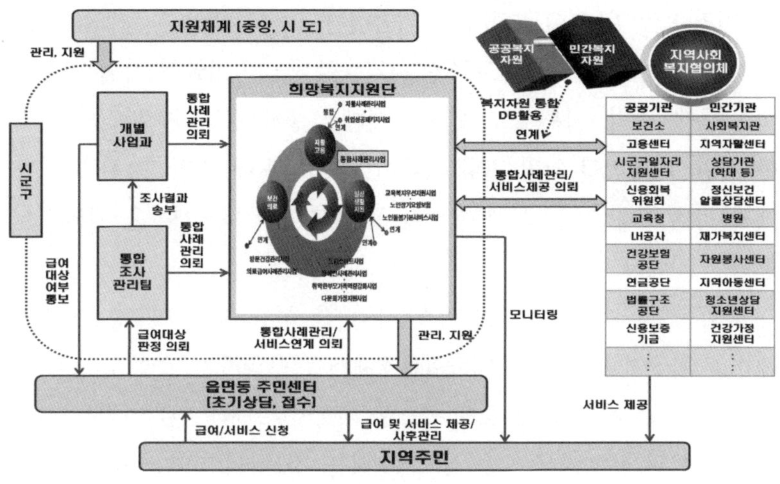

자료: 보건복지부. (2013). 희망복지지원단 업무 안내.

〈그림 5-21〉 통합사례관리 사업 운영체계

희망복지원단 통합사례관리 의뢰 등 상호 연계・협력하고, 필요한 경우 고용지원센터 담당자가 사례회의 등에 참여를 유도하는 역할을 담당한다.

둘째, 지역사회 공식・비공식 자원 현황에 대한 총괄 관리, 자원조사 및 자원개발을 통해 통합사례관리의 원활한 지원, 공공 및 민간 복지자원통합 DB 운영을 통한 지역 자원의 효과적 관리이다. 자원관리는 복지대상자 등 지역 주민이 가지고 있는 다양한 욕구에 능동적으로 대응하기 위하여 공공 자원(예산, 프로그램 등)뿐만 아니라 지역사회가 보유하고 있는 여러 가지 유형의 민간 자원을 적극 개발하고 체계적으로 관리하는 것이 필요하다. 이러한 과정을 통해 국가 및 지방자치단체가 제공하는 공공 영역 사회안전망 프로그램의 제약 요소를 적극적으로 보완할 뿐만 아니라, 주민참여를 기반으로 한 상호 부조 등 지역 단위의 연대감 형성도 가능하다.

자원관리를 위한 주요 사업은 지역사회 공식·비공식 자원 현황에 대한 총괄 관리, 자원조사 및 자원개발을 통해 통합사례관리의 원활한 지원, 지속적인 자원 현황 업데이트로 지역 내 주민 및 관련 기관에게 정보 공유, 나눔 문화 활성화 등 지역사회 자원개발을 기획·실천하는 것이다.

셋째, 지역 단위 방문형서비스 사업 간 현황 공유 및 연계·협력 체계를 마련하기 위한 지역사회보호체계를 운영하는 것이다. 지역보호사회체계는 지역 내 보호가 필요한 대상자에 대해 민관협력을 기초로 지역단위 보호망을 구축 및 운영하는 것을 의미한다. 즉, 지역사회의 보호가 필요한 사회취약계층 즉, 독거노인, 장애인가구, 소년소녀가장, 자살위험군 대상자 등을 민관협력 토대의 지역네트워크에 기반하여 지역 단위에서 보호해 나가기 위한 시스템을 구축 및 운영하는 것이다. 주요 사업 내용은 ① 지역 단위 방문형서비스 사업 간 현황 공유 및 연계·협력 체계를 마련하는 하는 것으로, 특히, 방문형서비스를 공공(시·군·구)에서 직접 수행하는 읍·면·동 주민센터(복지담당 공무원)와 보건소(방문건강간호사) 간 협력 체계를 구축하는 것이다. ② 복지위원의 역할 강화 등을 통한 주민네트워크 활성화 기반을 구축하여 희망복지지원단의 주도로 읍·면·동 단위로 위촉된 복지위원의 참여의식강화 교육을 실시하고, 보다 효율적인 활동지원 방안을 마련하는 것이다. ③ 지역특성에 따른 복지문제에 대응하기 위한 지역차원의 활성화 방안을 모색하고, 중장기적인 지역복지 추진 전략을 수립하는 것이다.

넷째, 읍·면·동 종합상담, 정보제공, 방문상담, 사례관리 의뢰 및 사후관리 등 복지업무에 대한 총괄·관리이다. 이것은 희망복지지원단이 읍·면·동 복지업무 중 희망복지지원단 관련 업무에 대한 적극적인 지원·관리를 통해 읍·면·동이 지역 주민을 위한 공공 복지서비스 수행기관으로서 정착·기능을 수행할 수 있도록 노력해야 한다는 것을 의미한다. 읍·면·동 지원·관리 사항은 ① 읍·면·동의 초기상담이 충실하게 수행되고 있는지 여부를 주기적 점검, 점검결과에 대한 피드백을 제공하는 것이다. ② 통합사례관리사업을 지원 및 점검·독려하는 것이다. ③ 지역사회 자원개발을 위한 읍·면·동 단위의 지역사회 자원개발 전략 및 수행방안과 개발한 자원의 공유 및 활용 방안 등을 협의하는 것이다. ④ 각 읍·면·동의 복지대상자 모니터에 대한 점검·독려하는 것이다. ⑤ 지역 내 방문형 서비스 사업간 연계 및 실행 여부를 점검한다.

2) 평가

2012년도 5월에 각 지자체에서 본격적으로 운영되기 시작한 희망복지지원단은 지역을 기반으로 한 통합적 서비스제공체계의 구축 필요성으로 인해 전담조직이 신설되고, 읍·면·동 주민센터, 관련 공공 및 민간기관과의 연계협력을 검토해 나가고 있다는 측면에서는 긍정적인 평가를 할 수 있으나 보다 효율적으로 지역 단위 통합적 서비스를 제공하기 위해서는 조직상의 재조정이 필요하다는 지적 또한 제기되고 있다(류애정, 2012). 즉, 지역적 특성에 기반하여 조직이 구성되는 관계로 일률적인 경향이 없고, 희망복지지원단의 효율적인 업무수행을 위해 공공급여 공급체계와 대상자와의 연결 역할이 지엽적인 체계를 갖추고 있어 당초 목표와 거리가 멀다거나(홍성대, 2012), 희망복지지원단이 기존의 일반 행정기관 내의 공공복지전달 경로를 그대로 답습함으로써 전문적인 통합서비스 제공에 있어 한계점을 내포하고 있는 것으로 지적되고 있다(박경숙 외, 2012). 실제로 희망복지지원단으로의 사회복지전달체계 개선에 대하여 국회예산정책처의 평가의견은 시·군·구-읍·면·동 간 사회복지업무분장의 비효율성, 사례관리 추진체계의 실효성 미흡, 사회복지 담당 인력 배치의 적절성 부족, 민간복지전달체계와의 연계성 미흡 등을 지적하고 있다. 즉 정부의 개선안은 급여 및 서비스의 전달에 있어 시·군·구의 통합조사관리팀과 읍·면·동의 사회복지 담당 공무원으로 이원화된 업무분장이 설계되어야 한다. 개선 대책 이후 지방자치단체의 사회복지업무분장은 사회복지급여 및 서비스 신청 접수, 소득자산조사, 급여 및 서비스 지급결정의 업무를 시·군·구로 이관하고, 읍·면·동에서 지역 주민에게 필요한 사회복지 욕구를 파악하는 것이다. 이에 대해 당초 정부 시책과 달리 실제로는 읍·면·동 복지 담당 공무원이 조사업무에도 투입됨으로써 공식적 업무분장과 실제 업무 간의 괴리가 발생하고 있다. 읍·면·동 복지 담당이 신청 접수와 찾아가는 서비스 외에도 복지급여 및 서비스 지급 여부 결정 및 사후관리과정에서 공적자료만으로 파악되지 않는 대상자의 소득·자산조사 업무를 수행할 수밖에 없는 현실이다. 또한 읍·면·동이 아닌 시·군·구가 사례관리의 시행 주체가 됨에 따라 수급 대상자와의 접근성이 높은 읍·면·동에서는 사례관리의 공백이 발생한다는 점도 문제점이라고 할 수 있다(국회예산정책처, 2011). 연계성 측면에서 읍·면·동 담당 공무원들은 원스톱서비스의 가능성을 가장 중요하지만 중점적으로 개선되어야 할 사항으로 지적하고 있어 연계의 실효성에 부정적인 인식을 가지고 있다.

요컨대 희망복지지원단은 대상자의 접근성이 결여된 통합사례관리이며, 모두에게 모든 서비스를 통합적으로 제공하겠다는 의도에 한계가 있다. 또한 사례관리 외에 고려되는 연계수단이 부족하여 보건과의 연계 및 통합전략이 결여되어 있다. 그리고 다양한 지역자원과의 관계에서는 협력을 요청하는 규범적 수준에 있어서 비용이 부담되는

〈표 5-7〉 한국사회복지전달체 개편과정(계속)

		보건복지사무소	사회복지 사무소사업	주민생활지원 서비스	지역사회복지 협의체	희망복지지원단
기간		2004년7월~ 2006년6월	2004년7월~ 2006년6월	2006년 7월~ 2007년 7월	2001년시범사업 2005년 7월~	2012년 5월~
목적		공급조직 통합을 통한 보건·복지 연계서비스	복지정책 기획, 집행, 관리 위한 전담기구 설치	보건, 복지, 교육, 주거, 고용, 문화, 체육, 평생교육에 대한 통합 및 통합서비스제공	복지계획 대한 민관의 협의적 의사결정 및 자원 연계 네트워크	통합사례관리 전담 조직 구축을 통한 맞춤형 서비스 제공
조직	형태	보건소에 복지부서 설치	복지전담기구	협의기구	전국 시군구 의무	통합서비스 전담기구
	단위	시·군·구 1개소	시·군·구 1개소	시군구131개	전국 시군구 의무	시·군·구 230개
	구조	▪ 보건소 조직에 복지부서 설치 ▪ 보건·복지연계를 위한 복지부서 내 방문간호팀 구성	▪ 지역별 조직 모형 구별 ▪ 사회복지관련 부서 설치	▪ 시구에 3개과 12팀의 국 설치(군은 2개과 6개팀) ▪ 읍면동에 6급 직제 1명 신설	▪ 대표협의체 ▪ 실무협의체 ▪ 실무분과	지역별 특성에 맞는 조직 구성 -1팀,2팀, 과, 시, 동의 모형 상이
	인력	▪ 보건: 기존방문간호인력 활용 ▪ 복지: 사회복지전문요원 재배치 - 복지사업과(계)장: 5급(6급)의 일반행정직	사회복지담당 공무원(행정직 포함)재배치	사회복지공무원(행정직포함) 파견, 방문간호사 1인 재배치	▪ 대표협의체: 지자체대표, 시군구 담당국장, 보건소등 관련 영역 대표, 학계전문가 ▪ 실무협의체: 관련 분야 공무원, 복지 관련 이용 및 생활시설 실무자 ▪ 실무분과: 지역 내 서비스 제공자	▪ 사회복지직 공무원 통합사례관리 담당으로 배치 ▪ 통합사례관리사, 희망복지지원단에 배치

구분						
주요 업무		▪복지: 공공부조, 대상별서비스 자원관리 및 개발 ▪보건복지연계 사업: 방문간호 (정보교류, 의뢰, 통합관리 등)	▪기존 복지업무 ▪민간자원 개발 및 연계	보건・복지・고용・주거・문화・교육・체육・평생교육 연계 업무	▪지역복지계획 수립 ▪서비스연계 및 조정	▪통합사례관리 ▪지역자원관리 ▪지역사회보호체계 운영 ▪읍・면・동 복지업무 총괄・관리
평가	성과	복지사무 집중화: 복지업무의 효율성 향상	▪읍・면・동의 기존1인 종합관리 방식의 비효율성, 비전문성 해소 ▪업무 수행의 효율성(절차 축소)	통합서비스 영역 확대	▪복지서비스 제공자들의 연계・협력 도모 ▪효율적인 복지자원의 활용	▪복합적 욕구를 가진 대상자에게 통합사례관리 ▪지역단위 서비스 기관 간 연계・협력 분위기 창출
	문제점	▪보건복지 서비스 포괄적 제공 효과 미흡 ▪비접근성 문제	▪복지전담공무원 자원봉사로 대치한 경우 사후관리 및 비전문성 문제 발생 ▪조직들 간 업무 협력이 원활하지 않아 통합서비스 제공되지 못함 ▪주민들이 체감하는 서비스 만족도 대체로 부정적	8대 분야 서비스 통합 미흡 -서비스연계 및 업무협력은 복지로 한정	자원 및 관의 지원부족 등 협의체의 구성 및 운영 요소의 한계로 인해 제대로 작동되지 못함	▪시・군・구-읍면동간 사회복지업무분장의 비효율성 ▪사례관리 추진체계의 실효성 미흡 ▪사회복지담당인력 배치의 적절성부족 ▪민간복지전달체계와의 연계성미흡

실질적인 서비스의 계약, 조달 등 동원력이 부족한 것이 현실이다. 더구나 지역자원들이 참여하여 욕구와 자원 간 접점을 형성하는 통합사례관리가 제도화되어 있지 않다.

희망복지지원단에서 시도하는 사례관리는 매우 소극적이며 기술적 과정이다. 개별 대상자의 욕구진단에 따라 지역사회자원과 프로그램을 단순 의뢰하는 기술적 과정이며, 여기에 연계에 필요한 적절한 수단의 확보, 즉 서비스 계약과 구매, 자원의 개발을 위한 자발적 조직에 대한 보조금의 배정 등 적극적 행위가 결여되어 있다. 또한 연계

자원과의 협력을 형성할 수 있는 제도적, 물리적 공간도 모호하다. 영국의 경우 지역단위 보건복지위원회(Health and Wellbeing Board)가 있어 여기서 GP는 사회서비스를 제공하는 자치단체와 협력할 수 있도록 설계되어 있다. 희망복지지원단의 경우 기존의 연계조정팀이 확대된 것으로 지역사회복지협의체 운영을 업무 반경에 두고 있으나 실무협의체, 대표협의체와의 구체적 역할 관계는 매우 모호하다.

제 6 장

보건복지 공급체계의 사례

제6장 보건복지 공급체계의 사례

제1절 보건복지연계 체계

1. 보건복지연계 수단

서비스의 연계와 통합에 대한 여러 가지 이론들이 제시되어 왔으나 Leutz(1999: 84-100)가 제시한 다섯 가지 법칙은 사회서비스와 의료서비스의 통합에서 나타날 수 있는 여러 가지 문제점과 이를 해결하기 위한 시사적인 함의를 잘 설명하고 있다. 이들의 구체적인 내용은 다음과 같다.

제1법칙, "일부사람들을 위하여 모든 서비스를 통합할 수 있고, 모든 사람들을 위해 일부 서비스를 통합할 수는 있지만 모든 사람들을 위해 모든 서비스를 통합할 수는 없다." 이것은 통합의 수준에 있어 욕구와 서비스체계의 작동영역을 연계와 조정, 완전통합 등 몇 가지 차원으로 제시하고 있다. 연계(Linkage)는 중간적이거나 새로운 욕구를 가진 사람들에게 적합하며 모든 이들에게 어떤 서비스가 존재하며 어떻게 접근하는지를 분명히 한다. 그리고 자율적 조직에 의해 지원이 제공되고 체계적으로 연계되어 있다. 조정(Coordination)은 보다 확실한 구조로 긴장과 혼동, 불연속의 지점과 관련하여 이에 대한 정책과 절차를 만드는 것이다. 완전통합(Full Integration)은 복잡하고 비예측성 욕구를 가진 사람에게 적합하고, 단일의 경로와 공동예산으로 새로운 서비스를 제공하거나 이러한 서비스에 접근하는 것을 말한다.

제2법칙, "통합은 지불 전 비용이 든다." 이는 비용상계(Cost Offset)가 통합의 장려요건으로 강조될 때 주의해야 할 점을 상기시키고 있다. 통합으로 비용절감을 희망하지만 성공하면 비용을 피할 수 없다는 것이다. 통합에는 최소한 세 가지 형태의 비용이 발생하는데, 직원과 지원체계비용, 서비스비용, 착수비용이 그것이다. 직원과 지원체계(Staff and Support Systems)비용이라 함은 임상, 관리, 정책수준에서 통합되는 상대방 체계의 역량을 학습하는 데 소요되는 시간과 어떻게 협업하고 의사소통할 것인가를 결정하는 데 소요되는 비용을 말한다. 서비스비용(Service Cost)에서는 새로운 서비스 자금이 통합을 용이하게 하는 데 도움이 된다는 점을 밝히고 있다. 착수보조금(Start-Up Grant)은 통합의 성공에 매우 중요하다. 착수비용과 계속비용이 지불되지 않으면 조직 내 또는 조직 간 통합이 일어나기가 어렵다.

제3법칙, "당신의 통합(Integration)은 나의 파편화(Fragmentation)이다." 통합주도자의 초점은 어떻게 질(Quality), 효율성(Efficiency), 접근성(Access), 사용자 통제(User Control), 욕구분해 등에 대해 전문가 그룹과 급여체계로부터 도움을 확보하느냐에 있다. 하지만 도움을 요청받는 입장에서는 비용이 발생될 뿐만 아니라, 같이 일해야 하는 집단과 절차가 많아짐에 따라 그들의 식견을 더 넓혀야 하는 부담이 따른다. 완전통합에 비해 조정과 연계는 내가 수행하지 않는 기능에 대한 부담이 있다.

제4법칙, “서로 맞지 않는 요소(a square peg and a round hole)를 통합할 수 없다.” 이러한 문제는 두 가지 형태의 급여에 대한 서로 다른 자격요건으로부터 나온다. 즉 보건에 대한 접근은 의사가 결정하는 의료수요에 기반하고 있는 반면, 장기요양은 간호사나 요원에 의해 결정되는 기능 상태에 기반한다. 결국 사회보험과 자산조사 간, 국가자금과 지방자금 간 벽이 허물어지지 않는 한 통합에 많은 것을 기대하기 어렵다.

제5법칙, “통합에는 조율이 필요하다.” 많은 체계들을 공급자와 전문가주도로 통합할수록, 사용자들은 이를 형성, 유지, 사용하기 위해 더 많이 전문가에 의존하게 된다. 사용자와 돌보미, 주창자가 기획과 커미셔닝을 함께하여 전략적으로 연관되지 않는다면 개인이 체계 내에서 자율성을 확보하기가 곤란하다.

이처럼 서비스통합에 관한 일반적인 원칙을 배경으로 통합과 연계에 관한 연구 사례를 고찰하여 통합과 연계수단의 시사점을 탐색할 수 있다. 학교와 휴먼서비스의 연계수단으로는 비공식적 관계(Informal Relations), 조정(Coordination), 파트너십(Partnership), 협력(Collaboration), 통합(Integration) 등이 제시된다(Cynthia & Calvin, 1995). 타 부문과의 협력이 필요한 병원 조직에 있어서 내부 단위로부터 외부 조직으로 확장된 조직설계가 조직 간 조정네트워크를 강화할 수 있으며, 이때 조직설계는 조정네트워크를 강화시키는 하나의 촉매가 된다. 조직설계로서 부서 간 조정메커니즘은 일상적 절차(Routine), 정보시스템(Information System), 회의(Meeting), 경계확장자(Boundary Spanner) 등이 있다(Gittell & Weiss, 2004).

영국의 아동청소년 정신보건서비스(CAMHS)는 다기관 간 협력을 매우 중요시 여기고 있다. 빅토리아 크림비에 사건 이후 아동보호에 대한 개혁 작업이 있었는데 그 기본 틀은 Children's NSF(National Service Framework)와 아동연대(Children's Trusts)라고 할 수 있다. 전자는 아동을 위해 국민보건서비스(NHS)와 사회서비스(Social Care) 간 국가 표준을 개발하는 것을 목적으로 한다. 주로 보건과 사회서비스에 관한 것이지만 주거, 교육, 교통, 여가도 아동청소년들의 안전과 건강유지에 도움이 되기 때문에 포함하고 있다.[1] 후자는 복잡해진 욕구의 모든 측면을 단일 기관이 대응하기가 어렵기 때문에 아동청소년들에게 주요 서비스가 통합되도록 지방 행정기관에게 이를 요건화하였다. 여러 다양한 일선 서비스를 통합적으로 전달하기 위한 아동연대(Children's Trusts)의 주요 전략은 서비스의 공동입지(Co-location of Service), 다학제 간 팀(Multi-disciplinary Team), 공통사정(Common Assessments), 정보공유(Information Sharing)와 합동훈련(Joint Training) 등이다. 한편 CAMHS 다기관 간 협력의 걸림돌은 첫째, 의료모델(Medical Model)이 주도한다는 점, 둘째, 다른 기관에 대한 이해와 전문가 문화, 그리고 역할에 대한 이해가 부족한 것, 셋째, 공유하는 정의와 공통의 언어가 없다는 것, 넷째, 다기관과 전문가 상호 간 작업에 실무와 전략 수준에서 보다 나은 의사소통과 조정을 달성할 필요가 있다는 것을 인지하는 것, 다섯째, 보다 큰 전문가적 협력의 맥락 내에서 정당한 전문가적 역할을 유지할 필요성 등이다(Salmon, 2004).

조직 간 협의체(IAs: Interorganizational Alliance)도 조직 간 협력을 용이하게 하는 수단이다. Creek County[2]의 사례를 보면 두 가지 형

1) Your Guide to the National Service Framework Children, Young People, and Maternity Services. http://www.wales.nhs.uk/sites3/Documents/441/NSF%20Leaflet%20Final%20English.pdf

2) Creek County는 Michigan에 있는 도농복합적 도시로서 1989년에 예방업무에 관련한 조직 간 협력을 증진할 목적으로 6개의 공공서비스 선도기관들이 기관 간

태의 IAs는 다기관팀(Interagency Teams)과 조정협의회(Coordinating Council)가 있다. 다기관팀(Interagency Teams)은 다기관의 담당 직원으로 구성되어 주기적으로 만나 특정 클라이언트에 대한 서비스를 기획하고, 정보를 교환하며, 문제를 해결한다. 여기에 참여한다는 것은 다른 기관의 서비스와 인지도가 높아짐에 따라, 타 기관 직원과의 개인적 친분을 제공함에, 서비스 전달의 협력적 접근에 대한 긍정적 태도를 발전시킴에 조직 간 교환을 촉진시킬 수 있다(Forster-Fisherman et al., 2001).

조정협의회(Coordinating Council)는 공공서비스 기관 대표자, 민간부문 그리고 지방기금들로 구성되어 있으며 매월 서비스를 기획하고 조정한다. 이 협의회에서는 주민들에 영향을 미치는 폭넓은 사회적 이슈를 다룬다. 비전을 개발하고, 지역자원을 동원하며, 지역사회의 노력을 결집시키는 데 책임이 있다. 이들의 목적은 조직 간 협력을 향상시키고, 조직 간 장애를 경감하고 상호목적을 형성함으로써 클라이언트, 정보, 자원교환을 용이하게 하는 것이다. 네트워크 분석에 의한 결과를 보면, 서비스 전달 네트워크에 있어서 조정협의회의 구성원인 조직은 비구성원인 조직에 비해 조직 간 서비스 전달연계가 많은 것으로 나타났다. 다기관팀(Interagency Teams)의 구성원은 비 구성원보다 훨씬 폭넓은 서비스 전달 네트워크와 관련되어 있음을 입증하였다(Forster-Fisherman, 2001).

통합 또는 연계의 기제로서 통합전달체계(Integrated Delivery System)는 하나의 네트워크 형태로서 이는 보건과 사회서비스를 통합하는 데 중요한 경로를 제시한다. 네트워크는 통합서비스를 촉진시키기 위한 조직 간 체계 또는 다조직 체계로는 4가지 형태가 있다. 첫째, 지식

조정협의회(ICC:Interagency Coordinating Council)를 설립하여 성공적으로 운영한 사례가 있다(Forster-Fisherman et al., 2001:880).

〈표 6-1〉 보건복지연계 수단

	전달체계 특징	중요 원칙
Leutz, W. (1999)	• 제1법칙: 일부사람들을 위하여 모든 서비스를 통합할 수 있고, 모든 사람들을 위해 일부 서비스를 통합할 수는 있지만 모든 사람들을 위해 모든 서비스를 통합할 수는 없다. • 제2법칙: 통합은 지불 전 비용이 든다. • 제3법칙: 당신의 통합(Integration)은 나의 파편화(Fragmentation)이다. • 제4법칙: 서로 맞지 않는 요소(a square peg and a round hole)를 통합할 수 없다. • 제5법칙: 통합에는 조율이 필요하다.	• 연계(Linkage) • 조정(Coordination) • 완전통합(Full Integration) • 비용상계(Cost Offset)
Cynthia & Calvin L. (1995)	• 타부문과 협력이 필요한 경우 내부 단위로부터 외부 조직으로 확장된 조직설계로 조직 간 조정 네트워크를 강화 • 조정메커니즘은 일상적 절차(Routine), 정보시스템(Information System), 회의(Meeting), 경계확장자(Boundary Spanner) 등	• 비공식적 관계 (Informal Relations) • 파트너십(Partnership) • 조정(Coordination) • 협력(Collaboration) • 통합(Integration)
Gill Salmon, (2004)	• Mullti-Agency Collaboration 다기관 간 협력 • 다양한 일선 서비스 통합적 전달	• 서비스의 공동입지 (Co-location of Service) • 다학제 간 팀(Multi-disciplinary Team) • 공통사정(Common Assessments) • 정보공유(Information Sharing) • 합동훈련(Joint Training)
Forster-Fisherman, P.G, et al. (2001)	• 조직 간 협의체(IAs:Interorganizational Alliance) 결성 • IAs는 기관 담당자로 구성된 다기관팀(Interagency Teams)과 공공과 민간기관 대표자 그리고 지방기금들로 구성된 조정협의회(Coordinating Council)가 매월 서비스를 기획하고 조정을 함	• 조직 간 협의체 (IAs:Interorganizational Alliance) -다기관팀 (Interagency Teams) -조정협의회 (Coordinating Council)
Kodner, D (2009).	• 통합 또는 연계의 기제로서 통합전달체계(Integrated Delivery System) • 계약수단을 통해 다양한 제공자를 연결하여 전체적인 질과 재정 책임성으로 포괄적인 서비스 연속성을 형성하는 조달네트워크(Procurement Network)	• 통합서비스 수준과 수단의 유형 -자금, 행정적, 조직적, 서비스 전달, 임상적

과 아이디어를 공유하는 정보네트워크 둘째, 각 제공조직을 교차 부

〈표 6-2〉 통합서비스의 수준유형과 수단들

수준	수단
자금	기금의 집적(Pooling of Funds), 선불인두세(Prepaid Capitation)
행정적	책임과 기능의 합병과 분산, 부문간 기회, 욕구사정과 할당사슬, 공동구매와 커미셔닝
조직적	서비스의 동일장소배치(Co-location), 클라이언트 이송협약, 기관 간 기획 또는 예산, 서비스제휴 또는 계약, 공동관리프로그램, 전략적 협의체 또는 서비스네트워크, 합병, 공동소유
서비스 전달	합동연수, 중심화된 정보, 수탁과 의뢰, 사례관리, 학제간팀, 24시간제공, 통합정보시스템
임상적	표준진단기준(DSM Ⅵ), 통일된 포괄적 사정절차, 합동서비스기획, 임상기록의 공유, 지속적인 환자 모니터링, 공통의사결정지원수단, 정기적 환자접촉과 계속지원

자료: Kodner, D. (2009). All Together Now: A Conceptual Exploration of Integrated Care. Health Care Quarterly.

문간 제도적 파트너로 함께하지만 임상적, 재정적 책임은 독립적으로 유보하는 조정네트워크 셋째, 계약수단을 통해 다양한 제공자를 연결함으로써 전체적인 질과 재정책임성을 가진 포괄적 서비스의 연속성을 형성하는 조달네트워크(Procurement Network), 넷째, 하나의 실체로 가장 구조화되고 완전히 통합된 관리 네트워크(Man-aged Network)등이다. 이중 통합전달체계는 조달네트워크의 특징에 해당된다(Kodner, 2009:9).

한편 통합서비스의 수준과 수단의 유형을 구분하면 크게 기금수단, 행정수단, 조직수단, 서비스 전달수단, 임상적 수단 등으로 분류되고, 각 수준에 따른 구체적인 수단들은 〈표 6-2〉에서 보는 바와 같다.

자금수준은 보건과 복지에 대한 구조와 자금의 흐름이 통합서비스의 모든 측면에 영향을 미친다는 것을 의미한다. 행정 수준은 정부의 규제와 관리방식이 서비스의 접근 등에 도움이 될 수 있다는 것을 의미한다. 조직수준은 공식적, 비공식적 수단을 통한 수직적, 수평적 네트워킹이 조직 간 협력을 증진시키는 주요 방법임을 보이고 있다. 서비스 전달과 관리양식이 통합서비스의 주요변수에 영향을 준다. 임상 수준은 환자의 욕구에 대한 이해, 공통의 전문용어와 기준을 공유하며 합의된 절차와 기준을 사용하고, 대상자와 제공자 간 의사소통을 지속적으로 유지하고 환류하는 것을 의미한다.

2. 커미셔닝(Commissioning)

커미셔닝은 매우 폭넓은 개념이어서 여러 가지로 정의되고 있지만, 영국의 공공 부문 관리에 사용되는 전문용어로서 계약(Contracting), 구매(Purchasing) 또는 조달(Procurement)과 종종 상호교환적으로 사용되고 있다(Audit Commission, 1997:5). 커미셔닝은 개인의 장단기 욕구를 충족시키기 위해 서비스를 명시하고, 확보하며, 모니터링하는 과정이다. 이것은 지방자치단체, NHS, 기타 공공기관 또는 민간과 자원 부문들이 제공하는 모든 서비스에 적용되는 것으로(Social Service Inspectorate, Audit Commission, 2003)[3] 다음과 같은 세 가지 특징이 있다.

첫째, 욕구를 이해하고 역량을 분석하는 것부터 서비스를 모니터하는 것까지 관련된 활동들이 순환적 속성, 즉 일회로 종결되는 것이 아니라 지속되는 과정이다.

둘째, 전략적 수준에서 전체 환자, 서비스 사용자 또는 전체 주민

3) 커미셔닝은 NHS에서 중요한 역할을 해오고 있다. 1991년 내부시장(internal market)이 형성된 이래 구매자-제공자(purchaser-provider) 구분 논리는 보건서비스 제공자들 사이에 경쟁을 도입하고, 환자들과 대중을 위해 경쟁하는 다양한 제공자들로부터 서비스를 구매하는 커미션행위자들을 생겨나게 하였다. 커미셔닝은 보건 분야의 폭넓은 목적-질, 접근성, 지불비용에 대한 가치 등의 향상을 촉진-달성을 보장하기 위해 설계되었다(Chris Naylor & Nick Goodwin, 2010).

의 욕구를 충족시키는 것이 중요하며 이는 개별 서비스들에 대한 단순한 계약과 구별된다.

셋째, 공공, 민간 또는 자원 부문 등 서비스 공급자가 누구든지 간에 환자나 서비스 사용자의 욕구를 충족시키는 것이 중요하다.

Antrobus & Brown(1997)에 의하면 커미셔닝과 구매가 문헌에서 상호교환적으로 사용되지만 실제로는 구매가 넓은 영역의 의미를 모두 전달하지 못한다고 한다. 즉 커미셔너의 역할은 서비스의 구매뿐만 아니라 욕구사정, 보건과 서비스의 향상을 위한 개발, 자원의 효과적인 사용, 지역사회와의 협력 연계를 포함하고 있다.

커미셔닝과 구매, 그리고 조달의 차이를 보면 조달은 초기광고에서부터 적절한 계약장치까지 서비스구매과정에 초점을 둔 커미셔닝 순환과정의 한 측면이다(Cabinet Office, 2006). NPS(National Procurement Strategy)는 조달(Procurement)을 재화, 용역(Work) 그리고 서비스 등을 획득하는 과정이며 제3자로부터 그리고 내부공급자로부터 획득하는 것 모두를 포괄하는 것으로 정의하고 있다. 여기서 조달과 구매의 중요한 차이점은 조달은 생산 또는 구매(make or buy) 결정을 포함하고 있으나 구매는 그렇지 않다는 점이다. 조달이 구매순환과정과 생산 또는 구매(make or buy)선택 평가를 포함한다고 하면 커미셔닝과 조달에 대한 혼동의 요점은 조달이 욕구사정을 포함하고 있는지, 그리고 이 욕구에 비추어 우선순위와 결과를 결정하는지, 그런 다음 적절한 서비스를 설계하고 획득하는지 등을 의미한다.

욕구사정은 조달전문가의 노하우가 아니며 예산의 할당과 우선순위, 서비스결과에 관한 전략적 결정은 조달의 이전 단계에 있다. 이는 전적으로 커미셔닝 순환과정에 있으며 구매에 있어서 욕구의 발견과 결정과도 다르다. 구매순환과정은 바람직한 결과를 상세하게 표출

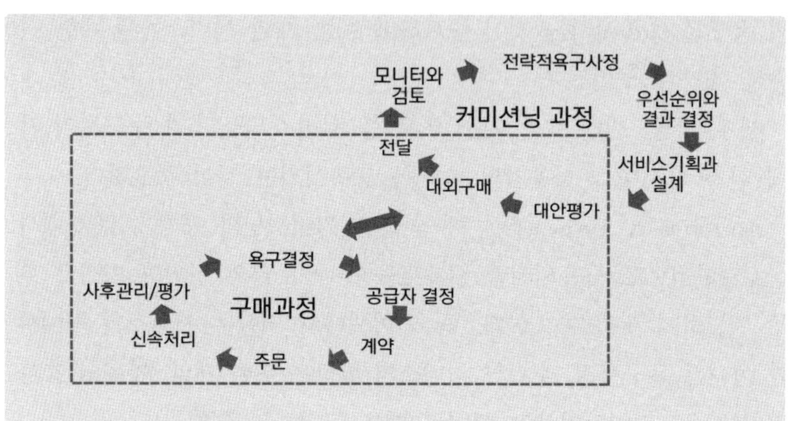

자료: Murray, J. G. (2009). Towards a Common Understanding of the Differences Between Purchasing, Procurement and Commissioning in the UK Public Sector. Journal of Purchasing & Supply Management, 15.

〈그림 6-1〉 커미셔닝과 구매의 순환과정과 조달

하는 수단과 관련된 것인 반면 커미셔닝 순환과정은 추구되는 변화, 즉 목적에 관한 것이다. 따라서 하나의 상호연관된 순환과정을 제시할 수 있는데 여기서 조달은 커미셔닝 순환과정의 일부분이다(Murray, 2009). 따라서 커미셔닝이 단순히 조달활동에 한정되지는 않는다는 점이며, 조달(Procurement)은 현금 위주의 교환이지만 커미셔닝은 욕구주도/결과평가(Need-led/Outcome Evaluated) 활동이라고 할 수 있다. 커미셔닝 과정은 어떤 지역 주민들의 욕구사정, 설계 그리고 적절한 서비스를 확보하는 순환과정(Cabinet Office, 2006:4)으로 정의된다. 그리고 그 순환과정은 전략적 욕구사정, 우선순위와 결과 결정, 기획과 서비스설계, 대안평가, 외부구매, 전달, 모니터링과 검토의 각 단계로 분류될 수 있다.

이러한 커미셔닝에 대한 일반적 정의들을 토대로 보건과 복지서비스분야에 적용하여 보면 커미셔닝은 조직 경계를 넘는 협력적 과정을

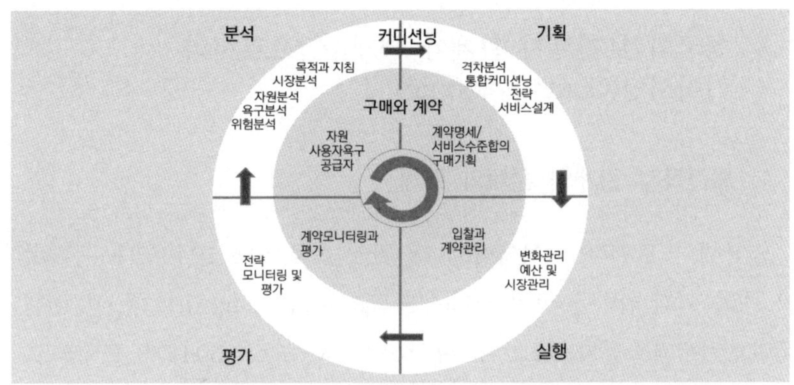

자료: The Institute of Public Care's, (IPC) framework for joint commissioning and purchasing of public care services. Fiona Richardson(2006). Introduction. Chapter 1 of the Commissioning E-book에서 재인용.

〈그림 6-2〉 통합 커미셔닝과 서비스구매에 관한 IPC 분석 틀

의미하며 이는 처음에 지역 주민에 대한 보건과 사회서비스 욕구사정을 포함한다(DH, 2003). 커미셔닝은 PCT(Primary Care Trust)가 주민의 보건 욕구를 파악하고 가용자원 내에서 이들 욕구를 충족시키기 위한 서비스를 확보하기 위해 내려지는 우선순위화된 결정이다(The National Primary and Care Trust Programme, 2004).

Audit Commission(2009)의 정의를 보면 커미셔닝은 전략적 수준에서 개인의 욕구를 충족시키기 위한 서비스를 확인, 확보, 모니터하는 과정이다. 이보다 광의의 정의로는 한정된 자원을 근거 기반의 개입, 특히 보건과 사회서비스 분야에 한정하지 않고 건강증진의 목적으로 불평등을 감소하며 환자의 경험을 향상시키는 데 투여하는 행동으로 볼 수 있다.

이처럼 커미셔닝에 대한 정의 차원이 다를지라도 그 개념에는 몇 가지 독립적이면서 상호연결된 행동으로 구성된다는 점은 분명하다(Sobanja, 2009:2).

3. 영국의 보건복지 관계와 연계수단으로서의 커미셔닝(Commissioning)

1) 보건복지 관계의 전개와 체계

영국에서 보건과 사회서비스 간 관계는 적어도 1940년대 복지국가 개혁 이래 압박을 받아 왔다(Glendinning et al., 2005).[4] 즉, 1946년 국민보건서비스법(National Health Service Act)으로 NHS가 도입되고, 1948년 국민부조법(National Assistance Act)으로 별개의 사회복지서비스가 지방행정기관을 통해 전달되었다. 그렇지만 이후 보건(Health)과 사회서비스(Social care) 간 경계에 대한 논쟁이 격화되었고, NHS와 지방행정기관은 서로 상대방에게 대상자를 떠넘기려 한다는 비난이 일었다.

이처럼 보건과 사회서비스 영역 간 불편한 관계로 1970년대 NHS와 지방행정기관 사회서비스에 조직재편이 일어났다. 1968년 Seebohm report의 제안으로 1971년 잉글랜드와 웨일즈에 사회서비스국(Social Services Departments)이 만들어진 것이다. 이어 3년 후 1972년 NHS 조직재편으로 관할보건기관이 생기고, 지역보건서비스(Community Health Care Services)가 지방행정기관에서 NHS로 이관되었다. 이러한 변화는 보건서비스의 통합적 전달을 의도하였으나 보건과 사회서비스 간, 그리고 보건과 관련된 다른 지방행정기관 간의 간극을 더욱 깊게 만들었다. 그 이유는 사회복지사와 간호사가 긴밀히 일할 수 있는 기회가

4) 영국에서 보건과 사회서비스 간의 협력을 시도해온 과정은 역사적 사실들 속에 나타나 있다. 여기서는 객관적 사실들을 기초로 Glendinning 외(2005)의 설명을 요약하였다.

줄어들고, 지방행정기관의 보건책무가 새 보건기관으로 인해 파편화 되었기 때문이다.

1970년대 경제위기로 보건과 복지에 대한 공공지출이 삭감된 결과 양자의 갈등이 다시 불가피해졌다. 이에 대한 새로운 조치로 도입된 것은 첫째, 새 보건기관의 영역을 사회서비스를 제공하는 지방행정기관의 영역과 접점을 이루게 하고, 둘째, 양 부문의 협력을 도모하기 위해 합동자문위원회(Joint Consultative Committees)를 설립하게 하고, 공무원들의 합동기획팀(Joint Care Planning Team)을 수립하였다. 또한 NHS와 지방행정기관의 프로젝트를 위해 NHS 예산으로 공동재원이 마련되었다. 이처럼 위로부터의 정책과 재정인센티브로 협력의 시대가 열리는 듯하였으나 구조와 과정을 지나치게 강조한 나머지 목적보다는 수단에 치중한 점, 그리고 NHS와 사회서비스예산에 비해 공동재원이 매우 적어 규모의 문제가 발생하였다.

1979년부터 1997년까지는 보건과 사회서비스에 시장이 도입된 시기이다. 복지민영화의 시작으로 민간공급에 대한 공적 보조금이 늘어나 공공지출에 경고등이 켜졌다. 이러한 추세는 또한 NHS와 지방행정기관 간 취약한 공동사업에도 타격을 주었다. 1980년대 들어 보건과 지방행정기관의 불편한 관계, 민간재가서비스에 대한 공적지출의 증가 등으로 인해 정치적 관심이 모아져 두 부문 간 책임의 파편성에 관한 두 개의 중요한 보고서가 나왔다. 그중 The Audit Commission은 가능한 지역사회서비스에 조직적 틀을 디자인할 필요성에 따라 각각의 기관에 특정 클라이언트 집단에 대한 책임을 할당하는 방안을 권고하였다.

Griffiths는 보수당 정부의 요청으로 지역사회서비스에 대한 재정과 조직 장치를 검토하였다. 그는 효과적인 협력은 새로운 특정보조금을 받기 위한 조건이 되어야 한다고 제안하였다(부문 간 협력이 들어가 있는 지역사회서비스 계획의 제출에 대한 보조금 지원). 이러한 장치는 1989 Caring for People, 1990 NHS and Community Care Act에서 재확인되었으나 재원은 협력에 대한 조건부이어야 한다는 Griffiths의 제안은 여기에 포함되지 않았다.

특히 준시장은 기본적인 딜레마를 야기하였는데, 협력은 보건과 사회서비스 간 효과적인 서비스계획과 전달을 전제조건으로 하는데 반해 시장의 본질은 경쟁이기 때문이다.[5)]

파편화를 증가시킨 시장 관련 압력은 NHS 내부 시장으로 더욱 증대되었다. 1차의료주도(Primary Care-led)의 NHS 정책이 발전함에 따라 GP의 실천과 관련된 매우 많은 혼합적 구매와 커미셔닝이 보건기관과 또는 보건기관 없이 발전되어 사회적 서비스와 많은 협력적 관계를 가져오게 되었다.[6)]

이외에 욕구규제와 성과관리에도 시장성이 나타나기 시작하였다.

---

5) 협력과 경쟁이 양립하기 어렵게 하는 정책 압력들이 있어 왔다. 첫째, NHS와 지방행정영역 내 구조적 변화, 즉 NHS와 community care act 1990으로부터 야기되는 구매(purchasing)와 제공(providing)활동의 분리에 대한 요구이다. 이러한 재구조화는 외적관계보다는 조직의 내적 관심에 초점을 두게 되었다. 둘째, 준시장은 협력에 잠재적으로 해로운 여러 메커니즘과 관련된다. 구매자에게는 시장지분을 최소화하고 책임전가에 대한 지속적인 유인이 있다. 준시장은 또한 제공자들 간 경쟁을 요구하여 협력을 용이하게 하지 않는다.

6) 사회서비스와 GP의 커미셔닝 활동에 기초로 하는 지식의 형태는 다르다. GP는 임상전문가이며 환자 지식에 의존한다. 욕구 사정을 덜 강조하며, 그렇게 하기 위한 적절한 실천 수준의 데이터를 가지려 하지 않으며, 그렇게 하였다 하더라도 이 정보를 구매결정으로 쉽게 전환시키지 못한다. 특히 GP의 우선순위는 서비스들을 지역 전체 주민들보다는 등록된 환자들에게 커미션하는 것이며 이러한 접근은 사회서비스계획의 기저에 있는 전체 지역사회의 욕구사정과 대비된다. 1차의료 전문가에게로의 커미셔닝 이양이 오로지 GP들에게로 확대된 것이다. 다른 전문가 그룹들, 사회서비스와 밀접하게 일하는 지역 기반 간호사들은 서비스 계획이나 커미셔닝 기제에 목소리를 내지 못하였다.

1980년대 신자유주의적 개혁으로 중앙정부에 대한 새로운 통제를 만들었다. '감사(Audit)'가 새로운 특징으로 부상한 것이다. 그 결과 각각의 의제와 우선순위에 따른 외부기관들의 감사를 강화시켜 개별조직들은 이들의 우선순위에 민감하기 때문에 공동작업(Joint Working)은 뒷전으로 물러나게 되었다.

1997년 총선으로 NHS 관련 정책이 대전환기를 맞게 된다.7) 노동당정부는 NHS와 사회서비스 간 파트너십을 천명하였던 것이다. 이는 크게 세 가지로 요약된다. 첫째, 보건과 사회서비스 기관 간의 법적 의무이다. 둘째, 공동서비스에 자원을 배정하였다는 것이다. 셋째, 공동사업에 구조적 제약을 제거하였다는 것이다. 즉 NHS와 지방행정기관에 공동예산을 허가하고, 커미셔닝 책임을 하나의 주도조직에게 위임하며, 보건과 사회서비스 직원의 채용을 하나의 조직으로 통합하는 것이었다. 하지만 강화된 감독과 성과관리는 여전히 협력에 도움이 되지 못하였다.

2000년 지방공공서비스협정(Local Public Service Agreements)을 통해 보건과 복지가 상호연결될 뿐만 아니라 전 지역성에 걸쳐 보다 광범위한 파트너십의 맥락하에 놓이는 전체계적 접근(Whole System Approach)에 대한 요구가 있었다. 이 협정으로 중앙과 지방정부는 국가목표의 성취에 기여하고, 향상된 지방의 산출을 전달하기 위해 성과목표에 동의하였다. PSAs(Public Service Agreements)를 보완하는 것이 LAA(Local

7) 1997 파트너십조치로는 파트너십으로 일하도록 법적 의무하의 NHS조직과 지방행정기관, PCT의 전문집행위원회에 강제적 사회서비스대표, 사회서비스국이 NHS와 협력으로 서비스를 개발할 수 있도록 1998-2001 조건부 보조금, 그 외 HAZ와 같은 부문간 협력투자사업, 특정 사용자그룹에 대한 보건과 사회서비스의 공동목표, 전략적 기획 작성에 공동투자와 기타 메커니즘, NHS와 사회서비스에게 상호 서비스 벤치마크를 확대하는 국가서비스 틀, 협력에 대한 법적 장애를 타파하는 유연성, 공동예산(pool budgets), 커미셔닝 주도, 통합된 제공조직 등이다.

〈표 6-3〉 영국 보건 복지체계

<table>
<tr><td rowspan="5">국가</td><td colspan="3">보건부(Department of Health)</td></tr>
<tr><td rowspan="2">공중보건</td><td>NHS</td><td rowspan="2">사회복지</td></tr>
<tr><td>NHS
Commissioning MonitorNHSTrust 질위원회 Board</td></tr>
<tr><td colspan="3">National institute for Health and Care Excellence</td></tr>
<tr><td colspan="3">보건복지정보센터</td></tr>
<tr><td rowspan="4">지방</td><td>지방행정기관</td><td>임상커미셔닝그룹(CCGs)</td><td>지방행정기관</td></tr>
<tr><td colspan="3">보건복지위원회(Health and Wellbeing Board)</td></tr>
<tr><td colspan="3">지방보건감시관(Local Health Watch)</td></tr>
<tr><td>보건기관</td><td>NHS 제공자</td><td>복지기관</td></tr>
<tr><td></td><td colspan="3">환자와 일반대중</td></tr>
</table>

자료: Overview of health and social care structures in the Health and Social Care Act 2012 April 2013.

Area Agreement)이다. 이것은 별개의 재정 흐름, 각각의 재정과 회계 요건을 가진 발안들로 야기된 파편성에서 생겨났으며, LAA의 목적은 지방행정기관이 아닌 공공 영역으로 이러한 별도의 재정 흐름을 하나로 묶는 것이다.

이러한 과정을 거쳐 2012년 영국의 보건과 복지에 대한 개혁의 기본 구조는 환자와 일반 대중의 입장에서 지불능력(ability to pay)이 아닌 욕구기반(basis of need)으로 NHS에 접근이 계속된다는 것이다. 이번 개혁이 지향하는 바는 보건과 사회서비스를 커미션(Commission)하고, 규제(Regulate)하며 지원(Support)하는 조직개혁을 통해 질과 효율성을 향상시키는 것이다.

지역 수준에서는 지방행정기관이 서비스를 형성하는 데 더 많은 역할을 하게 되며 지역 주민의 건강증진에 대한 책임을 맡는다. 새로운 보건복지위원회(Health and Wellbeing Boards)가 지역 보건과 복지 증진을 위한 통합적 방안에 합의하기 위해 보건과 사회서비스의 커미션 담당자, 선출직 대표, 보건감시위원회 대표로 구성된다. NHS 서비스는 임상커미셔닝 그룹인 GPs와 기타 임상의료인들에게 양질의 서비스를 확보할 수 있도록 자원을 사용하는 책임을 부여함으로써 커미션된다.

2) 보건복지연계수단으로서 커미셔닝

2007년에 발간된 보고서 Commissioning Framework for Health and Wellbeing에서는 커미셔닝을 보건과 돌봄 경제 전체의 관점에서 보아 개별 욕구를 충족시키는 전략적 기획에 본질을 두고 있다(DH, 2007). 이러한 내용은 여덟 가지의 구체적 원칙을 제시함으로써 커미셔닝의 지침이 되고 있다.

첫째, 사람을 커미셔닝의 중심에 둔다. 이것은 서비스와 치료에 대해 더 많은 선택과 통제를 부여하고 이러한 선택을 지원하는 정보와 조언에 대한 접근과 관련된 것이다. 일반 대중이 서비스들을 구성할 수 있도록 기제가 개발되고 관점을 표현하는 데 어려운 집단을 지원하고 옹호한다.

둘째, 개인과 전체주민의 욕구를 이해한다. 자치단체, PCT(Primary Care Trusts), 그리고 커미셔닝참여자(Commissioner)들에 의한 통합전략욕구사정(Joint Strategic Needs Assessment)으로 개인의 욕구를 보다 잘 이해할 수 있다. 이러한 사정과 서비스 기획과정을 적절히 활용하여 건강과 복지에 대한 위험을 조절하게 된다.

셋째, 정보를 효과적으로 활용하고 공유한다. 개인과 집단에 효과적인 의사결정을 하기 위해 정보를 효과적인 방법으로 활용하고 공유할 필요가 있다. 상황에 맞춰 공유할 수 있는 정보를 분류하고 일선의 IT시스템을 통합해서 개인과 지역사회를 정보의 생산자가 되도록 장려하는 것을 포함한다.

넷째, 모든 서비스에 대해 질 높은 공급자를 보장한다. 커미셔닝 참여자들은 공급자들과 효과적이고 돈독한 파트너십을 개발하고, 욕구사정에 참여해야 한다. 서비스조달은 투명하고 공정해야 하며 커미셔닝은 보다 혁신적인 제공에 이르고, 개인의 욕구에 세밀하게 맞춰지며, 다양한 제공자들에 의해 공급되도록 결과에 초점을 둔다.

다섯째, 보건과 복지 간 상호의존적인 업무의 인식이다. 커미셔닝 참여자들은 개인들에 대한 조언과 지지를 향상시키기 위해 업무에 있어 협력적 접근을 용이하게 할 수 있다.

여섯째, 보건과 복지 커미셔닝을 위한 인센티브의 개발이다. LAA (Local Area Agreements)[8]를 활용하여 지역 파트너들을 규합하는 것이 보건, 복지와 상호의존성을 증진시키는 데 도움이 될 것이다.

일곱째, 지방 책임성을 강화한다. 보건부(DH)와 지역사회부(DCLG)는 함께 단일의 보건복지비전과 결과 틀을 개발한다.

여덟째, 역량과 리더십이 발휘되게 한다. 보건부(DH)와 기타 중앙의 관계자들은 지방의 연계조정자들이 제기하는 역량 격차에 지원을 제공하게 된다. 이러한 지원은 PCTs, 일선의 연계조정자, 지방자치단체 등 여러 형태의 커미셔닝 참여자에 맞도록 한다.

8) LAAs(Local Area Agreements)는 지속가능한 지역사회전략에 기초하여 지역의 우선순위를 설정한 지방과 중앙의 3년 간 협약이다. 2004년에 도입되어 아동과 청소년, 안전하고 강한 지역사회, 건강한 지역사회와 노인, 경제발전과 환경 등 네 가지 정책분야가 다루어진다.

(1) 보건복지위원회(Health and Wellbeing Boards)

2010년 NHS 개혁안 보고서에서 정부는 지방보건서비스에 지방정부의 역할을 강화하도록 설정하였다. 법정 보건복지위원회(Health and Wellbeing Boards)[9]는 전국에 걸쳐 설치되어 지방자치단체가 보건과 지방정부서비스를 통합적으로 제공하는데 보다 강력한 접근을 택할 수 있게 되었다.[10] 이 위원회는 지방자치단체의 상부기제로서 NHS와 공중보건, 성인사회서비스와 아동서비스, 그뿐 아니라 지방의원과 보건감시기구(HealthWatch)의 대표들이 함께 모여 지역보건과 사회서비스 욕구에 최적으로 대응하고자 공동으로 기획하도록 하는 것이다(The King's Fund, 2012:2).

모든 자치단체는 2012년 4월부터 임시위원회를 설치하여 입법에 따라 2013년 4월부터 본격적인 운영에 들어가게 된다. 보건복지위원회(Health and Wellbeing Boards)가 창설된 기저에는 보건서비스에 지

9) 여기서 사용된 'wellbeing'의 의미는 '복지'보다 훨씬 광범위한 개념이다. wellbeing은 사람들이 그들의 삶을 어떻게 경험하는가에 관한 것으로 어떤 것을 성취할 수 있다고 느껴야 하거나 목적의식이 있다고 느껴야 하는 것이다. 단순히 질병의 문제가 없는 것 이상으로서 삶에서 잘못될 수 있다는 것으로부터 잘될 수 있도록 하는 것으로 초점이동이다. 개인적, 사회적인 것에 관한 것으로 지역의 사회적 유대, 지지네트워크, 소속감을 강화하여 이를 증진시키는 것이다. 행복 이상이어서 지방정부의 목표가 사람을 행복하게 하는 데 설정되는 것이 아니라 시민과 지역사회가 이를 풍요롭게 할 수 있도록 여건을 형성하는 데 있다. 따라서 이와 관련하여 지방정부의 역할은 물질적 측면과 사회심리적 측면으로 이루어져 있다. 빈곤, 공간적 불평등, 높은 범죄율 등은 물질적 여건을 악화시키는 것이며, 삶에 있어서 적극적인 자세와 선한 감정, 그리고 변화에 대한 회복력 등은 사회심리적 여건과 관련된다(Local Government Improvement and Development, 2010:10-11). 이러한 내용들이 정책적으로 다루어지기 때문에 본고에서는 포괄적 의미의 '복지'로 사용하고자 한다.

10) 과거 영국에서 이러한 '합동', '조정', '공동기획'서비스를 위한 노력이 새로운 것은 아니다. 공동자문위원회(Joint Consultative Committees), 공동서비스기획팀(Joint Care Planning Teams), 지역전략파트너십(Local Strategic Partnerships) 등의 사례가 여기에 해당된다.

방정부의 역할이 부활하는 것으로 이는 개혁안의 대중성을 보여주는 측면도 있다.[11]

이것은 지방정부가 NHS에서 일정기능을 담당하도록 하는 주요한 조직재편이라는 점에서 의의가 있다. 1948년과 1974년 개편에서는 지방정부가 병원, 지역보건서비스와 공중보건에 대한 책임을 상실하였던 것과는 상반되는 것으로, 지역 주민의 보건과 복지에 영향을 주는 사회서비스, 교육, 레저, 운수, 환경보건, 지역안전 등에 있어 지방정부의 광범위한 기능이 중요하다는 점을 반영하고 있다. 또한 연립정부의 지방주의 철학인 '하향적 획일주의(one size fit all)'로부터 지역주민의 욕구를 반영하고 지역적으로 설계된 서비스로의 이동'을 시작하는 것이다.

HWB는 보건, 사회서비스 그리고 공중보건에 걸친 지역리더십체계를 제공하는 새로운 체계의 중심이며(DH, 2011c), 보건과 사회서비스통합의 용광로가 되어야 하고(NHS Future Forum, 2012), 지방서비스를 향상시키려는 의도인 개혁체계에서 통합의 원동력으로 역할을 하게 된다.

HWB는 JSNA(Joint Strategic Needs Assessments)와 JHWS(Joint Health and Wellbeing Strategies)를 통해 지방서비스체계의 리더로서 역할을 하게 된다. HWB는 지방자치단체, CCGs(Clinical Commissioning Groups), 지방보건감시관(Local Health Watch), NHS커미셔닝위원회, 기타 위원회의 구성원들에게 JSNA와 JHWS를 수행할 목적으로 정보제공을 요청할 수 있다. JHWS는 NHS와 지방기관들은 서비스의 연

11) 그러나 지방정부의 역할이 커지는 것은 지방의원들이 지방보건서비스 운영에 깊이 개입하는 것에 대한 NHS의 오래된 우려를 악화시킬 수도 있다(NHS Confederation, 2011).

속적 전달과 결과의 향상, 그리고 건강불평등을 줄이기 위해 무엇을 독립적으로 할 것인가? 또는 함께 집합적으로 할 것인가?에 대해 합의된 우선순위와 계획을 설정한다. JSNA와 JHWS는 CCGs의 커미셔닝기획에 정보를 제공하고 통합전달을 지원한다(DH, 2011a:27).

HWB의 기능은 JSNA를 통해 지역 주민의 욕구를 사정하고, 통합틀로서 지역보건복지전략을 생산하며 그 안에서 보건서비스, 사회서비스, 공중보건, 기타 위원회의 동의를 필요로 하는 서비스에 대한 커미셔닝 기획을 개발하는 것이다. 또 합동커미셔닝, 통합 제공, 공동예산 등 통합과 파트너십을 증진하는 것이다(The King's Fund, 2012:4). HWB는 지방정부의 지방의원 최소 1명, 성인사회서비스 관리자, 아동서비스관리자, 공중보건관리자, 지방보건감시관 대표, 관련 CCGs의 대표, 기타 관련인 등으로 구성된다. 이들은 서비스를 직접 커미셔닝하지는 않고 JHWS에 관련된 전략과 거버넌스 이슈를 주도하고, NHS, 공중보건, 사회서비스, 그리고 보건복지의 결과를 향상시키는 지방정부 전체에 걸친 업무의 새로운 통합방식을 개발하는 데 주도적인 역할을 한다. 또한 참여자 간 이익갈등을 조절하는 일도 매우 중요하다(CFPS, 2011:6).

HWB가 성공적이기 위해서는 공동사업에 소극적이지 않고, 자신들의 예산을 보호하려하거나 비용을 다른 파트너에게 전가하지 않는 파트너들로 구성되어야 한다. 지방정부와 NHS 간 공동예산(pooled budget)을 강요하지는 않으나 공동예산을 통해 복합적 욕구와 같은 우선순위에 대응하는 기회가 있을 것이며, 합의된 산출을 향상시키기 위해 기관 간 어떻게 최선의 집합적 지출(collective spend)을 활용할 것인지 고려할 수 있다(CFPS, 2011:4).

(2) 임상커미셔닝그룹(CCGs: Clinical Commissioning Groups)

영국은 다른 사회정책분야와는 달리 의료에 있어 대단히 사회화된 체계를 가지고 있다. NHS는 1차의료(Primary Care: Primary Care Trusts)와 2차의료(Secondary Care: NHS Trusts) 두 부문으로 나누어진다. 1차의료는 대부분의 사람들이 처음으로 접촉하는 지점으로서 GPs[12], 치과, 약사, 그리고 검안사 등 광범위한 독립계약자들에 의해 전달된다. 2차의료는 병원, 정신보건서비스, 장애학습서비스, 응급서비스 등이다. PCTs(Primary Care Trusts)는 1차의료를 책임지고 있으며 2차의료를 의뢰하는데, 또는 지역사회서비스를 제공하는 데 매우 중요한 역할을 한다. 이들은 NHS의 중심이며 NHS 예산의 75%를 통제하고 있다.

1990년대 보수당 정부는 1차의료주도(Primary Care-led)로 NHS를 도입하였으며 이는 노동당 집권 후에도 계속되어 왔다. 하지만 2010년 연립정부가 NHS의 재구조화개혁을 통해 GP 중심의 구조로 개편되는 안을 제시하였다. 개혁안의 핵심적인 사항은 커미션(Commission) 기능을 강화하는 것으로 현재 PCT가 제한적으로 가지고 있는 커미셔닝(Commission) 기능을 대폭 강화하는 것이다. NHS Commissioning Board, GP Commissioning Consortia 등 신설되는 조직을 통해 이러한 기능이 수행된다(DH, 2010:39). 이는 Primary Care Trusts/Care Trusts(PCTs)와 Strategic Health Authorities(SHAs)를 2013년까지 폐

12) GPs는 의료서비스를 필요로 하는 모든 개인에게 포괄적이며 지속적인 일반적인 돌봄을 나이, 성별, 건강상태와 무관하게 제공하는 데 1차적 책임이 있는 의사를 말한다(Royal College of General Practitioners, 2007). GPs가 수행하는 역할은 진찰(Consultations), 처방(Prescriptions), 치료(Treatments), 의뢰(Referrals), 검사와 예방접종(Screening and immunisation), 만성병관리(Management of Long-Term Conditions), 건강증진(Health Promotion) 등이다(The Kings Fund, 2009).

쇄하고, GP(GP Consortiums)가 주민의 보건의료욕구에 대응하여 예산관리, 서비스기획 등 보건서비스를 커미셔닝하는 데 책임을 진다. 커미셔닝 과정에서 GPs가 더 많은 권한과 자율성을 가지게 되는 것이다(Krishna, Anthony, & Fiona, 2011).

GP 커미셔닝이란 GPs가 단순히 서비스를 구매하는 것만 아니라, 상황분석(욕구사정), 전략형성(문제해결을 위한 목표), 서비스의 구매, 서비스의 평가 등 모든 영역에 관여하는 것이며(Singer, 1997:7), GP 커미셔닝의 주요 목적은 1차 서비스를 제공하기 위한 것이다.

지난 20년간 보건체계의 목표에 GPs의 목표를 맞추기 위해 GPs 주도 커미셔닝(GP-led commissioning) 모델들, GP자금보유사업, 총구매시범사업, 실무 기반 커미셔닝 등이 시도되었다. 이러한 사업들의 기저에 있는 논리는 임상의가 공식적으로 환자들과 가장 가깝다는 믿음에 따라 GPs가 이들의 욕구를 이해하고, 이들을 위한 서비스를 커미셔닝하기에 가장 좋은 위치에 있다는 것이다.

이번 NHS 개혁에서 도입된 새로운 모델은 GP협력단(Consortia)이 실질적인 예산을 보유하여 주민을 위한 보건과 지역서비스의 대부분을 커미셔닝하는 책임을 맡도록 하였다(Russell Mannion, 2011:2). GP 협력단은 이러한 기능들을 지방행정기관과 협력에 있어서, 또는 외부 커미셔닝 지원의 활용함에 있어서 어느 정도 수행할 것인지를 결정하는 데 유연성을 가진다(DH, 2011b:5).

GP 협력단(Consortia)의 일반적 의무 중 주요한 것들은, 등록 환자의 요건에 대응하여 보건서비스를 커미셔닝하는 것, 환자에 대한 서비스질과 산출, 특히 임상적 효과와 안전 그리고 환자의 경험 등의 지속적 향상을 확보하려는 기능의 수행, 지방행정기관과 협력 및 보건복지위원회의 참여 등이다.

이에 대한 권한들은 육체적, 정신적 건강 또는 예방, 질병의 진단과 치료 등의 향상을 목적으로 서비스 제공을 계획하는 것, 지방행정기관과 공동예산 등 파트너십 장치에 참여하는 것, GP 협력단과 유사한 서비스를 제공하는 봉사조직에 보조금을 지급하는 것 등이다. 서비스 기획 부문에 있어서는 보건복지위원회가 주도하는 통합욕구사정(Joint Strategic Needs Assessment)과 통합보건복지전략(Joint Health and Well-being Strategy)에 기여해야 하는 의무가 있다. 서비스 동의 부문에는 서비스 계약에 사용될 규칙을 채택하는 의무와 지방행정기관과 봉사조직에 서비스지출 비용을 지불하는 권한과 서비스 연계관리 대신 직접지불(Direct Payments)을 집행하는 권한이 있다. 협력의무 부문에는 아동복지를 향상시키고 필요한 경우 지방행정기관의 아동과 가족지원프로그램을 지원하는 파트너십을 실행하며, 지역 서비스 평가에 지방행정기관을 지원해야 하는 의무가 있다(DH, 2011b).

영국의 2010 NHS 개혁안에서 중요한 변화는 구조적 측면에서 그동안 중요한 역할을 해왔던 PCT와 SHA가 폐지되고 대신 GPconsortia가 설치되어 커미셔닝의 기능이 확대, 개편되었다는 것이다. 그러나 GP가 진단, 치료에 전문화되어 분석, 연계관리 등에 취약하기 때문에 일반의가 주도하는 GP의 커미셔닝 기능이 확대되는 것에 대한 사회적 우려가 커지면서 Health and Social Care Act 2012에서 GPconsortia가 CCGs(Clinical Commissioning Groups)로 명칭과 기능이 수정되었다. 이전의 GP 주도 커미셔닝(GP-led Commissioning)과는 다르게 CCGs는 모든 실천 분야가 관련되는 보편적 체계이다. 실제 예산을 보유하며 절감분을 환자 치료에 재투자할 수 있다. NHS Commissioning Board가 CCGs의 감독기관으로서 CCGs가 환자에 대한 결과를 향상시키도록 하고, 공공투자에 대한 성과를 극대화하는 데 책임을 지도록 하고 있다. 이 법에서는 CCGs가 지역의 합당한 욕구충족에 적절한 서비스를 커미셔닝하는 직접적인 책임을 규정하고 있다. CCGs와 NHS Commissioning Board에게는 이전의 PCTs와 SHA가 하지 않았던 새로운 임무가 부여되었다. 이들은 NHS 구성체계를 향상시키는 것과 관련하여 커미셔닝 서비스의 지속적인 향상을 확보하고, 불평등을 감소시키며, 환자의 참여증진과 선택확대, 그리고 통합을 확보하며, 혁신과 연구를 촉진한다(Factsheet B1).

CCGs는 응급, 긴급의료(Urgent Care), 앰블란스 서비스와 근무시간 외 서비스를 포함하며 관할구역 내 거주자 누구에게나 커미셔닝할 책임이 있다. 또한 등록된 사람들의 합리적 욕구에 대응하기 위한 보건서비스의 커미셔닝에 책임이 있다. NHS 커미셔닝위원회(Commissioning Board)는 1차의료서비스의 커미셔닝에 법적 책임이 있고, CCGs는 NHS CB가 1차의료서비스를 지속적으로 향상시키는 데 보조와 지원을 할 법적 책임이 있다. CCGs는 외부조직들, 즉 NHS 커미셔닝 지원서비스(NHS Commissioning Support Services), 민간, 자원부문조직들로부터 책임은 CCGs에 두고, 서비스를 구매할 수 있다.

서비스 질 향상과 불평등감소가 판단될 때 보건서비스들이 통합적으로 제공되고, 보건서비스 제공은 보건 관련 서비스나 사회서비스 제공과 통합의 견지에서 수행되어야 할 의무가 있다(DH, 2012a:9). 이에 대해 육체적, 정신적 건강 또는 질병의 예방, 진단, 치료향상을 목적으로 서비스들과 시설들의 공급을 조정할 수 있는 권한이 있다.

한편 CCGs는 매 회계연도의 NHS Commissioning Board에 의한 재정상한이 있고, 매 회계연도 후에는 추가지불이 주어지는데 이는 서비스의 질과 산출달성도에 기초하기 때문에 사실상 성과주의 재정을 지향하고 있는 것이다(Hayden, 2011:513).

(3) 통합전략 커미셔닝(Joint Strategic Commissioning)

통합 커미셔닝(integrated commissioning)에 대한 영국의 정책들은 복잡하고, 혼란스러우며, 모순된 측면이 있다. 특히 협력과 경쟁의 관계에 있어서 국가정책은 서비스성과를 향상시키기 위해 선택과 경쟁을 촉진한 반면 통합과 협동을 장려해 왔다(Audit Commission, 2005).

통합 커미셔닝의 발달을 부추긴 잠재적 요인들은 NHS 내부에 있었다. WCC(World Class Commissioning)와 PBC(Practice-Based Commissioning)는 내부 커미셔닝 프로그램으로서 통합 커미셔닝에 많은 시간을 들였다. WCC는 보건과 보호서비스가 커미셔닝되는 방식을 변환시킨 프로그램으로 보다 좋은 보건과 복지를 모두에게, 그리고 돌봄을 모두에게 전달하는 것이다(Hudson,2010:13).[13)]

통합전략욕구사정(JSNAs: Joint Strategic Needs Assessments)과 통합보건복지전략(Joint Health and Wellbeing Strategy)은 지방의원, GPs와 공중보건관리자, 성인 및 아동서비스들이 보다 효과적이며 반응적인 지방 보건복지체계를 주도하는 데 함께할 수 있도록 하는 것이다. 통합전략욕구사정(JSNAs)은 지역지도자들이 모든 지역 주민들의 욕구를 이해하고 동의하도록 협력하는 수단이 되며 지방서비스에 대한 결정에 근거를 제공하는 것이다.

정부는 보건복지위원회를 통해 CCGs와 지방자치단체가 공동으로 지방보건과 복지체계를 선도할 것을 기대하기 때문에 JSNAs와 JHWS는 보건복지위원회(HWB)의 성공에 매우 중요한 열쇠이자 주거와 교

---

13) PBC(Practice-Based Commissioning)는 PCTs로부터 커미셔닝 역할이 재정적 책임성을 동반하여 GP로 이양된 것을 말한다. 이처럼 GP로 이양된 목적은 서비스 다양성의 확대, 많은 수의 공급자들로부터 서비스 전달과 가정근접성 그리고 환자의 편리성 향상, 서비스의 효율적 사용, 커미셔닝 결정에 현자의 의사와 간호사 관여확대 등이다(Lewis et al., 2007:2).

육 등 보건복지에 영향을 미치는 광범위한 결정요인들에 대해, 공유된 리더십을 행사하는 토대가 될 수 있다(DH, 2011c:7).

건강불평등을 줄이기 위해 2008년에 도입된 통합전략욕구사정(JSNAs)은 지역사회와 지방정부 그리고 NHS 간 강한 파트너십을 형성하여 보건과 사회서비스제공을 향상시키는 커미셔닝에 토대를 제공하였다. 이는 커미셔닝 참가자들이 지역욕구에 대응하는 서비스를 구성하는 데 도움이 되기 위한 것이다. 그러므로 최상의 JSNAs는 모든 지방서비스를 망라하여 보건과 복지를 향상시킬 수 있는 기회로 인식하고 책임을 공유하는 모든 기관과 계층에서 강한 협력적 파트너십 형성을 수행하는 것이다. 이를 새로운 방식으로 혁신하는 데 활용한다면, 보건복지위원회(HWB)는 기존의 좋은 JSNAs를 더 확장하여 협력적 리더십과 JHWS의 개발을 통해 서비스 변환이 가능하도록 기회를 제공하는 것이다(DH, 2011c:18). 이렇게 하는 것은 HWB가 전체 지역사회의 욕구를 이해하고 이러한 욕구에 대한 대응책에 동의하는 데 중요한 수단이 된다. 그렇기 때문에 JSNAs는 HWB의 전략적이고 협력적 리더십의 역할을 수행하는 데 중요한 수단이며 지역서비스 지도자들에게도 욕구와 자산에 대한 전략적 관점을 가지고 서비스를 기획하는 데 소중한 정보가 되는 것이다.

JSNAs에 기초하여 HWB위원들은 통합보건복지전략(Joint Health and Wellbeing Strategy)을 개발하게 된다. 이 전략은 욕구와 자산분석을 토대로 보건복지의 결정요인들을 공동으로 제시하여 통합적 지방서비스의 전달을 기획하는 데 도움이 되어야 한다. 이와 같이 JSNAs와 통합보건복지전략(Joint Health and Wellbeing Strategy)은 상호결합하여 지방의 서비스변화, 즉 지방의 욕구와 지역사회의 참여에 따라 서비스투자와 철회를 결정하는 토대를 형성하게 된다.

통합보건복지전략은 지방자치단체와 CCGs가 JSNA에서 확인된 욕구들에 대응하여 주요 커미셔닝 참여자들(지방자치단체, CCGs, NHS커미셔닝위원회)이 집합적 조치(Collective Action)에 대한 합의된 우선순위를 설정하는 기제이다(DH, 2012b:13).

통합보건복지전략의 목적은 JSNA의 근거를 토대로 지역사회의 가장 큰 이슈가 무엇인지, 이에 대해 무엇을 할 수 있는지, 그리하여 달성하고자 하는 의도된 결과가 무엇인지에 공동으로 합의하기 위한 것이다. 이것은 지방서비스들에 대한 커미셔닝 결정 즉, 서비스사용자와 지역사회의 욕구에 초점을 둔 점과 보건복지의 영향요인들을 제어하는 측면이 있다는 것을 알리는 데 목적이 있다. 또한 NHS와 지방정부 그리고 커미셔닝 참여자와 서비스공급자들의 집합적 조치를 동원하고, 지역사회를 참여시킨다(DH, 2011c:19). 그렇기 때문에 이는 HWB와 지역 보건, 사회서비스체계의 커미셔닝 참여자들과 서비스 제공자들에게 이익이 될 뿐만 아니라 서비스사용자나 가족, 수발자, 그리고 지역사회에 이익이 된다.

통합전략욕구사정과 통합보건복지전략의 원칙들은 다음과 같다(DH, 2012b:8).

- 전체 주민의 현재와 미래의 보건 및 사회서비스에 대한 욕구를 고려해야 하고 전략적이어야 한다.
- HWB가 욕구를 넘어 지역자산이 확인된 욕구를 어떻게 충족시키는 데 활용될 수 있을지를 검토한다면 실질적인 소득이 있을 수 있다. 이러한 접근은 이용 가능한 자원을 최상으로 활용할 수 있게 할 뿐 아니라 서비스들의 결합을 통해 지역문제에 대한 해법을 지역에서 찾는 혁신을 촉진한다.

- JSNAs와 통합보건복지전략은 지역사회의 불평등과 이에 대한 영향요인을 이해하는 열쇠이다. 열악한 주거, 무직과 범죄 등 이들 영향요인들이 지역에 따라 보건과 복지의 결과에 어떻게 영향을 미치는지를 이해할 수 있게 된다.
- 이 일들을 함께할 수 있다는 것에 초점이 있어야 한다. HWB와 그 외 지역파트너들이 함께 지역의 각 체계들에 더 큰 영향을 미치고, 지역사회전체에 향상된 보건복지의 결과를 전달하며, 중복과 관료제를 피하기 위해 자원을 모아서 얻는 부가가치를 이해할 수 있어야 한다.
- 통합보건복지전략은 모든 것을 한꺼번에 처리하겠다는 함정을 피하고 중요한 이슈들을 우선순위화해야 한다.

제2절 학습, 복지, 고용의 연계체계

1. 통합과 조정의 이론적 관점

전통적 복지행정모델의 특징인 관료적 구조(bureaucratic structure), 전문가 위주(professional domination), 공공에 대한 책임(accountability to the public), 형평성(equity of treatment), 자족(self sufficiency) 등 수혜자 중심이 아닌 공급자 중심으로 인해 비효율과 낭비 등 복지전달과정의 부정적 효과를 가져왔다(Butcher, 1995: 2-11). 이에 따라 중앙과 지방정부간 새로운 관계설정(파트너십)을 토대로 민간과 자원봉사 부문과의 관계가 증가하고 있으며, 전통적 행정에 의한 공적 복지모델(public face of welfare)은 효율성, 경쟁과 시장의 가치, 그리고 소비자중심주의 등 복지전달의 새로운 언어와 가치로 대체되고 있다(Butcher, 1995: 156-161).

공급자 중심 전달체계에서 수요자 중심 전달체계로 변화되는 과정에 자주 등장하는 대안들이 통합과 조정이다. Agranoff(1991)는 서비스통합에 관한 연구들을 세 가지 경향으로 분류하고 있다. 그중 Redburn(1977)의 연구는 서비스통합(integration)에 두 가지 기본적인 측면이 있다고 본다. 먼저 휴먼서비스를 관리하는 정부 프로그램의 구조적 변화, 그리고 서비스의 본질과 전달의 변화라고 하는 것이다. 여기서 흥미로운 지적은 구조적 변화와 서비스 전달 사이에 인과적 관계가 있다는 것이다. 이러한 연관관계는 변화의 실제, 그 자체보다는 정치적 목적에 더 충실하다는 점을 강조하고 있다. 또 하나의 경향은 Calista(1986)가 지적하는 바, 통합의 본질은 분권화와 서비스조정에 관련되어 있다는 것이다. 즉 통합은 정치적 목적과 연관성이 깊고, 분권화와 매우 밀접한 관련을 가지고 있다는 설명이다. 한편 Immersheim(1983)은 서비스 통합에 있어서 기본적인 문제는 조직의 결정에 관한 해묵은 문제들이라고 하면서 이를 문제(problem), 해결책(solution), 참여자(participants), 선택기회(choice opportunity) 등 네 가지로 범주화한다. 그리고 복합적인 욕구를 가진 클라이언트가 여러 가지 프로그램과 조직들에 직면하는 상황에서 관련 당사자들인 클라이언트와 사회복지사는 문제와 해결책을 알고 있을지라도 문제를 해결하는 서비스에 직접 접근하지 못한다는 것이다. 그래서 통합은 정부서비스 내 또는 정부서비스 간 폭넓은 조직적 해결책을 제공하는 수단이 된다는 것이다. 실제로 통합은 고위험에 처해 있는 사람들의 욕구들에 대해 조정된 대응(coordinated responses)을 향상시키기 위한 시도이다(Agranoff, 1991).

Mytle과 Wilber(1994)는 Fortinsky(1991)의 연구결과를 토대로 서비스 전달과정에서의 조정(coordination)은 다음 세 가지 형태의 거래를 관리하는 것으로 구성된다고 한다.

첫째, 서비스 통합(service integration)이다. 이것은 클라이언트 수준의 조정을 말하며 복합적 문제의 욕구가 총체적, 포괄적으로 드러나도록 서비스 전달 지점에서 클라이언트와 전문가 사이의 상호작용을 구조화하는 것이다. 대체로 이러한 경우 서비스통합 접근으로서 사례관리(case management)가 유용하게 활용되고 있다.

둘째, 시스템 통합(system integration)이다. 이것은 복합욕구를 가진 클라이언트가 고도의 다원적 전달체계로부터 연속적이면서 통합된 일련의 서비스를 받을 수 있도록 조직 간 장애와 서비스 불연속을 줄이는 것을 말한다. 실제로 사례관리와 공동재원을 결합한 접근법이 주로 활용된다. 조직수준에서의 거래는 클라이언트, 재원, 정보, 인적자원 그리고 기술의 상호의존성을 말한다.

셋째. 시스템 전개(system development)이다. 이것은 각각의 보호체계 간, 즉 제도보호와 지역보호체계 간, 단기와 장기보호체계 간, 보건과 사회복지서비스체계 간 상호작용과 관계를 합리화하는 것을 말한다. 따라서 체계들과 그 조직들 간 서비스 합리화를 위한 수직적 통합을 강조함으로써 전체 체계의 성과를 향상시키는 것이다.

이러한 이론적 논의에 비추어 보면 주민생활지원행정체계로의 변화는 분권화상황에서 부서 간 또는 자원 간 조정된 대응력을 높일 수 있는 '시스템 통합'에 해당한다고 이해할 수 있다. 하지만 휴먼서비스의 경우 클라이언트 수준에서의 조정인 '서비스 통합'이 여타의 정치적 목적에 우선하여 전제되어야 한다. 이것은 클라이언트의 욕구를 효율적으로 해결할 수 있는 실천구조가 중요하다는 것을 의미한다.

이에 따라 행정조직수준의 통합을 의미하는 '시스템통합'과 클라이언트 수준에서의 통합을 의미하는 '서비스통합'의 두 가지 관점을 토대로 전달체계 일선에서 핵심적 서비스가 통합 조정되는 사례를 고찰하고자 한다.[14)]

2. 사회서비스 일선전달체계 사례분석

1) 덴마크 유연안정모델(flexicurity model)의 직업센터(Job Center)

덴마크의 유연안정모델은 학습과 고용, 그리고 복지의 유기적 관계(golden triangle)를 특징으로 한다. 높은 수준의 외부수량적 유연성[15)]을 가진 유연한 노동시장, 실업자에게 관대한 경제적 지원체계, 그리고 곧바로 재취업이 곤란한 실업자들의 기술향상을 위한 적극적 노동시장정책은 이 자체가 노르딕 복지국가와 자유주의 레짐을 혼합한 덴마크 모델(danish model)을 제시하고 있다(Madsen, 2006a).

덴마크 모델은 근로와 전직을 넘나드는 높은 이동성이 주요 특징

14) 주민생활지원행정체계에 관한 연구는 서재호(2008), 이현주(2007), 이인재(2007), 이태수(2007) 등이 있으나 대체로 제도의 필요성을 주장하는 데 그치고 있다.

15) flexicurity는 flexibility와 security의 합성어로서, flexibility는 외부수량적 유연성(external numerical flexibility: 채용과 해고의 유연성, 임시직유연성), 내부임시수량적 유연성(internal temporal/numerical flexibility: 초과근무, 파트타임근무 등 근무시간유연성), 기능적 유연성(functional flexibility: 우연한 직무설계, 폭넓은 기술과 지식에 의한 다목적 고용가능성), 임금유연성(wage flexibility: 성과급, 임금협상 등)으로 나뉜다. 한편 security는 직업안정성(job security: 특정 고용주에게 계속 취업할 확실성), 고용안정성(근로를 유지할 확실성), 소득안정성(income security: 유급근로 중단 시 소득보호), 결합안정성(combination security: 유급근로와 사회적 책임성을 결합할 수 있는 확실성) 등으로 나뉜다.

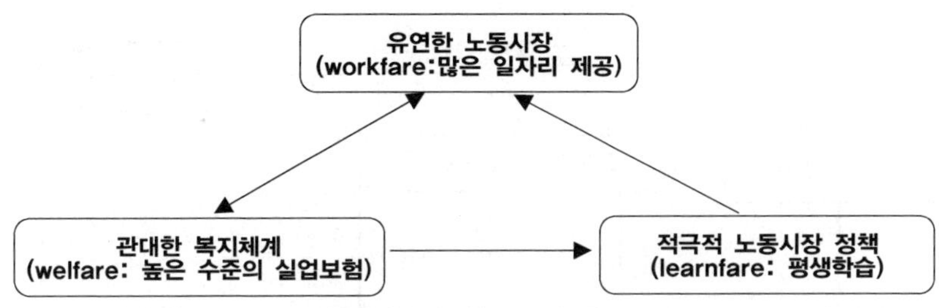

〈그림 6-3〉 덴마크의 유연안정모형

이라고 할 수 있다. 전체 근로자의 30%가 매년 일자리를 바꾸고 있으며 평균 근속기간이 8년 정도로 OECD국가 중 미국과 영국 다음으로 낮은 수준을 유지하고 있다(Danish National Institute of Social Research, 2004). 이처럼 높은 이동성을 유지할 수 있었던 것은 고용보호규정이 엄격하지 않고 또한 직업순환(Job Rotation)[16)]이라는 일자리 나눔프로그램이 작동되었기 때문인 것으로 보인다.

재직 소득의 90%까지 급여를 받을 수 있는 실업보험은 약 50개의 실업보험기금에 의해 자발적으로 운영된다. 그러므로 이 기금은 고용부(Ministry of Employment)로부터 독립적으로 노조의 정책을 반영하는 자율적인 전략을 개발할 수 있지만 수입의 대부분은 고용부 산하 기관의 감독하에 집행된다(Hendeliowitz and Woollhead, 2005:123).

실업보험기관이 급여지급을 관리하지만 고용부 산하 고용서비스(PES: Public Employment Service)는 실업자들의 적극화(activation)[17)]에

---

16) 이것은 노동의 공급을 휴가프로그램과 표적훈련을 통해 조절하는 인적자본전략으로서 유급휴가프로그램은 교육, 안식년, 육아휴가를 포함한다. 재직자와 실직자 모두 이 프로그램에 참여할 수 있는데 최대실업급여의 70%를 받을 수 있다. 직업순환(job rotation)은 실직자가 교육휴가프로그램에 참여하고 있는 재직자를 대체하는 것으로 양자 모두 계획된 직업훈련을 받게 되는데 실직자는 멘토가 있는 직무경험을 획득하게 된다(Etherington & Jones, 2004).

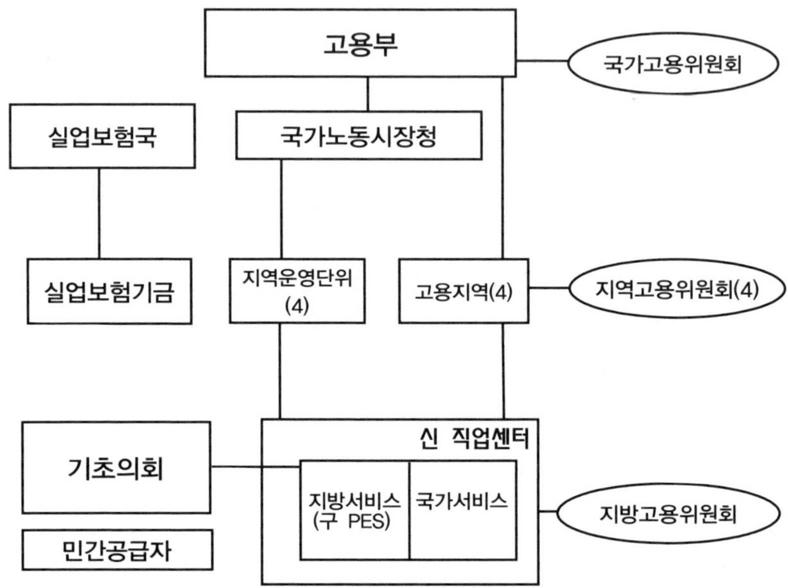

자료: Hendeliowitz & Woollhead(2005). Employment Policy in Denmark; High Levels of Employment, Flexibility and Welfare Security, International Workshop on Local Employment Development. Japan Institute for Labour Policy and Training.

〈그림 6-4〉 덴마크 고용관련기관 체계도

책임이 있으며 구직자는 적극화 프로그램에 접근하기 위해 PES에 등록하는 것이 강제사항으로 되어 있다.

실직자가 4년 후 비보조고용을 찾는 데 성공하지 못하면 실업급여의 자격이 상실되고 기초자치단체가 관리하는 사회부조에 등록되어야 한다. 즉 PES로부터 지방정부로 정치적, 행정적, 재정적 책임이 이전되는 것이다.[18] 따라서 덴마크의 고용, 복지, 학습모델의 집행체

17) 적극화 프로그램(activation program)은 직업안내, 구직지원, 개별 구직행동 계획, 민관직업훈련, 교육, 휴가계획, 직업순환(job rotation), 전시 간 직업풀 등이 포함되어 있다(Hendeliowitz and Woollhead, 2005:123).

계는 보험실직자와 비보험실직자로 이원화되어 있다고 볼 수 있다. 그러므로 지역단위에서 이러한 고용, 복지, 학습 모델의 핵심적인 실행주체는 PES라고 할 수 있다. 광역자치단체(county)에 분포된 PES 사무소가 구직자에게 광범위한 서비스를 제공하고 기업체에는 필요로 하는 노동력을 연결시키는 핵심 기능을 수행하고 있기 때문이다.

그런데 2006년과 2007년의 구조개혁에서 덴마크의 노동시장정책은 큰 변화를 가져오게 되는데 14개의 광역(county)이 5개의 노동시장지역(region)[19]으로 바뀌고 각각에는 삼자협의회(사용자, 노동자, 정부)가 존속되게 된 것이다. 이러한 개혁은 노동시장정책을 집행하는 데 지방정부의 역할이 증대되고 사회적 파트너의 영향이 줄어든 것을 의미한다(Madsen, 2006b:3).

또 하나의 중요한 변화는 기초자치단체(municipality)에 직업센터(Job Center)가 신설되었다는 것이다(〈그림 6-4〉). 직업센터가 신설된 배경은 현재 보험실업자와 비보험실업자로 이원화된 업무, 즉 사회부조(social assistance)와 PES 업무를 통합하겠다는 시도라고 할 수 있다. 재정적으로는 국가가 보험실업자에게 계속적인 책임을 지고 기초자치단체는 비보험 실업자에게 책임을 지는 것이지만 향후 PES와 기초자치단체행정은 한 지붕 아래 업무를 수행하게 될 것이고, Job Center는 단일접촉창구(one single point of entry)로서 기능하게 될 것이다(Hendeliowitz and Woollhead, 2005:134).

---

18) 지방정부는 275개의 기초자치단체(municipality)와 14개의 광역자치단체(county)로 나뉘어 있으며 광역은 병원, 건강보험, 중등후 교육, 장애인복지, 교통인프라와 교통을, 기초는 노인보호, 아동보호, 초중등교육을 주로 담당하고 있다. 노동시장정책은 고용부산하 기관이 직접 관장하는 집행구조로, 중앙집권화되어 있다(Bogedan, 2005:9).

19) 지리적 여건과 노동시장 통합 수준에서 보면 4개의 고용 지역이 존재한다(Hendeliowitz and Woollhead, 2005:133-134).

덴마크의 서비스 일선체계는 국가의 정책인 학습-고용-복지를 축으로 한 유연안정성모델을 지방에서 실현하기 위해 전국적으로 표준화한 도구적 성격이 강하다. 따라서 지역수준에서는 지역고용위원회와 지방고용위원회라는 거버넌스 구조를 갖추게 하고, 다양한 생활서비스를 포괄적으로 접근하는 것이 아닌 학습-고용-복지서비스에 집중하도록 하였다. 특히 이를 위해 클라이언트 접근 지점인 직업센터를 통해 분야별 서비스가 조정되도록 한 것이다. 요컨대 덴마크 모델을 일선에서 작동가능하게 하는 것은 행정조직의 통합이라기보다는 클라이언트 수준에서 학습과 고용, 복지가 통합조정될 수 있도록 단일의 접근센터를 구축하고 있다는 점이다.

2) 미국의 WIA와 유타주 원스톱 센터

WIA(Workforce Investment Act of 1998)는 JTPA(Job Training Partnership Act of 1983)를 대체한 미국의 국가직업훈련시스템의 개혁으로서 60여개가 넘는 연방훈련 프로그램을 주정부에 대한 3개의 포괄보조금 사업으로 통합한 것이다.

WIA의 7가지 지향원리는 One-Stop 전달체계를 통한 서비스의 효율화, 정보와 직업훈련프로그램 접근을 통하여 구직자에게의 권능부여(empowering), 핵심서비스에 대한 보편적 접근제공, 지역인력투자위원회(Workforce Investment Board)와 민간 부문에 강력한 역할보장, 주와 지방의 유연성 향상, 청년프로그램 향상 등이다(Social Security Administration Government Accountability Office, 2005). WIA의 집행원리로는 누구나가 접근 가능한 보편성, 자기주도적인 소비자선택, 조정을 통해 중복서비스가 제거된 서비스통합, 재정지원을 확보하기 위해 성과기준을 충족시켜야 하는 결과에 대한 책임이라고 할 수 있다(Targett et al., 2007:6).

WIA 프로그램은 연방정부와 주정부, 그리고 지방정부 간의 역할 분담을 통해서 집행되고 있다. 연방 차원에서는 WIA 집행을 위해서 별도의 부서가 신설되지 않고, 연방 교육부, 노동부, 보건・인적 서비스부, 주택 및 도시개발부 등 4개 부처에서 추진하는 교육・훈련 프로그램을 주정부와 지역정부의 '인력투자위원회(State Workforce Investment Board)'를 통해서 실시하는 전달체계를 구축하고 있다. 이에 따라 WIA에 의한 교육・훈련 서비스는 지역정부의 인력투자위원회(Local Workforce Investment Board)로부터 선정된 One-Stop 센터에 의해서 수요자들에게 전달된다(한국교육개발원, 2007). 즉 WIA는 거버넌스 구조로서 지역인력투자위원회를, 그리고 실천구조로서 One-Stop 센터(One-Stop Career Center)를 고용과 훈련서비스의 단일 접근 지점으로 설정하고 있다.[20] One-Stop 센터가 제공하는 핵심적인 서비스는 실업보험 청구 접수, 구직보조, 고용상담, 직업정보 및 연계, 교육훈련 서비스에 대한 정보 등이다. 하지만 몇몇 주(State)에는 WIA와 고용서비스(Employment Service), 그리고 TANF(Temporary Assistance for Needy Families Program)가 밀접하게 통합되어 있다. 학습을 중심으로 고용, 복지가 기능적으로 긴밀하게 통합되어 전달되고 있는 것이다.

WIA의 행정구조는 정책 개발, 사업 운영, 서비스 전달에 대한 역할을 누가 담당하느냐에 따라 매우 복잡한데 일반적으로 정책 개발은 주정부와 지방인력투자위원회가 맡고 사업 운영은 주와 지방의 기관(agency)이, 그리고 서비스 전달은 판매자(vendor)가 제공한다. 하지만

20) WIA에서는 4개 연방정부 부처의 17개 기관을 One-Stop 센터의 파트너로 의무화하도록 규정하고 있다.

이러한 역할분담이 법적 요건은 아니다(Barnow and King, 2005:16). 특히 플로리다(Florida)주와 텍사스(Texas)주, 그리고 유타(Utah)주는 강력한 주정부의 역할, 서비스의 통합과 합병을 특징으로 한다. 그중 유타주는 독특한 행정구조를 가지고 있는데 DWS(Department of Workforce Services)가 거의 모든 인력개발사업 및 관련 사업을 관리하고 있는데 WIA, 고용서비스, 실업보험, TAA[21], 보육, TANF와 Food Stamp 사업이 모두 여기 포함되어 있다.

WIA하에서 고용서비스는 One-Stop 센터의 파트너로서 강제되어 있지만 그 관계는 다양하다. 한편 WIA와 TANF의 관계는 지방의 목표, 프로그램의 철학, 관리스타일, 정치문화에 따라 One-Stop 파트너로서 TANF가 법적으로 강제되거나 선택할 수 있도록 하고 있다.

유타주는 주의 WIA 기관에서 TANF 자금을 전적으로 통제하고, 오레곤(Oregon)주와 미주리(Missouri)주에서는 양자 관계가 강제적이며, 플로리다주와 텍사스주에서도 밀접하게 통합된 One-Stop 센터를 운영하고 있다. 한편 인디애나(Indiana)주와 메릴랜드(Maryland)주에서는 One-Stop 센터의 파트너로서 TANF는 선택사항이다(Barnow and King, 2005:22-27). 특히 유타주는 가장 고도로 통합된 유기적인 One-Stop 전달체계를 가지고 있는데 정책결정기능이 주정부에 집중되어 있고, 지방인력투자위원회(WIBs)가 없으며 대신에 8개의 지역기획협의회가 인력정책, 자원할당, 서비스설계, 고용센터와 One-Stop 센터의 입지 등에 대한 투입활동을 하고 있다(King, and O'Shea, 2004:166).

〈그림 6-5〉처럼 DWS의 관리하에 WIA, Wagner-Peyser Act,[22]

---

21) TAA(Trade Adjustment Assistance, 1974)는 수입증가로 인해 일자리를 잃었거나 근무시간과 임금이 줄어든 근로자를 지원하기 위한 연방정부 프로그램으로서 훈련, 구직활동 등을 신청요건으로 하고 있다.

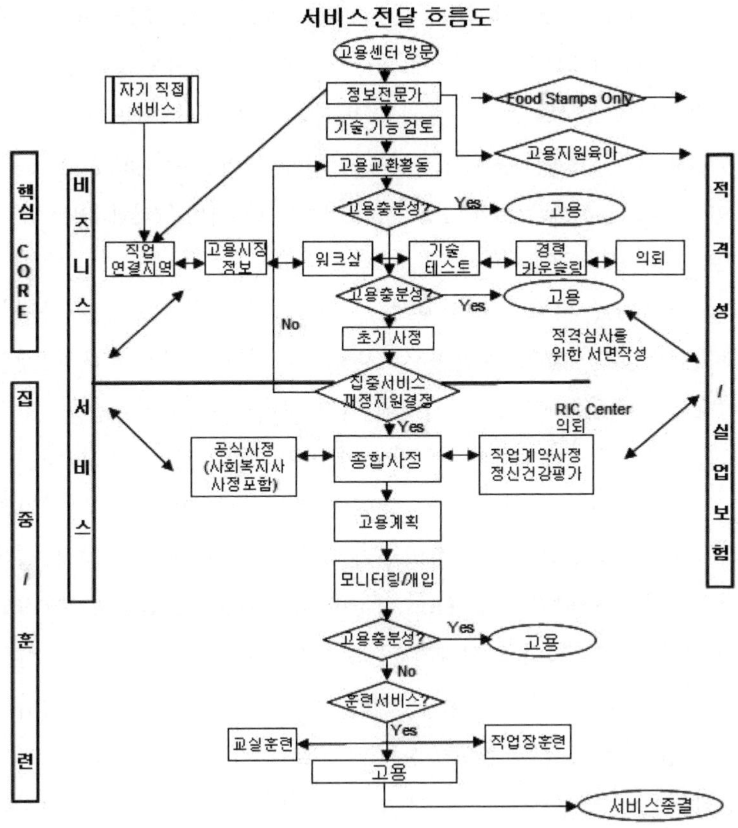

자료: King, and O'Shea. (2004). The Workforce Investment Act in Eight States: State Case Studies from A Field Network Evaluation, Ch.5 Utha Case Studies, U.S. Department of Labor Employment and Training Administration, The Nelson A. Rockefeller Institute of Government.

〈그림 6-5〉 유타(Utah)주 고용센터 통합전달체계

TANF, Food Stamp, Food Stamp 고용 훈련, 보육서비스 등이 One-

22) Wagner-Peyser Act는 1933년에 제정되었으며 전국적인 고용시스템을 갖추기 위하여 연방정부가 주에 교부하는 대응보조금을 골자로 한다. 이 법에서 규정한 고용서비스는 WIA의 제정으로 1998년 one-stop 전달체계에 포함하도록 개정되었다.

Stop 센터에서 제공된다(King, and O'Shea, 2004). 즉 주(State) 수준에서 여러 노동력 관련 자금의 흐름들이 DWS로 통합되고 이를 다시 5개 지역의 One-Stop 고용센터로 배분되는 체계를 마련한 것이다. 지역 One-Stop 고용센터의 기능 분류는 행정, 적격심사서비스(food stamp, TANF 등), 고용서비스(핵심, 집중, 훈련), 비즈니스서비스(인력교환, 노동시장정보 워크숍)로 되어 있다.

미국의 WIA 서비스 전달체계는 분권형 구조라는 특징을 가지고 있다. 연방정부가 WIA의 일반적 지침을 가지고 주정부에 대해 재정지원방식의 변화를 통해 각 지역에 따라 분야별 서비스가 통합, 조정되도록 유도하는 방식이다. 그렇기 때문에 생활지원서비스가 주민에게 전달되는 양태는 주에 따라 통합형에서 분산형까지 매우 다양한 형태가 나타난다. 그렇지만 유타주의 경우처럼 DWS로 다양한 생활행정기능이 통합되고 One-Stop 센터에서 수요자 중심으로 학습-고용-복지가 통합조정되는 사례가 주목받고 있다.

요컨대 WIA하에서 서비스 전달체계는 주에 따라서 다양하나 One-stop 센터를 통해 통합조정되는 경향이 있다. 특히 유타주는 행재정적으로도 통합된 체계를 갖추고, 클라이언트 수준에서도 긴밀하게 통합조정되는 대표적인 사례라 할 수 있다.

3) 호주의 센터링크

센터링크(Centrelink)는 당시로서는 가장 큰 서비스 전달체계 개혁으로서 1997년 연방서비스 전달기관법(Commonwealth Service Delivery Agency Act 1997)에 의해 설립되었다(Centrelink, 2007). 호주 정부는 센터링크를 설립함으로써 정부서비스들을 연결하여 누가 어디에 있건 최적의 서비스를 전달할 수 있도록 하였다.

이에 따라 센터링크의 임무는 삶의 전환기동안 기회를 제공하는 것, 혁신적이면서 비용효과적이고 개별화된 서비스를 one-stop 센터를 통해 개인, 가족, 지역그룹 등에게 전달하는 것, 서비스 질을 위해 헌신하는 것, 이용가능한 자원을 최대한 활용하는 것, 보다 나은 서비스를 위해 지역의 아이디어를 청취하고 실행에 옮기는 것, 고객과의 관계를 형성하는 것 등이다(Centrelink, 2000). 센터링크의 서비스는 고객의 생활사(life event), 즉 임신, 구직, 퇴직, 이주 등과 같이 살아가면서 겪는 경험에 기초하고 있다. 센터링크에서 제공되는 서비스는 고용, 청년/학생, 퇴직, 가족/아동, 장애인/보호자, 농촌/주거, 다문화, 원주민, 기타서비스(보건 등)등 크게 9개 부문으로 구성되어 있다.

센터링크는 소득지원과 구직지원 등을 위해 one-stop 센터를 클라이언트부처와 구매, 제공자 파트너십으로 운영하는데 가족 및 지역서비스부(Department of Family and Community)와 고용부(Department of Employment), 그리고 근로관계 및 중소기업부(Department of Work Place Relations and Small Business)가 업무 비중이 높다(Raper, 1999:101).

이러한 서비스의 접근 또는 전달 방법은 직접 고객서비스센터, 전문가서비스센터, 센터링크 에이전트를 방문하거나, 전화, 인터넷 또는 우편 등을 통해 이루어지는데 고객서비스센터(customer service center)와 콜센터(call center)가 고객만족도가 가장 높은 것으로 나타나고 있다. 하지만 센터링크 모델이 가진 문제로서 고객권리의 보장과 성과목표 충족 사이의 갈등, 고객맞춤형 서비스의 제공과 계약관계의 한계 사이의 갈등, 책임성과 투명성 향상과 외부기관의 의사결정 책임소관 사이의 갈등 등이 제기되기도 한다(Raper, 1999:101).

2004년 호주정부는 공공사회보건 관련 서비스 전달 향상을 위해

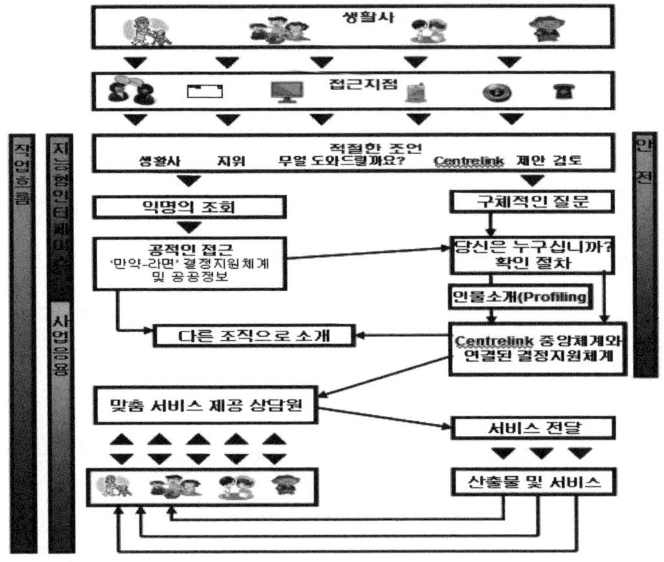

자료: Centrelink (2000). Centrelink Annual Report: 1999-2000. Commonwealth of Australia. (http://www.centrelink.gov.au)

〈그림 6-6〉 Centrelink 서비스 전달체계

휴먼서비스부(Department of Human Service)를 신설하여 센터링크를 포함한 6개의 서비스 전달기관을 휴먼서비스부 산하에 두게 되었다.23)

이것은 행정조직의 통합을 통해 서비스 통합수준을 높이겠다는 취지이지만 호주의 센터링크 체계는 수요자 중심의 생활지원서비스가 포괄적으로 통합조정된 사례라고 볼 수 있다. 하지만 One-Stop 센터의 업무 비중은 주로 고용과 복지에 치중되고 있다는 점을 주목할 필요가 있다.

23) 6개의 서비스 전달기관은 Centrelink와 보건과 지불프로그램을 관리하는 Medicare Australia, 부모이혼아동지원프로그램인 the Child Support agency, 직업재활서비스기관인 CRS Australia, 소비소유자격자공청기관인 Australian Hearing, 직업보건 및 안전성평가기관인 HSA Group 등이다(Centrelink, 2007).

참고문헌

가라타니코진 · 박유하. (2002). 대담: NAM과 지역통화운동, 녹색평론 제 65호 2002년 7~8호.

감정기 · 최원규 · 진재문. (2003). 사회복지의 역사, 나남.

강수돌. (2002). [기획 1/비자본주의 시장의 형태들] 이윤과 권력을 넘어서는 레츠 운동. 문화 과학, 통권 32호, pp.127-147.

강창현. (2002). 지역복지공급 거버넌스 연구: 네트워크 접근. 한국행정학보, 36(2), pp.313-332.

_____. (2012). 바우처 제도의 현황과 효과성 분석. 국회예산정책처

강혜규. (1997). 보건복지사무소 시범사업 2차년도 실태조사. 보건복지포럼, 8(97/ 5), pp.67-76.

_____. (1998). 한국의 공공복지 전달체계 개편실험의 성과분석-보건복지사무소 시범사업을 중심으로. 연세사회복지연구, 5(단일호), 1-36.

_____. (2005). 보건복지사무소와 공공복지전달체계의 개편. 「한국사회복지의의 이해」, 동풍, 313-335.

경실련. (2008). 지역사회복지협의체 시행1년 운영실태 조사 결과 보고서. 경제정의실천시민연합.

국가법령정보센터: http://www.law.go.kr/lsInfoPWah.do?lsiSeq=52254

국민경제자문회의. (2006). 동반성장을 위한 새로운 비전과 전략: 일자리 창출을 위한 패러다임전환.

국민일보. (2006. 3. 20). 방과 후 학교 바우처 제도 도입.

국회예산정책처. (2011). 사회복지전달체계개선종합대책 평가.

권오성 외. (2009). 정책수단으로서의 보조금 현황 및 연구경향. 행정논총, 47(1), pp.277-309.

권인석. (2004). 신공공관리론의 논리, 한계, 그리고 극복. 한국공공관리학보,18(2), pp.31-46.

김 신. (2001). 미국정부업무의 평가: 연방, 주, 지방정부 성과평가의 현황. 한국정책분석평가학회 · 국무조정실.

김경우 · 양승일 · 강복화. (2008). 사회복지정책론, 창지사.

김도희. (2010). 지방정부 복지행정서비스 효율적 공급을 위한 거버넌스적 접근방식의 정책적 함의. 사회과학연구, 26(2호), pp.297-317.

김동배 외. (2001). 지역통화운동이 지역사회 공동체의식 강화에 미치는 영향에 관한 연구. 한국사회복지학, 45(5), pp.40-71.

김석준 외. (2000). 뉴 거버넌스 연구, 서울: 대영문화사.

김성태 · 이인실 · 안종범 · 이상돈. (1999). 한국 조세제도의 초과부담 추정, 국제경제연구, 5(3), PP.45-72.

김순양 & 고수정. (2004). 지방 공공서비스의 민간위탁(contracting-out) 과정 비교 · 분석. 한국사회와 행정연구, 15(1), 95-124.

김순양. (1998). 기고논문: 사회복지서비스 공급 민영화의 성공요건 고찰; 사회복지관 시설의 민간위탁 과정을 중심으로. 한국정책학회보, 7(3), 87-120.

김승현. (1998). 지방자치단체의 복지서비스 계약공급에 관한 연구; 노원구의 위탁 시설을 중심으로. 한국행정학보, 32(3), pp.145-160.

김영종. (1998). 사회 복지 행정. 학지사.

_____. (1998). 한국의 공공복지전달체계 개편 실험의 성과분석: 보건복지사무소 시범사업을 중심으로. 연세사회복지연구회, 5, PP.1-36.

_____. (2005). 사회복지사무소 시범사업의 추진경과와 전달체계 개선과제. 월간복지동향, 8, pp.22-66.

김우중. (2013). 거버넌스로서의 지역사회복지협의체 참여성 평가. 한국사회복지행정학, 15(1), pp.1-30.

김윤수 (2009). 사회서비스분야에서 전자 바우처 사업의 발전방향. 한국거버넌스학회 춘계학술대회발표논문집.

김인숙, 신은주, 김혜선. (1999). 가정폭력피해자를위한 서비스네트워크모델 개발「한국가족복지학」, 3, 1-29.
김인숙・신은주・김혜선. (1999). 가정폭력 피해자를 위한 서비스 네트워크 모델 개발, 한국가족복지학, 3, 1-29.
김적교. (2008). 경제학 개론, 박영사.
김정해. (2016). 민간위탁의 사례분석과 개선방안. ISSUE paper. 한국행정연구원.
김종순. (1997). 지방재정학. 삼영사.
김태성・성경륭. (2000). 복지국가론, 나남.
김한주・최경구역. (1987). 복지국가위기론: 사회변동과 사회사상, Ramesh Mishira The Welfare State in Crisis.
남궁근. (1995). 복지국가의 위기극복을 위한 정책선택의 비교연구: 영국과 스웨덴의 사례를 중심으로. 한국정책학회, 선진화를 위한 정책윤리와 과제.
노시평. (2007). 공공서비스의 민간위탁공급에 관한 연구. 한국거버넌스학회보, 14(2), 175-201.
니시베 마코토. (2002). 지역통화 LEST에 대하여, 녹색평론, 제 65호 2002년 7~8호.
류동민・최한주. (2003). 지역통화운동 활성화 방안에 관한 연구: 한밭레츠의 사례를 중심으로, 한국연구재단.
류애정. (2012). 지역단위 복지전달체계로서 희망복지지원단의 운영구조 분석에 관한 연구. 한국지역사회복지학회, 42(2012/9), pp137-156.
류진석. (1997). 지역사회의 개념과 지역사회복지모델. 장애와 고용, 7(3), 50-56.
마이클 샌델, 안기순 옮김. (2012). 돈으로 살 수 없는 것들. 미래엔.
문병근 외. (1998). 우리나라의 지방재정 조정제도에 있어서 Flypaper Effect에 관한 실증적 분석 한국국민경제학, 7(1), pp.165-185.
문순영. (2005). 한국의 민간비영리 사회복지부문에 대한 이해, 한국학술정보(주).
미국의 육아지원 바우처: http://www.urban.org

미내사. (1998). 미래를 내다보는 사람들의 모임: http://www.herenow.co.kr.
민들레: 스스로 서서 서로를 살리는 교육을 구현하고자 출판과 교육, 연구 활동을 하는 사람들의 모임. http://www.mindle.org
박경숙. (2012, May). 공공복지 전달체계 현안과 개선방안. In 2012년 한국사회복지행정학회 춘계 학술대회 및 WORKSHOP(pp.1-8).
박병현. (2007). 사회복지정책론: 이론과 분석, 개정2판, 학현사.
박세경 외. (2008). 포괄보조금 세부 운영실태 분석을 통한 지역사회서비스 혁신사업.
박순애. (2002). 일반논문: 복지시설 민간위탁관리의 문제점과 개선방안-서울시 청소년수련관의 민간위탁과정을 중심으로. 한국정책학회보, 11(4), 159-191.
박용남 역. (2003). 조너슨 크롤, 레츠. 서울: 이후.
박윤희 & 박천오. (2011). 사회복지서비스 민간위탁 실태에 관한 진단: 경기도 K시 종합사회복지관을 중심으로. 지방행정연구, 25(2), 79-101.
배화숙. (2007). 사회복지서비스에서 바우처제도 도입의미와 과제, 사회복지정책, 31집, pp.319-342.
백경원. (2007). 사회복지시설 민간위탁절차 실태조사. 월간 복지동향, (105), 44-46.
백종만. (1994). 사회복지서비스에서 국가와 민간간의 역할분담유형 개발과 적용에 관한 연구. 서울대학교 대학원 박사학위논문.
법령연구: http://www.lawnb.com
변재관 · 강혜규. (1999). 지역복지 전달체계의 현황 및 개선방안. 한국사회복지행정학, (1), 39-63.
변재관. (1999). 지역복지 전달체계의 현황 및 개선방안: 시범보건복지사무소 평가 및 읍 · 면 · 동 기능전환을 중심으로. 한국사회복지행정학회, No.1, pp.39-68.
보건복지가족부. (2006). 사회복지사무소 시범사업 2차년도 평가 및 사회복지 전달체계 개선방안 연구
__________. (2009). 2009년도 지역사회서비스 투자사업 안내.

____________. (2010). 2010산모신생아도우미 지원사업안내.
____________. (2011). 보건복지부 2011년 주요업무 자료.
____________. (2012). 6월 1일 사회정책과 보도자료.
보건복지부. (2004). 사회복지사무소 시범사업 안내.
_________. (2005). 사회복지사무소 시범사업 1차년도 평가 최종보고서
_________. (2006). 지역사회복지협의체 운영 매뉴얼.
_________. (2010). 2009보건복지백서.
_________. (2013). 희망복지지원단업무안내.
사회서비스 바우처: http://www.socialservice.or.kr/index.jsp
사회서비스 향상기획단. (2006). 사회서비스 확충전략.
서울연합뉴스. (2011.02.23.) 한국의 사회적 프랜차이즈 모델 사례: (주)신나는 사람들.
서재호. (2008). 기초자치단체의 사회복지서비스 전달체계 개편에 대한 평가: 사회복지전달체계의 구성원칙을 중심으로. 한국거버넌스학회보, 15(1), pp.139-164.
_____. (2008). 기초자치단체의 사회복지서비스 전달체계 개편에 대한 평가: 사회복지전달체계의 구성원칙을 중심으로. 한국거버넌스학회보, 15(1), pp.139-164.
성규탁. (1992). 사회복지서비스 전달체계의 개념적 틀과 분석방법의 예, 사회복지, 115호.
성남문화재단. (2006). 성남문화통화 도입을 위한 일본 지역 통화 연수집.
송미령 외. (2011). 포괄보조금제도 운영의 실태와 개선방향. 한국농촌경제연구소.
신복기・박경일・이명현. (2009). 사회복지행정론, 공동체.
신은수. (2007). 복지와 선택을 넘어선 양질의 유아교육과 보육의 관계. 한국바른보육실천연대 토론회 자료집.
신희영. (2003). 신공공관리에 관한 보완적 접근: 정보기술을 활용한 행정개혁, 정부학연구,9(1), pp.81-119.
심재호. (1999). 민간 사회복지 전달체계의 재편: 참여와 계획화, 그리고

네트워크. 한국사회복지학술대회 자료집. No. 3, pp.129-147.
______. (2004). 사회복지사무소 시범사업의 현황과 과제. 한국사회복지학, (3), pp.87-101.
안병영. (2000). 21세기 국가역할의 변화와 국정관리, 계간사상, 봄.
안혜영. (2010). 지역사회복지협의체 활성화에 미치는 영향 요인에 관한 연구. 사회과학연구, 26(2), 319-346.
양재진. (2007). 사회투자국가의 사회정책패러다임과 사회투자정책: 영국과 덴마크의 사례, 국제노동브리프, 5, 한국노동연구원.
어윤배. (1996). 사회정책의 이론과 과제, 숭실대학교출판부.
연합뉴스. (2012.5.31). 복지부 사회서비스 전자 바우처 자체 운영.
오미일. (2010). 글로벌경제의 대항 비전으로서 사회적 경제: 경제의 지역화, 로컬 경제운동과 관련하여. 로컬리티 인문학, 4호, pp.83-118.
오수길. (2000). 뉴 거버넌스의 기능성과 한계: 호주 'Gentrelink'를 중심으로. 한국행정학회 2000년도 동계학술대회 발표논문집 (I), 203-217.
오준근. (1995). 경제행정법상 자금조성행정수단으로서의 보조금제도: WTO 협정에 부합 넓은 의미의 보조금 개념에 입각하여. 공법연구, 23(3). 403-442.
원석조. (1999). 사회복지 역사의 이해, 한국복지정책연구소출판부.
유 훈. (1992). 정책수단에 관한 소고. 「행정논총」, 30(2). pp.135-161.
유한욱. (2007). 재정효율성 제고를 위한 시장원리 활용방안: 바우처 제도를 중심으로, 한국개발연구원.
유희정 외. (2009). 2009년도 전국실태조사 시설조사보고서. 보건복지가족부 여성정책연구원.
윤춘모. (2006). 주민생활지원서비스 전달체계 개편의 문제점과 대응방안. 사회복지지원학회지, 2(2), 1-20.
이 강. (2009). 지역사회복지협의체와 주민생활 민관협의체의 통합방안. 한국거버넌스학회보, 16(2), pp.31-53.
이광모 · 김호식. (2006). 지역공공복지서비스 전달체계 연구. 한국행정과 정책연구, 4(2), pp.99-121.

이명석. (2001). 신자유주의, 신공공관리론, 그리고 행정개혁, 사회과학, 40(1), pp.1-45.

이성기 · 김성희 · 박인아. (1995). 보건복지사무소 모형개발 및 1차년도 운영평가. 한국보건사회 연구원.

이인재. (2005). 지역복지공동체 건설의 현황과 사례 그리고 과제. 도시와 빈곤, 73(단일호), 95-123.

_____. (2007). 지역사회복지 전개에 대한 평가와 과제. 비판사회정책, (23), 89-128.

_____. (2010). 사회보장론, 나남.

이인희. (2005). 복지다원주의의 패러다임에 관한 연구. 한국정책과학학회보, 9(4), pp.215-237.

이재완. (2001). 공공복지전달체계 개편의 당면과제. 월간 복지동향, 36(2001.10), pp.11-15.

이재완 · 김승용. (2012). 지역사회복지협의체에 대한 비판적 검토: 조직, 인력, 사업, 재정의 지역별 비교를 중심으로. 비판사회정책. 34(2012/2), pp.195-236.

이제복, 박상인. (2011). 사회서비스 공급 기관의 거리와 영리성이 바우처 이용에 미치는 영향에 관한 실증연구-산모신생아도우미 바우처 시장을 중심으로. 한국정책학회보, 20(4), 371-399.

이종수 · 윤영진 외. (2005). 새행정학. 서울: 대영문화사.

이주헌. (2010). 효율적인 지역복지전달체계 구축을 위한 협력적 서비스 전달기제의 평가에 관한연구: 서울특별시지역사회복지협의체를중심으로. 지방행정연구, 24(3), pp.145-170.

이준구. (1993). 미시경제학, 2판. 법문사.

이창우. (2000). 지역품앗이운동 소개, 제2건국을 위한 지역품앗이운동 설명 자료집. 서울시정개발연구원.

이태수. (2007). 주민생활서비스 지원체계의 혁신: 지방복지전달체계 혁신의 경과와 과제. 한국행정학회 추계학술발표논문집, 2007(단일호), 1-14.

이태영. (2008). 정책실천을 위한 사회복지정책론, 학현사.

이현송 · 강혜규. (1997). 시범보건복지사무소 운영평가 및 모형개발. 한국보건사회연구원.

이현주. (1998). 사회복지조직 구성원의 조직간 관계-장애인 복지관련조직을 중심으로. 박사학위논문, 서울대학교대학원사회복지학과.

_____. (2001). 공공복지 전달체계에 대한 새로운 대안 모형의 모색. 사회복지연구, 18(1), pp.161-1836.

_____. (2007). 주민생활지원서비스 전달체계 구축 목표와 행정조직구조 개편. 보건복지포럼, 130호(2007/8), pp.22-35.

_____. (2007). 주민생활지원서비스 전달체계 구축 목표와 행정조직구조 개편. 보건복지포럼, 130호(2007/8), pp.22-35.

이혜경. (1998). 민간사회복지부문의 역사와 구조적 특성. 연세대학교 동서문제연구원, 10(2), pp.41-75.

_____. (2007). 사회투자국가와 시민사회의 역할. The 5th United Way International Asia-Pacific Regional Conference, August 20-24.

이혜훈. (1997). 외국 복지국가위기론이 공동체의식 확립에 주는 시사점, 사회복지, 135호.

임성일 외. (2005). 국가균형발전 특별회계의 개선방향. 한국지방행정연구원.

임승빈. (1999). 행정과 NGO 간의 네트워크 구축에 관한 연구. KIPA 연구보고, 98-111.

임태경. (2009). 사회복지전달체계 네트워크 거버넌스 시스템 분석: 지역사회복지협의체 중심으로. 한국 정책학회 2009년도 춘계학술대회, pp.129-145. 1회.

장하준, 이종태/황해선 옮김. (2006). 국가의 역할. 부키.

전병관. (2006). 지방자치단체의 복지역량 강화를 위한 지역사회복지협의체의 활성화 방안: 충남지역 7개 시를 중심으로. 사회복지, 168, 62-79.

정광호. (2006). 바우처 분석: 한국과 미국을 중심으로. 행정논총, 45(1). pp.101-102.

정광호 · 최병구. (2006). 문화격차 분석과 문화바우처 정책설계, 지방정부연구, 10(4), pp.63-89.

정문호. (2005). '희망한국 21'의 사회안전망체계를 점검한다! 사회복지전달체계 실효성 제고를 위한 공청회자료집, 경실련.

정민수 · 조병희. (2007). 지역사회역량이 주민 건강수준에 미치는 영향: 2006년 서울시 도봉구 주민 건강행태조사를 중심으로. 한국보건사회학회, 제22집, pp.153-182.

정부혁신지방분권위원회. (2004). 국고보조금 정비방안.

________________. (2004). 보건복지부소관 국고 보조사업 중 지방이양비율.

정순둘. (1997). 사회사업에의 체계망 분석법 적용. 연세사회복지연구, 4, 211-232.

정윤길. (2000). 지방자치단체의 사회복지시설 민간위탁과정에 관한 연구: 서울특별시의 사례를 중심으로. 한국지방자치학회보, 12(1), 155-172.

조선일보. (2009.04.04). 저출산 문제 해결을 위한 출산장려금 제도.

______. (2012.06.25). 정신 건강 후진국(http://senior.chosun.com/site/data/html_dir/2012/06/25/2012062565030.html).

조임곤. (2006). 논문: 지방정부 민간위탁의 성과 평가-서울시를 중심으로. 서울도시연구, 7(4), 77-94.

지그문트 바우만, 카를로 보르도니, 안규남 옮김. (2014). 위기의 국가. 동녘.

지역품앗이 한밭 레츠: http://www.tjlets.or.kr, 한국 지역통화의 현황.

지은구. (2006). 사회복지전달체계의 개편과 지역사회복지협의체 개선방안. 사회과학논총, 25(2), pp.119-150.

차보현. (2006). 사회복지전달체계의 개편과 발전 과제. 한국행정논총, 16(2), pp.257-286.

초의수. (2008).지역사회복지협의체의 운영 실태와 네트워크 영향요인에 대한 연구. 지방정부연구, 11(4), pp.265-290.

최 협 외. (2001). 공동체의 현실과 전망, 서울: 선인.

최봉섭. (2006). 「영국의 유아교육 바우처 제도」, 한국교육개발원.

최성은 · 최석주. (2007). 바우처 제도의 효과 제고를 위한 평가방안. 한국보건사회연구원.

최옥채. (2008). 바우처 사업 시행에서 드러난 문제점: 수행 인력의 경험을 중심으로. 상황과 복지, 제25호, pp.39-65.
최재천. (2008). 기후변화 리더십과정 제1강 기후변화와 지속 가능성. 2008. 5. 27, 경향닷컴 메이커, 776호.
최항순. (2003). 정책논단: 사회복지시설 민간위탁 제도의 개선방안: 성남시 사회복지관을 중심으로. 국가정책연구, 17(2), 197-221.
추병주 & 정윤수. (2009). 민간위탁의 단계별 운영실태 분석. 한국공공관리학보, 23(2), 1-31.
한계레 신문. (2013. 01. 01). 쪽지 예산으로 반영.
한국교육개발원. (2007). 주민생활지원서비스 업무수행 현황과 개선방안.
한국보건사회연구원. (1997). 보건복지사무소 시범사업 2차년도 실태조사.
________________. (2007). 주민생활지원서비스 업무수행 현황과 개선방안.
한국지방행정연구원 (2006). 분권교부세와 복지재정.
한동운. (2004). 영국의 health action zones와 건강불평에 대한 영향. 한국보건경 정책학회 후반기 학술대회연제집.
함철호. (2003). 지역사회복지실천에 있어서 기관 간 연계의 효과성 평가: 지역사회복지협의체 사업의 참여자와 수혜자의 태도. 한국사회복지학, 55(2003.12), pp.309-339.
행정자치부. (2004). 지방자치단체 민간위탁 실무편람.
_________. (2006a). 주민생활지원서비스 전달체계 혁신.
_________. (2006b). 지방자치 단체 주민생활지원 기능 강화계획.
허원구. (1997). 수정복지국가이론의 유형에 관한 연구. 복지행정논총, 제7집.
현진권 · 정희경. (2012). 보육정책에서 공공성 논리비판과 정부실패, 한국경제연구원.
호주의 육아지원 바우처: http://centerlink.gov.au
홍금자. (2008). "보육지원시스템의 전자 바우처 제도 도입방안", 「영유아보육학회2008년 춘계학술대회자료집」.
홍성대. (2012). 케어매니지먼트 영역의 대응. 한국사례관리학회 춘계학술대회 자료집, 2012, 113-127.

황수연. (2006). 시장실패의 이론과 시장의 재발견. 사회과학연구, 22(2), pp.185-202.

Ackerman, S. R. (1983). "Social Service and the Market" Columbia Law Review, 83(6), pp.1405-1438.

Administration for Children & Families(ACF). U. S. Department of Health & Human Services. Washington, DC: USA. www.acf.hhs.gov

Agranoff, A. (1991). Human Services Integration: Past and Present Challenges in Public Administration. Public Administration Review, 56(6), pp. 533-542.

Ahlert, D. et al. (2008). Social Franching: A Way of Systematic Replication to Increase Social Impact. Bundesverband Deutscher Stiftungen.

Akerolof, George A. (1970). The Market for 'Lemons': Quality Uncertainty and the Market Mechanism, Quarterly Journal of Economics, 84(August), 488-500.

Akio Doteuchi. (2002). Community Currency and NPOs—A Model for Solving Social Issues in the 21st Century, NLI Research, No.163 April.

Allen, Enid. (2002). Managing Strategic Service Delivery Partnerships, London: New Local Government Network.

Andreasen, A. (2002). Marketing Social Marketing in the Social Change Marketplace, Journal of Public Policy &Marketing, 21(1), pp.3-13.

Annie. E. (2004). Casey Foundation and the Center for the Study of Social policy. Center of the Annie E.

Annual Report. (2010). Families Protecting Children.

Anthony Giddens. (1998). The Third Way: The Renewal of Social. Democracy. Cambridge: Polity Press.

Antrobus, S., & Brown, S. (1997). The impact of the commissioning agenda upon nursing practice: a proactive approach to influencing health policy. Journal of Advanced Nursing, 25(2), 309-315.

Atiyah, P. S. (1996). An Introduction to the Law of Contract. New York: Oxford University Press.

Audit Commission. (1997). Take Your Choice: a commissioning framework for community care. UK.

________________. (2005). Governing Partnerships: Bridging the accountability gap. London: Audit Commission.

Austin S. (2005). Community-Building Principles: Implication for Professional Development. Child Welfare. 84(2), pp.105-122.

Australian Government: Department of Human Services. http://centerlink.gov.au

Balcerowicz, Leszek. (2004). Toward A Limited State, Cato Journal, 24(3), pp.185-204.

Baldwin, P. (1990). The Politics of Social Solidarity: Class Base of the European Welfare State 1875-1975, Cambridge: Cambridge University Press.

Banbury & Chipping Norton. (2011/2012). Home-Start Annual Report.

Barnow, B. S., & King, C. T. (2005). The Workforce Investment Act In Eight States, U.S Department of Labor Employment and Training Administration, The Nelson A. Rockefeller Institute of Government.

Barry, N. (1990). Welfare, University of Minnesota Press.

Bauld, L.,Benzeval, M., Judge, K., Mackenzie, M. & Sullivan, H. (2005). Health Action Zones: Partnerships for health equity, Routledge, Abingdon, chapter. 8.

Beers, C. Van and Andre de Moor. (2001). Public Subsides and Policy Failures: How Subsides Distort the Natural Environment, Equity and Trade and How to Reform them. Cheltenham. United Kingdom Edward Elgar Publishers.

Benfield, C. A., Levin, H. M. (2002). The Effects of Competition between Schools on Educational Outcomes: A Review for the United States. Review of Educational Research, 72(2), pp.279-341.

Ben-Ner, A., Gui. B. (2003). The Nonprofit Sector in the Mixed Economy, The University of Michigan press.

Bernard Lietaer. (2001). 공동체 화폐, 녹색평론 제 65호 2002년 7~8호, The Future of Money: Creating New Wealth, Work and a Wiser World(2001년) 번역.

Beveridge, W. (1948). Voluntary Action: A Report on Methods of SocialAdvance.

Bilheimer, L. T. (2000). Subsidizing Health Care for the under Sixty-Five Population in C. E. Steuerle, V. D. Ooms, G.E. Peterson, and R. D. Reischauer, (eds). Vouchers and the Provision of Public Service. Washington, D.C.: Brookings Institution Press.

Bishai, D., Waker, D. & Peters, D. (2008). Social Franchising to Improve Quality and Access in Private Health Care in Developing Countries. Harvard Health Policy Review. 9(1), pp.184-197.

Bjornskov Christian, Axel Dreher, & Justina Fischer. (2007). The bigger the Better? Evidence of the Effect of Government Size on Life Satisfaction around the World, Economics Working Paper Series. Eidgenössische Technische Hochschule Zürich Swiss Federal Institute of Technology Zurich.

Blöndal, J. R. (2005). "Market-type Mechanism and the Provision of Public Services." OECD Journal on Budgeting, 5(1), pp.79-106.

Bogedan, C. (2005). Activation and flexicurity in Denmark, paper for the ESPAnet Conference 2005. University of Fribourg, Switzerland.

Bovaird_Tony. (2007). Beyond Engagement and Participation: User and Community Coproduction of Public Service. Public Administration Review, 67(5), pp.846-860.

Bradach, J. L., & Eccles, R. G. (1989). Price, authority, and trust: From ideal types to plural forms. Annual review of sociology, 97-118.

Bradford, David F., Daniel N. Shaviro. (2000). The Economics of Vouchers, In C. E. Steuerle, V., Peterson G., & Reischauer, R. (2000) Vouchers and the Provision of Public Services, Brookings Institution Press.

Brandsen, T., & Pestoff, V. (2006). Co-production, the third sector andthe delivery of public services. Public Management Review, 8(4), pp.493-501.

Brandsen, T., & Pestoff, V. (2009). Public governance and the third sector: opportunities for co-production and innovation?, Paper presented at the conference of the European Group of Public Administration, September 2-4. St. Julians, Malta.

British Franchise Association(bfa): http://www.thebfa.org/pressroom

Brown, M. (1999). Reconceptualizing Public and Private in Urban

Regime Theory: Governance in AIDS Politics. International Journal of Urban and Regional Politics, 23(1), pp.70-87.
Brown, M. (1999). Reconceptualizing public and private in urban regime theory: governance in AIDS politics. International Journal of Urban and Regional Research, 23(1), 45-69.
Bruce, M. (1961). The Comming of the Welfare State, London: B.T. Batsford.
________. (1990). Measuring industrial subsidies, Working Paper No. 75, OECD, Department of Economics and Statistics, Paris: OECD, February.
Brudney, J., & England, R. (1983). Toward a Definition of the Coproduction Concept. Publc Administration Review. 43(1), pp.59-65.
Brudney, J., Fernandez, S., Ryu, J., & Wright, D. (2005). Exploring and Explaining Contracting Out: Patterns among the American States. Journal of Public Administration Research & Theory, 15(3), pp. 393-419.
Budget of the United States Government: Fiscal Year Appendix. (2001). Washington D.C.: US Goverment Printing Office, 2000.
Butcher, T. (1995). Delivering Welfare: the governance of the social services in the 1990s. Buckingham: Open University Press.
Butler, S. M. (1985). Privatizing Federal Spending: A Stratregy to Eliminate the Deficit, Washington: The Heritage Foundation (http://www.centrelink.gov.au).
Cabinet Office. (2006). Partnership in Public Services: An Action Plan for Third Sector Involvement. Cabinet Office, London.
____________. (2006). Partnership in Public Services: An Action Plan For Third Sector Involvement. London, UK: Author.
Cahn, Edgar S., and Nicholas Barr. (1986). "Service Credits: A new currency for the welfare state."
Calista, D. J. (1986). The Role of the Organization in the Integration of Human Services. Administration and Society, 18(2), pp.263-286.
Cave, Martin. (2001). Voucher Programmes and their Role in Distributing Public Services. OECD Journal of Budgeting, 1(1), pp.59-88.
Centrelink. (2000). Centrelink Annual Report: 1999-2000. Commonwealth

of Australia.(http://www.centrelink.gov.au)

________. (2007). Centrelink Annual Report: 2006-07.Commonwealth of Australia. (http://www.centrelink.gov.au)

CFPS. (2011). Achieving an effective Health and Wellbeing Board.

Child Care Bureau. (2006). Child Care Development Fund (CCDF): Children's Bureau. www.childrensbureau.org.

Child Social & Financial Education: http://www.aflatoun.org/

Chris, N. & Nick, G. (2010). Building HIGH-QUALITY commissioning: What role can external organisations play?. King's Fund. 1.

Cigler, B. (2001). "Multiorganizational, Multisector, and Multicommunity Organizations: Setting the Research Agenda," in M P Mandell (ed), Getting Results Through Collaboration: Networks and Network Structures for Public Policy and Management. Westport, CT.: Quorum Books, 71-85.

Clarke. (2004). 사회보호는 건강, 장애, 노령, 유족 가족과 아동, 실업, 주택, 사회적 배제 등에 제공된 사회급여. p.16.

Colclough, G., & Sitaraman, B. (2005). Community and Social Capital: what is the difference? Sociological Inquiry, 75(4), pp.474-496.

Couch, J. F., Shughart, W. F., & Williams, A. L. (1993). Private school enrollment and public school performance. Public Choice, 76(4), 301-312.

Crossroads Care: http://www.carerskm.org/

DeHoog, R. H. (1984). Contracting Out for Human Services: Economic, Political and Organizational Perspectives. Albany: SUNY Press.

____________. (1985). Human Services Contracting Environmental, Behavioral, and Organizational Conditions. Administration & Society, 16(4), 427-454.

___________. (1990) Competition, Negotiation, or Cooperation: Three Models for Service Contracting. Administration & Society, 22(3), pp.317-340.

Desai, V., & Imrie, R. (1998). The new managerialism in local governance: North-South dimensions. Third World Quarterly, 19(4), 635-650.

DH. (2003). The NHS Contractors Companion.

___. (2007). Commissioning Framework for Health and Wellbeing.

___. (2008). Direct payments factsheet 13.
___. (2010). Equity and Excellence: Liberating the NHS.
___. (2010a). Equity and Excellence: Liberating the NHS.
___. (2010b). Healthy Lives, Healthy People: transparency in outcomes.
___. (2011a). The Operating Framework for the NHS in England 2012/13. UK.
___. (2011b). The Functions of GP Commissioning Consortia: A Working Document.
___. (2011c). Joint Strategic Needs Assessment and Joint Health and Wellbeing Strategies Explained. UK.
___. (2012a). THE FUNCTIONS OF CLINICAL COMMISSIONING GROUPS. UK.
___. (2012b). JSNAs and joint health and wellbeing strategies—draft guidance. UK.
Dialogue In The Dark: http://www.dialogue-in-the-dark.com/
Distributional Conflict in Capitalist Democracies: A Preliminary Framework.
Dnes, A. W. (1995). The Economic Analysis of Franchise Contracts. Journal of Institutional and Theoretical Economics(JITE), 152(2), pp.297-324.
Dunsire, A. (1993). "Modes of Governance". In Modern Governance: New Government-Society Interaction, Edited by Kooiman, J. London: Sage Publications.
Eff. (2008). The European Franchise Federation.
Elk, K. V., & Gelderblom, A. (2005). Lifelong learning and employer provided training, Final report Lifelong Learning submitted to DG Employment of the EC, 1 Suppl(Main Report), Policy instruments to foster training of the employed, EIM Zoetermeer/SEOR Rotterdam.
Ensor T, Dave-Sen P, Ali L, et al. (2002). Essential service packages benefit the poor? Preliminary evidence form Bangladesh. Health Policy and Planning 17, 246-56.
Ensor, T., & Cooper, S. (2004). "Overcoming Barriers to Health Service Access: nfluencing the Demand Side." Health Policy and Planing, 19(2), pp.69-79
Eriksen, K. (1977). Human Services Today, Virginia: Reston Publishing.
Esping-Anderson, Goesta. (ed). (2002). Why We Need a New Welfare

State, Oxford University Press.
Etherington, D. & Jones, D. (2004). Welfare-through-Work and the Re-regulation of Labour Markets in Denmark, Capital & Class, 28(2), pp. 19-45.
Eugene Steuerle, C. (2000). Common Issues for Voucher Programs: Vouchers and the Provision of Public Services. Brookings Institution Press.
Evers A. (2006). Complementary and conflicting: the different meaning of 'user involvement' in social services, Nordic Civic Society Organizations and the Future of Welfare Services. A model for Europe? A-L. Matthies(ed.) Copenhagen: Nordic Council of Ministers, TemaNord 2006:517.
Executive Office of the President, OMB. (2002). The President's Management Agenda.
Factsheet B1 Clinically-led commissioning—The Health and Social Care Act 2012.
Ferris, J., & Graddy, E. (1986). Contracting out: For what? With whom?. Public administration review, 332-344.
Fiona Richardson. (2006). Introduction. Chapter 1 of the Commissioning E-book에서 재인용.
Flora, P., & Alber, J. (1981). Modernization, Democratization and the Development of Welfare States in Western Europe, in P. Flora and A. J.
Forster-Fisherman, P. G. et al. (2001). Facilitating Interorganizational Collaboration: The Contributions of Interorganizational Alliances. American Journal of Community Psychology, 29(6), pp.875-905.
Fortinsky, R. H. (1991). Coordinated Comprehensive Community Care and The Older Americans Act. generations, (summer/fall), pp.39-42.
Fortinsky, R. H. (1991). Coordinated Comprehensive Community Care and The Older Americans Act. generations. (summer/fall): 39-42.
Foster-Fishman, P. G., Berkowitz, S. L., Lounsbury, D. W., Jacobson, S., & Allen, N. A. (2001). Building collaborative capacity in community coalitions: A review and integrative framework. American journal of community psychology, 29(2), 241-261.
Franklin, C., & Streeter, C. L. (1995). School reform: Linking public

schools with human services. Social Work, 40(6), 773-782.
Franklin, Cynthia, and Calvin L. Streeter. (1995). "School reform: Linking public schools with human services." Social Work, 40, 6, 773-782.
Frederickson, H. G. (1996). Comparing the Reinventing Government Movement with the New Public Administration. Public Administration Review, 56(3), pp.263-269.
_______________. (2007). Filling up the hollow state: The state of agents project. PA Times, 11.
Gate, B. (1980). Social Program Administration. New Jersey: Prentice Hall Inc.
General Accounting Office: GAO (1999).
German Foundation for World Population. (2001).
Gilbert, N. (1993). Capitalism and Welfare State, New Heaven Goss, S 2001 Making Local Governace Work: Network, Relationships, and the Management of Change Houndmills: Palgrave.
Gilbert, N. (1998). Remodeling Social Welfare. Society, 35(5), pp.8-13.
________. (2000). Welfare pluralism and social policy. Handbook of social policy, 411-420.
________. (2002). Transformation of the welfare state: The silent surrender of public responsibility. Oxford University Press, USA.
Gilbert, N. Specht, H. & Terrell, P. (1993). Dimensions of Social Welfare Policy. NJ: Englewood Cliffs.
Gilbert, N., & Terrell, P. (1997). Dimensions of Social Welfare Policy.
____________________. (2002). Dimensions of Social Welfare Policy, 3/e, Allyn and Bacon.
____________________. (2005). Dimensions of Social Welfare Policy (6th ed). Prentice-Hall, p.141-143.
Gittel, R., & Vidal, A. (1998). Community Organizing. London: SAGE Publication.
Gittell, J. H., & Weiss, L. (2004). Coordination Networks Within and Across Organizations: A Multi-level Framework. Journal of Management Studies, 41(1), 127-153.
Glaeser, E. L., Laibson, D., Scheinkman, J. S. & Soutter, C. L. (1999). What Is Social Capital? The Determinants of Trust and

Trustworthiness. Working Paper. National Bureau of Economic Research. Massachusetts.

Glending, C., Hudson, B. & Means, R. (2005). Under Strain? Exploring the Troubled Relationship between Health and Social Care. Public Money & Management. 25(4), pp.245-251.

Glendinning, C., Dowling, B., & Powell, M. (2005). Partnerships between health and social care under 'New Labour': smoke without fire? A review of policy and evidence. Evidence & policy: a journal of research, debate and practice, 1(3), 365-382.

Goodwin, R., & Le Grand, J. (ed). (1987). Not Only the Poor, George Allen & Unwin.

Grace, C. (2002). A Framework for Social Fanchising in India: A Report for The Department for International Development. John Snow International. UK. 자료: Ahlert et al.,(2008). Social Franching: A Way of Systematic Replication to Increase Social Impact.

Graham Room. (2016). Nudge or nuzzle?: improving decisions about active citizenship. Policy Studies. Vol. 37(2).

Green Star Network: http://www.greenstarnetwork.com/

Green, G. P., & Haines, A. (2002). Asset Building and Community. SAGE Publications.

Green-Pdterson, C. van Kersbergen, K. and Hemerijck, A. (2001). Neo-liberalism, the Third Way or What? Recent Social Democratic Welfare Policies in Denmark and the Netherlands, Journal of European Public Policy, 8(2), pp. 307-325.

Grønberg, Kirsten A. (1982). Private Welfare in the Welfare State: Recent U.S. Pattern. Social Service Review, 56(1). Chicago University Press.

Hans A. de Bruijn & Hans A. M. Hufen. (1998). "The traditional approach to policy instruments", Public Policy Instrument: Evaluating the Tools of Public Administration, pp.135-136.

Harberger, A. C. (1959). The Corporation Income Tax: An Empirical Appraisal. In Tax Revision Compendium, Vol.1, Washingtin: House Committee on Ways and Means, Government Printing Office.

Harris Howard, S. et al.(eds). (2004). Human Services: Contemporary Issues and Trends. p.6.

Harris, H. S., & Maloney, D. C. (Eds.). (1996). Human services: Contemporary issues and trends. Allyn & Bacon.

Hayden, J. (2011). Clinical Commissioning Groups in the New System. British Journal of Healthcare Management, 17(11), pp.512-515.

Health and Social Care Act 2012.

Hefetz, A. & Warner, M. (2004). Privatization and its reverse: Explaining the Dynamics of the government contracting process. Journal Of Public Administration Research & Theory, 14(2), pp.171-190.

Heidenheimer. (eds.) The Development of Welfare States in Europe and America, London: Transaction Books.

Hendeliowitz, J & Woolhead, C. B. (2005). Employment Policy in Denmark; High Levels of Employment, Flexibility and Welfare Security, International Workshop on Local Employment Development. Japan Institute for Labour Policy and Training.

Hewitt de Alcantara, Cynthia. (1998). "Uses and Abuses of the Concept of Governance" International Social Science Journal 155 UNESCO.

Hodge, G. A. (2000). Privatization: An international review of performance. Boulder, CO: Westview Press.

Hoffman, R. C., & Preble, J. F. (1991). Franchising: Selecting a strategy for rapid growth. College of Business and Economics, University of Delaware, USA, 24(4), PP.74-85.

Holcombe, Randall. (2005). "Government Growth in the Twenty-first Century", themselves through the medium of its pages.

Hood, C. (1991). A Public Management for all Season? Public Administration 69(Spring), pp.3-19.

________. (1994). Economic Rationalism in public Management: from Progressive Public Administration to New Public Management. Explaining Economic Policy Reversals, Buchngham: Open University Press.

House of Commons Social Services Committee, & Griffiths, N. H. S. (1984). Management Inquiry Report.

Howlett, M., & Rayner, J. (1995). Do ideas matter? Policy subsystem configurations and the continuing conflict over Canadian forest policy. Canadian Public Administration, 38(3), pp.382-410.

Hoy, W. K., Miskel, C. G. (1987). Educational Administration: Theory, Research, and Practice, New York: Random House.

Hudson, B. (2010). Integrated Commissioning: New Contexts, New Dilemmas, New Solutions?. Journal of Integrated Care, 18(1), pp.11-19.

Hunt, M. (1972). "Competition in the Major Home Appliance Industry", doctoral dissertation, Harvard University.

Immersheim, A.,W. & Associates (1983). Measuring Organizational Change in Human Services. New England Journal of Human Services. Vol.3(Fall).

Ingraham, P. W., & Rosenbloom, D. H. (1989). The New Public Personnel and the New Public Service. Public Administration Review, 49(2), pp.116-125.

Inma. (2002). International Newspaper Marketing Association.

Institution of Medicine. (2002). Speaking for Diverse Population. Washington. D.C,: National Academy Press.

Islam. (2006). Primer for Policymakers-Vouchers for Health: A Focus on Reproductive Health and Family Planning Services, Private Sector Partnerships-One project.

Jacobs, J. (1961). The Death and Life of Great American Cities. New York: Random House.

James B, Kau., Paul H Rubin. (2002). The Growth of Government: Source and Limits, Public Choice, 113, pp.389-402.

Jepsen, C. (1999). The effects of private school competition on student achievement. Northwestern University working paper. 1.

________. (2002). The role of aggregation in estimating the effects of private school competition on student achievement. Journal of Urban Economics, 52, 477-500.

Jessop, B. (1993). Towards a Schumpeterian workfare state? Preliminary remarks on post-Fordist political economy. Studies in political economy, 40.

Jessop, B. (1999). "The Changing Governance of Welfare: Recent Trends in its Primary Functons, Scale, and Modes of Coordination", Social Policy & Administration, 33(4), pp.348-359.

John Hopkins 내부자료 (2007). Cline Site.

John, Peter and Hugh Ward. (2005). How Competitive is Competitive Bidding? The Case of the Single Regeneration Budget Program. Journal of Public Administration Research and Theory, 15(1): 71-87.

Johnson, N. (1987). The Welfare State in Transition: The Theory and Practice of Welfare Pluralism, Sussex: Whetsheaf Books.

Johnson, N. (2000). The Global Public Management Revolution: A Report on the Transformation of Governance. Washington DC.: The Brookings Institution.

Johnson, Norman. (1997). The Welfare State in Transition: The Theory and Practice of Welfare Pluralism, Harvester Wheatsheat.

Jonathan Croall, 박용남 역 (2003). 레츠, 인간얼굴을 한 돈의 세계. 서울: 이후.

Jones, K. (1991). The Making of Social Policy in Britain 1830-1990, London: Athlone.

Jordan, B. (1987). Rethinking Welfare, N.Y.: Basil Blackwell.

Joshi, A., & Moore, M. (2004). Institutionalised Co-production: Unorthodox Public Service Delivery in Challenging Environments. The Journal of Development Studies, 40(4), pp.31-49.

Judge et al. (1999). Health Action Zones: Learning to make a difference: Findings from a preliminary review of Health Action Zones and proposals for a national evaluation. A report submitted to the Department of Health.

Judge, k., & Bauld, L. (2006). Learning from Policy Failure? Health Action Zones in England. European Journal of Public Health. 16(4), pp.341-344.

Kahn, A. (1979). Social Policy and Social Services, New York: Random House.

Kahn, A. J. (1976). Service delivery at the neighborhood level: Experience, theory, and fads. The Social Service Review, 23-56.

Kahn, A. J. and S. B. Kamerman. (1987). Child Care: Facing the Hard Choices. Dover, Mass.: Auburn House.

Kamerman, S. B., & Kahn, A. J. (1998). Privatization, Contracting, and Reform of Child and Family Social Services.

Karaaslan, M. E. (2005). Privatization by Franchising: Commissioned

Entrepreneurs.

Kau, J. B., & Rubin, P. H. (2002). The growth of government: sources and limits.Public Choice, 113(3-4), 389-402.

Kelman, S. J. (2002). Contracting. The Tools of Government: A Guide to the New Governance. Oxford University Press.

Kettl, D. F. (1988). Government by Proxy: (Mis?) Managing Federal Programs. Washington, DC: CQ Press.

__________. (1993). Sharing Power: Public Governance and Private Markets. Washington, D.C.: The Brookings Institution.

__________. (1998). Government by Proxy: (Mis?) Managing Federal Programs. Washington, DC: CQ Press.

Kettle, Donald F. (2007). The Global Revolution in Public Management: Driving Themes, Missing Links. Journal of Policy Analysis and Management, 16(3), pp.446-462.

Keynes, J. M. (2006). General theory of employment, interest and money. Atlantic Publishers & Dist.

Kickert, W. J. M. (1993). "Complexity, Governance and Dynamics: Conceptual Explorations of Public Network Management", In kooiman, J. ed.(1993). Mode of Governance: New Government Society Interaction, London: Sage Foundation.

_______________. (1997). Public Governance in the Netherlands: An Alternative to Ango-Amercan 'Managerialism' Public Administration 75, pp.731-751.

Kickert, W. (1993). "Complexity, Governance and Dynamics: Conceptual Explorations of Public Network Management". In Modern Governance: New Government-Society Interaction. Edited by Kooiman, J. London: Sage Publications: pp. 191-204.

Kickert, W. (1993). Complexity, Governance and Dynamics: Conceptual Explorations of Public Network Management. In Modern Governance: New Government-Society Interaction. Edited by Kooiman, J. London: Sage Publications: pp. 191-204.

King, and O'Shea (2004). The Workforce Investment Act in Eight States: State Case Studies from A Field Network Evaluation, Ch.5 Utha Case Studies, U.S. Department of Labor Employment and Training Administration, The Nelson A. Rockefeller Institute

of Government.
Klijn, E. H. J. Koppenjan & K. Temeer. (1995). Managing Networks in the Public Sector: A Theoretical Study of Management Strategies in Policy Networks Public Administration, 73(3), pp.437-454.
Kodner, D. (2009). All Together Now: A Conceptual Exploration of Integrated Care. Health Care Quarterly, 13(Special Issue), pp.6-15.
Korpi, W. (1980). Social policy and Distributional Conflict in Capitalist Democracies; Policy Comparisons: Scandinavia, 13(3), pp.296-316.
Kotler, P. and Roberto, E. (1991). Social Marketing: Improving the Quality of Life, Second Edition, SAGE Publications.
Kouwenhoven, V. (1993). 'The Rise of the Public Private Partnership: a Model for the Management of Public-private Cooperation', in J. Kooiman (ed.) Modern Governance: New Government-society Interactions. London: Sage, pp. 119–30.
Kramer, R. M. & Grossman, B. (1987). Contracting for Social Services: Process Management and Resource Dependencies. Social Service Review, 61(1), pp.32-55.
Kramer, R. M. (1981). Voluntary Agencies in the Welfare State, Berkeley, Los Angeles, London:Universtiy of California Press.
Kretzman, J., & Mcknight, J. (1993). Building Communities from the Inside Out. Skorie: ACTA publication.
Krishna, R., Anthony, B. & Fiona, M. (2011). TO WHAT EXTENT COULD LOCAL GENERAL PRACTITIONERS COMMISSIONING HELP INCREASE THE EFFECTIVENESS OF NHS AT PRIMARY CARE? A META- ETHNOGRAPHIC STUDY IN THE UK. American Journal of Health Studies, 26(3), pp160-173.
Lambsdorff, J. G. (2002). An Empirical Approach. American Journal of Economics and Sociology, 61(4), 829-853.
Lascumes, P., and P. Le Galès. (2004), Gouverner par les instruments, Paris: Presses de Sciences-Po.
______________________. (2007), 'Understanding Public Policy through its Instrumentation', Governance: An International Journal of Policy, Administration and Institutions, 20(1): 1-21.
Lawrence Martin, (1999). "Determining a Level Playing Field for Public-Private Competition," presented at the Northeast Regional

Conference of the American Society for Public Administration, New York, NY, October 29.

Lawther, W. C. (2002). Contracting for the 21st Century: A Partnership Model. The Business of Government. The Price water house Coopers Endowment for, The Business of Government.

Le Grand, J. (1991). Liberty, equality and vouchers (pp. 77-90). IEA Health and Welfare Unit.

Leonard P. (1983). Sociology in Social Work(장인협, 김융일 역). 집문당: 서울.

Leutz, W. (1999). Five Laws for Integrating Medical and Social Services: Lessons From US and UK. The Milbank Quarterly, 77(1), pp.6-15.

Leutz, W. N. (1999). Five laws for integrating medical and social services: lessons from the United States and the United Kingdom. Millbank Quarterly, 77: 77-110.

Lewicki, R. J., & Bunker, B. B. (1996). "Developing and Maintaining Trust in Work Relationships." In Trust in Organizations: Frontiers of Theory and Research, Edited by Kramer, Roderick M. et al. CA: SAGE Publication.

Lewis, R., Curry N. & Dixon, M. (2007). Practice-Based Commissioning: From good idea to effective practice. London: King's Fund.

Lietaer, B., & Hall smith, G. (2006). Community Currency Guide. Global Community Initiatives.

Lipsky, M. (1971). Street-level bureaucracy and the analysis of urban reform. Urban Affairs Quarterly, 6(4), 391-489.

Lister, Ruth. (2004). The Third Way's Social Investment State, Jane Lewis and Rebecca Surender, eds. Welfare State Change: Towards a Third Way? Oxford University Press.

Local Government Improvement and Development (2010). The role of local government in promoting wellbeing.

Löffler, E. (2009). A Future Research Agenda for Co-Production Overview Paper. Co-Production: A Series of Commissioned Reports. LARCI.

Madsen, P. K. (2006a). How Can It Possibly Fly? The Paradox of a Dynamic Labour Market in a Scandinavian Welfare State, in: Campbell, John L., Hall, John. A. and Pedersen, Ove K. (eds.),

National Identity and a Variety of Capitalism: The Case of Denmark, McGill University Press: Montreal, pp. 321-355.

Madsen, P. K. (2006b). Contribution to the EEO Autumn Review 2006 'Flexicurity', European Employment Observatory.

Madsen, P. K. (2006c), Flexicurity—A New Perspective on Labour Markets and Welfare States in Europe, CARMA Research Paper 2006:03, CARMA Aalborg University: Aalborg.

Maibach, E. W. (2003). Recreating Communities to Support Active Living: A New Role for Social Marketing, American Journal of Health Promotion, 18(1), pp.114-119.

Mannion, R. (2011). General practitioner-led commissioning in the NHS: progress, prospects and pitfalls. British medical bulletin, 97(1), 7-15.

March, J. G., & P. Olsen. (1995). Democratic Governance, New York: Free Press.

Marsland, David. (2003). Welfare on Welfare State New York: St. Martin's Press.

Martin, L. L. (1999). Determining a Level Playing Field for Public-Private Competition, presented at the Northeast Regional Conference of the American Society(2007). Performance-Based Contracting for Human Services: A Proposed Model. APQ Summer.

Martin, L. L. (2007). Performance-Based Contracting for Human Services: A Proposed Model. Public Administration Quarterly. Vol.31, No.2.

Maryland 주정부 내부자료 (2007). 미국의 빈곤선 기준, WIC 현황.

Mattessich, P., & Monsey, B. (2004). Community building: what makes it work. Administration. 76(Summer), pp.313-333.

Mattessich, P., Murray-Close, M., & Monsey, B. (2001). Wilder collaboration factors inventory. St. Paul, MN: Wilder Research.

Mattson, G. (1986). The Promise of Citizen Coproduction: Some Persistent Issues. Public Productivity Review, 10(2), pp.51-56.

Mayntz, R. (1993a). Modernization and the logic of interorganizational networks. Knowledge and Policy, 6(1), 3-16.

Mayntz, R. (1993b). Governing failures and the problem of governability: some comments on a theoretical paradigm. Modern governance:

New government-society interactions, 9-20.

McBride, J., Ahmed, R. (2001). Social Franchising as a Strategy for Expanding Access to Reproductive Health Services: A case study of the Green Star service delivery network.

Meinema, T. (2005). European approaches and experiences with user involvement and customer satisfaction in social services. Netherlands Institute for Care and Welfare.

Meuter, J. (2008). Social franchising. Berlin Institut.

Michael Pacione. (1997). Local Exchange Trading Systems: A Rural Response to the Globalization of Capitalism? Journal of Rural StudIes, 13(4), pp. 415-427.

Millenium Ecosystem Assessment 2005.

Moran, D. (2002). The Real Contract. Paper presented to the Conference on Public Private Partnerships. Belfast, UK, Chartered Institute of Public Finance and Accountancy.

Morgan, D., & England, R. (1988). The Two Face of Privatization. Public Administration Review, 48(6), pp.979-987.

Morris, R., & Lescohier, I. H. (1978). Service integration: real versus illusory solutions to welfare dilemmas. The management of human services, 21-50. 1.

Munday, B. (2007). Report on user involvement in personal social services. Council of Europe.

Murray, J. G. (2009). Towards a Common Understanding of the Differences Between Purchasing, Procurement and Commissioning in the UK Public Sector. Journal of Purchasing & Supply Management, 15(3), pp.198-202.

Murray, J. G. (2009). Towards a Common Understanding of the Differences Between Purchasing, Procurement and Commissioning in the UK Public Sector. Journal of Purchasing & Supply Management, 15.

Musgrave, R. (1959). The Theory of Public Finance, A Study in Public Economy," McGraw-Hill, New York.

Musgrave, R. A., and P. B. Musgrave. (1989). Public Finance in Theory and Practice. 5th ed. New York: McGraw-Hill Book Co.

Musgrave, R. and P. Musgrave. (1976). Public finance in theory and practice (McGraw-Hill, New York, NY).

Myrtlc, R. C., Wilber, K. H. (1994). Designing Service Delivery Systems: Lessons from the Devclopment of Community-Based Systems of Care for the Elderly. Public Administration Review, 54(3), pp.245-252.

Myrtle, R. C., Wilber, K. H. (1994). Designing Service Delivery Systems: Lessons from the Development of Community-Based Systems of Care for the Elderly. Public Administration Review, 54(3), pp.245-252.

Nandinee, K. Kutty. (2005). "Evaluation of the Federal Housing Choice Voucher Program Under a Welfare Economics Framework", the Social Science Research Network Working Paper.

National Institutes of Health. (2005). Theory at a Glance: A Guide for Health Promotion Practice. U.S. Department of Health and Human Services.

Naylor, C., & Goodwin, N. (2010). Building high-quality commissioning. King's Fund.

Neal, D. (2002). How vouchers could change the market for education. Journal of Economic Perspectives, 16, 25-44.

Neil Gilbert & Paul Terrell. (2005). "Dimension of Socail Welfare Policy(6th ed)", Prentice-Hall, p.141.

NHS Confederation. (2011). 'NHS Confederation statement on Health Select Committe report on commissioning'. http://www.nhsconfed.org/Press Releases/Archive/2011/Pages/NHS-Confederation-statement-on Health-Select-Committee-report-oncommissioning.aspx에서 2012.12.25. 인출.

NHS Confederation. (2011). Operating Principles for Health and Wellbeing Boards http://www.nhsconfed.org/Publications/reports/Pages/Operating-principles.

NHS Future Forum. (2012). Integration: A Report from the NHS Future Forum. London, UK. Available at: http://www.dh.gov.uk/prod_consum_dh/groups/dh_digitalassets/documents/digitalasset/dh_132023.pdf(accessed on 5/9/2012).

Niskanen, W. A. (1973). Bureaucracy-servant or master?: Lessons from America. Institute of Economic Affairs.

Norton, M. (2011). social franchising: a mechanism for scaling up to meet social need, A paper presented by MIchael Norton at a GSB Research seminar.

O'Toole, B. & J., G. Jordan. (1995). Next Steps: Improving Management in Government, Vermont: Dartmouth Publishing Company.

OECD. (1988). The Future of Social Portection, OCED Social Policy Studies no. 6, Paris: OECD.

______. (1990). Taxation and International Capital Flows. A Symposium of OECD and non-OECD Countries, Paris.

______. (2005). Promoting Adult Learning. Paris: Organisation for Economic Co-operation and Development.

Oliveira, V., & Frazao, E. (2009). The WIC Program: Background, Trends, and Economic Issues, Economic Research Service/USDA.

Oliveira, V., Racine, E., Olmsted, J. & Ghelfi, L. M. (2002). The WIC Program: Background, Trends and Issues. Economic Research Service/USDA.

Oliver, A. (2013), 'From Nudging to Budging: Using Behavioural Economics to Inform Public Sector Policy'. Journal of Social Policy, 42(4): 685-700.

Osborne, D, & Gaebler, T. (1992). Reinventing Government, Addison Wesley; 「정부혁신의 길」, 서울: 삼성경제연구소(역), 1994.

______________________. (1993). Reinventing Government: How the Entrepreneurial Spirit is Transforming the Public Sector. New York: Plume.

Ostrom, E. (1996). Crossing the Great Divide: Coproduction, Synergy, and Development. World Development, 24(6), pp.1073-1087.

O'Toole, L. J. (1997). Treating Networks Seriously: Practical and Research Based Agenda in Public Administration. Public Administration Review, pp 57, 45-52.

O'Toole, L. J. (1997). Treating Networks Seriously: Practical and Research Based Agenda in Public Administration. Public Administration Review, pp 57, 45-52.

Ouchi, W. (1991). 'Markets, bureaucracies and clans', in G. Thompson, J. Frances, R. Levacic and J. Mitchell(eds.), Markets, hierarchies and networks: the co-ordination of social life. London: Sage.

Overview of health and social care structures in the Health and Social Care Act 2012 April 2013.

Overview of Health and Social Care Structures in the Health and Social Care Bill April 2013.

Pacione, M. (1997). Local exchange trading systems as a response to the globalisation of capitalism. Urban Studies, 34(8), 1179-1199.

Parentshunt: Parents Hunt. http://parentshut.com

Perrette, Nicholas. (2005). Villa Family: Care for the Elderly in Rural France. http://www.governancinternational.org/english/Case%20Study%20Villa%20Family.pdf(accessed July 19, 2007)

Pestoff, V. (2009). TOWARDS A PARADIGM OF DEMOCRATIC PARTICIPATION: CITIZEN PARTICIPATION AND CO-PRODUCTION OF PERSONAL SOCIAL SERVICES IN SWEDEN. Annals of Public and Cooperative Economics, 80(2), 197-224.

Peter and Costly. (2001). Effective Contracting out Social Services. NONPROFIT MANAGEMENT & LEADERSHIP. 12(1), p.66.

Peters, G. (1998). 미래의 국정관리. 정용덕 외(역), 서울(법문사). The Future of Governing: Four Emerging Models. Lawance: University of Kansas Press.

Peters, G. B. (1996). The Future of Governing: Four Emerging Models, Lawence, Kansas: The University Press of Kansas.

Peters, G., & Pierre, J. (1998). "Governing without Government: Rethinking Public Administration", Journal of Public Administration and Theory, 8(2), pp.223-242.

Philip de L. Panet, Michael J. Trebilcock. (1998). Contracting-out social service. Canadian Public Administration, (41), pp.21-50.

Philips, M. J. (1992). "Toward a Middle Way in the Polarized Debate over Employment at Will," American Business Law Journal, 30(3).

Pierre, J. (1999). "Mode of Urban Governance: The Institutional Dimension of Urban politics." Urban Affairs Review, 34(3), pp.372-387.

Pierson, Chistopher, P. (1991). Beyond the Welfare State: The New Political Economy of Welfare, Oxford: Polity Press.

Pierson, Paul, P. (2001). Coping with Permanent Austerity: Welfare State Restructuring in Affluent Democracies, P. Pierson (ed.), The New Publics of the Welfare State, Oxford: Oxford University

Press.
Pilisuk, M., McAllister, J., & Rothman, J. (1996). Coming together for action: The challenge of contemporary grassroots community organizing. Journal of Social Issues, 52(1), pp.15-37.
Poterba, J. (1996). Government Intervention in the Markets for Education and Health Care: How and Why? In VR Fuchs (ed.), Individual and Social responsibility: hild Care, Education, Medical Care and Long-Term Care in America. university of Chicago Press, pp.277-308.
Powell, W. (1991). Neither Market nor Hierarchy: Network Forms of Organization. In Markets, Hierarchies and Networks: The Coordination of Social Life, Edited by Thompson, G., J. Frances, R. Levacic and J. Mitchell. London: Sage.
Putnam, R. (1995). Bowling Alone: America's Declining Social Capital. Journal of Democracy, 6(1), pp.65-78.
Rao, Nirmala. (1996). Towards Welfare Pluralism: Public Services in a Time of Change. Dartmouth.
Raper, M. (1999). Centrelink: Viewed from the Community Sector. Australian Journal of Public Administration, 58(3), pp.101-105.
Redburn, F. S. (1977). On Human Services Integration. Public Administration Review, 37(3), pp. 264-269.
Reishauer, R. D. (2000). Medicare Vouchers, In C. E. Steuerle, V., Peterson G., & Reischauer, R. (2000) Vouchers and the Provision of Public Services, Brookings Institution Press.
Rhodes, R. A. W. (1996). "The New Governance: Governing without Government", Political Studies, 44(4), pp.652-667.
________________. (1997). Governance; Policy Networks, Governance Reflexibility and Accountability, Buckingham: Open University press.
Richardson, F. (2006). Introduction. Chapter 1 of the Commissioning E-book.
Rimlinger, G. V. (1971). Welfare Policy and Industrialization in Europe, America & Russia, N.Y.: Wiley.
Rochefort, D., Rosenburg, M. & White, D. (1998). Community as a policy Instrument: A Comparative Analysis. Policy Studies Journal, 26(3), pp.548-568.

Roger B. Parks et al. (1981). Consumers as Coproducers of Public Services: Some Economic and Instiutional Considerations. Policy Studies Journal, 9(7), pp.1001-1011.

Romzek, B. S., & Johnston, J. M. (2005). State Social Services Contracting: Exploring the Determinants of Effective Contract Accountability. Public Adminstration Review, 65(4), pp.436-449.

Romzek, B. S., Dubnick, M. J. (1994). Issues of Accountability in Flexible Personnel Systems. New Paradigms for Government (1994), pp.263-294.

Rothman, J. (1995). Strategies of community intervention: Macro practice. FE Peacock Publishers, Inc.

Royal College of General Practitioners (2007). The Future Direction of General Practice, a roadmap. London: RCGP.

Salamon, L. M. (2001). The New Governance and the Tools of Public Action: An Introduction'(2001). Fordham Urban Law Journal, 28, 1611.

Salamon, L. M. (Ed.). (2002). The tools of government: A guide to the new governance. Oxford University Press.

Salamon, Lester M. (1989). "The Changing Partnership between the Voluntary Sector and the Welfare State." The Future of the Nonprofit Sector, Jossey-Bass Pub(1989), pp.41-60.

Salamon. L. M. (1994). The Rise of The Non-profit Sector, Foreign Affairs, 73(4).

_____________. (1995). Partners in Public Service, The Johns Hopkins University Press.

_____________. (1999). America's Nonprofit Sector: A Primer, The Foundation Center.

Salmon, G. (2004). Multi-agency collaboration: the challenges for CAMHS. Child and Adolescent Mental Health, 9(4), 156-161.

Savas, E. S. (1982). Privatization. Chatham: Chatham House Publishers.

_________. (1987). Privatization: The Key to Better Government, New Jersey: Chatham Press.

_________. (1989). The Changing Partnership between the Voluntary Sector and the Welfare State. The Future of the Nonprofit Sector,Jossey-Bass Pub 41-60.

__________. (2000). Privatization and public-private partnership. NY: Chatham press.
__________. (2003). Privatizing the Public Sector Chatham House Publishers. Inc.
__________. (2005). Privatization in the city. Washington D.C.: CQ Press.
Schlesinger, Philip. (1991). Media, state and nation: Political violence and collective identities. London: Sage.
Sclar, E. D. (2000). You Don't Always Get What You Pay For: The Economics of Privatization. Ithaca. NY :Cornell University Press.
Search San Diego Jobs: http://sandiego.jobing.com
Seidman, S. (1998). Are we all in the closet? Notes towards a sociological and cultural turn in queer theory. European Journal of Cultural Studies, 1(2), 177-92.
Shah, Anwar. (1994). The Reform of Intergovernmental Fiscal Relations in Developing and Emerging Market Economies. Washington, DC: World Bank.
Shonfield, A. (1965). Modern Capitalism, Oxford University Press.
Shoven, John B. (1976). The Incidence and Efficiency Effects of Taxes on Income from Capital, Journal of Political Economy, 84(6), pp.1261-83.
Singer, R. (1997). GP Commissioning: an inevitable evolution. Abingdon: Radcliffe Medical Press.
Smith, E. (2002). Social franchising reproductive health services. Can it work? A review of the experience, Marie Stopes International Working Papers, No. 5.
Sobanja, M. (2009). What is world class commissioning. See: http://www.whatisseries.co.uk/whatis/pdfs/What_is_WC_Comm.pdf(last accessed 7 September 2011).
Sobanja, M. (2009). What is World Class Commissioning?. www.whatisseries.co.uk
Social Care Policy, DH. (2010). Practical approaches to co-production: Building effective partnerships with people using services, carers, families and citizens.
Social Security Administration, Government Accountability Office (2005).

Society Guardian: http://society.guardian.co.uk.

Steuerle, C. E., & Twombly, E. C. (2002). Vouchers. The Tools of Government. A Guide to the new Governance, Oxford University Press, Oxford, 445-465.

Steuerle, C. Eugene., Eric C. Twombly (2002). "Vouchers", in Salamon, Lester M. (ed.) 2002 The Tools of Government. A Guide to New Governance. Oxford, University Press, pp.445-465.

Stone, C. N. (1989). Regime politics: governing Atlanta, 1946-1988. Univ Pr of Kansas.

__________. (1993). Urban regimes and the capacity to govern: A political economy approach. Journal of urban affairs, 15(1), 1-28.

__________. (1994). Group politics reexamined: from pluralism to political economy. New Perspectives on American Politics, ed. Lawrence C. Dodd and Calvin Jillson. Boulder: Westview Press.

Straussman, J., & Farie, J. (1981). Contracting for Social Services at the Local Level. Urban Interest. Spring(3), pp.43-50.

Streek, W. and P. Schmitter (eds.). (1985). Private interest government. London: Sage.

Tanzi, Viyo. (2005). The Economic Role of the State in the 21st Century, Cato Journal, 25(3), pp.617-638.

Targett, P., Young, C., Revell, G., Willians, S. & Wehman, P. (2007), Customized Employment in the One Stop Career Centers, TEACHING Exceptional Children, 40(2), pp.6-11.

Thaler, R. H. and C. R. Sunstein. (2008). Nudge: Improving Decisions about Health, Wealth, and Happiness. Yale University Press.

The Kings Fund. (2009). General Practice in England: An overview. BRIEFING.

____________. (2012). Health and Wellbeing Boards: System Leaders or Talking Shops?.

The National Primary and Care Trust Programme (2004). The Commissioning Friend for PCTS.

Thompson, G, Frances, J, Levacic, R & Mitchell, J (eds) (1991). Markets, Hierarchies and Networks: The Coordination of Social Life. Sage: London.

Thompson, J. Frances, R. Levacic and J. Mitchell (eds.), Markets, hierarchies and networks: the co-ordination of social life. London: Sage.

Thomson, H. (2008). A dose of realism for healthy urban policy: lessons from area-based initiatives in the UK. Journal of epidemiology and community health, 62(10), 932-936.

Thurow, I. S. (1971). "The Income Distribution as a Pure Public Goods." Quarterly Journal of Economics, pp.327-336.

Truman, B. I. et al. (2000). Developing the Guide to Community Preventive Services-overview and rationale. American journal of preventive medicine, 18(1), 18-26.

Tullock, G. (2003). The origin rent-seeking concept. International Journal of Business and Economics, 2(1), 1.

Tullock, Gordon, Arthur Seldon, and Gordon L. Brady. (2002). Government Failure: A Primer in Public Choice, 김정완 역(2005), 『공공선택론: 정부실패』, 대영문화사.

United States. General Accounting Office. (2003). School lunch program: Efforts needed to improve nutrition and encourage healthy eating. General Accounting Office.

Urban Institute: Social and Economic Policy Research. http://www.urban.org

Vamstad, J. (2007). Governing Welfare: The third sector and the challenges to the Swedish Welfare State. O¨ stersund: Ph.D. Thesis, No. 37.

Van Slyke, D. M. (2003). The Mythology of Privatization in Contracting for Social Services. Public Administration Review, 63(3), pp.296-315.

Victor Pestoff. (2009). Towards a Paradigm of Democratic Participation: Citizen Participation and Co-production of Personal Social Services in Sweden, Annals of Public and Cooperative Economics, 80(2), pp.197-224.

Weber, M. (1947). The Theory of Social and Economic Organization. Talcott Parsons(ed.). A. M Hederson and Talcott Parsons(trans), New York: Free Press.

Weber, M. (1968). Politics as a Vocation(pp.91-92). Philadelphia: Fortress Press.

Weber, M. (G, Roth and C. Wittich trans). (1968). Economy and Society: An Outlin of Interpretive Sociology, New York: Bedminister

Press.

Whitker, G. (1980). Citizen Participation in Service Delivery. Public Administration Review. 40(3), pp.240-246.

William Gillis., & Gary J. Castrogiovanni. (2010). The franchising business model: an entrepreneurial growth alternative. International Entrepreneurship and Management Jounal, (8), pp.75-98.

Williamson, O. E. (1981). The economics of organization: The transaction cost approach. American journal of sociology, 548-577.

______________. (1991). Comparative Economics of Organization: The Analysis of Discrete Structural Alternatives. Administrative Science Quarterly, 36, pp.269-296.

Wimpfheimer, R., Bloom, M. and Kramer, M. (1990), "Inter-agency collaboration: some working principles", Administration in Social Work, Vol. 14 No. 4.

Zastrow, C. (2000). Social Work and Social Welfare, CA: Wordsworth Pub. Com.

아산재단연구총서

001 전환기의 중국경제
김윤환 외 | 단국대 경제학과

002 폴란드 경제의 변천 개혁과 그 전망
김광수 | 숭실대 경제학과

003 재소한인
이광규 외 | 서울대 인류학과

004 소련산림과 임업
홍성천 외 | 경북대 임학과

005 아세안의 정치경제
김국진 외 | 외교안보연구원

006 태국의 사회변동과 경제발전
최석만 외 | 전남대 사회학과

007 중국의 사회경제 통계분석
신한풍 외 | 고려대 통계학과

008 중국의 정치와 경제
박두복 외 | 외교안보연구원

009 동유럽의 개혁과 시장경제의 도입
허만 외 | 부산대 사범대학

010 동유럽의 개혁운동
박영신 | 연세대 사회학과

011 현대 러시아 연구
기연수 외 | 한국외대 노어과

012 전략적 선택과 기업의 국제경쟁력
이장호 | 서강대 경영대학

013 협동사회의 정착과 정부의 역할
이종범 외 | 고려대 행정학과

014 한국 제조기업 생산성의 동적 분석
노부호 외 | 중앙대 경영대학

015 분배의 정의
변형윤 외 | 서울대 경제학과

016 도덕적 행동의 강화
이훈구 외 | 연세대 심리학과

017 관료부패와 통제
김해동 외 | 서울대 행정대학원

018 한국경제의 내실 있는 성장
정창영 외 | 연세대 경제학과

019 한국국민정신운동의 역사와 발전방향
박수명 외 | 부산대 사범대학

020 한국대학생의 가치성향과 상담효과
이영희 외 | 숙명여대 교육학과

021 가출청소년과 학교관리체제
안창규 외 | 부산대 교육학과

022 동북아 정세변화와 한 · 일관계
한승조 외 | 고려대 정치외교학과

023 언론과 부정부패
정대철 외 | 한양대 신문방송학과

024 한국의 고등학교 교육
이원호 외 | 부산대 교육학과

025 가족과 방송
김학수 외 | 서강대 신문방송학과

026 재정개혁의 전망과 재산세제의 개편과제
오연천 | 서울대 행정대학원

027 청소년을 위한 전자게임 프로그램의 규제 및 평가체계 개발
박혜원 외 | 울산대 가정관리학과

028 정신장애자 가족의 사회심리적 특성
이근후 외 | 이화여대 의과대학

029 가족의 관계역동성과 문제인식
이광규 외 | 서울대 인류학과

030 현대인과 한국전통음식
승정자 | 숙명여대 식품영양학과

031 기업의 초고속정보통신망활용
안중호 | 서울대 경영학과

032 지역발전을 위한 교육자치제의 개선방안
김남순 | 조선대 사범대학

033 전환기의 공무원 가치관
조경호 | 울산대 행정학과

034 지방자치와 사회복지의 과제
김영모 | 중앙대 사회복지학과

035 WTO체제하의 지방중소기업 지원정책
최명주 외 | 계명대 통상학부

036 현대한국의 시민운동
이효선 | 중앙대 사회학과

037 기업 세계화의 단계 및 정도의 측정
허영도 외 | 울산대 경영학과

038 가족복지를 위한 가족주치의 시범사업의 효과
이혜리 외 | 연세대 가정의학교실

039 한국대학생의 삶의 만족도
김재은 외 | 이화여대 교육심리학과

040 지역경제와 지역산업구조의 개편방향
정기화 외 | 전남대 경제학부

041 중국기업의 소유형태별 경영특성
노철화 외 | 부산대 무역학과

042 남북한의 인성 · 사상교육
한승조 외 | 고려대 정치외교학과

043 연계적 뇌기능 조언을 위한 의료용 멀티미디어 시스템의 설계
유선국 | 연세대 의용공학교실

044 다민족국가의 민족문제와 한인사회
최협 외 | 전남대 인류학과

045 저소득층지역 청소년 여가문화와 소집단 활성화
박문수 외 | 서강대 사회학과

046 삶의 질의 국제비교와 지역간 비교분석
이재기 외 | 울산대 경제학과

047 21세기 지역주민의 삶의 질
양종회 외 | 성균관대 사회학과

048 삶의 질에 대한 국가간 비교
조명한 외 | 서울대 심리학과

049 외국인 노동자의 노사관계와 사회적 적응
석현호 외 | 성균관대 사회학과

050 한국의 사법제도와 발전 모델
정종섭 | 건국대 법학과

051 고령화사회와 중상층 노인의 사회활동
조성남 외 | 이화여대 사회학과

052 한국의 서비스 시장 개방정책
한홍렬 | 한양대 경제학부

053 한국과 AFTA간의 교역증진 및 경제 협력방안
손일태 외 | 경희대 경제통상학부

054 물류비 절감을 위한 무역업체의 정보화전략
이영수 외 | 경북대 경제통상학부

055 사회주의 체제전환과 사회정책
오정수 외 | 충남대 사회복지학과

056 남북통일 이후 농업생산체계 개편
홍성규 외 | 건국대 농업경제학과

057 국제화와 세계화
하영선 외 | 서울대 외교학과

058 IMF 개혁정책의 평가와 한국경제의 신(新) 패러다임
조동근 | 명지대 경제학과

059 구조개혁과 실업대책
박동운 | 단국대 경제무역학부

060 21세기 신노사관계
심윤종 외 | 성균관대 사회학과

061 학교에서의 집단 따돌림
이춘재 외 | 가톨릭대 심리학과

062 한국노인의 정신건강실태와 건강증진
조맹제 외 | 서울대 의과대학

063 혁명과 개혁 속의 중국 농민
김광억 | 서울대 인류학과

064 중국의 경제환경과 한국기업의 진출 전략
지용희 외 | 서강대 경영학과

065 김대중 대통령의 시스템 사고
김동환 | 중앙대 공공정책학부

066 실업과 가족해체
최일섭 외 | 서울대 사회복지학과

067 합리적 부채비율 조정방안
오상근 | 동아대 경제학과

068 한국 중산층의 생활문화
문숙재 외 | 이화여대 소비자 · 인간발달학과

069 계층간 갈등상태에서 최적소득세
김진욱 | 건국대 경상학부

070 글로벌 경쟁력 제고를 위한 기업전략과 조직구축
이만우 외 | 고려대 경영학과

071 의료보험과 국민연금의 관리효율화를 위한 통합방안
사공진 외 | 한양대 경제학부

072 정부개혁의 과제와 전략
박우서 외 | 연세대 행정학과

073 책임운영기관 제도에 관한 비교분석
김근세 | 가톨릭대 행정학과

074 새로운 패러다임하에서의 한국기업의 바람직한 지배구조
최운열 외 | 서강대 경영학과

075 현대 한국사회의 계층구조
양춘 외 | 고려대 사회학과

076 한국의 산업정책과 산업구조조정
강인수 | 숙명여대 경제학부

077 기업구조조정
김석진 | 경북대 경영학부

078 지식경영을 위한 인적자원 개발 및 관리체계
장영철 | 경희대 경영학부

079 뉴 비즈니스 모델
전성현 | 국민대 정보관리학부

080 중산층의 정체성과 소비문화
함인희 외 | 이화여대 사회학과

081 외국관광객 유치를 위한 마케팅 전략
박상규 | 강원대 경영학과

082 한국인의 세대별 문학의식
이동순 | 영남대 국문과

083 공공부문의 효율성 평가와 측정
김재홍 외 | 울산대 사회과학부

084 한국 청소년의 정치의식과 형성요인
김광웅 외 | 숙명여대 아동복지학과

085 한국 대학생의 정치의식
배한동 | 경북대 윤리교육과

086 산업의 정보화와 산업발전
이기동 | 계명대 통상학부

087 한국 제조업의 고용조정 분석
이종원 외 | 성균관대 경제학부

088 지식자산에 대한 경영전략적 평가모형 개발
배재학 외 | 울산대 컴퓨터 · 정보통신공학부

089 관광사업을 위한 한국적 이미지의 휴식복 개발
채금석 | 숙명여대 의류학과

090 한국 정치제도의 개혁
신정현 | 경희대 사회과학부

091 e비즈니스와 아웃소싱 전략
정승화 외 | 연세대 경영학과

092 집단 따돌림의 진단 및 치료방안
홍준표 | 중앙대 인간생활환경학과

093 16대 총선과 낙선운동
조기숙 | 이화여대 국제대학원

094 부동층 유권자 행태 분석
진영재 | 연세대 정치외교학과

095 사이버 공동체의 성공요인
이재관 | 숭실대 경영학부

096 온라인 소비자 행동의 이론과 실증
윤성준 | 경기대 경영학부

097 글로벌 시대 정약용 세계관의 가능성과 한계
차성환 | 한일장신대 역사사회학과

098 러시아의 체제전환 과정에서 나타난 국가의 역할과 그 전망
이상민 외 | 부산대 정치외교학과

099 남북한의 경제발전 수준과 산업구조 비교, 그리고 경제교류 협력방향
주성환 | 건국대 경제학과

100 집단따돌림과 교육해체
한준상 | 연세대 교육학과

101 공적연금제도의 효율성과 개선방안
유금록 | 군산대 행정복지학부

102 벤처기업-대기업의 성공적인 협력 모델
나중덕 | 경산대 경영학과

103 북한의 재외동포정책
조정남 외 | 고려대 정치외교학과

104 사이버 공동체 형성의 역동적 모형
장용호 | 서강대 신문방송학과

105 기업이론과 기업의 소유지배구조
김일태 외 | 전남대 경제학부

106 가축분뇨 자원화를 위한 공동이용 조직에 대한 농가선호도 분석
유덕기 | 동국대 생명자원경제학과

107 개혁정책과 전문가 집단
이경원 외 | 제주대 행정학과

108 현대 한국사회의 이중가치체계
신수진 외 | 이화여대 가정관리학과

109 한국의 산업구조 변화와 기업집단 다각화 전략
김용학 외 | 연세대 사회학과

110 지식정보사회의 경제적 모형 설정 및 사례 연구
김범환 | 배제대 경영정보학부

111 변호사징계제도
오종근 | 한림대 법학부

112 인터넷 특허법
김순석 | 광주대 법학과

113 e-비즈니스 시대의 금융 및 재정정책의 새로운 패러다임
이종욱 | 서울여대 경제학과

114 청소년의 하위문화와 정체성
조성남 | 이화여대 사회학과

115 디지털금융시대의 금융구조변화와 정부규제 및 정책
이충열 | 고려대 경제학부

116 지식경영을 위한 기업의 조직설계방안
김경수 외 | 전남대 경영학과

117 전자금융의 발달과 경제정책의 새로운 패러다임
이명훈 | 명지대 경제학과

118 동아시아의 안보와 유엔체제
강성학 편저 | 고려대 정치외교학과

119 유료 치매노인 그룹홈의 개발과 관련 정책
최정신 외 | 가톨릭대 소비자 · 주거학과

120 소비자 지향적 문화산업 정책
홍영준 | 호남대 광고홍보학과

121 국제 · 국가 · 지방 환경규제의 연계
정준금 외 | 울산대 행정학과

122 현행 회사 합병 · 분할제도의 평가와 개선방안
옥무석 외 | 이화여대 법학과

123 배려지향적 도덕성과 정의지향적 도덕성
정옥분 외 | 고려대 사범대학

124 기업구조조정에 대한 채권금융기관 및 금융감독기관의 역할과 책임
이중기 | 한림대 법학과

125 실업대책으로서 한국의 법정기준근로 시간 단축
박영범 | 한성대 경제학과

126 프랑스어의 비분리성 소유개념 표현
노윤채 | 연세대 언어정보연구원

127 지방채의 효율적 관리방안
강태구 | 호원대 법행정학부

128 21세기 산업구조 변화와 과학기술정책
임채성 외 | 그리스도신학대 경영정보학부

129 인터넷 쇼핑몰 이용자의 불평행동
예종석 | 한양대 경영학부

130 한국기업의 성과급제도 현황, 효과 및 개선방안
김성수 | 서울대 경영학과

131 전자상거래와 소비자보호
서민교 외 | 경일대 인터넷국제통상학과

132 평생학습 사회에서의 인적자원개발을 위한 사회적 파트너십 구축
김영화 | 홍익대 교육학과

133 한국 공교육의 새로운 구상과 전략
권대봉 외 | 고려대 교육학과

134 한국의 정부개혁
김태룡 | 상지대 행정학과

135 지방정부 생산성 측정의 이론과 실제
이은국 외 | 연세대 행정학과

136 불가 시문학론
배규범 | 경희대 학술연구 교수

137 남북경제교류의 법적 문제
제성호 | 중앙대 법학과

138 경제위기와 청소년 발달
구인회 | 서울대 사회복지학과

139 생명과학기술의 응용과 기본권보호적 한계
정상기 외 | 한남대 법학과

140 경제발전과 정치환경의 한 · 일 비교분석
정갑영 외 | 연세대 동서문제연구원

141 한국 공교육의 진단
윤정일 외 | 서울대 교육학과

142 우리나라 지방자치 발전을 위한 자치단체장의 역할
정성호 외 | 경기대 사회과학부

143 의료보험제도의 개혁방안
권순원 | 덕성여대 경제학과

144 중등 도덕교육의 현실과 문제
손동현 외 | 성균관대 철학과

145 사이버공동체 발전론
이명식 | 상명대 경영학과

146 남북경협 확대에 대비한 북한 담보제도의 정비방안
박훤일 | 경희대 법과대학

147 한국 공무원 인사제도 개혁
김판석 | 연세대 행정학과

148 교사화법 교육
임칠성 외 | 전남대 국어교육과

149 세계화의 문화정치학
임혁백 외 | 고려대 정치외교학과

150 효과적인 e-SCM을 위한 의사결정조정 시스템 모형
이원준 | 성균관대 경영학부

151 환경거버넌스
김종순 외 | 건국대 행정학과

152 자동차산업의 인적자원관리
이덕로 | 서원대 경영학부

153 한국과 영국 간 지식기반산업 비교
이명호 | 한국외대 경영학과

154 한국 벤처기업의 기술네트워킹 및 기술마케팅 전략
장영일 | 인제대 경영학부

155 회사변호사의 윤리
오승종 | 성균관대 법과대학

156 미디어교육론
이정춘 | 중앙대 신문방송학과

157 조선시대 서원과 양반
윤희면 | 전남대 역사교육과

158 환경문제와 철학
박찬국 | 서울대 철학과

159 노인보건복지 이론과 실제
김명 외 | 이화여대 보건교육학과

160 북한의 법체계
권재열 외 | 숭실대 법학과

161 생명공학기술의 안전성 확보에 관한 법적 고찰
이재협 | 경희대 법학부

162 청소년복지학
김성이 외 | 이화여대 사회복지학과

163 변화하는 세계, 변화하는 복지국가
조영훈 | 동의대 사회복지학과

164 의리의 윤리와 한국의 유교문화
김낙진 | 진주교대 도덕교육과

165 미국의 통상정책과 통상법
윤충원 | 전북대 무역학과

166 사회복지 프로그램 평가
김학주 | 경상대 사회복지학과

167 환경주의와 지속가능한 발전
정대연 | 제주대 사회학과

168 무역과 환경
김기홍 외 | 경기대 경제학부

169 산업계 유해폐기물의 위험과 관리
김금수 | 호서대 경상학부

170 백범 김구의 지적 계발과정 탐색
문용린 | 서울대 교육학과

171 태평양전쟁 발발 이후 일제의 인적 지배와 그리스도교계의 대응
윤선자 | 전남대 사학과

172 거버넌스 상황에서 갈등관리를 위한 대체적 분쟁해결제도
서순복 | 광주대 법정학부

173 시장경제의 유형과 민주주의
최배근 | 건국대 경상학부

174 일본고전소설 총론
김현정 | 국립한국전통문화학교

175 국어 교육을 위한 국어 문법론
이관규 | 홍익대 국어교육과

176 율곡의 군주론
전세영 | 부산교대 윤리교육과

177 동북아시아 환경협력
정서용 | 명지대 법학과

178 기후변화협약과 기후정책
신의순 외 | 연세대 경제학과

179 인터넷과 국제 학술정보 네트워크-하이퍼링크 분석
박한우 | 영남대 언론정보학과

180 국내 기업복지의 활성화 방안
최수찬 | 연세대 사회복지대학원

181 세계화와 인간안보
김우상 외 | 연세대 정치외교학과

182 세계문화유산 종묘 이야기
지두환 | 국민대 국사학과

183 한국 평생교육의 사회철학적 과제
곽삼근 | 이화여대 교육학과

184 강점모델
정순둘 | 이화여대 사회복지학과

185 글로벌시대의 계약법
박영복 | 한국외대 법과대학

186 배심제와 시민의 사법참여
안경환 | 서울대 법학과

187 동북아공동체
김재한 | 한림대 정치외교학과

188 정치 참여와 탈물질주의
김욱 | 배재대 정치외교학과

189 퍼지전문가회로망을 이용한 금융기관의 사이버 기업여신결정 지원시스템의 개발
권혁대 | 목원대 경영학과

190 환경정책과 환경법
송인성 | 전남대 지역개발학과

191 포스트모던 시대의 평생교육학
한숭희 | 서울대 교육학과

192 현대 한국인의 세대경험과 문화
박길성 외 | 고려대 사회학과

241 정신장애와 가족
서미경 | 경상대 사회복지학부

242 빈곤통계의 작성과 활용
김주환 | 동국대 정보통계학과

243 인터넷과 한국정치
강원택 | 숭실대 정치외교학과

244 북한의 시장경제이행
정영화 외 | 서경대 법학과

245 시스템사고로 본 지속가능한 도시
문태훈 | 중앙대 도시및지역계획학과

246 실버산업과 유비쿼터스 컴퓨팅
고일상 | 전남대 경영학부

247 재활상담과 사례관리
나운환 | 대구대 직업재활학과

248 영유아교육기관에서의 장애 이해 교육
유수옥 | 우석대 유아특수교육과

249 장애의 사회적 의미와 사회통합
박수경 | 대진대 사회복지학과

250 경제분석의 수리적 기초
조인성 | 공주대 경제통상학부

251 비영리부문의 비교연구
김승현 | 서울산업대 행정학과

252 고등교육경제학
반상진 | 전북대 교육학과

253 과학윤리교육의 이론과 방법
조희형 | 강원대 과학교육학부

254 결혼이민자가족의 이해
김오남 | 대불대 사회복지학과

255 동아시아 국가의 공공부조
신동면 | 경희대 사회과학부

256 특수아동 진단 및 평가
이나미 | 대불대 특수교육과

257 계약형 사회복지와 권리옹호시스템
이명현 | 경북대 상주캠퍼스 사회복지학과

258 실내공기질 및 위해성 관리
양원호 | 대구가톨릭대 산업보건학과

259 충남 방언 문법
한영목 | 충남대 국어국문학과

260 교육권론
노기호 | 군산대 법학과

261 도시경관계획론
임승빈 | 서울대 조경 · 지역시스템공학부

262 교통의 새로운 패러다임
김형철 | 경원대 도시계획 · 조경학부

263 노인의 삶의 질 향상을 위한 주거환경 디자인
천진희 | 상명대 디자인대학 실내디자인전공

264 사회복지와 문화
박병현 | 부산대 사회복지학과

265 장애인복지의 이론과 실제
이선우 | 인제대 사회복지학과

266 창의성 개발을 위한 디자인교육 콘텐츠
김선영 | 인천가톨릭대 조형예술대학 환경디자인학과

267 구성주의 사회복지 실천 기술론
고미영 | 서울신학대 사회복지학과

268 장애아교육학
김기흥 | 부산교육대 유아교육과

269 지역사회복지와 자원부문
한상진 외 | 울산대 사회학과

270 환경관리회계
육근효 | 부산외국어대 회계학부

271 인권 관점에서 보는 장애인복지
유동철 | 동의대 사회복지학과

272 정신증상
송지영 | 경희대 의과대학병원 신경정신과

273 사이버공간의 사회심리학
이성식 외 | 숭실대 정보사회학과

274 노인에 대한 사회적 돌봄과 돌봄서비스의 질 보장
최희경 | 신라대 가족노인복지학과

275 아동 심리치료의 실제
신현균 | 전남대 심리학과

276 사회복지와 위험관리
노충래 | 이화여대 사회복지전문대학원

277 국제 탄소시장의 이해
양승룡 | 고려대 식품자원경제학과

278 타자의 초상
신문수 | 서울대 영어교육과

279 한국정치와 환경정치
나정원 | 강원대 정치외교학과

280 북한이주민
윤인진 | 고려대 사회학과

281 음주의 사회경제적 비용
정우진 외 | 연세대 보건대학원

282 지방정치와 동북아 도시거버넌스
박재욱 | 신라대 행정학과

283 노숙인 복지론
남기철 | 동덕여대 사회복지학과

284 유럽통합과정과 지역협력
이규영 | 서강대 국제대학원

285 사회복지재정 연구
지은구 | 계명대 사회과학대학 사회복지학과

286 지역사회 교육개혁을 위한 시민사회 조직의 참여
김영화 | 홍익대 교육학과

287 복지사회를 대비한 국민연금의 구조개혁
박영석 외 | 서강대 경영학부

288 한미 FTA 지재권 협상에 따른 의약품 분야 사회후생 변화
오근엽 | 충남대 무역학과

289 산업입지, 환경 그리고 지역경제
이기동 외 | 계명대 국제통상학과

290 감성지능 개발을 통한 삶의 질 향상
김경수 외 | 전남대 경영학부

291 교육복지론
이용교 외 | 광주대 사회복지학부

292 인간과 행복에 대한 철학적 성찰
박찬국 | 서울대 철학과

293 유럽연합의 사회통합 사례와 교훈
이무성 | 명지대 정치외교학과

294 민영화와 사회후생
이상호 | 전남대 경제학부

295 북한의 교육학 체계 연구
최영표 외 | 동신대 교육대학원

296 한국 지속가능발전의 구조와 변동
정대연 | 제주대 사회학과

297 우리나라의 공익 연계 마케팅에 관한 연구
임승희 | 전주대 경영학부

298 시각장애인복지론
김영일 | 조선대 특수교육과

299 그린에너지와 환경촉매
정석진 | 경희대 화학공학과

300 취약학교 초등학생을 위한 온라인 보건교육 프로그램
박경옥 | 이화여대 보건관리학과

301 신탁제도를 통한 고령자의 보호와 지원
최수정 | 서강대 법학전문대학원

302 사회적 약자계층에 대한 실태분석 및 정책방안
이은우 외 | 울산대 경제학과

303 한류 문화와 동북아 공동체
최혜실 | 경희대 국어국문학과

304 노동유연화와 해고보호법
권혁 | 부산대 법학전문대학원

305 사회복지 위험관리의 이해
박미은 | 한남대 사회복지학과

306 의료기관의 회계와 세무
노준화 | 충남대 경영학부

307 여성인적자원의 전문성 확보를 위한 경력개발
백지연 | 이화여대 국제사무학과

308 정신병리
강선경 | 서강대 신학대학원

309 바다의 반란 적조
윤양호 | 전남대 해양기술학부

310 한국 장애인 복지 발달사
이성규 | 서울시립대 사회복지학과

311 서양예술 속의 동양 탐색
진상범 | 전북대 독어독문학과

312 한국인의 도덕성 발달 진단
문용린 | 서울대 교육학과

313 영국정치와 국가복지
고세훈 | 고려대 공공행정학부

314 인간학적 사유를 여는 중도 · 중복장애 교육학
이숙정 | 단국대 특수교육과

315 개별화 교육과정
이소현 | 이화여대 특수교육과

316 인간의 긍정적 성품
권석만 | 서울대 심리학과

317 지방자치와 지역여성의 전망
이혜숙 | 경상대 사회학과

318 한국 현대 노년소설 연구
전흥남 | 한려대 교양학부

319 정보격차 해소를 위한 창의적 정보교육 프로그램
이영준 외 | 한국교원대 컴퓨터교육과

320 한국 가족과 젠더
손승영 | 동덕여대 교양학부

321 한국의 복지혼합
김진욱 | 서강대 신학대학원

322 사회자본과 자원봉사
김태룡 외 | 상지대 행정학과

323 농촌교육복지연구
박삼철 | 단국대 교양학부

324 사회정체성 평가 차원에 대한 국제비교조사
이명진 | 고려대 사회학과

325 캐나다 복지국가 연구
조영훈 | 동의대 사회복지학과

326 한국의 소수자운동과 인권정책
전영평 외 | 서울대 행정대학원

327 한국과 미국의 보육서비스 전달체계와 품질 비교분석
김근세 외 | 성균관대 국정관리대학원

328 한국사회의 소득불평등과 국민 의료이용
이용재 | 호서대 사회복지학과

329 정보시대의 인간안보
조화순 | 연세대 정치외교학과

330 가족의 사회경제적 특성과 아동발달
김광혁 | 전주대 사회복지학과

331 초 · 중 · 고등학생의 학업소진 진행과정 및 경로분석
이상민 | 고려대 교육학과

332 다문화사회의 사법통역
이지은 | 이화여대 통역번역대학원

333 동아시아 지역주의
유현석 | 경희대 정치외교학과

334 환경친화적 공공시설관리와 지역공동체의 삶의 질
이소영 | 중앙대 실내디자인 · 주거환경학과

335 의료보험의 법정책
김나경 | 성신여대 법과대학

336 양극화 시대 가족해체와 청소년의 적응에 관한 한국과 미국의 비교 연구
오승환 외 | 울산대 사회복지학과

337 기업의 사회적 책임과 지역경제사회 발전 연구
허영도 외 | 울산대 경영학부

338 노인의 삶의 질 향상을 위한 온라인 소셜 네트워크 구축 방안
김진우 | 연세대 경영학과

339 청소년 생활역량
윤명희 외 | 동의대 평생교육학과

340 외국인 배우자의 다양성과 국제결혼의 안정성
김두섭 | 한양대 사회학과

341 정보인권의 규범구체화
이민영 | 가톨릭대 법학과

342 한국 사회복지실천의 고유성
최성재 외 | 서울대 사회복지학과

343 스웨덴의 환경책임 실천모형
최희경 | 경북대 행정학부

344 자율운동과 주거공동체
윤수종 | 전남대 사회학과

345 한국인의 공공봉사동기
김상묵 | 서울과학기술대 행정학과

346 한국 이혼가정 아동의 성장
김혜숙 | 경인교육대 교육학과

347 동양 사상과 노인 복지
홍승표 외 | 계명대 사회학과

348 노동과 사회보장의 연계
오문완 | 울산대 법학과

349 학습장애 위험군 아동의 조기선별을 위한 읽기검사 표준화 연구
김애화 외 | 단국대 특수교육학과

350 신 · 재생에너지에 기초한 녹색성장과 사회통합
김인호 | 이화여대 법학전문대학원

351 문화교류역량과 다문화 경영이 기업 경영성과에 미치는 영향
임병학 외 | 부산외대 경영학부

352 빈곤영유아의 발달과 적응
정익중 외 | 이화여대 사회복지학과

353 민사법질서와 인권
양천수 | 영남대 법학전문대학원

354 성년후견제도와 사회복지제도의 연계
신권철 | 서울시립대 법학전문대학원

355 한국 다문화사회의 이방인
김순양 | 영남대 행정학과

356 현대 시민사회와 소비자계약법
이병준 | 한국외대 법학전문대학원

357 개인의 사회적 정보보호를 위한 공공 정보서비스 개선 연구
장항배 | 상명대 경영학과

358 여성교육투자에 대한 교육경제학적 탐색
백일우 외 | 연세대 교육학부

359 사회적 기업과 지속가능한 지역발전
임업 외 | 연세대 도시공학과

360 다문화가정 구성원에 대한 투트랙 한국어 교육방안 연구
박시균 | 군산대 국어국문학과

361 아시아의 빈곤과 한국기업의 역할
한인수 | 충남대 경영학부

362 유치원 · 초등학교 연계 환경교육
박희숙 | 공주대 유아교육학과

363 비정규 고용과 사회정책
구인회 외 | 서울대 사회복지학과

364 사생활의 자유에 관한 비교법적 연구
이창현 | 서강대 법학전문대학원

365 다중융합 환경 기반의 미디어스킨을 활용한 문화콘텐츠 디자인 적용방안에 관한 연구
오문석 외 | 광운대 미디어영상학부

366 북한이탈주민 여성의 성인식 관련 기초 조사
한인영 외 | 이화여대 사회복지학과

367 노인주택 파노라마
유선종 | 건국대 부동산학과

368 시설보호 청년의 적응
정선욱 | 덕성여대 사회복지학과

369 다수 집단과 소수 집단의 심리
김혜숙 | 아주대 심리학과

370 바이오 휴머니티
권택영 | 경희대 영어학부

371 프랑스 다문화교육의 이해
이경수 | 상명대 불어교육과

372 한 · 중 서비스산업의 비교분석과 교역 확대 방안
김상호 | 리츠메이칸 아시아태평양대 국제경영학부

373 현대의학에 있어서 생명의 시간과 인간의 존엄
김학태 | 한국외대 법학전문대학원

374 0~3세 영유아의 영상물 과몰입 실태조사 및 정신건강증진 프로그램 개발과 적용
이경숙 | 한신대 재활학과

375 복지국가의 조세와 정치
양재진 외 | 연세대 행정학과

376 청소년기 자살행위 실태와 관련 요인
박선희 | 경희대 간호과학대학

377 기술혁신에 따른 지역 간 정보격차
최정혜 외 | 연세대 경영대학

378 한국 사회의 이중구조와 생애주기적 불평등
안상훈 편 | 서울대 사회복지학과

379 소비자의 친환경행동에 영향을 미치는 사회적 · 경제적 가치에 대한 고찰
송재기 | 텍사스테크대 경영학과

380 어머니 양육행동 관련 변인들과 유아 사회정서행동 간의 구조모형 분석
심숙영 | 숙명여대 원격대학원

381 조선족 여성, 동남아시아 여성 그리고 새터민의 적응 유형 분석 및 삶의 질 향상 방안 모색
정태연 | 중앙대 심리학과

382 세계의 연금, 한국의 연금
허만형 | 중앙대 공공인재학부

383 노인요양원과 문화 변화
최재성 | 연세대 사회복지학과

384 시민사회와 국제개발협력
손혁상 | 경희대 공공대학원

385 복지국가의 변화와 빈곤정책
김윤태 | 고려대 사회학과

386 다문화가정의 미디어 이용과 사회적 자본의 관계
진창현 | 경기대 경영학과

387 사회진출 대졸 초년생의 탄력성 변화 양상
이상민 | 고려대 교육학과

388 사회자본과 경제발전 그리고 정부의 질
도수관 | 대구가톨릭대 행정학과

389 망명과 귀환이주
서장원 | 고려대 독일문화학과

390 근거기반실천과 사회복지
김유진 | 경북대 사회복지학부

391 인터넷상 정보 유통에 대한 새로운 저작권 규율 방향 모색
박준석 | 서울대 법학전문대학원

392 한국 사회의 인종차별적 담화구조
이창수 | 한국외대 통역번역대학원

393 사회복지사의 사회복지 가치 지향
김용석 | 가톨릭대 사회복지학과

394 개인정보의 국제적 유통에 따른 법적 문제와 대책
박훤일 | 경희대 법학전문대학원

395 정신장애인의 인권
서미경 | 경상대 사회복지학과

396 취약계층 비만청소년들의 체중관리를 위한 건강증진 프로그램의 효과
김영호 | 서울과학기술대 스포츠과학과

397 한국 전통의 돈의 문학사, 나눔의 문화사
서신혜 | 한양대 창의 · 융합교육원

398 와이파이 공간과 모바일 정보 격차
이건학 | 서울대 사회과학대학

399 도시정비사업의 법적 쟁점과 해설
성중탁 | 경북대 법학전문대학원

400 사회서비스 제공기관의 조직요인과 성과
신창환 | 경북대 사회복지학부

401 도시 사운드스케이프 디자인
전진용 외 | 한양대 건축공학부

402 지방의회 의원윤리연구
김택 | 중원대 경찰행정학과

403 발달장애인 자립생활 증진을 위한 역량탐색 및 주거로서의 해결과제
김라경 | 광주교육대 교육학과

404 외국인고용제도개선과 인권
김상호 외 | 경상대 법과대학

405 사회복지연구에서 질적방법과 분석
김인숙 | 가톨릭대 사회복지학과

406 현대미술에서의 예술적 성장과 창의적 인재양성
백경미 | 울산과학기술원 기초과정부

407 현대인의 삶과 문화예술교육
곽삼근 | 이화여대 교육학과

408 문화적 배경과 체화된 인지
민동원 | 단국대 경영학부

409 아동 섭식행동평가 척도 표준화 및 섭식문제 현황 조사
정경미 | 연세대 심리학과

410 잊혀질 권리: 이상과 실현
문재완 | 한국외대 법학전문대학원

411 인권의 지역화: 일상생활의 인권 증진을 위하여
김중섭 | 경상대 사회학과

412 다문화 시대 이주민의 한국어 의사소통
민병곤 외 | 서울대 국어교육과

413 다문화 시대의 문화교육 커리큘럼
윤여탁 외 | 서울대 국어교육과

414 다문화 시대의 통일교육
박성춘 외 | 서울대 윤리교육과

415 다문화 시대 사회 통합을 위한 시민 교육
이진석 외 | 부산대 일반사회교육과

416 다문화 관련 법률 및 제도
박성혁 외 | 서울대 사회교육과

417 생태복원의 인문학적 상상력
김성도 외 | 고려대 언어학과

418 다국내 출생 다문화가정 청소년의 아픔과 분투: 사회적 차별로부터의 회복과 성장
서영석 | 연세대 교육학과

419 종교심리학의 이해: 죽음인식의 논의를 중심으로
김재영 | 서강대 종교학과

420 글로벌 시대의 사회통합: 세계적 추세와 한국의 위상
장용석 외 | 연세대 행정학과

421 소규모 사회적기업과 소셜미디어 마케팅
박철 | 고려대 글로벌비즈니스대학

422 동아시아 가면극의 역사와 전승양상
전경욱 | 고려대 국어교육과

423 무엇이 우리를 행복하게 하는가?
구교준 외 | 고려대 행정학과

424 디지털 중독의 이해와 대응 방안
오원석 외 | KAIST 경영대학

425 지속가능발전목표(SDG) 시대 한국의 복지와 행복지표 측정
한준 외 | 연세대 사회학과

426 지방정부 간 사회복지 불균형과 시민 행복
장용석 외 | 연세대 행정학과

427 일 · 여가의 변화와 행복 복지
유홍준 외 | 성균관대 사회학과

428 가족시간과 삶의 질
이윤석 외 | 서울시립대 도시사회학과

429 사회복지사의 유데모니아: 사회복지의 가치와 보람, 그리고 행복
송인한 외 | 연세대 사회복지대학원

430 행복을 위한 움직임
안문경 | 국민대 교양대학

431 읽기 장애 조기 선별검사의 측정학적 적합성 연구
여승수 | 부산교육대 유아교육학과

432 문화적 다양성과 창의성: 심리학적 관점
장재윤 | 서강대 심리학과

433 내일의 종언(終焉)? 가족자유주의와 사회재생산 위기
장경섭 | 서울대 사회학과

434 산림공유자원관리로서 금송계 연구
배수호 외 | 성균관대 행정학과

435 한국 경제발전의 문화적 기원: 추격성장, 발전국가 그리고 문화적 혼종성
김명수 | 한양대 정보사회학과

436 4차 산업혁명의 일자리 진화
이민화 | KAIST 미래전략대학원

437 금융 분야에 있어서 4차 산업혁명 시대와 일자리 대책
고동원 | 성균관대 법학전문대학원

438 노동의 디지털화와 산업노동의 미래: 독일 산업 4.0을 중심으로
임운택 | 계명대 사회학과

439 4차 산업혁명과 고등교육 개혁
김민희 외 | 대구대 교직부

440 4차 산업혁명과 일자리 정책의 미래
권혁 외 | 부산대 법학전문대학원

441 복지공급론: 보건복지의 수단과 체계
강창현 | 단국대 공공관리학과

아산재단연구보고서

001 한국인의 도덕성 연구
배해수 | 고려대 국문학과

002 산업화와 청소년 진로
이원호 | 울산대 교육학과

003 공동체의식과 시민운동
김영섭 | 한양대 행정학과

004 한국청년의 삶의 의미 충족도와 만족적 태도
안정수 | 경희대 철학과

005 중국조선족의 사회발전과 한 · 중관계의 위상
손장권 | 고려대 사회학과

006 해송림 "솔껍질깍지벌레"의 천적 및 주요 종의 생태
김규진 | 전남대 농생물학과

007 사회정의와 실천윤리
박종대 | 서강대 철학과

008 동구개혁의 영향
김달중 | 연세대 정치외교학과

009 한국청소년의 의식세계
김문조 | 고려대 사회학과

010 고강도 철근 콘크리트 구조의 실용화
정헌수 | 중앙대 건축학과

011 신기술의 연관형태 및 출현예측의 구조모형
권철신 | 성균관대 산업공학과

012 민간기업의 연구개발을 위한 조세정책
권영훈 | 한양대 경제학부

013 기술개발 활성화방안
송승구 | 울산대 화학공학부

014 부패의 현상과 진단
이문조 | 영남대 정치외교학부

015 연구투자의 지역적 편중화와 부산지역의 기초과학연구 활성화방안
윤웅찬 | 부산대 화학과

016 GATT의 신구 덤핑방지협정과 그 대응 방안
전창원 | 동국대 무역학과

017 한국사회의 도덕성 제고를 위한 진단과 처방
황경식 | 서울대 철학과

018 새로운 노사관계 방향
이진규 외 | 고려대 경영학과

019 21세기 동북아 정세예측과 한국의 전략적 대응방안
최평길 외 | 연세대 행정학과

020 소련의 한국에 대한 정책목표분석
신승권 | 한양대 정치외교학과

021 메모리 커패시터용 $Pb(Zr_xTi_{1-x})O_3$ 강유전체 박막의 제작과 특성
장지근 외 | 단국대 전자공학과

022 러시아 국제법학의 전통
김용구 | 서울대 외교학과

023 유럽연합의 현황과 전망
김동현 외 | 성균관대 행정학과

024 중국의 정치동원
송영우 외 | 건국대 정치외교학과

025 산업적 활용을 위한 이동로보트 시스템의 개발
박민용 외 | 연세대 전자공학과

026 중국조선족의 정치사회화과정과 동화적 국민통합의 방향
전인영 외 | 이화여대 사회생활학과

027 공적부조의 이론과 실제
최일섭 외 | 서울대 사회복지학과

028 대외통상환경의 변화와 법제개편
서헌제 | 중앙대 법학과

029 기업금융의 국제화
최생림 | 한양대 경영학부

030 자동차부품공업의 노사관계
김호진 외 | 고려대 행정학과

031 산업화 과정에서의 한국가족의 실태와 전망
정창수 외 | 성균관대 사회학과

032 공무원 가치관 실태와 정립방안
배병룡 외 | 경상대 행정학과

033 해외귀국청소년의 국내적응연구
이장영 | 국민대 사회학과

034 초고속정보통신망에서 LAN서비스 제공방안
이재용 | 연세대 전자공학과

035 WTO체제의 정책적 대응
김병진 외 | 경희대 행정학과

036 유럽의 통합정치
최수경 외 | 충남대 정치외교학과

037 유기질폐기물을 이용한 고단백사료원인 조류의 생산공정
최정우 외 | 서강대 화학공학과

038 초고속정보통신망의 수용성과 정책방향
박영상 외 | 한양대 신문방송학과

039 중국의 강남사회와 한중교섭
조영록 외 | 동국대 사학과

040 세계화시대의 사회 · 문화의식
신행철 외 | 제주대 사회학과

041 국내 외국인 노동자의 문제와 대책
성규탁 외 | 연세대 사회복지학과

042 노인인력 활용정책과 프로그램
김정후 외 | 강원대 법과대학

043 한일간 학술교류 현황과 활성화방안
정홍익 외 | 서울대 행정대학원

044 계량모형에 의한 한일 경제관계의 이해
김명직 외 | 한양대 경제학부

045 직장인의 음주행태와 삶의 질
진기남 외 | 연세대 보건행정학과

046 유통정보 시스템의 구조와 설계
정용길 | 충남대 경영학과

047 남북통일 이후 사회통합을 위한 교육의 역할
안기성 외 | 고려대 교육학과

048 대중음악에 심취한 청소년들의 심리적 특성
김인경 외 | 연세대 인간행동연구소

049 멀티미디어 시스템을 활용한 교육환경의 개선방안
김한일 | 제주대 컴퓨터교육학과

050 탈냉전기 한일관계의 쟁점
최상룡 | 고려대 정치외교학과

051 자치시대 새로운 '삶의 질' 지표의 모색
김형기 외 | 경북대 경제통상학부

052 유럽통합의 역내외 협력과 갈등
이호재 외 | 고려대 정치외교학과

053 21세기를 대비한 신노사관계
김재원 | 한양대 경제학부

054 대학의 시간제학생 등록제
안규철 외 | 전남대 교육학과

055 21세기에 대비한 방송통신정책
한진만 외 | 강원대 신문방송학과

056 주민참여를 통한 혐오시설 관리운영방안
박균성 외 | 경희대 법학부

057 여성의 정치적 권리인식과 정치참여
전경옥 외 | 숙명여대 정치외교학과

058 한국인 위장질환과 식생활 · 환경요인 및 *H. pylori* 감염과의 관계
이양자 외 | 연세대 식품영양학과

059 학생과 시민의 자원봉사활동
윤정일 외 | 서울대 교육학과

060 동북아 환경문제와 지역환경협력의 모색
신연재 외 | 울산대 정치외교학과

061 노인 자원봉사활동을 통한 사회통합 프로그램 개발
김동배 | 연세대 사회복지학과

062 물류정보 시스템
김태현 | 연세대 경영학과

063 전자식 문서교환을 이용한 항공화물 운송체계
민재형 | 서강대 경영학과

064 청소년과 성
이근후 | 이화여대 의과대학

065 민족통합과 무궁화호 위성의 남북한 공동활용방안
방정배 | 성균관대 신문방송학과

066 채식주의가 20대 여성의 영양상태와 에스트로겐 대사에 미치는 영향
성미경 | 숙명여대 식품영양학과

067 가상정보공간을 통한 지역개발 활성화 전략
유재천 외 | 한림대 언론정보학부

068 조산아 관리현황 및 정책수립 방안
박상기 외 | 조선대 의과대학

069 남북한관의 의식조사와 통일교육 개선 방안
김동규 외 | 고려대 북한학과

070 동양 전통 자연사상 탐구
장동순 | 충남대 환경공학과

071 초고속정보망의 시뮬레이터 구현
한기준 | 경북대 컴퓨터공학과

072 유통원가 시스템의 유효성
정다미 | 명지대 경영학과

073 국악과 문화관광의 만남
정익준 외 | 동아대 국제관광통상학부

074 기업의 지식경영 활용사례
김창은 | 명지대 산업공학과

075 선진국과 한국의 직업교육 · 훈련제도의 특성과 한계
정주연 | 고려대 경제학과

076 제주지역 성인 여성의 자원봉사활동
이상철 외 | 제주대 사회학과

077 M&A와 문화충돌 관리
박원우 | 서울대 경영학과

078 폐금속광산 인근 주민들의 중금속 오염실태
정종학 외 | 영남대 의학과

079 북한 농촌 · 농업실태와 인력자원개발 시스템을 통한 북한 농민의 구호방안
박성열 | 건국대 교육공학과

080 중소 소매점의 경쟁력과 소매성과
채명수 외 | 한국외대 무역학과

081 고령자를 위한 쾌적한 실내온도와 착의량의 설정
정운선 | 안동대 의류학과

082 지역문화 이벤트 PR
박종민 | 경희대 언론정보학부

083 인터넷 지역정보화의 실태와 전략
유평준 외 | 연세대 행정학과